KB061088

플라톤의 법률

2

나남
nanam

한국연구재단 학술명저번역총서
서양편 375

플라톤의 법률 2

2018년 7월 30일 발행
2018년 7월 30일 1쇄

지은이 플라톤
옮긴이 김남두 · 강철웅 · 김인곤 · 김주일 · 이기백 · 이창우
발행자 趙相浩
발행처 (주) 나남
주소 10881 경기도 파주시 회동길 193
전화 (031) 955-4601 (代)
FAX (031) 955-4555
등록 제 1-71호 (1979.5.12)
홈페이지 http://www.nanam.net
전자우편 post@nanam.net
인쇄 유성근 (삼화인쇄주식회사)

ISBN 978-89-300-8801-5
ISBN 978-89-300-8215-0 (세트)

책값은 뒤표지에 있습니다.

'한국연구재단 학술명저번역총서'는 우리 시대 기초학문의 부흥을 위해
한국연구재단과 (주)나남이 공동으로 펼치는 서양명저 번역간행사업입니다.

플라톤의 법률

2

김남두 · 강철웅 · 김인곤 · 김주일 · 이기백 · 이창우 옮김

나남
nanam

ΠΛΑΤΩΝΟΣ

ΝΟΜΟΙ

일러두기

1. 번역의 기준 판본으로는 옥스퍼드 고전 텍스트(Oxford Classical Text) 《플라톤 전집》(*Platonis Opera*) 5권(J. Burnet 편집, 1907)을 사용했다.
2. 본문 좌우측 여백에 있는 숫자와 알파벳(313a, b 등)은 스테파누스판(H. Stephanus, *Platonis opera quae extant omnia*, 1578)의 쪽수 및 행수에 따른 표기이다.
3. 그리스어의 우리말 표기는 고전 시대의 발음에 가깝게 표기했다. 단, 우리말로 굳어져 널리 쓰이는 것은 예외로 했다.
4. 본문의 번역어 중에서 그리스어 표기가 필요한 것들은 주석에서 밝히거나 〈찾아보기〉에 포함시켰으며, 〈찾아보기〉에 있는 용어는 본문에서만 뽑았다. 그리스어는 로마자로 표기했다.
5. 각주에서 플라톤 대화편 이외에는 참고문헌의 권이나 행 표시를 하지 않았다. 이를테면 《일리아스》 20권 231행은 20.231로 표기했다.

플라톤의 법률 2

차 례

7권

7권 전체는 교육 문제에 할애된다.

교육에 관한 사안들은 그 수가 매우 많고 사소한 것들도 많아 국가가 이 모든 것에 대해 일일이 법률 제정을 하는 것은 어려운 일이지만, 이것들에 대해 가르침과 충고의 형태로 개입하는 것은 가능하고 또 필요하다. 이런 점에서 문자로 쓰이지 않은 규범은 문자로 기록된 법률을 보호하고, 나아가 국가 전체의 안녕을 유지하는 중요한 역할을 한다.

국가가 관심 갖는 교육은 학교 교육뿐 아니라 취학연령 이전의 양육까지 포함되며, 심지어 출생 예정인 태아를 위한 양육 방식도 공적 관심과 개입의 대상이 된다. 특별히 태아와 갓난아이에게는 마치 늘 배 위에서 항해하는 것처럼 운동을 줄기차게 경험할 수 있도록 해주는 일이 필요하다.

3세 아후 아이들은 신전 앞에 모여 집단적인 놀이를 통해 양육된다. 아이들은 6세가 지나면 말타기, 활쏘기, 창던지기, 투석과 같은 군사 교육을 받기 시작한다. 군사 교육을 받는 데 있어서 중요한 것은 아이들이 양손 모두를 능숙히 사용하도록 훈련받아 양손잡이가 되도록 하는 것이다.

아이들은 또한 춤과 레슬링으로 구성된 체육 교과를 훈련 받으며, 여기에 덧붙여 음악 및 시가 교과도 학습받는다. 유의할 점은, 공적으로 승인된 음악과 춤 외에는 다른 음악과 춤, 특히 새로운 유행의 음악과 춤은 허용되어서는 안 된다는 점이다. 새로운 음악과 춤은 나라 전체의 안녕과 젊은이들의 인성에 악영향을 미치기 때문이다.

전쟁과 시가를 가르치는 교사들은 외국인들이다. 이들은 임금을 주고 고용해야 하며, 도시 중앙의 체육관과 학교에 거주하도록 해야 한다. 모든 아이는 이런 교사들 밑에서 의무적으로 학교 교육을 받아야 한다. 그리고 여자아이들도 남자아이들과 공간적으로는 분리되지만 교과과정에 있어서는 동일한 교육을 받아야 하며, 이 점은 승마나 무기사용법과 같은 군사 교육에서도 마찬가지이다. 소년을 위한 교육과정과 소녀를 위한 교육과정이 동일한 것은 공동체적 삶의 양식에 대한 공유를 유도하기 위함이다. 나아가 국가의 시민들은 공동식사와 같은 제도를 통해 가능한 한 최대로 공동의 삶을 살 수 있도록 그리고 이 공동의 삶 안에서 탁월한 돌봄에 매진할 수 있도록 국가가 어느 정도 생활 규칙을 정해 줄 필요가 있다.

아이들과 젊은이들이 어떤 교과를 어떤 내용으로 배워야 할지를 법수호자는 교육감독관에게 설명해 주어야 한다. 각 교과의 교과과정을 배우기에 적당한 연령과 기한은 법으로 정해지며 이 기한을 연장하거나 축소해서는 안 된다.

읽기 교육의 목적은 박학다식은 아니고, 따라서 시인들의 시를 암기하는 읽기 교육 방식은 곤란하다. 아테네인, 클레이니아스, 메길로스가 지금 수행하는 법에 관한 논의 자체 혹은 이와 유사한 것을 읽기 자료로 지정해야 한다.

키타라 교육을 통해서는 현의 음정 및 음조가 부르는 노래의 음정 및 음조에 벗어나지 않고 거기에 항상 일치되는 연주를 하게끔 하는 것이 중요하다.

춤 교육을 통해서는 고귀함을 모방하는 춤과 전체 공동체에 적합한 춤을 가르쳐야 하고, 저급함, 예컨대 술 취한 자들을 모방하는 춤을 가르치거나 추어서는 안 된다.

희극은 자유인 시민 중 누구도 배워서는 안 되며, 오직 노예와 고용된 외국인만이 희극배우 역할을 할 수 있다. 비극 공연은 엄격한 사전 심사를 거쳐야 한다.

산술과 기하학 그리고 천문학을 통해서 필연성의 아이디어를 배울 수 있으므로 이들 교과에 관해서는 기본적 수준까지는 배워야 한다. 산술은 놀이를 통해 배우게 하면 좋다. 기하학을 통해서는 측정 가능성의 문제를 배우게끔 해야 한다. 신적 존재들에 관해 최소한 불경스러운 말은 하지 않도록 천문학의 기초 지식 정도는 배워야 한다.

젊은이들은 사냥도 배울 필요가 있다. 단 모든 종류의 사냥이 권장되는 것은 아니고, 자유인에게 어울리고 신적인 용기를 계발하기에 적절한 형태의 사냥만이 권장된다.

아테네인: 남자아이들과 여자아이들이 태어났으므로, a
다음으로 이들의 양육과 교육에 관해 논하는 것이 매우 옳은 일로 보입니다. 이 주제를 다루지 않는다는 것은 전

788a

연 있을 수 없는 일입니다. 그렇지만 이것에 관한 논의는
법률보다는 어떤 가르침과 훈계에 가까운 것으로 우리에
게 나타날 것입니다. 가족의 사적인 영역에는 모든 이에
게 분명히 드러나지 않는 많은 사소한 일이 일어나는데,
b 이것들은 각자의 고통과 쾌락과 욕구의 영향하에서 쉽게
입법가의 권고와 어긋나게 되어, 시민들의 성격을 서로
비슷하지 않고 잡다한 것으로 만들어 버립니다. 이런 결
과는 나라를 위해 좋지 않습니다. 왜냐하면, 입법을 통해
이런 일들을 처벌 가능한 것으로 만드는 것은 이런 일들
의 사소함과 빈번함 때문에 적절하지도, 모양이 좋은 것
도 아니긴 하지만, 사람들이 빈번하고 사소한 일들에서
법을 어기도록 습관이 되어 버리면 기록된 법 또한 파괴
c 되도록 하기 때문이지요. 이런 이유로 이것들에 관해 법
률을 제정하는 것은 어려운 일이지만 그렇다고 해서 침묵
하는 것은 있을 수 없습니다. 내가 지금 무엇을 말하는지
일종의 표본을 분명히 보여 줌으로써 명료히 해야겠죠.
지금 내가 말한 것은 어떤 점에서 아직 분명하지 않기 때
문입니다.

클레이이니아스: 정말 그렇군요.

아테네인: 전적으로 올바른 양육은 육체와 혼을 가능한
한 가장 아름답고 훌륭하게 만들 수 있음이 명백하다는
것, 이것은 올바른 주장이 아니겠습니까?

클레이이니아스: 물론입니다.

d **아테네인**: 내 생각에 아주 아름다운 육체가 되려면, 아
주 기초적인 조건으로서, 아이들이 아주 어릴 적부터 최
대한 바르게 자라야 합니다.

클레이니아스: 그렇습니다.

아테네인: 다음은 어떻습니까? 모든 동물의 성장은 초기에 가장 왕성하고 빠르다고 우리는 생각하지 않습니까? 그래서 인간은 처음 5년 동안 성장하는 신장 크기가 나머지 20년 동안의 성장보다 더 크다고 강력하게 주장하는 사람들이 많이 있지 않습니까?

클레이니아스: 맞습니다.

아테네인: 다음은 어떠합니까? 충분하고도 적절한 운동
없이 물 밀려오듯 급속한 성장이 이루어지면, 그것은 신 789a
체에 나쁜 것을 아주 많이 가져온다는 것을 우리는 알고 있지 않습니까?

클레이니아스: 물론입니다.

아테네인: 신체에 가장 많은 영양분이 공급될 때는 가장 많은 운동이 필요한 때 아니겠습니까?

클레이니아스: 뭐라고요, 손님? 신생아와 아주 어린 아이들에게 가장 많은 운동을 우리는 요구할 것이라고요?

아테네인: 아니오, 더 이전에. 어머니 몸속에서 자라는 아이들에게.

클레이니아스: 선생, 무슨 말씀이죠? 태아를 말하는 겁니까?

아테네인: 그렇습니다. 태아 체육에 관해 당신들이 무지 b
하다는 것은 결코 놀라운 일이 아닙니다. 좀 이상하게 보이지만 이에 관해 내가 설명하겠습니다.

클레이니아스: 어서 그렇게 해주십시오.

아테네인: 우리 아테네에서는 그런 것은 보다 쉽게 이해할 수 있는데, 그곳에서는 몇몇 사람들이 놀이를 과도하

게 하기 때문입니다. 우리 아테네에서는 아이들뿐만 아니
라 몇몇 나이 먹은 사람들도 서로 싸우게 할 목적으로 어
c 린 새들을 키웁니다. 이때 이들은 연습을 목적으로 부추
겨서 서로 싸우게 하는 운동이 이 동물의 훈련에 충분하
다고 결코 생각하지 않습니다. 싸움 이외에 이들 각자는
새들을 자신의 몸속 어딘가에 집어넣고서, 즉 작은 놈은
손안에, 큰 놈은 팔로 안고서 아주 긴 거리를 이리저리 돌
아다니는데, 이는 자신의 신체의 건강한 상태를 위해서가
아니라 이 동물들의 건강한 상태를 위해서입니다. 이를
d 통해 이들은 이해력이 있는 사람이라면 누구에게나 모든
육체는 모든 종류의 흔들림과 움직임에 의해 운동할 때
활기를 얻게 된다는 사실을 보여 줍니다. 그 운동이 신체
자체에 의한 것이든, 수레와 같은 탈 것 혹은 배나 말을
타고 가는 것이든, 아니면 다른 어떤 것에 의해 운송되든
모든 종류의 움직임에 의해 운동될 때 말입니다. 그리고
육체는 이런 운동을 통해 먹을 것과 마실 것의 영양분을
흡수함으로써 우리에게 건강과 아름다움과 힘을 제공할
수 있습니다. 사정이 이렇다면 이다음에 우리는 무엇을
e 해야 한다고 말할 수 있겠습니까? 우리가 조롱을 자초하
면서까지 다음과 같은 법을 제정하고 공표하는 것을 당신
들은 원합니까? 즉, 임산부는 산책을 해야 하고, 신생아
는 아직 연약하고 부드러운 동안에는 밀랍 다루듯 형태를
갖추어 줘야 하며, 2세가 되기까지는 천으로 감싸야 한다
는 법을 말입니다. 그리고 또 우리는 보모들에게 법을 통
해 강제해야 할까요? 아이가 제 발로 충분히 설 수 있을
때까지는 들이든, 신전이든, 친척 집이든 항시 아이를 데

리고 가도록 말입니다. 그리고 이후에도, 아이가 아직 어
릴 때 무리하게 자신의 무게를 지탱함으로써 관절이 휘는
것을 방지하기 위해 만 3세 전까지는 보모는 아이를 계속
안고 다니도록 강요해야 할까요? 그리고 보모는 가능한 790a
한 강해야 하고 그 수는 하나가 돼서는 안 된다는 법을 제
정해야 할까요? 그리고 이런 법들 각각에 대해서 지켜지
지 않는다면 지키지 않은 자를 처벌할 규정을 명문화해야
할까요? 그렇게 하면 결코 안 되겠죠? 그렇게 되면 좀 전
에 말한 일이 아주 많이 발생할 터이니 말입니다.

클레이니아스: 무슨 일이지요?

아테네인: 우리는 많은 조롱을 받게 될 것입니다. 보모들은 복종을 원하지 않는다는 사실 — 불복종은 여자인 동시에 노예라는 보모의 성품에 걸맞기도 하지요 — 을 제쳐두고서도 말입니다.

클레이니아스: 그렇다면 무슨 이유로 그런 것들을 말해야 한다고 우리가 주장한 거죠?

아테네인: 이런 이유 때문입니다. 나라에서 주인이고 자 b
유인의 품성을 가진 자는 그런 것들에 대해 듣게 되면 아
마도 올바른 통찰에 도달할 수 있을 겁니다. 즉, 나라에
서 사적 생활이 올바르게 영위되지 않는다면 공적인 영역
에서 견실한 법 제정의 가능성에 관한 믿음은 헛되게 될
것이며, 일단 이를 인식한다면 스스로 지금 우리가 말한
것을 법률로서 따를 것이며 이런 따름을 통해 자신의 가
정과 나라를 잘 운영함으로써 행복해질 것이라는 통찰 말
입니다.

클레이니아스: 매우 그럴듯합니다.

c **아테네인**: 그래서 우리가 아주 어린 아이들의 몸에 관해 자세한 이야기를 시작했던 방식과 똑같은 방식으로 이들의 혼에 관한 훈육도 제시하기 전에는 그와 같은 종류의 입법을 포기하지 않도록 합시다.

클레이니아스: 아주 옳은 말씀입니다.

아테네인: 그러면 다음과 같은 것을 몸과 혼 모두에 적용되는 기본 원리처럼 삼도록 합시다. 그 원리란, 아주 어린 아이의 혼과 몸에 대한 양육과 이것들의 운동이 주야로 최대한 줄기차게 이루어지는 것이 모든 어린이, 특히 유아에게 이롭다는 것 그리고 이들이 될 수 있는 한 마치 늘 배 위에서 항해하는 것처럼 사는 것이 이롭다는 것입니
d 다. 새로 태어난 아이들을 위해서 이 원리에 가장 근접한 양육을 제공해야 합니다. 이것에 대한 증거를 또한 다음 사실로부터도 우리는 구해야 합니다. 즉, 어린아이들의 유모도 그리고 코뤼바스[1]적 발작 상태를 치료하는 여인들도 이 원리를 경험으로 배웠으며 이것의 유용성을 인식했다는 사실 말입니다. 실제로 어머니들은 잠들지 못하는 아이를 달래서 잠들게 하고자 할 때 아이를 조용히 내려두는 것이 아니라 그 반대로 팔로 안아서 지속적으로 흔들

---

1) 코뤼바스(Korybas, 복수는 Korybantes)는 크레타와 아테네 그리고 그리스의 여타 지방에서 여신 키벨레(Kybelē)를 수행하는 여사제로 알려져 있다. 코뤼바스가 주도하고 참여하는 제의는 엑스터시, 즉 광희(狂喜) 상태의 제의이다. 이런 이유로 플라톤은 여기 말고도 다른 곳(《파이드로스》 228b, 234d; 《이온》 533d 이하)에서 코뤼바스적 제의와 디오니소스적 제의의 유사성을 암시하는 것으로 생각된다. 아무튼 코뤼바스적 제의와 디오니소스적 제의 모두 여사제들의 주도하에 피리 음악의 반주와 함께 행해지는 광란의 춤을 통해 억압된 심적 상태를 치료한 것으로 보인다.

어 줌으로써 운동하게끔 하고, 침묵이 아니라 어떤 노래 e
를 불러 줍니다. 이것은 마치 아이들에게 피리 소리로 주술을 거는 것과 같은 것입니다. 디오니소스적 광란에 대해서 똑같은 치료법[2]이 적용되듯이 말입니다.[3] 이 치료법의 근간은 가무와 시가가 결합된 운동입니다.

클레이니아스: 그러면 선생, 이것들의 주된 원인[4]은 우리가 볼 때 무엇이 될까요?

아테네인: 그건 그다지 알기 어렵지 않습니다.

클레이니아스: 어째서 그렇죠?

아테네인: 이 두 증상은 일종의 두려움이며, 두려움은
혼의 좋지 않은 상태로 인한 것입니다. 그래서 외부로부 791a
터 누군가가 그러한 증상에 흔들림을 초래하면, 이 외부로부터 온 운동은 두려움과 광기에 처해 있는 내부 운동을 제압합니다. 외부 운동은 이것을 제압한 후 각자의 심장의 거친 박동으로부터 고요한 평온이 혼에 분명히 생기게 해서 아주 반가운 결과를 가져옵니다. 즉, 외부 운동은 아이들은 잠들게 하지만, 디오니소스적 광란 상태의 사람들은 제물을 바치면 좋은 징조를 주는 신들의 도움으
로 깨어나서 피리 소리에 맞춰 춤추게 합니다. 광적인 상 b
태 대신 멀쩡한 정신이 들게끔 만드는 것이지요. 이것들은, 간결하게 말했지만, 설득력 있는 설명입니다.

클레이니아스: 정말 그렇군요.

---

2) 판본 A와 O를 따라 'iaseis'로 읽었다.

3) 판본 A와 O는 'kathaper hē'이지만 알디나를 따라 'kathaper hai'로 읽었다.

4) '원인' 대신 '설명'으로 번역할 수도 있었다.

791b

아테네인: 이것들이 그러한 효능을 가지고 있다면, 그들[5]에 관하여 다음과 같은 점을 역시 생각해야 합니다. 즉, 모든 혼은 어린 시절부터 두려움과 함께 지내게 되면 공포 상태에 더욱 길들여질 것이라는 걸 말입니다. 아마 모든 이는 이것이 용감한 자가 아니라 겁쟁이로 훈련시키는 것이라고 말할 것입니다.

클레이니아스: 어찌 그렇지 않겠습니까?

c **아테네인:** 그 반대로 우리에게 엄습하는 두려움과 공포를 극복하기 위해서는 아주 어린 시절부터 용감함을 훈련해야 한다고 우리는 말할 수 있을 겁니다.

클레이니아스: 옳습니다.

아테네인: 운동으로부터 아주 어린 아이들을 연습시키는 것이 혼의 덕 중 이 부분을 위해 크게 기여한다고 말합시다.

클레이니아스: 정말 그렇습니다.

아테네인: 혼의 까다로운 기질과 그렇지 않은 기질은 각기 나쁜 혼 상태와 좋은 혼 상태의 상당 부분을 이루게 될 것입니다.

클레이니아스: 물론입니다.

d **아테네인:** 그러면 어떤 방식으로 둘 중에서 우리가 원하는 기질이 신생아에게 즉시 자라나도록 할 수 있습니까? 어떤 방식으로 그리고 얼마만큼 두 기질을 우리가 잘 다룰 수 있을지 제시해 보도록 합시다.

클레이니아스: 그럽시다.

아테네인: 우리의 신념을 제가 말해 보자면 이렇습니다.

---

5) 'autois'로 읽었다. 내용상 아이들과 디오니소스적 광란을 하는 이들을 가리킨다.

사치는 아이를 까다롭고, 성마르고, 조그만 일에도 격렬
히 반응하게 하는 성격으로 만듭니다. 그 반대로 너무 강
하고 심한 억압은 아이를 풀이 죽게 하고, 자유인답지 못
하게 하며, 사람을 싫어하는 자로 만들어 공동생활에 적
합하지 않은 자가 되게끔 합니다.

클레이니아스: 그러면 나라 전체는 아직 어떤 말도 이해 e
하지 못하고 다른 교육 형태를 맛보는 것이 결코 가능하
지 않은 자들, 즉 어린아이들을 어떻게 양육해야 할까요?

아테네인: 이런 방식입니다. 모든 동물은 태어나자마자
소리를 지르기 마련인데, 특히 인간종이 그러합니다. 더
구나 인간종은 소리를 지르는 것 말고도 다른 종에 비해
눈물도 잘 흘립니다.

클레이니아스: 그렇습니다.

아테네인: 그렇다면 아이가 무엇을 원하는지 알고자 하
는 보모들은 아이에게 어떤 것을 줌으로써, 아이에게 나 792a
오는 바로 이 반응으로 판단을 합니다. 어떤 것을 주었을
때 아이가 조용해지면 그것을 주는 것이 옳다고 생각하지
만, 주었는데도 계속 소리를 지르며 눈물을 흘린다면 옳
지 않다고 생각합니다. 아이가 무엇을 좋아하고 싫어하는
가를 보여 주는 표시는 울고 소리를 지르는 것입니다. 이
것은 좋은 표시가 아닙니다. 이 시기는 최소 3년인데 잘
지내든 잘 지내지 못하든 짧지 않은 삶의 시간이지요.

클레이니아스: 옳은 말씀입니다.

아테네인: 당신들이 보기에, 까다롭고 전혀 온화하지 않
은 사람은 대체로 훌륭한 사람이 그럴 수 있는 정도 이상 b
의 비탄과 탄식에 빠지지 않겠습니까?

클레이니아스: 저한테는 어쨌든 그렇게 보입니다.

아테네인: 다음은 어떻습니까? 누군가가 이 3년 동안 모든 수단으로 우리의 아이가 모든 종류의 괴로움과 공포와 고통을 가능한 한 가장 적게 경험하게 한다면, 우리는 그 경우에 아이의 혼을 보다 쾌활하고 온화한 것으로 만들 수 있다고 생각하지 않겠습니까?

c 클레이니아스: 분명히 그렇습니다, 손님. 특히 아이에게 많은 쾌락을 제공하면 그럴 것입니다.

아테네인: 손님, 바로 이 점에서 클레이니아스는 더 이상 나와 함께 갈 수 없습니다. 그런 행동은 우리가 볼 때 가장 크게 아이를 망치는 일입니다. 아이를 망치는 일은 항상 양육의 최초 출발점에서 이루어지기 때문입니다. 우리가 지금 뭔가 말이 되는 이야기를 하고 있는지 봅시다.

클레이니아스: 무슨 말인지 말해 보십시오.

아테네인: 우리 둘의 지금 이야기는 사소한 것에 관한 것이 아닙니다. 메길로스, 당신도 살펴보고 우리 둘 사이에서 함께 판단해 주시길 바랍니다. 나의 주장은 이렇습니다. 올바른 삶은 전적으로 쾌락을 좇아서도 안 되고,
d 전적으로 고통을 회피해서도 안 되며, 그 중간을 환영해야 합니다. 그 중간이란 내가 방금 '온화하다'라고 명명한 상태로서, 이것을 어떤 신탁의 말에 따른다면 우리가 모두 신의 상태라고 부르는 것이 합당합니다. 또한 우리 중 신적인 자가 되고자 하는 이는 이 상태를 좇아야 한다고 저는 주장합니다. 쾌락에 몰입하면 고통으로부터 자유롭게 될 것이라는 생각에 기대어 그가 무모하게 쾌락으로 향해 전적으로 몰입하는 일은 없어야 합니다. 또한 그는

다른 사람에게도, 즉 늙은이든 젊은이든, 남자든 여자든,
특히 무엇보다도 신생아에게 최대한 이런 일이 일어나는
것을 허용하지 않아야 합니다. 바로 이 시기에 모든 이의 e
전체 성격은 습관을 통해 가장 효과적으로 형성되고 자라
기 때문입니다. 나아가 나는 내 말이 농담으로 여겨질 수
있는 위험에도 불구하고 다음과 같은 주장도 하고 싶습니
다. 모든 여자들 중에서 임신 중인 여자들에게 그 기간 가
장 많은 신경을 써야 한다고 말입니다. 이는, 임산부가
격렬한 쾌락에도 빠지지 않고, 또 그러한 고통에도 빠지
지 않으며, 대신 온화하고 친절하고 상냥한 상태를 중시
하면서 이 시간을 보내도록 하기 위함입니다.

클레이니아스: 우리 둘 중 누가 더 올바르게 말했는지에 793a
관해서 당신은 메길로스에게 물어볼 필요는 없습니다.[6)]
극단적인 고통과 쾌락의 삶은 모두가 피하고 항상 중간을
취해야 한다는 당신의 말에 대해 나 자신이 동의합니다.
당신은 올바르게 말했고 또한 올바른 응답을 들은 겁니다.

아테네인: 클레이니아스 선생, 아주 훌륭합니다. 그럼 이것에 덧붙여 다음 주제에 관해 우리 셋이서 생각해 봅시다.

클레이니아스: 그게 무엇인지요?

아테네인: 우리가 지금 상술하는 이 모든 것은 많은 이들이 '성문화되지 않은 규범'(*agrapha nomima*)[7)]이라고 부르

---

6) 792c 참고.

7) 'agrapha'는 '쓰이지 않은'의 뜻이고, 'nomima'는 '관행', '관례'로도 번역 가능하다. '사회적 관행', '암묵적 규범', '조상 대대로 전해지는 도덕 전통'의 의미를 지니는 'agrapha nomima'의 아이디어에 관해서는 여기 말

b 는 것입니다. 또한 '선조들의 법'(*patrioi nomoi*)이라 불리는
것도 그것과 다르지 않습니다. 더 나아가 조금 전 우리가
쏟아 부은 말,[8] 즉 이것을 법이라 이름 불러서도 안 되고
말하지 않은 채 넘어가서도 안 된다는 말은 옳은 말입니
다. 이것은 모든 정치체제의 끈으로서, 문자로 이미 제정
되고 확립된 모든 법률과 앞으로 제정될 법률 사이에 있습
니다. 아주 오래된 선조들의 규범이 그런 것처럼 말입니
다. 이것이 아름답게 도입되고 습관화되면 이것은 그때까
지 문자로 쓰인 법률들을 모든 종류의 보호로 감싸며 지킵
c 니다. 그러나 이것이 아름다운 상태에서 벗어나 어긋나게
되면, 대들보가 건축물의 중심으로부터 무너져 내릴 때처
럼, 이것은 모든 것을 그와 마찬가지로 무너지게 하여 한
부분이 다른 부분 밑에 깔리게 되는 결과를 초래합니다.
대들보뿐만 아니라 나중에 그 위에 아름답게 지을 구조물
도 다 무너지는 것이죠. 본래의 기초가 내려앉았기 때문이
지요. 클레이니아스여, 우리는 이 점을 생각하면서 아직
신생국인 당신의 나라를 모든 측면에서 함께 묶어야 합니
다. 이때 우리는 크든 작든 가능한 한 그 어떤 것도 빠뜨
d 리지 않아야 합니다. 그것이 '법'으로 혹은 '관습'과 '관행'
으로 불리든 상관없이 말입니다. 나라는 이러한 모든 것에
의해 함께 묶입니다. 이 둘 중 어느 하나는 다른 것 없이
는 안정적이지 않기 때문입니다. 그래서 우리가 사소하다

고도
소포클레스, 〈안티고네〉(*Antigonē*) 454; 크세노폰, 《소크라테스 회상》(*Apomnēmoneumata*) 4.4.19; 투키디데스, 2.37 참고.

8) 788a3 이하에서 했던 말을 가리킨다.

고 여기는 많은 규범이나 관행이 넘쳐나 우리의 법률을 장황하게 만들지라도 이는 놀랄 필요가 없습니다.

클레이니아스: 선생의 말은 맞는 말입니다. 우리도 그렇게 생각할 겁니다.

아테네인: 남자아이든 여자아이든 3세 이전에는, 우리 e
가 말한 이 규정을 부차적인 것으로 간주하지 않고 정확
하게 지키는 것이 이 어린아이들을 위해 적지 않은 이로
움을 가져다줄 것입니다. 3, 4, 5세에는 그리고 6세에도
아이의 혼의 성격을 위해 놀이가 필요할 것입니다. 그러
나 버릇없이 구는 것은 이 시기에는 벌을 주어 그만두도
록 해야 하는데, 이때 굴욕감은 주지 말아야 합니다. 노
예들의 경우에 우리가 말했던 논점,[9] 즉 횡포와 다름없는
벌을 내려 벌 받는 자의 분노를 사는 일은 없도록 하되,
벌을 주지 않고 내버려 둠으로써 버릇없이 구는 일은 없
도록 해야 한다는 논점이 같은 식으로 자유인의 경우에도 794a
적용되어야 합니다. 이 나이의 아이들에게는 몇몇 놀이들
이 저절로 생기기 때문에 이들은 함께 모이면 거의 스스
로 놀이를 발견합니다. 이 나이에 들어선 모든 아이는,
즉 3~6세까지의 아이들은 마을에 있는 신전으로 모여야
합니다. 각 마을 아이들은 마을마다 같은 장소로 모여야
합니다. 보모들은 이 나이의 아이들의 바른 품행과 방종
에 신경을 써야 합니다. 그리고 이 보모들과 아이들의 무
리 전체를 감독하기 위해, 12명의 여자를 먼저 선출하고 b
이들을 1명씩 각 무리에 1년 임기로 질서 유지 책임자로

9) 6권 777d3 이하.

할당하는데, 이 할당은 법수호자들에 의해 이루어질 것입니다. 이 여자들은 결혼을 감독하는 여자들이 부족별로 1명씩 선출하되, 선출하는 자와 나이가 같아야 합니다. 임명을 받은 후 이들은 공직 수행을 위해 매일 신전을 방문해서 잘못하는 이에게 벌을 주는 일을 지속적으로 해야 합니다. 잘못하는 이가 남자 하인과 여자 하인 그리고 남자 외국인과 여자 외국인일 경우, 이들은 관노를 통해 직
c 접 처벌할 수 있습니다. 그러나 처벌에 대해 이의를 제기하는 자가 시민일 경우, 이들은 재판을 위해 그 사안을 도시감독관들 앞으로 보내야 하지만, 이의를 제기하지 않을 경우 이들은 스스로 시민을 처벌할 수 있습니다.

남자아이와 여자아이가 6세가 되면 이들 두 집단은 서로 떨어져야 합니다. 소년은 소년끼리, 소녀는 소녀끼리 시간을 보내야 합니다. 하지만 두 집단은 모두 교육을 받아야 합니다. 소년들은 말타기, 활쏘기, 창던지기, 투석
d 교사들에게 가야 합니다. 소녀들이 동의한다면 어쨌든 배움의 참여 수준까지는 그들에게도 이런 교육은 필요하며, 특히 무기사용법[10]이 그렇습니다. 이런 일과 관련한 현재의 사정에 대해 거의 모든 이가 오해를 하고 있습니다.

클레이니아스: 무슨 말인지요?

아테네인: 우리의 손에 관한 한 오른쪽과 왼쪽이 각 활동을 위한 기능에 있어서 본성상 차이가 있다고 사람들은 오해를 합니다. 발과 신체의 하단 부분의 경우는 기능 수행에
e 있어 아무런 차이도 보이지 않는데 말입니다. 보모들과 어

10) 경무장 보병의 무기(활, 화살, 던지는 창, 돌팔매)와 중무장 보병의 무기(칼, 긴 창, 방패)를 사용하는 법.

머니들의 어리석음으로 인해 우리 각자는 손에 있어서, 말하자면 불구가 된 것입니다. 두 팔 각각은 본성에 있어 거의 동등함에도 불구하고, 우리 스스로가 습관적으로 잘못 사용해 이것들을 차이 나게 만들었습니다. 물론 왼손으로는 리라를, 오른손으로는 술대를 사용하는 경우나 이와 유사한 경우와 같이 그리 큰 차이가 나지 않는 모든 경우에는 그것이 큰 문제는 되지 않겠지요. 하지만 이런 경우들을 모델로 삼아 다른 경우에도 똑같은 식으로 적용한다면 — 그러나 그래서는 안 됩니다 — 이는 어리석음과 같은 것입니
다. 스키타이인들의 관행이 이를 보여 줍니다. 이들은 왼 795a
손으로만 활을 앞으로 밀고 오른손으로만 화살을 뒤로 당기는 것이 아니라 두 손을 두 일 모두에 똑같이 사용합니다. 그와 같은 예는 아주 많습니다. 전차 몰이나 그와 유사한 일이 그런 예들입니다. 이런 예들로부터 우리는, 왼손을 오른손보다 약하게 만드는 자는 자연에 역행하는 방식으로 행한다는 사실을 알 수 있습니다. 이런 일은, 말했다시피, 뿔로 된 술대나 그와 유사한 도구 사용의 경우에 있
어서는 큰 문제가 안 됩니다. 그러나 이런 일은 전시에 활, b
창과 같은 종류의 철제 무기를 사용해야 할 경우에는 중요하게 되고, 특히 중무장을 하고 싸울 경우에는 아주 중요합니다. 이 경우 그런 것을 배운 자와 배우지 못한 자 사이에는, 그리고 그런 것에 훈련된 자와 훈련되지 못한 자 사이에는 아주 커다란 차이가 드러납니다. 마찬가지로 잘 훈련된 판크라티온(*pankration*)[11] 선수나 복싱선수 혹은 레슬링

11) 일종의 격투기로, 복싱과 레슬링과 발차기 싸움의 혼합형태.

795b

선수라면, 상대방이 자신을 다른 쪽으로 방향을 바꾸게 하
여 이 방향에서 싸우도록 강제할 때, 능히 왼쪽으로도 싸울
수 있어서 몸놀림이 부자연스럽거나 어설프게 끌려다니지
c 않습니다. 무기나 이런 종류의 모든 것에 있어서도 이와 같
은 원칙이 옳은 것으로 간주되어야 한다고 나는 생각합니
다. 오른쪽, 왼쪽의 팔다리를 모두 가진 자는 가능한 한,
상대방을 공격하기 위해서든 방어하기 위해서든, 둘 중의
한쪽을 무용지물로 혹은 숙달되지 않은 채로 내버려 두어
서는 안 된다는 원칙 말입니다. 게리오네우스[12] 혹은 브리
아레우스[13]와 같은 신체적 본성을 가지고 태어난다면 우리
는 100개의 손으로 100개의 창을 던질 줄 알아야 합니다.
이에 관련된 모든 사안에 대한 감독은 남자와 여자 관리들
d 에게 맡겨야 합니다. 이때 여자 관리들은 놀이와 양육을 감
독하고, 남자 관리들은 교과 수업을 감독해야겠지요. 남자
아이 및 여자아이 모두가 양발과 양손 모두에 능숙해지고,
습관의 영향으로 그들의 본성을 훼손하는 일이 가능한 한
일어나지 않도록 말입니다.

우리가 적용할 교과는 말하자면 두 가지 종류일 겁니
다. 하나는 신체를 위한 것, 즉 체육이고, 다른 하나는
좋은 혼의 상태를 위한 것, 즉 시가입니다. 체육은 두 종
e 류인데, 하나는 춤이고 하나는 레슬링입니다. 춤에도 두
종류가 있는데, 하나는 뮤즈의 말을 모방할 때 추는 춤으
로 여기서는 위엄과 자유인다움이 지켜집니다. 다른 하나
의 춤은 신체의 양호한 상태, 민첩성 그리고 아름다움을

12) 세 몸뚱이와 세 머리를 가진 신화적 피조물.
13) 거인족 중의 하나. 100개의 팔을 가졌다.

위한 것입니다. 이 춤을 추는 자들은 자기 몸의 관절과 부분들을 구부리고 펼칠 때 적절함을 유지합니다. 이때 지체와 부분들 각각에 자신들의 리듬에 맞는 운동이 주어지는데, 이 운동은 전체 춤에 잘 따르고 어울립니다. 레슬 796a
링으로 말할 것 같으면, 안타이오스와 케르키온이 승리에 대한 쓸데없는 욕심으로 자신들의 기술에서 고안해 낸 종류가 있습니다. 또 에페이오스와 아미코스가 고안한 복싱 종류도 있습니다.[14] 하지만 이런 변칙적인 종류는 전투에서의 접전을 위해서는 아무 소용도 없는 것이라서 여기서 자세히 말할 가치는 없습니다. 그러나 제대로 된 레슬링 기술, 즉 목과 손과 옆구리를 상대방의 공격으로부터 푸는 기술이 승리에 대한 욕구와 함께, 그리고 보기 좋은 자세와 함께 훈련된다면, 그리고 이 기술이 힘과 건강을 목표로 한다면, 이 기술은 모든 면에 유용하기 때문에 반드시 언급되어야 합니다. 법 제정에서 이런 주제에 도달하 b
게 되면, 우리는 교사들에게 이런 종류의 것을 모두 기꺼이 가르치라고, 그리고 학생들에게는 이것을 고맙게 받아들이라고 지시해야 할 것입니다.

또한 가무단에서 모방할 만한 가치가 있는 모방도 반드시 언급해야 합니다. 예를 들어, 여기 크레타의 쿠레테스들의 '무장(武裝)을 한 춤 놀이'[15]나 스파르타의 디오스코

14) 안타이오스와 케르키온은 발을 사용해서 상대방을 땅바닥으로 쓰러뜨리는 레슬링 종류를 도입했다. 에페이오스와 아미코스는 장갑을 사용하는 복싱 종류를 도입했다.

15) 전설에 의하면 크레타의 다이몬들인 쿠레테스들은 아기 제우스를 보호했다고 한다. 제우스가 크레타의 동굴에서 양육될 때 이들은 무장을 한 채, 무기와 심벌즈를 이용해 시끄러운 춤을 추어서 제우스의 울음소리를 그의

796b

로이들[16]의 춤이 그것입니다. 우리 지역 아테네의 경우를 말할 것 같으면, 우리의 주인 되시는 처녀 신[17]은 가무 놀
c 이에 매력을 느껴서 맨손으로 춤을 추어서는 안 되고 완전 무장을 갖춘 후 춤을 추어야 한다고 생각하셨죠. 아테나 여신의 이 선물을 귀하게 여기면서 전시의 필요를 위해서나 축제를 위해서 여신의 예를 우리의 소년 소녀들이 전적으로 모방한다면, 이는 적절할 겁니다. 어린아이들, 즉 어린 연령부터 징집 전의 연령에 있는 아이들로 말할 것 같으면, 이들은 신들을 위한 모든 행렬과 행진에서 항상 말(馬)과 무기로 장식을 해야 합니다. 이 과정에서 신들과 신들의 자식들에게 탄원하고자 할 때 이들은 춤과 행진을 통해 탄원하되, 행진을 때로는 빨리, 때로는 천천히 해야
d 합니다. 경연대회 및 예비경연은 이런 목적 이외의 다른 어떤 목적을 위해서도 개최되어서는 안 됩니다. 이런 경연들은 전시에서나 평화 시에 국가와 개인의 가정 모두를 위해서 유용합니다. 메길로스, 그리고 클레이니아스, 다른 종류의 육체적 운동은, 진지한 것이든 놀이를 위한 것이든, 모두가 자유인에게 어울리지 않는 것입니다.[18]

아버지 크로노스가 분간해 알아내지 못하도록 했다고 한다. 쿠레테스들을 모방한 춤 축제가 제우스의 동굴 근처에서 매년 행해졌다고 한다.

16) '디오스'(Dios, '제우스의') + '코로이'(*koroi*, '자식들'). 즉, 쌍둥이 형제 카스토르(Kastor)와 폴리데우케스(Polydeukes)를 말한다. 카스트로는 전차기수로서, 폴리데우케스는 복싱선수로서 많은 무훈을 남겼다고 한다. 이들을 기리는 축제가 스파르타에서 열렸다고 하며, 여기에는 무장한 채 추는 춤이 포함된 듯하다.

17) 여신 아테나.

18) 1권 633b~c 참고.

앞에서 우리가 논의를 시작할 때 내가 다룰 필요가 있다고 말했던[19] 체육에 관해서는 이제 거의 다 이야기되었습니다. 당신들 생각에 이것보다 더 좋은 종류의 체육이 있다면, 우리가 공유할 수 있도록 한번 말해 보시지요. e

클레이니아스: 손님, 선생이 말한 것을 내버려 두고 이보다 더 좋은 다른 체육과 경연을 발견하는 것은 쉽지 않습니다.

아테네인: 다음 주제는 뮤즈와 아폴론의 선물[20]에 관한 것입니다. 이전에 우리는 그것에 관해 다 이야기했고[21] 오직 체육만 남았다고 생각했지요. 하지만 이제 어떤 논점들에 대해 더 이야기할지가 분명해졌고 또 이 논점들을 다른 점보다 먼저 모든 사람에게 말해야 한다는 것이 분명해졌습니다. 이 논점들에 관해 순서대로 이야기해 봅시다.

클레이니아스: 그건 확실히 이야기해야 되겠군요.

아테네인: 그럼 들어 보십시오. 앞에서 이미 들었지만 797a
말입니다. 그렇지만 그런 아주 이상하고 익숙하지 않은 주제에 관해서는 말하는 자와 듣는 자는 조심을 해야 하는데, 특히 지금이 그때입니다. 말하기가 두려운 그런 주장을 내가 할 것이기 때문입니다. 그렇지만 어떻게든 용기를 내 물러서지 않겠습니다.

클레이니아스: 어떤 주장을 말하시는 겁니까, 손님?

아테네인: 법 제정에서 놀이가 제정된 법의 안정성 여부에 가장 결정적인 요소라는 사실을 어느 나라에서도 아무

19) 2권 673b 이하.

20) 음악.

21) 2권 672e1, 673b1.

b 도 모른다고 나는 주장합니다. 놀이가 정해져서 동일한 아이들이 동일한 규칙에 따라 동일한 방식으로 항상 동일한 놀이를 하고 동일한 장난감으로 즐거워한다면, 이는 진지한 목적으로 제정된 법규를 흔들림 없이 지속하도록 해줄 겁니다. 그러나 놀이가 바뀌고 새로운 시도가 도입되며 항상 새로운 변화를 겪게 된다고 생각해 봅시다. 그러면 젊은이들은 늘 같은 것에 대해 친근함을 표현하지 않게 되고, 또한 자신들의 자세나 다른 부분들에 관해 무엇이 적절하고 부적절한지에 관해 그들 사이에 합의는 이
c 뤄지지 않으며, 그 대신에 항상 새로운 시도를 도입하고 형태와 색, 그러한 모든 것에 있어 익숙한 것과 다른 무언가를 소개하는 사람을 특별히 존경하게 됩니다. 그러면 이런 사람보다 나라에 더 큰 위험이 되는 것은 없다고 우리가 주장한다면, 이 주장은 매우 옳을 것입니다. 그런 사람은 남들 모르게 젊은이들의 성격을 바꿔 놓고 젊은이들로 하여금 오래된 것은 하찮게 여기고 새로운 것은 가치 있게 여기도록 만들기 때문입니다. 다시 말하건대 모든 나라에 이런 말과 신념보다 더 큰 해악은 없습니다. 그것이 얼마나 큰 악인지 내 말을 들어 보십시오.

d **클레이니아스**: 오래된 것이 나라에서 비난받는다는 것을 말하는 겁니까?

아테네인: 그렇습니다.

클레이니아스: 그렇다면 당신은 아마 우리가 바로 이 논의에 대해 무심한 청자가 아니라 최대한 호의적인 청자임을 알게 될 겁니다.

아테네인: 그럴 겁니다.

클레이니아스: 계속하시죠.

아테네인: 자, 그러면 우리는 평소 우리 모습보다 더 주
의 깊게 이 논의에 대해 청취하면서 서로 이야기해 보도
록 합시다. 모든 것의 변화는, 나쁜 것들이 변하는 경우
를[22] 제외하고는, 가장 위험한 것임을 우리는 발견할 것
입니다. 이것은 모든 계절에, 바람에, 신체의 섭생에, 혼
의 성격에 적용됩니다. 다시 말해, 이 경우에는 그렇지만 e
저 경우에는 그렇지 않은 것이 아니라는 논점이 지금의
논점입니다. 방금 말했다시피 나쁜 것들의 변화는 제외하
고 말입니다. 그래서 신체의 경우를 보면, 신체가 한편으
로는 모든 음식에, 다른 한편으로는 모든 마실 것과 운동
에 익숙해질 때, 비록 처음에는 이것들 때문에 혼란스럽
겠지만 시간이 지나면 바로 이것들 때문에 이것들에 적합
한 살을 돋아나게 하고, 그래서 이런 섭생에 친밀해지고 798a
익숙해지며 친해져서 쾌락과 건강에 관한 한 가장 좋은
삶을 살게 됩니다. 그리고 누군가가 검증받은 섭생 방식
중 어느 하나로 다시 전환할 것을 강제 받았을 때, 그는
처음에는 병으로 몸이 나빠지겠지만 새로운 영양섭취 방
식에 다시 익숙해짐으로써 힘은 들겠지만 회복을 하게 됩
니다. 이와 똑같은 일이 인간의 사유와 혼의 본성에서도
일어난다고 생각해야 합니다. 왜냐하면 사람들을 양육한
법률이 어떤 신적인 행운으로 오랜 시간에도 변하지 않고 b
남아 있어서 사람들 중 누구도 그 법률이 한때는 현재 상
태와 다른 식으로 있었음을 들은 적도 없고 기억할 수도

22) 816e 참고.

798b

없을 정도라면, 혼 전체는 그 법률을 존경하며 그때 제정
되어 있는 것 중 그 어느 것에도 변화를 꾀하기를 두려워
하기 때문입니다. 입법가는 어떤 방법으로 이런 상황이
나라에서 일어날 수 있을지에 관하여 그 수단에 대해 어
떻게든 생각해 내야 합니다. 다음과 같은 식으로 나는 그
수단을 발견합니다. 현재의 모든 입법가는 젊은이들의 놀
이가 변화할 때 그것은, 앞서 우리가 말했듯이,[23] 단지
놀이일 뿐이라고 생각하지 그로부터 심각한 해가 발생한
c 다고는 생각지 않습니다. 그래서 이들은 이를 말리기는커
녕 양보하고 동조합니다. 그들은, 놀이에서 새로운 변화
를 꾀하는 이 아이들이 그들의 부모와는 필연적으로 다른
사람이 되고, 다른 사람이 된 후 다른 삶을 추구하며, 그
런 추구를 통해 그들은 다른 제도와 법률을 욕구한다는
것을 헤아리지 못합니다. 이런 일 다음에는, 조금 전에
말했듯이,[24] 나라에 가장 큰 악이 닥치게 된다는 사실을
d 그들 중 누구도 두려워하지 않습니다. 다른 변화들은, 단
지 외적인 모양에서 변화를 겪는 한, 작은 해악만 초래하
지만, 성격에 관한 칭찬과 비난에서의 잦은 변화는 가장
크고 심각한 것이므로 아주 세심한 주의가 필요하다고 나
는 생각합니다.

클레이니아스: 의심할 바 없이 그렇습니다.

아테네인: 우리가 앞서 했던 이야기[25]를 우리가 계속 믿을까요? 리듬을 비롯한 시가 일반은 좋은 사람과 나쁜

23) 797a~b 참고.

24) 797c 참고.

25) 2권 655d5 이하.

사람의 성격에 대한 모방이라는 것을 말입니다. 아니면 달리 생각해야 할까요? e

클레이니아스: 우리의 신념이 달라져서는 안 됩니다.

아테네인: 그렇다면 우리 아이들이 춤이나 노래에 있어 다른 모방에 접촉하는 것을 욕구하는 일이 없도록, 그리고 누군가가 이들에게 갖은 쾌락을 제공해서 설득하는 일이 없도록 모든 수단을 강구해야 한다고 우리는 주장하는 거지요?[26]

클레이니아스: 정말 그렇습니다.

아테네인: 그렇다면 이런 목적을 위해 이집트인들의 방 799a
책보다 더 좋은 방책을 우리 중 누가 알고 있나요?

클레이니아스: 무슨 방책 말인가요?

아테네인: 모든 춤과 노래를 봉헌하는 것입니다. 첫 번째로, 한 해에 어떤 축제가 어떤 시기에 그리고 어떤 신들과 어떤 신들의 자식들 및 신령들 각각을 위해 일어날지를 계산해 축제를 정합니다. 그다음으로 신들을 위한 제사 각각에 어떤 노래를 부를지 그리고 어떤 가무로 각각
의 제의를 빛낼지를 정합니다. 이런 것은 우선 몇몇 사람 b
들이 정합니다. 일단 이것이 정해지면, 모든 시민은 모이라 여신들[27]과 다른 모든 신에게 공동의 제사를 지낸 다

26) 플라톤은 첫 번째 목적, 즉 아이들이 변화에 대한 욕구를 가지지 않도록 하는 것은 놀이의 동일성을 통해 꾀한다. 두 번째 목적, 즉 변화 유도의 시도가 들어오는 것을 차단하는 것은 이집트 모델에 근거한 법 제정을 통해 꾀한다.

27) 제우스와 테미스 사이에서 태어난 세 운명의 여신들(클로토, 라케시스, 아트로포스)을 지칭한다(헤시오도스, 《신들의 계보》 904~906). 운명의 여신들은 각 개인의 운명을 실로 잣는 모습으로 묘사된다. 《국가》 10권

음, 그들 각각의 신들과 다른 신적 존재들을 위해 개별적인 노래를 제주(祭酒)를 따르면서 봉헌합니다. 그런데 누군가가 이 규정에 어긋나게 어느 신에게라도 다른 찬가나 춤을 바칠 경우, 남자 사제들과 여자 사제들이 법수호자들과 함께 이자를 추방한다면, 이 추방은 경건하게 법에 따라 이루어지는 것입니다. 그러나 추방되는 자가 추방을 거부한다면, 원하는 자 누구라도 평생 그를 불경죄로 고발[28] 할 수 있습니다.

클레이니아스: 옳습니다.

c **아테네인**: 우리가 이제 이 논의에 도달했으니 바로 우리 같은 사람에게 합당한 방식대로 생각하고 행동하도록 합시다.

클레이니아스: 무슨 말인지요?

아테네인: 나이 먹은 사람뿐만 아니라 젊은 사람은 누구나 이상하거나 전혀 익숙하지 않은 것[29] 을 하나라도 보거나 듣게 될 경우에, 그에 관한 의문점을 해결하려고 성급하게 달려들어 그것에 동의하는 일은 결코 없습니다. 그는 세 갈래 길에 이르러 ― 혼자 가든 다른 사람들과 함께
d 가든 ― 길을 정확히 몰라 멈춘 후 자신에게나 다른 사람에게 의문점을 묻는 사람과도 같습니다. 길이 어디로 가

617c 이하 그리고 이 책의 12권 960c~d 참고.

28) '고발'로 번역한 'dikē'는 넓은 의미의 '송사'라는 뜻도 있고, 좁은 의미로 '공적인 사건에 대한 고발'을 의미하기도 한다. 이에 대한 자세한 설명은 12권 948d 해당 주 참고.

29) 797a에서 이상하고 익숙하지 않은 주제를 논의할 때 주의해야 한다는 말을 했는데, 여기서 그 이유를 설명하는 셈이다.

는지에 관한 조사를 확실히 하기 전까지는 그는 움직이려 하지 않을 것입니다. 지금 우리도 이와 똑같은 식으로 해야 합니다. 우리는 지금 법률에 관한 이상한 논의에 마주쳤으므로 모든 조사를 다 해야 합니다. 그렇게 중요한 것에 관해 이렇게 나이를 먹은 우리가 즉석에서 뭔가 명확한 것을 말할 수 있는 것처럼 단언하면서 그렇게 쉽게 주장해서는 안 됩니다.

클레이니아스: 정말 옳은 말씀입니다.

아테네인: 따라서 우리는 이 문제에 시간을 투자할 것이 e
고 충분히 조사했을 때 그것에 관해 확실한 결론을 내릴 것입니다. 하지만, 우리가 현재 다루는 '법률들'에 맞는 배열을 완성하는 데 불필요한 방해를 받는다면 이 또한 좋지 않습니다. 이 법률들의 끝에 우리가 도달할 때까지 계속 갑시다. 신께서 허락하시는 가운데 상세한 설명이 모두 완성되면 아마도 지금의 의문점에 대한 충분한 해결책이 제시되겠지요.

클레이니아스: 손님, 아주 좋은 제안입니다. 말씀하신 대로 하도록 합시다.

아테네인: 우리의 노래가 '법률'(*nomoi*)이 되었다는 이 이상한 사실[30]에 우리가 동의한 것으로 칩시다. 옛사람들도 키타라 반주에 맞춘 노래에 대해 그런 명칭을 붙인 것
으로 보입니다. 아마도 이들 역시 우리의 이런 제안에 완 800a
전히 멀리 떨어져 있지는 않았고, 잠을 자든 깨어 있든 꿈꾸듯이 이것을 예감했을 겁니다. 여하튼 이에 대한 우리

30) 'nomos'의 이중적 의미(법률, 노래)를 두고 하는 말이다. 3권 700b5 참고.

의 결정은 다음과 같습니다. 공적으로 승인되고 신성하게 여겨진 노래와 젊은이의 모든 가무 이외에는 누구도 다른 것을 부르거나 춤으로 표현해서는 안 됩니다. 그가 다른 어떤 법도 어겨서는 안 되는 것과 마찬가지로 말입니다. 이를 따르는 사람은 처벌되지 않고 내버려 두겠지만, 따르지 않는 자는 좀 전에 말한 바와 같이 법수호자와 남자
b 사제, 그리고 여자 사제에 의해 처벌받아야 합니다. 이런 것이 우리의 현재 논의에서 정해진 것으로 할까요?

클레이니아스: 그렇게 하지요.

아테네인: 그런 것에 대해 어떤 식으로 법을 제정해야 우리가 그 어떤 비웃음도 사지 않겠습니까? 이에 관해 다음과 같은 것도 살펴보도록 합시다. 가장 안전한 것은 먼저 이를 위한 몇 가지 본보기를 우리의 논의에서 만드는 것입니다. 그런 본보기의 하나로서 다음과 같은 것이 있습니다. 제의가 이루어지고 제물이 법에 따라 불태워진 이후 누군가가—아들이든 형제든—사적으로 제단과 제
c 물에 다가가 누군가에게 온갖 불경스러운 말을 한다고 상상해 봅시다. 그럴 경우 그의 말은 아버지와 집안 식구들의 마음에 낙담과 나쁜 징조와 불길한 예감을 깃들게 할 것이라고 우리는 생각하지 않습니까?

클레이니아스: 그렇습니다.

아테네인: 이것은 지금 우리 땅에 있는 거의 모든 나라에서 벌어지는 일입니다. 어떤 관리가 공적으로 제사를 바치면, 그 이후에 하나의 가무단이 아니라 여러 가무단이 들어와, 제단으로부터 떨어진 곳이 아니라 때로는 바로 옆에
d 자리를 잡습니다. 그리고 신성한 제물 위에 모든 불경스러

운 언동을 쏟아붓습니다. 이 무리는 말과 리듬과 아주 슬픈 선법으로 청중의 마음을 사로잡으며, 시민들이 제사를 바치고 난 후 즉석에서 가장 많은 눈물을 흘리게 한 가무단이 상을 가져갑니다. 그런데 이런 '법률'(노래)[31]을 우리는 거부하지 않나요? 시민들이 상서로운 날이 아니라 불행한 날에 그런 곡소리를 정말 들을 필요가 있다면, 그때에는 e
외부에서 가무단을 고용해 노래를 부르도록 하는 것이 더 적절할 것입니다. 장례식을 위해 고용된 자들이 카리아 노래[32]를 부르면서 망자를 운반하는 것처럼 말입니다. 이런 것이 또한 그런 노래에 어울릴 겁니다. 그리고 장례식 노래를 위한 복장으로는 화관이나 금으로 된 장식은 어울리지 않고 전적으로 그 반대가 어울립니다. 나는 이에 관한 말을 최대한 빨리 끝내고 싶습니다. 이제 나는 우리 스스로 다시 다음의 질문을 합니다. 노래를 위한 본보기 법률 중 첫 번째 것으로 이 한 가지가 우리에게 만족스러운지 어떨지를 말입니다.

클레이니아스: 그게 무엇인지요?

아테네인: 상서로운 말을 사용해야 한다는 법률입니다. 특히 우리의 노래는 모든 점에서 전적으로 상서로운 종류이어야 한다는 것이죠. 다른 질문을 더 이상 하지 않고 계 801a
속 그렇게 나갈까요?

클레이니아스: 확실히 그렇게 나가시지요. 이 법률은 어떤 반대도 없이 승인됩니다.

---

31) 'nomos'의 이중적 의미에 주의하라.

32) 보통 피리 반주와 함께 부르는 슬픈 곡조의 노래〔아리스토파네스, 〈개구리〉(*Batrakoi*) 1302〕.

아테네인: 시가에 관해서 상서로운 말 다음으로 두 번째로 와야 할 법률은 무엇일까요? 우리가 신들에게 제사를 드릴 때 이들에게 항상 기도를 드려야 한다는 것 아니겠습니까?

클레이니아스: 물론입니다.

아테네인: 세 번째 법률은 내 생각에 다음과 같습니다. 시인들은 기도가 신들에 대한 간청이라는 것을 알고 있기
b 에 나쁜 것을 좋은 것인 것처럼 부지불식간에 간청하지 않도록 특별히 주의해야 한다는 것입니다. 그런 기도를 드린다는 것은 우스운 일이 될 것입니다.

클레이니아스: 그렇습니다.

아테네인: 우리는 좀 전에[33] 금이든 은이든 플루토스[34]는 나라 안에 정착해서 거주할 수 없다는 말에 설득당하지 않았나요?

클레이니아스: 물론입니다.

아테네인: 이 주장이 무엇을 위한 예로 제시되었다고 우리는 말할까요? 시인들 일반은 좋은 것과 나쁜 것을 정확히 인식하는 능력을 전혀 가지고 있지 않다[35]는 것에 대
c 한 예 아닐까요? 말이나 노래를 통해 이런 잘못을 저질러 옳지 않은 기도를 만드는 시인은, 우리 시민이 가장 중대한 일에 대해서 좋은 것과는 정반대의 것을 기도하도록 만들 것입니다. 그렇지만 말했다시피 우리가 이보다 더

---

33) 5권 741e 이하.

34) 플루토스는 부의 신이며, 데메테르와 이아시온의 아들이다.

35) 또는 "시인 모두가 좋은 것과 나쁜 것을 정확히 인식하는 능력을 가지고 있는 것은 아니다"로도 번역 가능하다.

큰 많은 잘못을 발견하지는 못할 것입니다. 그래서 이것 또한 시가에 관한 본보기 법률의 하나로 놓을까요?

클레이니아스: 어떤 법률 말인가요? 더 분명하게 말씀해 주시지요.

아테네인: 시인은 나라의 법규나 나라의 정의로움, 훌륭함, 좋음에 어긋나는 그 어떤 다른 것도 지어서는 안 된다는 법률입니다. 그리고 그는 그의 작품을 법수호자와 이 d
일을 위해 임명된 검열관 앞에 보여 주고 승인을 받기 전까지는 사적인 개인 누구에게도 보여 주는 일이 허용되지 않습니다.[36] 실제로 이 일을 위해 임명된 자들은 우리가 시가 영역의 입법자로 선출한 자들과 교육감독관[37]입니다. 어떻습니까? 내가 여러 번 물어보았듯이, 이것을 견본이자 본보기가 되는 세 번째 법률로 내놓을까요? 아니면 다르게 생각하나요?

클레이니아스: 물론 그렇게 하시지요.

아테네인: 그다음으로, 신들을 위한 찬가와 찬사의 노래 e
를 기도와 결합해서 부른다면 이는 아주 옳은 일입니다. 신 다음에는 신령들과 영웅들에게 찬사의 노래를 곁들인 기도가 이들 각자에게 적절한 형태로 바쳐질 것입니다.

클레이니아스: 물론입니다.

아테네인: 이제 바로 다음과 같은 법이 별 거리낌 없이 올 수 있을 겁니다. 신체를 통해서나 혼을 통해서 훌륭하

---

36) 시인들에 대한 플라톤의 비판에 대해서는 2권 656c, 661c, 662b; 4권 719b; 817c~d 그리고 《국가》 2권 377a~383c; 3권 392c~398b; 10권 595a~608b 참고.

37) 교육감독관에 대해서는 6권 764c5~766c2('교육을 위한 관리') 참고.

801e

고도 힘든 일을 성취하고 법을 따른 후에 삶의 종착점에 도달한 시민들 모두가 찬사를 받는 것은 적절한 일입니다.

클레이니아스: 물론입니다.

802a **아테네인**: 그런데 아직 살아 있는 자들을 찬사와 찬양으로 존경하는 것은 그렇게 안전한 일이 아닙니다. 우리는 그가 인생의 길 모두를 다 달리고 아름다운 끝을 맺을 때까지 기다려야 합니다. 이런 모든 존경은 남자나 여자나 훌륭하다는 사실이 누가 봐도 분명하다면 똑같이 주어져야 합니다.

노래와 춤에 관해서는 다음과 같이 정해져야 합니다. 옛사람들로부터 전해지는 아름다운 시가 작품들이 많이 있고, 마찬가지로 신체를 위한 춤들도 있습니다. 우리는 이것들 중 우리가 세우고자 하는 나라에 적당하고 알맞은

b 것을 원 없이 선별할 수 있습니다. 50세 이상의 검열관들을 선출하여 이것들을 선별하게 합니다. 오래된 작품 중에서 충분한 것으로 여겨지는 것은 승인하지만, 전혀 쓸모없다고 여겨지는 것은 아예 사장시켜야 합니다. 부족하다고 여겨지는 것은 다시 취합해서 개선하되, 시적인 재능과 시가 재능이 있는 자들을 통해서 이뤄져야 합니다.

c 그들은 이들의 창작 능력을 활용하기는 하지만, 극히 제한된 예외가 아니라면 이들의 욕구와 쾌락에 의지해서는 안 됩니다. 우리는 입법가들의 의도를 해석하면서 춤과 노래와 가무 전체를 가능한 한 최대로 이들의 정신에 맞춰 조직해야 합니다. 질서 없이 만들어지고 추구된 시가라 할지라도 질서를 부여받게 되면 모두가 훨씬 더 훌륭하게 됩니다. 달콤한 뮤즈가 거기에 덧붙여지지 않을지라

도 말입니다. 쾌락은 결국 모든 시가에 공통적이기 때문입니다.[38] 아이 때부터 시작해서 분별력을 갖춘 성인이 될 때까지 절제 있고 질서 있는 시가 안에서 살아온 사람을 생각해 봅시다. 그가 그 반대의 시가를 듣게 될 때 그 d
는 이 시가를 싫어하며 이를 자유인답지 않은 것이라고 이름 붙입니다. 그가 대중적이고 달콤한 시가와 함께 성장했다면 그는 이와 반대되는 시가를 차갑고 즐겁지 않은 시가라고 주장할 것입니다. 그래서 좀 전에 말했듯이, 쾌락을 제공하거나 제공하지 않는다는 점에 있어서는 언급한 두 유형 중 그 어떤 것도 다른 것보다 우월하지 않습니다. 하지만 결정적인 차이점은, 언제나 한 유형은 그 속에서 성장한 자를 보다 좋은 사람으로, 다른 하나는 보다 나쁜 사람으로 만든다는 것입니다.

클레이니아스: 훌륭한 말씀입니다.

아테네인: 나아가 여성에게 맞는 노래와 남성에게 맞는 노래를 개략적으로 구분하는 일이 필요할 것입니다. 그리 e
고 반드시 이것들 각각에 선법과 리듬을 맞춰 주어야 할 것입니다. 노래가 전체 선법에 맞지 않거나 박자에 맞지 않으면 끔찍한 일이지요. 이 요소들 각각에 결코 맞지 않는 것을 노래에 허용할 때 그런 결과가 생깁니다. 이 요소들에 대해서도 그 형태나마 법으로 정해 주어야 합니다. 여성과 남성의 노래 양쪽에 음악적 필연성이 요구하는 선법과 리듬 모두를 부여할 수 있습니다. 그러나 여성의 노래는 두 성(性) 각각의 본성적 차이 자체에 근거하여 더

38) 음악적 쾌락의 원인에 관한 아이디어. 2권 658e, 667b 참고.

802e 정확히 규정해야 합니다. 그래서 통이 큰 것과 용감한 경향은 남성적이라고 말해야겠지만, 조신함과 절제로 기우는 것은 법률에서나 설명[39] 에서나 더 여성적인 것으로 공포해야겠지요.

803a 바로 이것이 법률의 배열[40] 입니다. 다음으로 이것들에 대한 가르침과 전달에 관해 이야기해야 합니다. 어떤 방법으로 이것들 각각을 가르쳐야 하고, 누구를 가르쳐야 하고, 언제 가르쳐야 할지에 관해서 말입니다. 마치 배 만드는 자가 배를 만들 때 우선 용골(龍骨)을 깔아 배 형체의 윤곽을 잡듯이, 나도 똑같은 방식으로 일을 하고 있다고 생각합니다. 나는 혼의 성격(*tropoi*)[41] 에 따라 삶의 형태를
b 구분하려고 시도하고 있기 때문입니다. 우리가 삶의 이 항해를 아주 훌륭하게 끝까지 해나가기 위해서 우리는 어떤 수단과 성격을 택하면서 가야 하는지요? 나는 이 점을 올바르게 고찰하면서 정말로 삶의 '용골'을 깔려고 시도하고 있습니다. 인간사가 아주 진지하게 받아들일 만한 가치가 있다는 것은 아닙니다. 하지만 우리는 어쩔 수 없이 진지하게 받아들입니다. 이는 유감스러운 상황입니다. 하지만 우리가 이런 처지에 있으므로 어떤 적당한 대상을 통해 우리의 진지함을 보여 줄 수 있다면, 이는 아마 우리에게 적절한 일이 될 것입니다. 그런데 누군가가 "지금 내 말의 의

39) '설명'(*logos*)은 '법률에 대한 설명'을 뜻한다. '설명' 대신 '말' 혹은 '연설'로도 번역 가능하다.

40) 799e3 참고.

41) '용골'과 '성격'에 짝하는 그리스어 'tropideia'와 'tropoi'의 병치는 발음 유사성에 따른 의도적인 단어 병치이다.

미가 무엇이냐"라고 물어봄으로써 내 말을 받는다면, 그는 아마 옳게 말을 받는 것일 겁니다.

클레이니아스: 그렇습니다. c

아테네인: 내 주장은 이렇습니다. 진지한 일에 대해서는 진지하게 받아들여야 하고 그렇지 않은 일에 대해서는 그렇게 해서는 안 된다는 것입니다. 본성적으로 신에게는 모든 복된 진지함의 가치가 있습니다. 하지만 인간은 앞에서 이야기한 것처럼[42] 신의 장난감으로 고안되었으며, 이런 것으로 고안되었다는 사실이 그에게 있어 가장 좋은 일입니다. 이 역할을 모든 남자와 여자는 따르면서 가능한 한 가장 아름다운 놀이와 여가를 보내며 삶의 시간을 지내야 합니다. 지금 사람들 생각과는 반대 방식으로 생각하면서 말입니다.

클레이니아스: 무슨 말이지요? d

아테네인: 지금 사람들 생각은, 진지한 일을 하는 것은 놀이와 여가를 위해 그래야 한다는 것입니다. 사람들은 예를 들어, 전쟁과 관련된 일은 진지한 일이며 평화를 위해 잘 조직되어야 한다고 생각합니다. 그러나 본래 전쟁을 통해 진정한 놀이나 여가 그리고 언급할 만한 가치가 있는 교육이 실현된 적은 없었으며, 현재에도 앞으로도 없을 것입니다. 그런데 우리 생각에 교육이 우리에게 가장 진지하고 중요한 것입니다. 그러므로 각자는 평화로운 삶의 시간을 가장 길게 그리고 가장 훌륭하게 보내야 합니다. 그럼 올바른 방법은 무엇입니까? 우리는 제사를 지 e

42) 1권 644d 참고.

803e

내든, 노래를 부르든, 춤을 추든, 어떤 놀이를 하면서 삶을 보내야 합니다. 신들은 우리에게 온화하게 되고, 적들에 대해서는 방어를 하고 싸워 이길 수 있도록 말입니다.

어떤 노래를 부르고 어떤 춤을 추어야 이 둘을 이룰 수 있을지에 관해서는 개괄적인 윤곽을 말했습니다. 말하자면 우리의 길은 열려 있으며, 또한 우리는 저 시인의 말이 옳으리라는 것을 기대하면서 그 길을 가야 합니다.

804a 텔레마코스여, 어떤 것들은 네가 너의 마음속에서 스스로 알게 되겠지만 어떤 것들은 또한 신적인 존재가 너에게 알려줄 것이다. 내 생각에는, 네가 태어나고 양육되는 것은 신들의 뜻과 어긋나는 것이 아니기 때문이다.[43]

우리에 의해 양육된 자들 또한 똑같은 것을 생각하면서 길을 가야 합니다. 이들은 한편으로는 우리가 말한 것이 충분하다고 믿어야 하고, 다른 한편으로는 신과 신적인 존재가 제사와 춤과 관련해 자신들에게 알려줄 것이라고 믿어야 합니다. 놀이 각각을 신들 중 누구를 위해, 언제
b 벌이는지 그리고 어떤 신들에게서 온화한 자비를 구하는지에 대해 말입니다. 그래서 자신의 본성적 성격에 맞는 삶을 살도록 말입니다. 대부분의 시간에 인형으로서[44] 그리고 아주 간헐적으로만 현실(진실)에 참여하는 자로서[45]

43) 호메로스, 《오뒤세이아》 3.26~28. 여신 아테네가 노인으로 변장해 젊은이 텔레마코스에게 하는 말.

44) 803c에서 말한 신의 장난감으로서 인형을 말한다.

45) 신의 힘과 인간의 힘의 차이에 관해서는 4권 709b 참고.

말입니다.

메길로스: 선생, 선생은 인간종을 전적으로 아주 보잘것없이 만드시는군요.

아테네인: 놀라지 마십시오, 메길로스 선생. 선생의 양해를 구합니다. 나는 신을 바라보고 있었고 그 상태에서 내가 방금 한 말을 했을 뿐입니다.[46] 선생이 좋다면, 우리 인간종을 형편없는 것이 아니라 어떤 중요한 가치가 c
있는 것으로 놓으십시오.

다음 주제로 말할 것 같으면, 도시 중앙의 세 군데에 있는 체육관과 공공 학교의 건축에 관해서는 이미 이야기한 바가 있습니다. 나아가 도시 바깥 성 주위 세 군데에는 말들을 위한 훈련장과 함께 활쏘기와 다른 종류의 창던지기를 위해 고르게 만든 평지가 있어야 합니다. 이 평지에서 젊은이들은 연습을 하고 배웁니다. 이것에 관해 이전에 충분히 이야기가 되지 않았다면, 이제는 법 제정과 더불어 설명을 하도록 합시다. 각 과목에 대해 외국인 교사들을 임금 d
을 주고 고용해서 이 모든 장소에서 살도록 해야 합니다. 이들은 학생들에게 전쟁과 시가에 관한 모든 교과목을 가르쳐야 합니다. 그런데 어떤 아이는 자신의 아버지가 원하기 때문에 학교에 가고, 또 어떤 아이는 아버지가 원하지 않기 때문에 교육을 받지 못하는 일이 벌어져서는 안 됩니다. 사람들이 말하듯 "모든 사람과 아이는" 가능한 한 의무적으로 교육을 받아야 하는데, 이것은 이들이 친부모에 속

46) 압축적으로 표현된 이 말은 다음과 같이 풀 수 있다. "나는 신에 대한 비전을 가졌고, 이 비전에서 나는 내가 하나의 인형이라는 점을 느꼈습니다. 인간종의 위상에 관해 내가 말한 논점을 바로 내가 느꼈습니다."

804d

하기보다는 국가에 속하기 때문입니다.[47] 나의 법은 남성 뿐만 아니라 여성에 대해서도 모두 똑같은 식으로 적용될
e 것입니다. 즉, 여성도 동일한 것을 훈련해야 합니다. 승마나 체육이 남자에게는 적절할 수 있어도 여자에게는 부적절할지 모른다는 그 어떤 우려도 없이 나는 이 제안을 하고자 합니다. 나는 오래된 신화를 들어서 이런 제안에 설득되어 있기도 합니다. 하지만 현재에도 폰토스(Pontos)[48] 주변에 사우로마티스(Sauromatis)라는 이름을 가진, 말하자
805a 면 셀 수도 없을 정도로 많은 여자가 있으며 이들에게는 승마뿐만 아니라 활을 비롯한 다른 무기들을 숙달하는 것이 남자들과 똑같은 식으로 의무로 정해져 있고 그래서 이를 똑같은 식으로 연습한다는 사실을 나는 알고 있습니다. 게다가 이에 관해 나는 다음의 추론을 합니다. 즉, 이런 일이 생기는 것이 정말 가능하다면, 우리 그리스 땅에서 현재 일어나는 일은 아주 바보 같은 일입니다. 우리 그리스에서는 모든 남자와 여자가 한뜻으로 같은 일을 온 힘을 다해 수행하지 않고 있습니다. 거의 모든 나라는 지금 같은 상황에서는 동일한 지출과 수고로부터 2배로 성장할 수 있는데도 반
b 쪽에 불과하며 앞으로도 그럴 것입니다. 그렇지만 바로 이런 일은 입법가에게는 놀라울 정도로 큰 잘못일 겁니다.

클레이니아스: 그런 것 같습니다. 그렇지만 손님, 당신이 제안한 것들 중 적지 않은 것들이 우리에게 익숙한 정치체제와 맞지 않는군요. 그러나 이 논의의 끝이 맺어지도록 그리고 이 논의의 끝이 잘 맺어졌을 때 우리에게 좋아

47) 11권 923a~b 참고.

48) 오늘날의 흑해.

보이는 것을 선택하자고 당신은 말한 적이 있지요.[49] 이 말은 아주 일리 있는 말입니다. 당신의 이 말은 내가 이런 반론을 한 것에 대해 나 스스로 힐책하게끔 하는군요. 자, c
하고 싶은 말을 계속하십시오.

아테네인: 클레이니아스, 내가 하고 싶은 말은 이미 조금 전 내가 말한 것입니다.[50] 즉, 우리의 제안이 실현될 수 있다는 것이 만약 사실적 증거에 의해 충분히 증명되지 못한다면, 이 제안에 대해 아마 반론의 여지가 있을 것입니다. 그러나 이제 이 법을 결코 받아들이지 않으려는 자는 다른 방식을 찾아야 할 것입니다. 이에 관한 우리의 요구, 즉 여성은 교육과 그 밖의 다른 일에 남성과 함께 최대한으로 참여해야 한다는 요구가 지니는 열기가 식는 일은 없을 겁니다. 따라서 이 문제에 관해서는 아마 다음 d
과 같이 생각해야 할 것입니다. 자, 보십시오. 만일 여자들이 남자들과 함께 삶 전체를 같이 하지 않는다면, 이들을 위해서는 뭔가 다른 삶의 양식이 생길 수밖에 없지 않겠습니까?

클레이니아스: 그럴 수밖에 없습니다.

아테네인: 그렇다면 지금 우리가 여성들에게 규정하고 있는 이런 공동의 삶의 양식보다 더 선호할 만한 것이 현존하는 삶의 양식 중에 있다면, 그것은 무엇입니까? 예를 들어, 트라케 종족과 그 밖의 다른 많은 종족이 이용하는 여자들의 삶의 양식입니까? 그곳에서 여자들은 농사를 짓 e

49) 5권 739a6 이하, 746b5 이하; 799e2 이하 참고.

50) 805a 참고.

805e 고 소와 양을 기르며 노예들과 별반 다름없는 노동을 합니다. 아니면 아테네와 아테네 근처 모든 지역에 있는 여자들의 삶의 양식입니까? 지금 우리 아테네에서는 사정이 이러합니다. 우리 아테네인들은 흔히 말하듯 "모든 재산을 집에 몰아 놓고서는",[51] 이를 여자들에게 넘겨 버립니다. 여자들이 이를 관리하고 베를 짜는 일과 실 잣는 일 전체를 책임지도록 말입니다. 아니면, 이 둘의 중간에 해당하는 스파르타 여성의 삶의 양식을 제안할까요, 메길로
806a 스 선생? 스파르타 여성들은 소녀 시절에는 체육도 같이 하고, 시가 교육도 같이 받는 삶을 살아야 합니다. 하지만 이들은 성년이 되어서 실 잣는 일을 하지는 않지만, 그 대신에 힘들지만 결코 하찮거나 미천하지 않은 삶의 천을 짜야 합니다. 그렇지만 다른 한편으로 그들은 집안을 돌보고 관리하는 일과 아이들을 키우는 일에 관련해서 트라케 여자와 아테네 여자의 중간 정도는 되어야 합니다. 그러나 결정적으로 그들은 전쟁과 관련된 일에는 참여하지 않습니다. 그 결과 그들은 자신의 아이와 국가를 위해 싸
b 워야 할 어쩔 수 없는 상황에 처한다 할지라도 아마존의 여자처럼 활을 다루거나 그 밖의 다른 무기를 능숙하게 다룰 줄 모르며, 창과 방패를 손에 들고 아테나 여신을 모방할[52] 줄 모릅니다. 그래서 그들의 조국이 유린될 때 고귀하게 떨쳐 일어나 적에게 그들의 전투대열을 보여줌으로써, 아주 큰 것은 아닐지라도 적어도 공포는 불러일으

51) 트라키아 여자들은 집 바깥에서 일하지만 아테네 여자들은 집 안에 머물도록 강제된다는 말.

52) 796b~c 참고.

키는 능력을 그들은 결여하고 있습니다.[53] 이런 식의 삶을 사는 한 그들은 사우로마티스 여자들을 모방할 엄두조차 내지 못할 것입니다. 사우로마티스 여자들은 이런 여자들에 비하면 남자로 보일 것입니다. 이 점에서 당신네 c
들 스파르타의 입법가를 칭찬하고자 하는 이가 있다면 칭찬하게끔 내버려 두십시오. 나는 내가 한 말을 바꾸지 않겠습니다. 입법가라면 전체 길을 모두 가야지 반만 가서는 안 됩니다. 즉, 그는 남자들에 대해서는 신경 쓰면서도 여자들에 대해서는 사치와 낭비 속에서 무질서한 일상을 살도록 허락해서는 안 됩니다. 만약 그가 그런 것을 허락한다면, 그는 완전하게 행복한 삶 전체 중에서 그 반만 나라에게 남겨 두는 것이지 그 전체를 남겨 두는 것은 아닙니다.

메길로스: 클레이니아스, 어떻게 할까요? 이 손님이 이런 식으로 우리 스파르타를 몰아붙이도록 내버려 둘까요?

클레이니아스: 그렇게 하지요. 원하는 대로 말할 수 있 d
는 자유를 그에게 주었으므로 그를 내버려 둬야 합니다. 우리가 우리 법을 모든 면에서 충분히 다 살펴볼 때까지 말입니다.

메길로스: 옳은 말이군요.

아테네인: 그렇다면 그다음 주제를 이제 내가 말하고자 시도해야겠지요?

클레이니아스: 그렇습니다.

아테네인: 그럼 다음과 같은 시민들의 삶의 방식은 어떻

---

53) 스파르타 여자들이 전쟁에서 보여 주는 행동에 대한 이 비판의 역사적 근거에 관해서는 아리스토텔레스, 《정치학》 1269b37 참고.

806d

게 될 것 같습니까? 이 시민들에게는 적절한 양의 생필품
이 제공되고, 수공업 기술 일은 다른 이들에게[54] 그리고
e 농사일은 노예들에게 맡겨집니다. 노예들은 이들에게 땅
에서 나는 수확물을 수수한 삶을 살 만큼 충분한 양을 공
급합니다. 공동식사가 남자들을 위해 따로 차려지고, 그
근처에 딸들과 이들의 어머니를 포함한 가족들을 위해 따
로 차려집니다. 이 모든 집단의 공동식사에는 남자 관리
와 여자 관리가 정해져 있으며, 이 관리들은 매일 식사 참
여자들의 행동습관을 보고 관찰한 후 공동식사를 종료하
807a 는 일을 합니다. 다음으로 관리와 다른 이들은 각 날의 낮
과 밤이 바쳐지는 신들을 위해 헌주(獻酒)를 합니다. 이
런 절차를 마치고 난 후에 그들은 집에 갑니다. 이런 것들
이 다 수급되는 사람들에게는 어쩔 수 없이 해야 할 어떤
일도 그리고 이들에게 전적으로 적합한 어떤 일도 남아
있지 않는 겁니까? 이들 각자는 가축처럼 살이나 찌우면
서 편안히 살아야 합니까? 이것은 우리 생각에 정의롭지
도 않고 아름답지도 않습니다. 그런 식으로 삶을 사는 자
b 는 자신에게 마땅한 운명을 피해갈 수 없습니다. 손쉽게
그리고 게으르게 살을 찌운 동물은 용감한 일과 힘든 일
로 바짝 마른 다른 동물에 의해 찢겨져야 마땅합니다.

이상적 삶의 방식이 충분할 정도로 정확하게 현실화되
는 일은 아마 결코 없을 겁니다. 우리가 지금 방식대로 추
구하는 한,[55] 즉 여자와 아이들과 집이 그리고 그러한 것
들 모두가 우리 각자에게 사적인 소유물로 속하는 한 말

54) 즉, 거류민(*metoikos*)과 외국인들. 8권 846d 참고.

55) 필사본 전통을 따라 'nyn ei'(… 하는 한)로 읽었다.

입니다. 그러나 차선의 대안이 방금 말한 식[56]으로 우리에게 생겨나면,[57] 이는 꽤 적절한 일일 겁니다. 이런 삶 c
을 사는 사람들에게는 아주 작은 일이 남겨진 것도 아니고, 아주 하찮은 일이 남겨진 것도 아니라고 우리는 주장합니다. 이들에게는 모든 것 중에 가장 중요한 일이 정의로운 법률에 의해 지정되어 있습니다. 다른 모든 일을 위한 여가를 하나도 주지 않는 삶, 예컨대 퓌티아[58]와 올림피아에서의 승리를 갈망하는 삶과 비교해 볼 때, 육체와 혼의 전적인 탁월함의 돌봄에 매진하는, 정말로 '삶'이라고 부를 수 있는 삶은[59] 2배로 그리고 그 이상으로 여가가 없습니다. 신체에는 적절한 영양섭취와 운동을 주고
혼에는 적절한 앎과 습관을 주는 일이, 다른 주변적인 일 d
로 인해 방해받아서는 안 됩니다. 바로 이런 일을 행하는 자가 이로부터 완전하면서도 충분한 결과를 얻기 위해서는 낮과 밤 전체도 거의 충분하지 않을 것입니다.

사정이 이렇기 때문에 모든 자유인에게는 전체 시간, e
즉 그날 새벽에서 시작해 다음 날 새벽 해가 뜰 때까지 계속 이어지는 시간을 어떻게 보낼지에 관한 규칙이 있어야 합니다. 그런데 입법가가 집안 관리에 관해 자잘하고도 촘촘한 많은 규정들을 말한다면, 특히 나라 전체를 세세하게 그리고 지속적으로 지켜야 할 자들에게 적용되는,

---

56) 806d~e에서 서술한 방식.

57) 최선의 그리고 차선의 나라에 관한 이야기는 5권 739a~e 참고.

58) '퓌티아'(Pythia)는 아폴로 신을 기리기 위해 델포이에서 행해지는 경기를 뜻한다.

59) '유일하게 진정한 삶'의 아이디어에 관해서는 《필레보스》 62c3 참고.

807e

야간취침시간 축소에 관한 규정을 말한다면, 이는 품위에 맞지 않을 것입니다. 시민 누구라도 하룻밤이라도 내리 잠만 자고 가족들 모두에게 늘 첫 번째로 일어나는 모습
808a 을 보여 주지 못한다면, 이는 모두에게 창피한 짓이며 자유인에게 어울리지 않는 짓으로 여겨야 합니다. 이런 것을 법률이라 부르든 관행이라 부르든 상관없이 말입니다. 특히 집안의 여주인이 먼저 하녀들을 깨우는 것이 아니라 하녀들이 여주인을 깨운다면, 남자든 여자든, 아니면 아이든, 노예들 모두가 서로에게, 만약 이런 말이 가능하다면, '집 전체'[60]가 이것을 부끄러운 짓이라고 말해야 합니
b 다. 모든 시민은 밤에 잠들지 않고 깨어서 그들의 정치적인 일 그리고 가사에 관련된 일 상당 부분을 수행해야 합니다. 관리들은 나라에서, 집안의 가장과 여주인은 자신의 집에서 말입니다. 많은 잠은 우리 신체에도 혼에도 그리고 이 모든 것과 관련된 활동에도 본성상 어울리지 않습니다. 누워 자는 사람은 살아 있지 않은 사람만큼이나
c 아무짝에도 쓸모없습니다. 우리 중 신체의 살아 있음과 정신의 활동에 크게 신경을 쓰는 자는 가능한 한 많은 시간을 깨어 있고, 자신의 건강에 도움 되는 수면시간만 확보합니다. 그런데 이 시간은 습관만 잘 들이면 많이 필요하지 않습니다. 밤에 깨어 있는 나라의 관리들은 적이든 시민이든 나쁜 자들에게는 두려움의 대상이 되지만 정의롭고 절제 있는 자들에게는 존경과 찬탄의 대상이 되며, 자신에게나 나라 전체에나 유익한 존재가 됩니다.

60) 벽이나 기둥 같은 집의 물질적 구성요소들을 지칭하는 듯하다. 조롱의 효과를 증대하려는 일종의 과장법.

이런 식으로 밤을 보내게 되면 방금 말한 모든 장점 외에 어떤 용기가 나라의 시민 모두에게 생겨날 것입니다. 그러나 새벽이 다시 찾아오면 아이들을 교사들에게 보내야 d
합니다. 양 떼나 다른 어떤 가축 떼도 목동 없이 살도록 내버려 둘 수는 없고, 또한 아이들은 교복(校僕, *paidagōgos*) 없이, 그리고 노예들은 주인 없이 살도록 해서는 안 됩니다. 모든 길들이지 않은 것 중에서 아이는 가장 다루기 힘든 존재입니다. 특히 아이가 가지는 생각의 샘은 바르게 흘러가도록 아직 훈련되어 있지 않기에, 아이는 교활하고, 영악하며, 모든 길들지 않은 것 중에서 가장 제멋대로인 존재입니다.[61] 이런 이유 때문에 아이에게는 말하자면 일 e
종의 '재갈'을 많이 물려야 합니다. 아이가 어머니와 보모로부터 떨어지게 되면 아이가 아직 어리고 미숙하기 때문에 우선은 교복이 재갈 역할을 하고, 나중에는 모든 종류의 교과 및 교사들이 이 역할을 해야 합니다. 그렇지만 이때 아이는 자유인다운 대접을 받습니다. 그러나 아이 자신과 교복, 혹은 교사 중 누구라도 잘못을 저지른다면 그것을 본 성인 자유인은 누구나 이들에게 벌을 줄 수 있습니다. 이때 벌 받는 자는 노예 취급을 당합니다. 그렇지만 809a
누구든지 그런 것을 보고도 마땅한 벌을 주지 않는 자는 큰 망신을 당해야 합니다. 그리고 우리가 방금 말한 그런 자들을 보고서 벌주어야 하는데도 벌주지 않거나 적절하게 처벌하지 않는 자를 살피는 일은 법수호자들 중에서 아이들 교육을 위해 선출된 자가[62] 맡아야 합니다. 우리의 이

61) 6권 765e6 이하 참고.

62) 6권 765d4 이하 참고.

809a

법수호자는 날카로운 관찰력과 아이들 양육에 대한 특별한
관심을 가지고 법률에 따라 이들을 언제나 좋음의 길로 향
하도록 지도함으로써 이들의 본성을 바로잡아야 합니다.

그렇다면 우리의 법률 자체는 이 법수호자를 어떤 식으
b 로 충분히 교육할 수 있겠습니까? 법이 지금까지 그에게
말해 준 것은 아직 명료하지도 않고 충분하지도 않으니까
요. 어떤 것들은 충분히 언급되었지만 어떤 것들은 그렇
지 않기 때문입니다. 그렇지만 그를 위해 가능한 한 그 어
떤 것도 빠뜨려서는 안 되고 모든 점을 설명해 주어야 합
니다. 그가 재차 다른 이들에게 알려 주고 가르치기 위해
서는 말입니다. 가무, 즉 노래와 춤에 관해서는 어떤 유
형을 선택하고, 개선하고, 신성하게 여겨야 할지를[63] 이
미 말했습니다. 그렇지만 존경하는 교육감독관님, 당신이
교육하는 아이들은 운율 없이 쓴 글들 가운데 어떤 종류
c 의 것을 어떤 방식으로 배워야 합니까? 이에 관해서는 우
리가 아직 말하지 않았습니다. 물론 전쟁에 관련해서 아
이들이 무엇을 배우고 연습해야 할지 당신은 이미 논의를
통해[64] 알고 있습니다. 하지만 첫째, 읽기 및 쓰기에 관
해서 그리고 둘째, 리라 연주와 산술에 관해서는 어떠합
니까? 이것 모두를 전쟁 수행과 가정의 경영 및 나라의 경
영을 위해서 필요한 만큼 각자 배워서 취해야 한다고 우
리는 말한 적이 있습니다.[65] 그뿐만 아니라 이와 동일한

63) 선택은 800b4 이하와 802a5~b3, 개선은 802b5 이하, 신성한 것으로 정하는 것은 799a4 이하 참고.

64) 794c5 이하 참고.

65) 5권 747b1 이하 참고.

목적을 위해 별, 태양, 달과 같은 신적 존재들의 운행에
관해서도 유용한 것들을 배워야 하며, 이 배움 모두는 모
든 나라에 불가피하도록 관리해야 합니다.

우리가 지금 무엇에 관해 말하고 있냐고요? 날들을 달의 d
경과에 따라 정리하고, 또 달을 돌아오는 각 해의 경과에
따라 정리하는 일에 관해 말하고 있습니다. 계절과 제의와
축제가 제각기 자연의 순환에 맞게끔 해서 자신에게 맞는
때를 갖도록 하기 위한 일이지요. 이렇게 되면 나라는 깨
어서 살아 있게 되고, 신들에게는 마땅한 명예가 돌아가
며, 사람들은 이런 일에 관해 더 잘 이해하게 됩니다. 친 e
구여, 이 모든 것에 관해 입법가가 당신에게 충분히 기술
하지 않았습니다. 그러니 이다음으로 말해야 할 것에 관해
주목해 주십시오.

먼저, 우리가 말했다시피 당신은 읽기 및 쓰기 교육에
관해 아직 충분히 알고 있지 않습니다. 그런데 우리는 우
리가 한 말에 관해 무슨 불평을 하는 것이지요? 이런 불평
입니다. 제대로 된 시민이 되고자 하는 이는 이런 배움에
관한 엄밀함의 수준까지 가야 하는지 아니면 이런 일에
아예 달려들 필요가 없는 것인지에 관해 당신은 아직 분
명히 듣지 못했습니다. 리라 연주에 관해서도 마찬가지입
니다. 우리의 주장은, 달려들어야 한다는 것입니다. 읽기
및 쓰기를 위해서 10세 아이는 3년쯤이면 되고, 리라를 810a
연주하기 위해서는 13세에 시작해서 3년 정도 계속 배우
는 것이 적절한 시간입니다. 이 기간을 연장하거나 축소
해서는 안 됩니다. 이 교과를 좋아하거나 싫어한 나머지
법을 위반하면서 이런 공부를 더 많이 혹은 더 적게 하는

것은 아버지에게든 아이에게든 허용되어서는 안 됩니다. 이를 따르지 않는 자는 우리가 조금 뒤에 언급할 학교가 주는 상을 탈 자격을 박탈당합니다.

이 기간에 학생은 무엇을 배우고 또한 교사는 무엇을
b 가르쳐야 하는지를 먼저 당신이 배우십시오. 읽기와 쓰기 수업은 학생이 읽고 쓸 수 있을 때까지 계속 노력해야 합니다. 그러나 정해진 기간 타고난 능력이 충분히 발달하지 않는 아이를 빨리 그리고 훌륭하게 읽고 쓰는 수준까지 완성시키는 일은 포기해야 할 것입니다.

이제 작가들의 글로 되어 있지만 악기 반주를 동반하지 않는 학습 문헌에 관한 문제가 있습니다. 이중 일부는 운율로 지어졌지만 다른 일부는 리듬의 분절 없이 일상적으로 말하는 그대로 쓰인 리듬과 선법을 결여한 글입니다.
c 이런 종류의 많은 사람 중 어떤 이들이 우리에게 전해 주는 위험한 문헌이 있습니다.[66] 존경하는 법수호자님들, 이 사람들을 어떻게 다루실 건가요? 혹은 이들을 다루기 위해 입법가가 당신들에게 마련해 주어야 할 올바른 법규는 어떤 것일까요? 내 생각에 그는 매우 난처해질 것 같습니다.

클레이니아스: 손님, 당신 자신이 난처함에 빠졌다고 말씀하시는 것은 무엇이죠?

아테네인: 클레이니아스, 제대로 파악했군요. 그렇지만 나와 함께 입법에 참여하는 당신 두 사람을 위해서 난처한 문제로 보이는 것과 그렇지 않고 쉬운 것으로 보이는 문제를 나는 지적해야만 합니다.

---

66) 시인(작가) 비판의 주제에 관해서는 《국가》 2권 377a~383c; 3권 392c~398b; 10권 595a~608b 참고.

클레이니아스: 그래요? 지금 이것들에 관해 무엇을 말하 d
려는 거죠? 선생에게 무슨 일이 있었던 거죠?

아테네인: 그럼 말하지요. 수많은 사람의 목소리와 반대
되는 말을 하는 것은 결코 수월한 일이 아니지요.

클레이니아스: 아니, 뭐라고요? 법 제정에 관해 지금까
지 우리가 말한 것 중에 일부의 사소한 것만 대중들의 생
각과 반대된다고 선생은 생각하시는 건가요?

아테네인: 그건 정말 맞는 말입니다. 내가 보기에 선생이
내게 요구하는 것은 이런 거군요. 우리가 지금 논의를 통
해 열어 놓은 이 길을 대다수 사람은 싫어하지만, 아마도
적지 않은 다른 사람들, 즉 수는 저들보다 적을지라도 더
훌륭한 사람들이 좋아하기 때문에, 바로 이 사람들과 함께 e
하여 이 법 제정의 길을 대담하고도 용감하게 전진하면서
결코 처지지 말 것을 당신은 내게 명령하는 것이군요.

클레이니아스: 그렇습니다.

아테네인: 알겠습니다. 포기하지 않겠습니다. 저는 다
음과 같은 것을 말하고자 합니다. 우리에게는 6보격, 3보
격 그리고 그 외에 우리가 말한 모든 종류의 운율로 시를
짓는 시인들이 아주 많이 있습니다. 이들 중 어떤 이들은
진지한 목적을 위해서, 또 어떤 이들은 웃음을 줄 목적으
로 덤벼듭니다. 수많은 사람이 자주 말하기를, 젊은이들
을 올바로 교육하기 위해서는 이 시인들의 시로 이들을
기르고 그 속에 흠뻑 빠져들게 해야 한다고 합니다. 낭독
을 통해 이것을 많이 듣게 하고 전체 시인들의 시들을 암
기하여 박식하게 만들어야 한다는 것이지요. 다른 종류의 811a
사람들은 모든 시 가운데서 주요 구절들만 발췌하여 그

전체를 하나로 모읍니다. 그리고 누군가가 풍부한 경험과 박식을 통해[67] 좋은 사람이 되고자 한다면 이렇게 모은 구절들을 암기해서 기억 속에 저장해야 한다고 말합니다. 당신이 지금 내게 요구하는 것은, 이 시인들이 한 말에서 무엇이 훌륭하고 무엇이 훌륭하지 않은지를 그들에게 솔직하게 보여 주라는 것이지요?

클레이니아스: 맞습니다.

아테네인: 내가 이 시인들 모두에 대해 한마디로 무슨
b 지적을 할 때 적합하게 말하는 것일까요? 내 생각에는 대략 다음과 같이 지적하는 것이 적합할 것 같습니다. 이 시인들 각자는 아름다운 것을 많이 짓기도 했지만 그 반대되는 것도 많이 지었다는 겁니다. 이 점에 대해서는 모든 사람이 나와 의견을 같이할 것입니다. 사정이 이렇다면 박식은 아이들에게 위험한 결과를 가져온다고 나는 생각합니다.

클레이니아스: 그러면 선생은 법수호자에게 무엇을, 어떻게 충고할 겁니까?

아테네인: 무엇에 관해서 말입니까?

클레이니아스: 그가 어떤 본을 바라보고 모든 젊은이로 하여금 어떤 것은 배우게 하고 어떤 것은 배우지 못하게
c 할 것인가 하는 문제에 관해 말입니다. 주저 말고 말해 주십시오.

아테네인: 클레이니아스 선생, 여하튼 어떤 점에서는 내가 운이 좋은 것 같습니다.

---

67) 지혜 없는 박학과 경험에 대한 비판은 아래 819a와 《파이드로스》 275a 참고.

클레이니아스: 어떤 점에서죠?

아테네인: 본이 전혀 없는 것은 아니기 때문입니다. 새벽부터 여태껏 해온 우리 논의를 지금 되돌아보건대, — 우리는 신적인 영감을 가지고 논의를 해온 것처럼 내게는 보이는데 — 우리 논의는 전적으로 일종의 시를 짓는 일과 비슷하다는 생각이 들었습니다.[68] 아마도 내게 다가온 감 d
정은 전혀 놀랄 만한 것은 아닙니다. 우리 스스로가 한 이 논의를 한데 모아 놓은 것처럼 바라보노라면 아주 즐거운 감정을 느낍니다. 왜냐하면 시로 되어 있든 아니면 내가 하는 식으로 일상적인 말로 되어 있든 내가 배웠거나 들은 적이 있는 대부분의 말 중에서 이것이 내게는 무엇보다도 가장 적도에 맞고 젊은이들이 듣기에 가장 적절한 것으로 보이기 때문입니다. 교육을 책임지는 법수호자에게 이보다 더 좋은 본을 제시할 수는 없다고 나는 생각합니다. 그는 교사들에게 우리의 이 논의를, 그리고 이것과 관련이 있거나 비슷한 것을 아이들에게 가르치라고 지시해야 합니다. 그리고 그는 시인들의 시나 산문으로 된 것 e
또는 오늘 우리의 논의처럼 기록되지 않고 순전히 구두로 언급된 것을 두루 살펴보다가 이것과 유사한 것을 발견하게 되면 어떤 경우에도 그냥 내버려 두지 말고 글로 기록해 두어야 합니다.[69] 우선 그는 교사들 자신이 이것을 배

68) 법 혹은 법에 관한 논의는 시를 짓는 일과 유사하다. 신적인 영감을 받아서 생산된다는 점에서 그리고 모방(*mimêsis*)이라는 점에서 그렇다(817b). 나아가 법은 어떤 면에서 시 혹은 문학 일반보다 우월하다(817b; 9권 858c7~859a1; 12권 957c~d).

69) 두 가지 의무, 즉 감독 의무(법을 교재로 사용하도록 교사를 지도함)와 조사 의무(법의 내용이 될 만한 다른 문헌원천들을 조사, 기록함).

811e

우고 찬양하도록 강제해야 합니다. 이를 받아들이지 않는 교사는 일을 돕는 자로 고용해서는 안 됩니다. 그의 찬양에 동조하는 사람들만을 고용해서 이들에게 아이들 수업
812a 과 교육을 맡겨야 합니다. 이것이 읽기 및 쓰기 교사와 교재에 관한 내 이야기이며, 이에 관해서는 여기서 끝내도록 합시다.

클레이니아스: 손님, 내가 생각하기에 원래 의도에 비추어 볼 때 우리는 우리가 의도했던 논의주제를 벗어나지 않았습니다. 하지만 우리가 전체적으로 옳은 길을 가고 있는지 그렇지 않은지는 자신 있게 주장하기 어렵습니다.

아테네인: 클레이니아스, 그 문제는 여러 번 언급했듯이[70] 아마 우리가 법에 관한 전체 논의의 막바지에 이르렀을 때 분명해질 것 같습니다.

b **클레이니아스**: 그렇군요.

아테네인: 읽기 및 쓰기 교사 다음으로 이제 키타라 선생에게 말을 붙여 볼까요?

클레이니아스: 그러죠.

아테네인: 우리가 키타라 선생들에게 그들의 수업과 함께 이 방면의 교육 일반에 관한 적절한 업무를 배분할 때 우리가 한 이전 말을 기억해야 할 것 같습니다.

클레이니아스: 어떤 말이었지요?

아테네인: 내 생각에 우리는 다음과 같은 말을 했습니다.[71] 디오니소스를 위한 60세 가수들은 리듬과 선법 구

---

70) 4권 718b2 이하, 6권 768d5 이하 참고.

71) 2권 670b2 참고.

성에 관해 뛰어나게 좋은 감각을 가지고 있어야 한다고
말입니다. 그래야 음악적 모방이 혼에 감정을 불러일으킬 c
때 이들은 좋은 모방과 나쁜 모방, 즉 좋은 혼을 닮은 것
과 나쁜 혼을 닮은 것을 구분할 수 있습니다. 그리하여 그
들은 나쁜 것은 내던지고, 좋은 것은 공중에게 가지고 와
서 칭송의 노래를 하며 젊은이들의 혼에 주술을 걸고, 각
각의 젊은이들이 모방을 통해 인도돼 덕의 획득에 이르는
길을 따라오라고 이들을 고무합니다.

클레이니아스: 정말 맞는 말입니다.

아테네인: 이런 목적을 위해서 키타라 선생과 배우는 학 d
생은 현이 내는 뚜렷한 소리 때문에 리라의 소리를 이용해
야 하는데, 현의 음정과 부르는 노래의 음정이 일치되게끔
해야 합니다. 리라가 목소리와 다른 음을 내거나 목소리의
한 음에 대해 여러 음을 냄으로써 현의 음조와 곡을 지은
작가의 음조가 따로 노는 일이 일어나서는 안 됩니다.[72]
나아가 짧은 인터벌과 긴 인터벌,[73] 또 빠른 템포와 늦은
템포, 높은 음과 낮은 음을 서로 섞고 마주치게 하는 일,
그리고 마찬가지로 현의 소리에 온갖 종류의 장식용 리듬 e
을 갖다 붙이는 일은 일어나서는 안 됩니다. 이 모든 것은
3년 안에 시가 교육으로부터 유용한 것을 얻어야 할 이들에
게 가르쳐서는 안 됩니다. 서로 반대되는 것들은 배우는 자

---

72) 현은 목소리에 의해 불리는 노래의 음을 강조하기 위한 도구.

73) 긴 인터벌은 한 음 이상 차이가 나는 두 음, 짧은 인터벌은 반음 혹은 그 이하 차이밖에 안 나는 두 음을 가리킨다. 여기서 아테네인은 한 음 이상 차이가 나는 두 음 사이에 반음 혹은 그 이하 차이밖에 안 나는 음들을 집어넣는 일이 일어나서는 안 됨을 지적한다.

812e

를 혼란스럽게 하여 학습을 어렵게 만들기 때문입니다. 더군다나, 젊은이들은 최대한으로 빨리 배워야 하는데, 그들에게 필수로 부과된 과목은 수효가 적거나 하찮은 내용이 아니기 때문입니다. 우리의 논의가 앞으로 나가게 되면 적절한 때 이 과목들을 보여 줄 것입니다. 이런 방식으로 우리의 교육감독관은 시가에 관한 것들을 감독해야 합니다. 노래 자체와 가사에 관해, 즉 무엇을 그리고 어떤 종류를 가무 교사들이 가르칠 것인가 하는 것에 관해서는 모두 앞

813a 에서[74] 말했습니다. 우리는 이것들이 신성한 것으로 봉헌돼 각각 축제에 적합하게 배정되어 나라에 복된 쾌락을 주고 유익한 것이 되도록 해야 한다고 말한 바 있습니다.

클레이니아스: 선생의 그 말 역시 맞는 말입니다.

아테네인: 정말 맞는 말이죠. 음악 감독을 위해 선출된 관리[75]는 이 일을 맡아서 좋은 운의 도움을 받아 감독해

b 야 합니다. 반면에 우리는 춤과 신체단련 일반에 관해서 앞에서 이야기한 것 이외에 무언가를 덧붙이도록 합시다. 시가 수업과 관련해서 남겨진 것을 우리가 보충했듯이, 체육에 대해서도 그렇게 합시다. 남자아이들과 여자아이들은 춤과 체육을 배워야 하니 말입니다. 그렇지 않습니까?

클레이니아스: 그렇습니다.

아테네인: 그러면 남자아이들에게는 남자 무용 선생을, 여자아이들에게는 여자 무용 선생을 배정해 훈련시킨다면 이는 부적절하지 않을 겁니다.

---

74) 798d~802d 참고.

75) 아마도 6권 764e3~6에서 언급된 관리.

클레이니아스: 그렇습니다.

아테네인: 이제 가장 많은 일을 맡은 자인 교육감독관을 다시 부르도록 하죠. 그는 시가와 체육 교육 모두를 감독 c
하므로 여가가 별로 없을 겁니다.

클레이니아스: 어떻게 그렇게 나이가 많은 자가 그렇게 많은 일을 모두 감독할 수 있겠습니까?

아테네인: 그는 쉽게 그렇게 할 겁니다, 친구여. 법은 그의 일을 위해, 그에게 동료 남자 시민과 여자 시민 중에서 그가 원하는 자들을 보조자로 선택할 권리를 주었으며, 이 권리는 계속해서 유지될 것입니다. 그는 누구를 뽑아야 할지 알 것이며, 여기에서 그는 실수를 저지르지 않고자 할 것입니다. 그는 자신의 직무에 대해 사려 깊게 d
경외감을 가지고 있으며 이 임무의 중요성을 인식하고 있기 때문입니다. 그는 젊은 세대가 훌륭한 교육을 받았을 때, 그리고 계속 그런 교육을 받을 때 우리의 모든 일이 순항한다는 것을 헤아려 알고 있습니다. 만약 그렇게 되지 않을 때에는 과연 어떻게 될까요? 그 결과는 입 밖으로 말할 만한 것이 못 될 정도로 참담합니다. 또 새로운 국가가 건설되는 상황에서 그런 불길한 것을 말하지는 않을 겁니다. 전조(前兆)에 대한 강한 믿음을 가지고 있는 자들을 존중해서 말입니다.

이 모든 주제, 즉 춤과 체육에 관련된 모든 운동에 대해서는 우리가 이미 많은 것을 이야기했습니다.[76] 전쟁을 위한 모든 신체적 훈련도 우리는 체육으로 봅니다. 여기 e

76) 794c~796d 참고.

813e

에는 활쏘기, 모든 종류의 투척, 경무장 전투기술, 모든
종류의 중무장 전투기술, 전술적인 기동(機動), 모든 종
류의 행군, 진지 구축, 말타기에 관련된 모든 기술이 속
합니다. 이 모든 훈련을 담당하는 공적인 교사가 있어야
하며, 이자는 나라에서 보수를 받아야 합니다. 나라에서
이런 배움을 받는 학생은 남자아이들과 성인남자들입니
다. 그리고 여자아이들과 성인여자들도 학생으로서 이런
기술을 습득해야 합니다. 이들은 아직 소녀로 머물러 있
는 동안, 무장을 한 채 추는 춤과 싸움의 모든 기술을 연
814a 마해야 합니다. 성인여자로 성장했을 때는 전술적 기동과
전투대열 갖추기와 무장을 벗고 무장을 하는 기술을 열심
히 익혀 두어야 합니다. 이는 다른 목적을 위한 것이라기
보다는, 군대가 모든 전력을 동원해서 나라를 떠나 바깥
으로 원정을 나가야 하는 경우, 아이들과 그 밖의 주민들
을 최소한 보호할 능력을 충분히 갖추기 위한 목적 때문
입니다.[77] 또 그 반대의 경우도 생각해 볼 수 있는데, 이
런 일이 일어나지 않으리라는 법은 없습니다. 즉, 바깥에
서, 그리스 민족이든 이민족이든, 적들이 큰 힘과 무력을
갖추고 침입할 수 있고 이로 인해 나라 자체의 존립을 위
한 전투를 해야 하는 어쩔 수 없는 상황이 발생할 수도 있
b 습니다. 이런 상황에서 여자들이 수치스러울 정도로 형편
없이 교육을 받은 결과 새들처럼 새끼들을 지키기 위해
그 어떤 사나운 짐승과도 목숨을 걸고 싸우고 모든 위험
을 무릅쓰지 못할 경우, 이는 분명 나라의 큰 재앙입니

77) 806a6 이하 참고.

다. 이들은 싸우기는커녕 즉시 사원으로 달려가 제단과 신전을 가득 채울 것이고, 이를 통해 인간종은 본성상 무엇보다 가장 겁이 많은 동물이라는 평판을 퍼뜨리게 할 테니 말입니다.

클레이니아스: 맙소사, 손님, 나라에 그런 일이 일어난다면 그것은 전혀 보기 좋은 게 못될 겁니다. 그것이 나라 c
에 미칠 해는 차치하고서라도 말입니다.

아테네인: 자, 그러니 이런 법률을 제정하도록 합시다. 여자들은 최소한 앞서 말한 한도까지는 전쟁과 관련된 것을 등한시해서는 안 되며, 이 기술은 남녀 시민 모두가 익히도록 해야 한다고 말입니다.

클레이니아스: 동의합니다.

아테네인: 레슬링에 대해서는 우리가 이야기를 좀 했습니다.[78] 그러나 내가 보기에 레슬링의 가장 중요한 점은 아직 이야기하지 않았습니다. 그런데 그것을 몸으로 직접 보여 주지 않고 말로만 설명하는 것은 어려운 일입니다.
그러니 이것에 관한 결정은 미루기로 합시다. 즉, 우리의 d
논의가 실례들을 들어서, 이미 말한 논점들 가운데서도 특히 이러한 레슬링은 우리의 모든 신체적 운동 중 전쟁의 싸움과 실제로 매우 유사하다는 논점을, 그리고 근접하는 것이라는 논점, 그리고 우리는 전쟁 기술을 위해 레슬링을 연마해야 하는 것이지 레슬링을 위해 전쟁 기술을 배우는 것은 아니라는 논점을 명료하게 증명할 수 있을 때까지 말입니다.

---

78) 796a 참고.

814d

클레이니아스: 옳은 말씀입니다.

아테네인: 레슬링 수업의 교육 효과에 관해서 지금으로
선 이 정도까지만 이야기해 둡시다. 우리가 그 밖의 전신
e 운동의 경우 대부분이 일종의 춤이라고 부른다면 이는 옳
게 부르는 것일 겁니다. 그리고 우리는 춤에는 두 종류가
있다고 생각해야 합니다. 하나는 더 아름다운 신체의 움
직임을 모방해 고귀함을 표현하는 것이고, 다른 하나는
더 추한 신체의 움직임을 모방해 저급함을 표현하는 것입
니다. 다시 저급한 춤과 훌륭한 춤에는 두 종류가 있습니
다. 훌륭한 춤의 한 종류는 전쟁과 격렬한 노역에 종사하
는 아름다운 신체와 용감한 혼의 움직임을 모방하고, 다
른 한 종류는 순조로운 삶의 여건에서 적도에 맞는 즐거
움을 즐기는 절제 있는 혼의 움직임을 모방합니다. 후자
의 춤을 우리가 '평화의 춤'이라고 부른다면 이는 그 본성
815a 에 맞게 부르게 될 겁니다. 이 둘 중에서 전쟁의 춤은 평
화의 춤과 다르며, 그것의 옳은 이름은 '피리케'[79] 일 겁니
다. 이 춤은 핵 비키고, 완벽하게 뒤로 물러나고, 위로
뛰어오르고, 밑으로 웅크림으로써 모든 종류의 타격과 공
격을 피하는 움직임을 모방합니다. 또한 이 춤은 그 반대
움직임도 모방합니다. 즉, 공격적인 자세를 취해 활을 쏘
거나 창을 던지고 모든 종류의 타격을 시도하는 움직임을
b 모방합니다.[80] 좋은 신체와 혼을 모방하는 이런 춤에서

79) 무장을 한 채 추는 춤의 한 종류의 이름. 아테나이오스(Athenaios)에 따르면(14. 629~630) '피리케'라는 명칭은 '피리코스'(Pyrrichos)라는 스파르타 사람의 이름으로부터 유래했으며, 따라서 이 춤은 스파르타에서 기원한다.

올바른 자세와 좋은 긴장의 자세는 신체의 사지가 똑바로 펴질 때 가능합니다. 이런 모방을 우리는 올바른 것으로 받아들이며, 그와 반대되는 것은 올바르지 않은 것으로 간주합니다.[81] 다른 한편 평화의 춤과 관련해서 매 경우에 우리가 관찰해야 할 것은 다음과 같은 것입니다. 누군가가 좋은 법 여건에서 성장한 사람에게 어울리는 방식으로 본성에 맞게 아름다운 가무를 제대로 유지해 가는가 아니면 그렇지 않은가 하는 것입니다. 그러니 우선 우리는 논란의 여지가 있는 춤과 논란의 여지가 없는 춤을 구분해야 할 것입니다. 무엇이 논란의 여지가 없는 춤일까 c
요? 우리는 이 두 가지를 어떻게 구분해야 할까요? 바코스 신을 위한 모든 춤과 이와 비슷한 모든 춤은, 이런 춤을 추는 자들에 따르면, 그들이 님프,[82] 판,[83] 실레노스,[84] 사튀로스[85]라고 부르는 술 취한 자들을 모방한 춤이며, 어떤 정화의식과 입교의식에 관련해서 무언가를 수행하는 사람들의 춤입니다. 그렇지만 이런 춤의 부류는

80) 직역하면, "그 반대 움직임, 즉 공격적인 자세에 이바지하는(이끄는) 움직임으로, 활을 쏘거나 창을 던지거나 온갖 종류의 타격을 가할 때의 동작을 모방하려 시도하는 움직임을 모방합니다".

81) 2권 655b의 아름다운 자세(*schêmata*)와 나쁜 자세의 구분 참고.

82) 신성과 연결돼 있는 존재로서, 특정 자연 지역(강, 샘, 계곡, 숲 등)에 거주하는 젊은 여성을 총칭한다.

83) 목동과 가축을 지키는 존재. 염소 다리와 염소 뿔을 가진 인간의 형상으로 묘사된다.

84) 늙은 사튀로스를 총칭한다. 사튀로스와 달리 머리카락이 하얗게 센 모습으로 묘사된다.

85) 말의 꼬리와 귀, 그리고 들창코의 신체적 외모를 가진 인간 형상의 존재. 디오니소스 신을 따라다닌다.

815c

전체적으로 평화의 춤이라고도, 전쟁의 춤이라고도, 그 어떤 뜻으로도, 그 무엇으로도 쉽게 규정할 수 없습니다.
d 그 춤은 다음과 같이 규정하는 것이 아마 가장 옳다고 나는 생각합니다. 즉, 그 춤을 전쟁의 춤과도 평화의 춤과도 구분하고, 그 춤이 공동체에 적합한 것이 아니라고 말하는 것입니다. 우리는 그것을 있는 그대로 두고, 전쟁의 춤과 평화의 춤으로 되돌아가야 합니다. 그것이 우리가 할 일이라는 것은 논란의 여지가 없기 때문입니다.

전쟁을 좋아하지 않는 뮤즈의 경우는 어떠합니까? 우리는 이 여신의 춤을 통해 신들과 신들의 자손들을 공경하는데, 이런 춤들은 모두 평안에 대한 느낌에 기반을 둔 하
e 나의 큰 종류를 형성합니다. 이것은 다시 둘로 나눌 수 있습니다. 하나는 어떤 노고와 위험으로부터 벗어나 좋은 상태로 나아가는 사람들이 가지는 더 강렬한 쾌락의 춤입니다. 다른 하나는 이전의 좋은 상태가 보존될 뿐만 아니라 증가됨으로써 앞의 사람들이 가지는 것보다 더 부드러운 쾌락의 춤입니다. 이런 상황에서 모든 인간은 신체적인 운동을 하는데, 쾌락이 강하면 강할수록 그 운동은 격렬해지고, 쾌락이 약하면 약할수록 운동은 덜 격렬해집니
816a 다. 또 한편, 더 절도 있고 용감함을 발휘하도록 훈련을 받은 사람일수록 그의 운동은 덜 격렬해지지만, 겁이 많고 절제를 발휘하는 데 훈련이 안 된 사람의 운동은 더 크고 격렬한 변화를 보입니다. 일반적으로 노래를 하든지 말을 하든지 목소리를 낼 때 자기 몸을 가만히 둔다는 것은 누구에게나 전혀 가능하지 않습니다. 따라서 말하는 것을 몸짓을 통해 모방하는 것에서 춤의 기술 전체가 생

긴 것입니다.[86] 이런 모든 몸짓과 관련하여 어떤 사람은 곡조에 맞게, 또 어떤 사람은 곡조에 맞지 않게 동작을 합니다. 사실 곰곰이 생각해 보면 우리에게 전해지는 옛 단 b
어들 중 많은 것이 정확하고 좋은 이름이며 이런 점에서 이 이름들을 칭찬해야 합니다. 이런 단어들 중 하나는 평안한 상태에 있으며 쾌락에 대해 스스로 적도를 지키는 자들의 춤을 표현합니다. 이 이름을 지은 자가 누구이든지 간에 그는 아주 제대로, 높은 시가적인 감식력을 가지고 아주 이치에 맞게 이 모든 춤을 '곡조에 맞는 춤'(엠멜레이아)[87] 이라고 일컬은 것입니다. 이로써 그는 아름다운 춤의 두 종류를, 즉 전쟁의 춤인 '피리케'[88] 와 평화의 춤인 '곡조에 맞는 춤'을 확립했습니다. 각각에 대해 적절하고도 어울리는 이름을 붙여 그렇게 한 것입니다. 이 춤들 c
에 대해 입법가는 윤곽을 그려야 하고, 법수호자는 그것들을 찾아내야 합니다.[89] 이것을 찾아낸 후 법수호자는 그 춤을 다른 시가적 요소와 함께 결합하고, 모든 제의와 축제 각각에 어울리는 춤의 형태를 배정해야 합니다. 그는 그런 식으로 모든 춤을 봉헌하면서 배열하고, 그다음에 춤이나 노래의 그 어떤 것에 대해서도 더 이상 변화를 꾀해서는 안 됩니다. 같은 나라와 같은 시민들이, 가능한 d

86) 춤은 신체의 본능적 운동에 기원한다는 생각에 관해서는 또한 2권 673d 참고.

87) 바로 위 816a의 'emmelōs'(곡조에 맞게)의 명사형이 'emmeleia'이고, 이것이 춤의 이름으로 사용되었다.

88) 815a.

89) 802c2~4 참고.

816d 한 동일한 종류로 머물면서, 같은 쾌락을 같은 방식으로
즐기면서 훌륭하고 행복하게 살아야 합니다.[90]
아름다운 육체와 고귀한 혼을 가진 자들이 우리가 규정
해 놓은 가무에서 해야 할 역할에 관해서는 마무리를 했
습니다. 하지만 추한 육체와 생각을 가진 사람들, 그리고
말과 노래와 춤을 통해 그리고 이런 모든 것이 갖는 모방
의 힘을 통해 우스꽝스러운 효과를 내는 데 전념하는 사
람들의 역할에 대해서도 우리는 살펴보고 알아봐야 합니
e 다. 분별 있는 사람이고자 한다면 우스꽝스러운 것에 대
한 이해 없이 진지한 것을 이해한다는 것, 그리고 일반적
으로 반대되는 것 없이 반대되는 것을 이해한다는 것은
불가능하기 때문입니다. 그러나 우리가 조금이라도 덕을
나누어 갖고자 한다면, 진지한 것과 우스꽝스러운 것을
모두 행해서도 안 됩니다. 우리가 우스꽝스러운 것에 관
해 배워야 할 이유는, 무지로 인해 우스꽝스러운 것을 말
하거나 행하지 않기 위해서입니다. 이런 것을 말하거나
행할 이유가 없다면 말입니다. 그런 것은 노예와 고용된
외국인이 모방하도록 시켜야 하며, 그 누구도 이런 것을
진지하게 여겨서는 결코 안 됩니다. 남자든 여자든 그 어
떤 시민도 이런 것을 배우는 모습이 눈에 띄어서는 안 됩
니다. 그리고 이런 것의 모방에는 항상 새로운 무언가가
나타납니다.[91]
817a 우리 모두가 '희극'이라 부르는 우스꽝스러운 놀이에 관

90) 5권 741a 참고.

91) 이런 것이 습관으로 전환되는 일이 일어나지 않도록(797d9~e2 참고). 희극에 대한 부정적 입장은 또한 《소크라테스의 변명》 18d1 참고.

련해서는 이 정도 수준의 법률과 설명으로 마무리합시다. 그런데 이른바 '진지한' 시인들, 즉 비극을 다루는 시인들은 어떻게 할까요? 이들 시인 중 어떤 이들이 우리에게 와서 이렇게 묻는다고 가정해 봅시다. "손님, 우리가 당신들의 나라와 땅에 드나들어도 됩니까, 안 됩니까? 그리고 우리의 작품을 가지고 들어가도 되나요? 이에 관해서 어떻게 하기로 당신들은 결정했나요?" 이에 대해 이 신적인 사람들에게 우리가 어떻게 대답하는 것이 옳은 것일까요?
내 생각에는 다음과 같은 대답이 될 것 같습니다. 즉, 우 b
리는 이렇게 말해야 합니다. "참으로 훌륭하신 손님들, 우리 자신은 비극 시인들이며, 우리의 비극은 최선을 다해 만든 가장 아름답고 좋은 것입니다. 그런데 우리의 정치체제는, 우리가 참으로 진정한 비극이라고 주장하는 가장 아름답고 좋은 삶의 모방으로서 구성되어 있습니다. 당신들도 시인이지만 우리 또한 같은 장르의 시인들입니다. 우리는 당신들과 경쟁하는 자로서 가장 아름다운 드라마
에 종사하는 작가이자 배우이며, 가장 아름다운 드라마는 c
참된 법만이 본성상 완성할 수 있을 것으로 우리는 기대합니다. 그러므로 당신들이 광장에서 우리 옆에 천막을 치고 우리보다 목청이 더 큰 좋은 목소리의 배우들을 데려오도록 우리가 쉽게 허락하리라 생각하지 마십시오. 아이들과 여자들을 비롯한 일반 군중 전체에 당신들이 공개적으로 말하고, 동일한 관행에 관해 우리가 말하는 것과 동일한 것이 아니라 대부분 반대되는 것을 말하도록 허용
하리라고 생각하지 마십시오. 관리들이 당신들의 작품이 d
읊을 만한 것인지 그리고 공개적으로 낭송하기에 적절한

817d

것인지 심사하기도 전에 방금 말한 것을 행하도록 당신들을 허용한다면, 우리는 거의 미친 것이나 다름없고, 또 이를 허용하는 나라라면 그 나라 전체는 미친 것이나 다름없습니다. 그러므로 부드러운 뮤즈들로부터 난 자손들이여, 먼저 관리들에게 당신들의 노래를 보여 주어 우리의 노래와 비교할 수 있도록 하십시오. 당신들이 말하는 것이 우리 것과 동일하거나 더 좋은 것으로 보이면, 우리는 당신들에게 가무단 공연을 허용할 것이지만, 그렇지 않다면, 친구들이여, 결코 허용할 수 없습니다."

e 가무 전체와 이 영역의 배움과 관련해서는 이런 것들이 법률과 함께 규정된 관습이 되도록 합시다. 당신이 동의한다면, 노예들을 위한 것 따로, 주인들을 위한 것 따로 말입니다.

클레이니아스: 지금 어떻게 동의하지 않을 수 있겠습니까?

아테네인: 자유인에게는 배워야 할 3개의 교과가 또 남아 있습니다. 수에 관한 이론과 셈이 하나의 교과입니다. 두 번째로는 선, 면, 입체에 관한 측정 기술을 하나의 교과로 간주합니다. 세 번째는 별들의 주기에 관한 것으로 별들이 본성상 서로 어떻게 운행하게 되어 있는지를 배우
818a 는 교과입니다. 많은 사람이 이 모든 것을 엄밀성에 이를 정도로 애써서 배울 필요는 없고, 소수의 어떤 사람들만이 그렇게 하면 됩니다. 이들이 누구인지는[92] 우리 논의가 끝나 갈 때 지적하기로 합시다. 그렇게 하는 것이 적절할 것 같습니다. 그러나 일반 대중은 어떻습니까? 이들이 이

92) 801c~d; 12권 962c, 965a 이하, 965b1~2 참고. 야간회의 위원들을 의미한다.

것 중 '필요한 것들'[93] 이라고 불리는 것들 그리고 정말 올바르게 그렇게 불릴 만한 것들을 알지 못한다는 것은 많은 사람에게 수치입니다. 그들이 이것 모두를 엄밀하게 탐구한다는 것은 쉽지도 않고 전혀 가능하지도 않지만 말입니다. 그렇지만 우리는 이것들 가운데 필요한 기본을 제쳐둘 수는 없습니다. 신에 대해 처음으로 속담을 지은 자가 b
"신도 필연(*anankê*)과 결코 맞서 싸우지는 않는다는 것은 명백하다"[94] 고 말했을 때, 그는 신적인 필연 모두를 염두에 두고 말했다고 나는 생각합니다. 그러나 대다수 사람이 그러는 것처럼 이런 속담을 인용할 때 인간적인 필요를 염두에 두고 말한다면, 이것은 무엇보다도 순진하기 짝이 없는 말입니다.

클레이니아스: 그러면 손님, 교과들 가운데 인간적인 필요가 아니라 신적인 필연은 어떤 것들입니까?

아테네인: 내 생각에는 다음과 같은 것입니다. 즉, 그 c
필연들을 배우거나 실행하지 않는다면, 신도 신령도 영웅도 인간들을 진지하게 돌볼 수 있는 자가 결코 될 수 없습니다. 어쨌거나 한 인간이 하나도, 둘도, 셋도, 그리고 일반적으로 짝수와 홀수 또한 이해할 수 없고, 이를 어떻게 세는지도 전혀 모르고, 밤과 낮을 헤아려 계산할 줄도 모르며, 달과 해와 다른 별들의 회전에 대해서도 무지하

93) 중성 형용사 'anankaia'(단수는 '*anankaion*')는 '필요한'의 뜻도 있지만(기초적 산술과 천문학은 이런 의미에서 필수 교과라고 할 수 있음) '필연적인'의 뜻도 함축하며, 후자의 의미 함축이 이 문맥에서 배제되지 않는다. 곧 나오게 될 명사 'anankê'는 우리말에서 '필요'(혹은 '필수')의 뜻도 있지만 '필연'의 뜻도 있다(산술과 천문학이 다루는 대상은 필연적인 대상임).

94) 시모니데스의 시. 《프로타고라스》 345d 참고.

다면, 그는 신적인 존재가 되기에는[95] 한참 부족합니다.
d 가장 아름다운 교과들에 관해 조금이라도 이해하고자 하
는 사람에게 이 모든 것이 기본 필수 교과가 아니라고 생
각하는 것은 정말 바보 같은 것입니다. 그럼 이것 가운데
어떤 부분을 하나하나 배워야 하고, 언제 그리고 얼마만
큼 배워야 할까요? 어떤 부분을 함께 배워야 하고, 어떤
부분을 따로 배워야 할까요? 이런 부분들을 결합하는 모
든 방식은 무엇일까요? 이런 질문들은 우리가 먼저 올바
르게 답변해야 할 것들이며, 우리는 이런 교과들의 인도
하에 다른 교과들도 배워야 할 것입니다. 그 어떤 신도 지
금이나 나중에나 결코 맞서 싸우지 않는다고 우리가 주장
하는 저 필연이 본래 이런 순서로 해놓았습니다.

e **클레이니아스**: 손님, 그렇게 말씀하시니 선생이 방금 말
한 것은 옳고 본성에 맞는 것 같습니다.

아테네인: 클레이니아스, 사실 그렇습니다. 그런데 우리가 이런 방식으로 예비적으로 규정해 보았지만 법으로 제정한다는 것은 어려운 일입니다. 괜찮으시다면 다른 시간에 그에 관해 더 정확하게 법 제정을 할 수 있을 겁니다.

클레이니아스: 손님, 우리가 보기에 선생은 그러한 것들에 대해 우리가[96] 가지고 있는 무지의 관습을 두려워하시는 것 같군요. 그렇지만 선생의 두려움은 옳은 것이 아닙니다. 비켜 가지 말고[97] 이야기를 계속해 나가시죠.

---

95) 신의 지위를 얻게 되는 인간에 관해서는 《국가》 6권 500c9 참고.

96) '우리'는 클레이니아스와 메길로스뿐만 아니라 크레타 사람들과 스파르타 사람들 일반을 가리킨다.

97) '숨기지 말고'(*apokryptomenos*)가 아니라 '비켜 가지 말고'(*apokamptomenos*)

아테네인: 나는 선생이 지금 이야기하는 그것도 두렵긴 하지만, 오히려 그보다는 바로 이런 교과목들을 공부했으나 잘못된 방식으로 공부한 자들을 더욱 두려워합니다.[98] 한 영역 전체에 관해 완전히 모르는 것은 결코 위험하지도 않고, 가장 큰 악도 아니지만, 많이 알고 많이 배우더라도 잘못 인도를 받으면 그보다 훨씬 더 큰 해가 됩니다. a

클레이니아스: 맞는 말입니다.

아테네인: 자 그럼, 자유인은 이 교과들 각각에 관해 이집트의 많은 무리의 아이들이 읽기 및 쓰기와 함께 이것들을 배우는 수준만큼은 배워야 한다고 우리는 주장해야 합니다. 우선 아주 어린 아이들이 즐겁게 놀면서 배우도록 이들을 위해 고안된 산술 수업이 있습니다. 즉, 같은 개수의 사과나 화환을 더 큰 모둠에도, 더 작은 모둠에도 맞추어 주는 놀이가 있습니다. 그리고 복싱선수들과 레슬링선수들을 나누는 놀이도 있는데, 이런 놀이는 상대가 없어 기다리는 선수 그리고 짝을 지어 서로 싸우는 선수를 정하여 번갈아 진행시키고,[99] 혹은 각 모둠의 순서 안에서 진행시키며,[100] 혹은 이런 경기의 본성에 맞게 그 밖의 순서대로 진행시키면서 선수들을 분배하는 놀이입니다. 또 다른 놀이는 금, 은, 동 등 그와 같은 것들로 된 b c

로 읽었다. 둘 다 필사본 근거가 있다.

98) 10권 888e 이하, 891b 이하의 자연철학자들 혹은 소피스트들을 암시(12권 967a도 참고).

99) 짝이 있는 조 경기 먼저, 그다음 짝이 없는 조 경기, 다시 짝이 있는 조의 경기로 진행.

100) 동시 진행, 즉 짝이 있는 조 모둠 내에서 순서대로 따로, 짝이 없는 조 모둠 내에서 순서대로 따로.

사발을 한꺼번에 섞거나, 혹은 그것들을 한 가지 재료로만 이루어진 모둠으로 어떤 방식으로든 분배하는 놀이입니다. 말했다시피 그들은 이런 식으로 필요한 산술의 사용 기술을 놀이로 바꿔 학생들로 하여금 한편으로는 군대를 정렬하고, 이끌고, 배치하고, 다른 한편으로는 가정을 관리하는 데 도움을 주고, 일반적으로 사람들을 자기 자신에 대해 더욱 쓸모 있는 자로 그리고 더욱 깨어 있는 자
d 로 만듭니다. 이다음으로 이들은 학생들로 하여금 길이와 넓이와 부피를 가지는 모든 것을 측정하게 함으로써 이 영역에 관해 모든 인간에게 본래 내재된 우습기도 하고 수치스럽기도 한 무지를 제거합니다.

클레이니아스: 어떤 종류의 무지를 말씀하시나요?

아테네인: 친애하는 클레이니아스, 나 자신도 아주 늦게 이런 것에 관한 우리의 상황을 들어서 알게 되었고 놀라게 되었습니다. 이런 태도와 처지는 내게는 인간의 것이
e 아니라 기르는 돼지의 것[101]으로 보였고, 나 자신뿐만 아니라 그리스인 전체에 대해 부끄러움을 느꼈습니다.

클레이니아스: 왜요? 무슨 의미인지 말해 주시죠.

아테네인: 그러지요. 오히려 선생에게 질문을 함으로써 내 생각을 분명히 하겠습니다. 내게 짧게 대답해 주십시오. 길이가 무엇인지 아시죠?

클레이니아스: 물론이죠.

아테네인: 그럼, 넓이는?

클레이니아스: 그럼요.

---

101) 돼지의 만족하는 상태에 관한 언급으로는《국가》2권 372d; 7권 535e 참고.

아테네인: 이것들은 2개의 별개의 것이고 부피는 이와 다른 세 번째 것이라는 사실도 아시죠?

클레이니아스: 물론입니다.

아테네인: 이 모든 것이 서로 간에 측정 가능하다고[102] 선생은 생각하지 않나요?

클레이니아스: 그렇습니다.

아테네인: 길이는 길이에 대해, 넓이는 넓이에 대해, 그 820a
리고 부피는 부피에 대해 마찬가지 방식으로 본성상 측정 가능하다고 나는 생각합니다.

클레이니아스: 바로 그렇습니다.

아테네인: 그런데 만약 어떤 것이 똑 부러지게도 대략적으로도 측정되지 않는다면? 그래서 선생은 모든 것이 측정 가능하다고 생각하지만, 실은 어떤 것은 측정 가능하고 어떤 것은 측정 불가능하다면?[103] 이렇게 되면 이와 관련해 선생이 어떤 처지에 놓이리라고 생각합니까?

클레이니아스: 분명 형편없는 처지에 놓이겠지요.

아테네인: 길이 및 넓이는 부피에 대해서 어떠합니까? 혹은 길이와 넓이 상호 간의 관계는 어떠합니까? 우리 그리스인 모두의 생각에 따르면 이것들은 어떤 식으로든지 상호 간에 측정 가능한 것이지 않습니까?

클레이니아스: 전적으로 그러합니다. b

---

102) 'metrêta pros allêla.' 문맥상 '동일 단위로 계량할 수 있는', '통약 가능한'의 뜻.

103) 두 선분 사이의 통약 불가능성과 두 수의 통약 불가능성에 대한 발견이 가져다준 지적 충격에 관해서는 또한 《테아이테토스》 147d 참고. 통약 불가능성을 최초로 발견한 피타고라스학파 내부에서는 이 발견의 외부 유출 자체가 금지되었다고 한다.

아테네인: 그런데 그것들이 결코 그 어떤 점에서도 측정 가능하지 않음에도 불구하고 우리 그리스인 모두가, 말했다시피, 측정 가능하다고 생각한다면, 모든 그리스인을 위해서 수치를 느끼면서 이들에게 이렇게 말해야 할 것입니다. "위대한 그리스인들이여, 이것은, 우리가 말했다시피[104] 모르면 수치스럽게 되는 그런 대상 중 하나가 아니겠습니까? 물론 그런 기본적인 필수 지식을 안다고 해서 특별히 아름다울 것까지는 아니지만요."

클레이니아스: 그렇습니다.

아테네인: 이것들 외에도 이와 연관된 비슷한 부류의 다
c 른 문제들이 있으며, 이 문제들 안에서 우리는 방금 말했던 잘못들과 유사한 잘못들을 많이 저지르게 됩니다.

클레이니아스: 어떤 문제들을 말하는지요?

아테네인: 측정 가능한 것과 측정 불가능한 것의 상호관계는 어떤 본성에 근거하고 있는가에 관한 문제입니다. 우리는 이것들을 고찰할 때 이 둘을 구별하는 일이 반드시 필요하며, 만약 이런 일을 못하게 되면 우리는 아주 형편없는 사람이 되고 맙니다. 우리는 항상 서로에게 이런 문제들을 내면서 시간을 보내야 할 것입니다. 노인들에게 이런 식의 시간 보내기는 장기 놀이보다 훨씬 더 품위 있는 것입니다. 우리는 다름 아닌 이런 문제에 적합한 여가를 통해 서로 승리의 경쟁을 해야 할 것입니다.

d **클레이니아스**: 아마도 그럴지 모르겠습니다. 어쨌든 이

104) 잉글랜드는 '우리가 말하다'(현재형, *phamen*)로 읽었지만 그럴 필요는 없다. 우리는 필사본 전통을 따라 '우리가 말했다'(과거형, *ephamen*)로 읽었다. 818a를 지시.

런 배움과 장기는 서로 그렇게 멀리 떨어진 것으로는 보이지 않습니다.[105)]

아테네인: 클레이니아스 선생, 따라서 이런 교과들을 젊은이들은 배워야 한다고 나는 주장합니다. 이런 것들은 해롭지도 어렵지도 않습니다. 놀이를 통해 이런 것들을 배웠을 때 이런 것들은 우리 나라에 도움을 주지, 해는 전혀 끼치지 않습니다. 그러나 누군가가 이와는 다른 생각을 가지고 있다면 들어 보아야겠지요.

클레이니아스: 물론이지요.

아테네인: 이 교과들이 정말 그렇다는 것이 사실로 드러난다면 우리는 그 교과들을 명백히 승인해야겠지만, 그렇지 않다는 것이 드러난다면 승인해서는 안 될 것입니다.

클레이니아스: 그렇습니다. 의심할 여지가 없습니다. e

아테네인: 그러므로, 손님이여, 우리의 법 제정에 빈틈이 생기지 않도록 이것들을 기본 필수 과목에 속하는 것으로 간주해야 하지 않습니까? 그렇지만 그것들은 정치체제의 다른 부분들로부터 빼내서 '되찾을 수 있는', 마치 '담보'와 같은 것으로 간주합시다. 그것을 공탁한 우리에게나 저당으로 잡은 선생들에게나 그것이 전혀 마음에 들지 않는다면 그것을 되찾을 수 있도록 말입니다.

클레이니아스: 선생이 제시한 것은 정당한 공탁입니다.

아테네인: 그다음으로는 천문학[106)] 입니다. 젊은이들에게 이것을 가르치자는 제안이 선생 마음에 듭니까, 어떻

105) 《고르기아스》 450d 참고.

106) 천문학에 관해선 《국가》 7권 527d 이하, 528e 이하 참고.

습니까?

클레이니아스: 계속 말해 주십시오.

아테네인: 그런데 여기에는 굉장히 놀랍고도 참을 수 없는 것이 있습니다.

821a **클레이니아스:** 그것이 무엇이죠?

아테네인: 최고의 신과 전 우주에 관한 한, 우리는 흔히 이것을 탐구하거나 이것의 원인을 발견하느라 머리를 싸맬 필요가 없다고 말합니다. 이런 일에 전념하는 것은 경건하지 못하다는 말이지요. 그러나 사실 이와는 정반대되는 일이 옳다고 생각됩니다.

클레이니아스: 무슨 말인가요?

아테네인: 내가 지금 말하려는 것은 비상식적인 것으로 여겨질지도 모르겠고, 나이 많은 자들이 말하기에 부적절한 것이라고 생각할지 모르겠습니다. 그러나 누군가가 어떤 지식이 훌륭하면서도 참될 뿐 아니라, 나라에 유용하
b 고 신의 마음에 쏙 드는 것이라고 생각한다면, 이런 지식에 관해 침묵한다는 것은 결코 가능하지가 않습니다.

클레이니아스: 그럴 법한 것을 말씀하시는군요. 그런데 어떤 천문학이 그러할 것 같습니까?

아테네인: 친구들, 오늘날 우리 그리스인들 거의 모두는 위대한 신들인 태양과 달에 관해 거짓말을 하고 있습니다.

클레이니아스: 어떤 종류의 거짓말인가요?

아테네인: 태양과 달은 그리고 이와 함께 다른 별들은 결코 동일한 궤도를 돌지 않는다고 우리는 말합니다. 그래서 우리는 이것들을 '행성'[107]이라고 부르지요.

클레이니아스: 맙소사, 손님, 그것은 맞는 말이지요. 제가 사는 동안 저 자신이 샛별과 저녁별 그리고 몇몇 다른 별들이 동일한 궤도를 도는 것이 아니라 사방으로 헤매는 것을 종종 관찰했습니다. 그리고 태양과 달은 항상 이런 식으로 움직인다는 것을[108] 우리 모두 알고 있습니다. c

아테네인: 메길로스, 그리고 클레이니아스, 바로 이 점이 우리 시민들과 젊은이들이 하늘의 신들에 관해 배워야 하는 점이라고 주장하는 바입니다. 즉, 그들은 이 모든 d
존재자에 관해 최소한 불경스러운 말은 하지 않고 제사를 드릴 때나 신실한 기도를 드릴 때나 늘 경건한 말을 하기 위해서 말입니다.

클레이니아스: 우선, 당신이 말하는 지식을 배우는 것이 가능하다면 당신 말은 옳은 것이지요. 이런 존재자들에 관해 우리가 지금 올바르지 않게 말하고 있고 그래서 우리가 배움을 통해 올바르게 말할 수 있다는 전제하에, 그렇게 위대하고 중요한 지식은 배워야 한다고 나 자신도 동의합니다. 그렇다면 사실이 정말 그렇다는 것을 분명히 설명해 보시지요. 우리는 당신 말을 따라가 그로부터 배우려고 할 테니까요.

아테네인: 내가 말하는 지식을 배우기는 쉽지도 않지만, e
그렇다고 해서 그렇게 어렵지도 않습니다. 또한 많은 시간을 요하는 것도 아닙니다. 이 주장의 근거는 다음과 같습니다. 내가 이런 지식에 관해 알게 된 것은 젊었을 때가

107) 그리스어로 'planêta'. 뜻은 '헤매며 돌아다니는 것들'.

108) 820c5에서 'tauta'로 읽었다.

821e 아니라 비교적 최근의 일이지만, 내가 이에 관해 당신들 두 분에게 설명을 하기 위해서는 아마 오랜 시간을 필요로 하지 않을 겁니다. 반면에 만약 이 지식이 정말 어렵다고 한다면, 노인인 내가 노인인 당신들에게 설명한다는 것은 전혀 가능하지 않을 것입니다.

822a **클레이니아스**: 맞는 말입니다. 그런데 선생이 말씀하신 지식, 즉 젊은이들이 배우기에는 적합하지만 우리 같은 사람들은 알지 못하는, 놀라운 지식[109]이란 어떤 것인지요? 최소한 이것만은 가능한 한 명료히 말해 보도록 하십시오.

아테네인: 그렇게 해 보겠습니다. 훌륭하신 분들, 이런 통념은 옳지 않습니다. 달, 태양 그리고 다른 별들이 헤매면서 돌아다닌다는 통념 말입니다. 정확히는 그 반대가 사실입니다. 이것들 각각은 동일한 길을 회전하는데 이 길은 하나이지 여럿이 아닙니다. 단지 여럿으로 보일 뿐입니다. 그리고 이것들 중에서 가장 빠른 것이 가장 느린 것으로 간주되고 가장 느린 것이 가장 빠른 것으로 간주되지만,
b 이것도 옳지 않습니다. 사실이 이러한데도 우리가 사실대로 생각하고 있지 않다면, 우리는 올림픽 경기 관중들의 처지와 별반 다름이 없습니다. 만약 우리가 경마나 장거리 달리기 경기를 관전할 때 가장 빠른 자를 가장 느린 자로, 가장 느린 자를 가장 빠른 자로 발표한다면, 그리고 칭송의 시와 노래를 지으면서 패한 자를 승리자로 축하한다면, 우리의 축하는 올바른 것도 아니고 경주자들 마음에 차는

109) 820e, 821a 참고.

것도 아닐 것이라고 생각합니다. 그런데 이들 경주자들은 단지 인간에 불과합니다. 올림픽 경기에서 그런 실수는 웃음을 자아내겠지만 우리가 그런 실수를 신들에 관해 저지
른다면 어떻게 되겠습니까? 이제 이런 실수는 전혀 우스운 c
것이 아닌 것이 됩니다. 그리고 그런 것은 물론 신의 마음에 드는 것도 전혀 아닙니다. 우리가 신들에 관해 거짓된 소문을 찬가로 퍼뜨리니 말입니다.

클레이니아스: 정말 맞는 말입니다. 사실이 정말 그러하다면.

아테네인: 사실이 그러하다는 것을 우리가 증명할 수 있다면 그런 지식 모두는 최소한 언급된 수준까지는 배워야 하지 않겠습니까? 반면 우리가 증명할 수 없다면 그런 것들은 내버려 두어야 하지 않겠습니까? 이 정도에서 합의하도록 하지요.

클레이니아스: 그렇게 하지요. d

아테네인: 이제 교과에 관한 법적 규정들이 종료되었다고 우리가 말해야 합니다. 그런데 사냥[110]과 이와 같은 모든 것에 관해 지금까지의 방식과 같은 방식으로 생각해야 합니다. 즉, 입법가에게 부과된 일은 단지 법률을 제정하기만 하고 손을 떼는 것으로 완성되지는 않기 때문입니다. 그에게는 법 제정 이외에 다른 일도 있는데, 그것은 본성
상 법과 권고 사이 중간에 오는 어떤 것입니다. 이런 것에 e
관해 우리가 언급할 기회는 종종 있었는데, 아주 어린 아이의 양육 사안이 그 예입니다.[111] 우리의 주장은, 그런

110) 사냥의 유익함에 관해서는 6권 763b 참고.

822e

것들이 언급되지 않은 채로 남아 있어서도 안 되지만 또한 우리가 그런 것에 관해 말하면서 그것들이 법으로 제정되었다고 생각하는 것도 아주 바보 같은 생각이라는 점입니다. 이런 식으로 법률과 전체 정치체제가 기록되었을 때 다음과 같은 말은 덕에 있어 뛰어난 시민이 받아야 할 완전한 칭찬이 되지 못합니다. "법에 지극히 훌륭하게 봉사
823a 하였고 아주 잘 따르는 자, 그런 자가 좋은 사람이다." 다음과 같은 표현이 더욱 완전한 칭찬입니다. "법률의 형태든 칭찬이나 비난의 형태든 입법가의 기록된 말에 복종하면서 삶을 더럽히지 않고 보낸 자, 그런 자가 좋은 사람이다." 이 말이 시민에 대해 칭찬할 수 있는 가장 올바른 말입니다. 그리고 정말로 입법가는 단지 법률만을 기록할 뿐만 아니라 법 이외에도 그에게 아름답게 보이고 아름답게 보이지 않는 모든 것을 또한 법률과 함께 엮어 기록해야 합니다. 그리고 최고의 시민은 법률적 처벌로 강제된 것에 못지않게 바로 이런 것에 구속되어야 합니다.[112]

지금 우리의 주제를 증거로 삼는다면 우리가 말하고자
b 하는 논점을 더 분명히 보여 줄 수 있을 것입니다. 알다시피 사냥은 여러 가지 형태의 일이며, 거의 모든 것이 오늘날 한 가지 이름으로 포괄됩니다. 물에 사는 동물을 사냥하는 형태도 여러 가지이고, 새를 사냥하는 형태도 여러 가지입니다. 특히 육상의 동물을 사냥하는 형태는 아주 여러 가지인데, 야생동물 사냥은 물론이고 인간에 대한 사냥도 생각해 볼 직합니다. 인간에 대한 사냥으로는 전

111) 788a, 793a.
112) 5권 728a 참고.

쟁터에서 벌어지는 것도 있겠지만 사랑 때문에 사냥하는 형태도 여러 가지인데,[113] 사랑에 의한 사냥은 어떤 것은 칭찬을 받지만 어떤 것은 비난을 받습니다.[114] 또한 강도들에 의한 습격도 있고, 군대에 대한 군대의 사냥도 있습
니다. 사냥에 관해 입법가가 법을 제정할 때 이것들을 설 c
명하지 않고 내버려 두는 것은 가능하지 않고, 그렇다고 해서 모든 경우에 대해 규칙과 처벌을 정하고 위협을 가하는 법률을 제정하는 것도 가능하지 않습니다. 이런 사안에 대해서는 어떻게 해야 합니까? 한편에서 입법가는 젊은이들의 노력과 훈련을 목적으로 사냥 형태에 대해 칭찬도 하고 비난도 해야 합니다. 다른 한편에서 젊은이는 입법가의 말을 듣고 따라야 하며, 이때 쾌락의 유혹에 넘
어가거나 힘이 들어서 좌절되는 일이 없어야 하며, 각 행 d
위에 대해 위협을 가하는 처벌 규정과 법률 제정보다는 칭찬의 형태로 언급되고 명령된 것을 더 존경하고 더 충실히 수행해야 합니다.

이런 예비적인 언급에 뒤따라 여러 가지 사냥에 대한 칭찬과 비난이 적절한 형태로 올 수 있습니다. 이것 중 어떤 사냥은 젊은이들의 혼을 더 훌륭한 것으로 만들기에 칭찬을 받지만 그 반대로 작용하는 사냥은 비난을 받습니다. 그렇다면 그다음의 것을 젊은이들에게 이야기해 주되, 그

113) 《소피스트》 219e 이하에 나오는 사냥의 분류 참고. 인간에 대한 사냥으로는 《소피스트》 222b 이하(사랑하는 자에 의한 사냥); 《향연》 203d(사냥꾼으로서의 에로스); 《에우튀데모스》(*Euthydēmos*) 290b(인간 사냥으로서의 전쟁 기술) 참고.

114) 8권 837b~d에 나오는 필리아(*philia*, 사랑, 친애)의 세 종류에 관한 논의 참고.

823d 들에게 소망의 형태로 말을 걸어 봅시다. “친구들이여, 바다에서 낚거나 잡는 사냥이든 수중동물 일반에 대한 사냥이든, 이에 대한 욕망이나 열정에 당신들이 사로잡히는 일
e 이 결코 없기를! 깨어 있든지 잠을 자든지 간에 여하튼 편안한 사냥이 되게끔 통발을 사용하는 일은 하지 말기를! 또한 바다에서 사람을 포획하고 싶고 해적질을 하고 싶은 유혹에 사로잡혀 야만적이고 법도 없는 사냥꾼이 되는 일도 결코 없기를! 들이나 도시에서 도적질하고자 하는 생각이 마음에 조금이라도 떠오르는 일도 없기를! 또한 새 사냥에 대한 열정의 유혹에 젊은이가 사로잡히는 일은 없기를! 자유인에게 그리 어울리지 않는 그런 열정은 찾아오지
824a 않기를! 그렇다면 운동을 해야 할 우리 젊은이들에게는 육지동물 사냥과 포획만이 남습니다. 그런데 이중에서도 순번대로 잠을 자면서 행하는, ‘야간 사냥’으로 불리는 사냥은 게으른 사람들을 위한 사냥으로서 칭찬할 만한 가치가 없습니다. 또한 힘든 시간 중간중간에 휴식을 취하는 육지동물 사냥도 칭찬할 만하지 않은데, 이런 사냥은 짐승의 거친 힘을 제압하기는 하나 힘든 일을 마다치 않는 혼의 승리라기보다는 그물과 덫에 의한 것이기 때문입니다. 신적인 용기[115]를 계발하고자 하는 모든 이에게는 단 한 가지의 그리고 가장 좋은 사냥이 남아 있습니다. 개와 말의 도움을 빌리지만 자신의 신체를 이용해 네발 달린 동물을 사냥하는 것 그리고 이때 몸소 사냥을 하면서 같이 달리고, 때리고, 무기를 던져 모든 사냥감을 제압하는 것이 바

115) 1권 631c 참고.

로 그것입니다."

이렇게 이야기한다면 이 모든 영역에 관한 칭찬과 비난의 말로 충분할 것입니다. 이제 법률은 다음과 같습니다. 그 누구도 이처럼 진정으로 '신성한' 사냥꾼들을, 이들이 어디에서 어떻게 사냥을 하고자 하든지 간에, 방해해서는 안 되지만, 그물과 덫을 믿는 야간 사냥꾼의 사냥은 장소와 시간을 불문하고 허용되어서는 안 됩니다. 경작되지 않는 들이나 산에서 행해지는 새 사냥을 방해해서는 안 되지만, 경작지나 신성한 땅에서 새를 사냥하는 자를 발견한 사람은 이를 못하도록 그를 내쫓아 내야 합니다. 물에서 사냥하는 것은, 항구 그리고 신성한 강과 연못과 호수에서의 사냥만 제외하고서 모두 허용되지만, 해로운 즙을 사용해 물을 혼탁하게 만드는 것만은 허용되지 않습니다.

이제 여기서 우리는 교육에 관한 규정들이 모두 완료되었다고 말해야 합니다.

클레이니아스: 옳은 말씀인 것 같습니다.

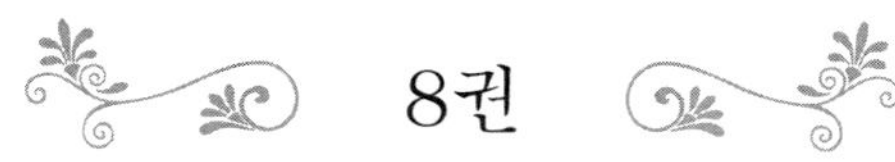

8권

7권에서 신의 장난감(803c)으로 고안된 인간의 역할에 맞게 인간이 생을 보낼 수 있는 알맞은 놀이와 여가, 그리고 교육에 대한 논의를 마친 후, 8권에서는 자연스럽게 신을 위한 축제에 대한 논의로 시작한다. 아테네인은 제사의 종류와 제사를 받을 신에 대해서는 델포이의 신탁에 위임하고 제사의 횟수만을 법으로 정해 1년 365일을 정한다. 이는 이 나라의 하루하루를 신에 대한 제사로 채우기 위함이다.

신들에 대한 제의를 논하는 과정에서 죽음의 신 플루톤에 대한 이야기가 나오는데, 이 신을 경원시하는 것은 옳지 않으며 특히 뛰어난 군인이라면 더욱 그리해서는 안 되고 죽음은 생에 못지않게 좋은 것이라고 아테네인은 주장한다. 이에 대한 충분한 분별력을 갖기 위해 가져야 할 생각이라고 아테네인이 제시하는 것은 훌륭한 나라로서 불의한 일을 당하지 않을 능력과 관련된 논의이다. 아테네인은 이 나라가 전쟁이나 내전에 휘말리지 않기 위해서는 시민들이 최소한 한 달에 한 번은 군사 활동을 해야 하며 혹한기와 혹서기 훈련도 해야 한다고 주장한다. 이 활동을 장려하기 위해 축제와 같은 전투훈련을 벌이고 상을 주며 찬가와 비난가를 통해 격려와 질책을 해야 한다고 아테네인은 말한다. 그리고 이 노래들은 재능 있는 시인이 아니라 훌륭한 행위를 한 사람만이 지어야 한다고 한다. 또한 이 훈련을 위해서는 실전을 방불케 하는 모의 훈련을 해야 하며 설사 훈련 중 사상자가 생기더라도 두려움을 주지 않는 편안한 훈련을 통해 유약해지는 것보다는 낫다고 아테네인은 말한다.

이런 실전 같은 훈련이 다른 나라에서 시행되지 않는 원인을 밝히면서 비로소 아테네인은 죽음이 삶 못지않게 좋은 이유를 밝힌다. 하나는 부에 대한 사랑 탓에 사람들이 사적인 이익에 매달려 공적인 훈련에 무관심하다는 것이다. 다른 한 원인은 잘못된 정치체제들로, 이를 아테네인은 비정치체제들(*hai ou politeiai*)이라 부르며, 민주정, 과두정, 참주정이 이에 속하고 이것은 정치체제가 아니라 당파체제라고 비판한다. 이런 정치체제 아닌 정치체제에서는 자발적인 자를 자발적인 자가 통치하지 않기 때문에 거의 모든 악의 원인이 된다고 아테네인은 주장한다.

이어서 아테네인은 달리기와 관련하여 성인남자, 성인여자, 아이에게 차등을 두는 규정을 마련하는가 하면 무장을 하고 싸우는 격투기와 관련하여 여자에게도 일정 정도 참여하게 하는 등 여타 훈련과 경기에 관한 규정을 마련한다. 끝으로 아테네인은 크레타 지역에 맞는 말을 이용한 경기규정을 제안하고, 이 모든 경합에 여자를 강제로 참여하게 하는 것은 사리에 맞지 않으나 교육에 의해 자발적으로 참여하는 경우에는 말리지 말아야 한다고 주장한다. 그리고 군사훈련과 경기에 관한 논의 다음에는 시가술에 관한 이야기가 마무리된다. 여기서는 경기담당관, 교육담당관, 법수호자들이 두 번째 입법가가 되어 각 사람에게 맞는 경연을 적절히 배분하도록 한다.

제사, 축제, 가무단에 관한 논의를 마무리 지으며 아테네인은 이것들과 관련하여 중대한 논의를 염두에 두고 잠시 뜸을 들이다 말을 잇는다. 그것은 생계를 위한 노동에서 벗어나 축제와 같은 삶을 사는 곳에서 청춘남녀들의 성욕을 어떻게 처리할 것인가 하는 문제이다. 동성애를 포함한 성적 문제에 대한 입법은 어느 한쪽으로 입법을 해서는 입법 자체의 현실성에 대한 불신으로 실현되기 어렵다고 아테네인은 말한다. 이러한 어려움을 아테네인은 원리적으로 설명하면서, 사랑에는 세 종류가 있는데 그중 하나는 닮은 자 또는 대등한 자끼리의 우정에서 극대화된 것이고, 다른 하나는 예컨대 가난한 자와 부유한 자의 우정, 즉 어떤 것이 결핍된 자와 그것을 가진 자의 우정이 극대화된 형태이며, 나머지 하나는 두 가지 성격이 섞인 우정이 극대화된 것으로, 마지막의 세 번째 사랑이 다루기 곤란하다고 한다. 왜냐하면 그것은 사람에게 덕을 함양하게 하기도 하고 타락시키기도 하는 양면성을 가졌기 때문이다.

성적 타락을 막기 위해 일단 아테네인은 자연의 원리에 따라 일부일처제와 이성애(異性愛)를 법으로 규정할 것을 주장한다. 그리고 이 법이 효력을 갖게 하기 위해 아테네인은 두 가지 방법을 제안한다. 하나는 근친상간이 그렇듯이 공중(公衆)의 의견이 일치하여 누구도 그에 대해 다른 생각을 갖지 못하게 하는 것이다. 그리고 공중의 의견을 이런 방향으로 향하게 하는 것은 쾌락에 대한 승리가 진정한 행복을 낳는 길이라는 취지의 옛이야기와 격언을 통해 가능하리라고 본다. 그러나 아테네인은 이러한 방식이 성공하지 못할 경우를 대비하여 '이차적 법'을 제안한다. 그것은 성행위 자체를 부끄러운 것으로 여기고 남의 눈에 띄지 않게 해야 한다는 생각을 관습과 규범을 통해 불어넣어 성적 쾌락으로 향하는 힘을 약화시키는 것이다. 정리하면 이상적으로는 시민들이 자발적으로 자연 원리에 기반을 둔 성적 관습을 지켜 나가는 법을, 이차적으로는 부정한 성행위가 발각될 시 처벌하는 법을 아테네인은 제안한다.

이후 논의는 공동식사 제도와 관련하여 식량 조달에 관한 것으로 넘어간다. 이른바 '농업 관련법'에는 농지의 경계, 남의 땅의 경작, 목축지의 침범, 양봉, 벌목, 관개와 식수, 과일의 보존과 수확 등에 관한 법률이 담긴다. 다른 한편 물건을 제작하는 장인의 경우에 이 나라의 자국민은 기술업종에 종사할 수 없고 시민의 역할인 공공질서 유지와 실현에 매진해야 한다고 아테네인은 말한다. 또한 거류민이 장인으로 일할지라도 두 가지 이상의 기술을 갖지 못하게 하여 이를 제대로 해낼 수 없는 인간의 본성에 맞게 해야 한다고 아테네인은 덧붙인다. 이 나라에서는 수출과 수입업을 개인직업으로 가질 수 없고 필요한 경우에만 관리들의 주도하에 수출입이 이루어진다. 식량 조달에 대한 논의의 마무리로, 식량은 배급되어야 하며 시민, 가내 노예, 장인과 외국인 할당으로 나누어 배급과 조달이 이루어져야 한다는 주장을 아테네인이 한다. 이어서 아테네인이 마을의 건물이 배치되는 방식에 대한 논의를 하고 곡식 이외의 물품의 구매와 판매에 관한 법규를 정하며 거류민의 체제 연장 및 영주의 조건을 명시하면서 8권의 논의는 끝난다.

아테네인: 이어지는 것은 델포이에서 받아 오는 신탁에 a
의거해 축제를 배정하고 입법하는 일입니다. 그건 어떤 제사를 어떤 신에게 드리는 것이 나라에 더 좋고 바람직할지를 정하고 입법하는 일입니다. 하지만 언제 그리고 몇 차례나 제사를 드릴 것인가를 법으로 정하는 것은 아마도 우리 자신이 해야 할 일일 겁니다.

클레이니아스: 횟수는 그렇겠지요.

아테네인: 그럼 횟수에 대해 먼저 이야기해 봅시다. 횟수는 365회에서 조금이라도 모자라서는 안 됩니다. 그래
야 적어도 한 사람의 관리는 언제나 나라와 시민, 그리고 b
그들의 재산을 위해 신이나 신령에게 제사를 드릴 테니까요. 이를 위해 해석자들과 남자 및 여자 사제들 그리고 예언가들은 법수호자들과 만나 입법가가 불가피하게 미뤄 둔 것들을 제정하게 해야 합니다.[1] 나아가 바로 그들이 미뤄 둔 것들을 조사하는 조사관이 되어야 합니다. 그래
서 법은 다음과 같은 내용을 제시하게 될 것입니다. 즉, c
각 부족의 이름을 따올 열두 신들을 위해 열두 축제가 있어야 하는데, 여기서 이 신들 각각에게 매달 제의를 거행하되, 가무와 시가 경연과 체육 경기는 신들 자신과 각 계절에 적합하게 할당하며 여자들의 축제도 남자들 없이 해

1) 입법가가 불가피하게 세부적인 많은 법률들을 빠뜨릴 수밖에 없다는 말은 6권 772b에 이미 언급되었다.

828c 야 하는 축제와 그렇지 않은 축제로 나누어 제의를 거행해야 합니다. 나아가 지하의 신들을 위한 제의를 천상의 신이라 불러야 하는 신들과 그들을 따르는 존재들을 위한
d 것과 섞지 말고 따로 떼어, 열두 번째 달인 플루톤의 달에 법에 따라 배당해야 합니다. 뛰어난 군인이라면 그와 같은 신[2]을 질색해서는 안 되고 오히려 인간 종족에게 가장 좋은 신이라 여기고 존귀하게 생각해야 합니다. 왜냐하면 내가 진지하게 하는 말인데, 혼과 몸의 결합이 분리보다 나은 점이 없기 때문입니다.

이에 덧붙여 이런 구분을 만족스럽게 처리할 사람들은 다음과 같은 생각을 가져야 합니다. 즉, 누구도 우리 나라의 여가와 생필품의 풍부한 공급에 대해서는 현재의 나라 중에서 필적할 만한 곳을 찾아볼 수 없을 그런 나라이지만, 이 나라는, 한 사람이 그래야 하는 것과 마찬가지로, 훌륭하게
829a 살 필요가 있다는 생각입니다.[3] 그런데 자신에게 불의를 행하지도 않고 자신이 남에게 불의를 행하지도 않는 것이 행복하게 사는 사람들에게 필연적으로 속하는 첫 번째 조건입니다.[4] 이 두 가지 중 앞의 것은 그다지 어렵지 않지만, 뒤의 것인 불의를 행하지 않는 능력을 갖추기는 무척 어려

2) 지하 세계에서 죽은 자들을 맡아 보는 플루톤 신. 하데스라고도 한다.

3) 여가와 생필품에도 불구하고 이 나라가 훌륭하게 사는 나라이기 위해서는 필요한 것이 더 있다는 뜻이다. 아울러 문맥이 분명하게 드러나도록 '훌륭하게 산다'라고 번역한 말은 당시 그리스에서 일반적으로 '잘산다'라는 뜻으로 하는 말이라는 점도 알아둘 필요가 있다.

4) 《고르기아스》 509d에서 제시되는 '남을 해하거나 남에게 해를 당하다'라는 선택지와는 다르다. 그 때문에 필사본 중에는 이에 맞추려 가필하는 경우도 있다.

워서, 완전히 좋은 사람이 되는 것 말고는 달리 그것을 완전
히 갖출 길이 없습니다. 나라에도 이와 똑같은 조건이 있을
수 있습니다. 좋은 상태의 나라에서는 삶이 평화롭지만, 나
라가 나쁜 상태에 있다면 삶은 안팎으로 전쟁 상태가 됩니
다. 나라의 상태가 좋지 않으면 삶은 전쟁 상태가 되기 때문
에, 각 나라는 전쟁이 일어난 후가 아니라 평화 시에 군사훈 b
련을 해야 합니다. 따라서 지각 있는 나라라면 매달 적어도
하루, 관리들이 필요하다고 여길 경우에는 그보다 더 많이
기동훈련을 해야 하고, 혹한이나 혹서에 개의치 말아야 하
며, 부분적으로 동원되는 때도 있겠지만, 관리들이 온 나라
사람들을 동원하기로 결정했을 때는 남자뿐 아니라 여자와
아이들도 기동훈련에 참여해야 합니다. 그리고 제사와 더
불어 하는 일종의 아름다운 놀이를 끊임없이 고안하여 실제
전투를 가능한 한 생생하게 모방하되 축제와 같은 전투[5]가 c
되게끔 해야 합니다. 이 경기 때마다 우승상과 우수상을 나
누어 주고, 각자가 경기나 일상생활 전반에서 어떤 인물인
지에 대한 찬가와 비난가를 승자와 패자 각각에게 지어 주
되, 가장 뛰어나다는 평판을 얻은 자에게는 각광을 받게 하
고 그렇지 못한 자에게는 비난을 받도록 해야 합니다. 그렇
지만 아무나 이런 노래의 작가가 되어서는 안 되고, 우선
적어도 나이가 50세는 된 자여야 하고, 반면 시를 짓고 노
래하는 재능을 충분히 가지고 있다 하더라도 아직 아름답고
두드러진 행위를 한 적이 없는 사람이어서는 안 됩니다. 나 d
라에서 능력이 뛰어나고 존경받을 만한 사람들은 모두 본인

5) 전쟁하는 방식으로 이루어지는 경합 방식.

829d

이 아름다운 행위의 장인(匠人)이므로 그와 같은 이들이 지
은 시를, 설령 그것이 시가로서 뛰어난 작품성을 갖추고 있
지 않더라도, 노래하게 해야 합니다. 그들을 판별하는 일은
교육담당관[6]과 그 밖의 다른 법수호자들에게 맡겨야 하고,
판별된 사람들에게는 그들만이 시가에서 표현의 자유를 갖
는 특전을 부여해야 합니다. 반면에 다른 사람들에게는 그
런 권한이 생기는 일도, 인정받지 못한 시가를[7] 아무나 함
부로 부르는 일도 — 설사 그것이 타뮈라스[8]나 오르페우스
e 의 찬가들보다 더 달콤하다 해도 — 없어야 합니다. 또한 성
스럽다고 판별되어 신에게 바친 많은 시와, 좋은 사람들의
노래로서, 어떤 사람들을 비난하거나 칭송하기에 적절한
역할을 한다고 판별된 노래들만 부르게 해야 합니다. 나는
작전훈련과 관련해서 그리고 시를 짓는 일에 대한 표현의
자유와 관련해서 남자와 여자 모두에게 동일한 규정이 동등
하게 적용되어야 한다고 주장합니다.

---

6) 교육담당관의 역할에 대한 설명은 7권 811d에 있다. 그곳의 설명에 따르면 교육담당관은 법수호자들 중에서 맡게 되어 있다. 따라서 이곳에 나오는 '다른 법수호자들'이란 말은 '교육을 담당한 법수호자 외에 다른 법수호자들'이란 뜻이다.

7) 사본에는 이 뒤에 'mē krinantōn tōn nomophylakōn'이 있으나 잉글랜드가 필사자의 첨부 설명이라고 판단하고 생략했으며, 대다수의 번역자들이 이를 따르고 있다. 이 부분을 번역하면 '법수호자들이 판별하지 않은'이 되겠다.

8) 타뮈리스(Thamyris)라고도 한다. 신화적 음악가 중 한 명으로 음악가 필람몬과 님프 아르기오페의 아들 또는 아틀리오스의 아들이자 엔디미온의 손자며 뮤즈 중 한 명인 에라소 또는 멜포메네가 어머니라고도 한다. 호메로스의 스승이라는 설이 있으며 뮤즈들과 동침을 내기로 걸고 겨루어 이겼으나 이에 분노한 뮤즈들에 의해 음악적 재능을 잃게 되었다는 전설이 있다.

한편 입법가는 자기 자신에게 다음과 같은 논의를 제기하
여 거듭 숙고해야 합니다. “자, 나는 나라 전체를 준비시켜
도대체 누구를 육성하지? 무수한 경쟁자가 있는 가장 중요 830a
한 경기의 운동선수들이 아닌가? 만약 누군가가 ‘물론입니
다’라고 대답한다면 그건 옳은 말이리라. 그럼 어떤가? 우
리가 복싱선수나 판크라티온[9] 선수 또는 비슷한 종류의 다
른 경기종목을 하는 운동선수를 육성하는 것이라면, 우리
는 그 전에 누군가를 상대로 날마다 겨루기를 하지 않고서
본 경기에 나서게 할 것인가? 우리가 복싱선수라면 싸우는
법을 배우는 한편, 승부를 걸고 맞서 싸울 때 사용하게 될 b
모든 것을 모방하면서 경기 전까지 힘을 다해 연습하지 않
을까? 그리고 실제와 닮은 것에 가능한 한 가까이 가되 실
전용 장갑 대신 연습용 장갑[10] 을 두름으로써 상대를 가격
하거나 상대의 가격을 피하는 것을 가능한 한 충분히 익힐
수 있지 않을까? 또한 우리의 연습상대를 구하기가 더욱 어
려워질 경우에는, 어리석은 자들의 비웃음이 두렵더라도
살아 있지 않은 모형을 걸어 놓고 그것을 상대로 연습하려
하지 않을까? 심지어 살아 있는 것도 살아 있지 않은 것도 c

9) 7권 795b 주 참고.

10) ‘연습용 장갑’(*sphaira*)에 대해서는 주석자마다 의견이 다르다. 이 번역은 뷔데판 번역의 주석을 참고했다. 한편 LSJ(Liddell, Scott & John, Greek-English Lexicon)판에는 ‘sphaira’가 쇠공을 집어넣은 장갑으로, 복싱선수의 무기라고 설명하고 있다. 문장 전체의 뜻은 ‘실제 경기에 가까운 상황에서 하되(당시의 여건상 선수 본인의 주먹이나 연습상대에게 피해가 가는 일을 줄이기 위해서) 실전용 장비가 아닌 훈련용〔당시에 새로 고안되어 주목받은 것이라고 한다(H. A. Harris, *Greek Athlete and Athletics*, 1964)〕 장비를 사용하여 실전에서 사용할 기법을 부담 없이 배우게 한다’로 파악했다.

모두 구하기 어려울 경우에는 우리는 연습상대 없이 우리 자신을 상대로 진짜처럼 그림자 싸움을 감행하지 않을까?" 아니면 혼자 하는 또 다른 주먹질 연습이 있노라고 누가 말할까요?

클레이니아스: 손님, 당신이 방금 말한 바로 그것 말고는 다른 것은 전혀 말하지 못하겠지요.

아테네인: 그러면 이건 어떻습니까? 정말 어느 때든 우리 나라의 군대는 그와 같이 훈련을 한 선수들보다 준비가 덜 된 상태에서 여러 경기 중에서도 가장 중요한 경기에 뛰어
d 드는 일을 감행하겠습니까? 우리의 생명과 아이들, 그리고 재산과 나라 전체를 걸고 싸우는데 말입니다. 게다가 우리의 입법가가 서로를 상대로 한 체육 활동이 누군가에게 우습게 보일까 봐 두려워 다음과 같은 것들에 관한 입법을 방치할까요? 가능하다면 날마다 소규모 비무장 체육 활동의 방식으로 기동훈련을 하도록 명하고, 이를 위해 가무단과 모든 체육종목을 총동원하는 일 말입니다. 다른 한편으로 입법가는 적어도 매달 한 번 이상 더 큰 규모의 무장11) 체육 활동을 하게끔 하지 않겠습니까? 거점의 장악과 매복에
e 서 누가 나은지 우열을 겨루는 방식으로 전 지역에 걸쳐 서로를 상대로 우열을 겨루기도 하고, 온갖 전쟁 기술을 모방하여 훈련용 무기를 사용해 제대로 전투를 하며12) 다소

11) 사본에는 'elattous'로 되어 있으나 잉글랜드를 따라 'enhoplious'로 고치는 데 모든 번역자 및 주석자들도 동의한다.

12) 830b와 마찬가지로 여기서도 'sphaira'의 정체 때문에 해석이 분분하다. 본문의 내용은 브리송(L. Brisson)의 주석을 따라 이해하고 번역했다. '훈련용 전투'에 대한 브리송의 설명은 '무기의 날에 둥근 형태의 보호물을 대고 하는 전투훈련'이다.

위험한 쏘고 던지는 무기[13]를 사용해 가급적 실제와 가까운 쏘고 던지는 전투를 벌이기도 해서 말이죠. 이렇게 하는 이유는 서로를 상대로 한 놀이가 어느 정도 두려운 것이게끔 하기 위해서이고, 두려움을 불러일으켜 어떤 방식으로든 기백 있는 자와 그렇지 못한 자를 밝혀내어 한쪽의 사람에게는 명예를, 다른 쪽의 사람에게는 불명예를 바르게 831a
할당하여 나라 전체가 평생에 걸쳐 진짜 경기에 쓸모 있게끔 하기 위해서입니다. 나아가 입법가는 그렇게 하다가 누군가 죽게 되면 그 살인은 비자발적인 것이라고 보고 살해자는 법에 따라 정화의식을 거치면 오염되지 않은 것으로 하는[14] 법을 제정하지 않겠습니까? 이는 사람들이 많이 죽지만 않는다면 그들 못지않은 사람들이 다시 자라겠지만, 말하자면 두려움이 죽는 일이 생겨 그런 경기에서 더 나은 자와 그렇지 못한 자를 가릴 시금석을 찾을 수 없게 된다면, 이것은 사람들이 죽는 일보다 훨씬 더 큰 악이라고 생 b
각하기 때문입니다.

클레이니아스: 손님, 적어도 우리는 그와 같은 것들을 모든 나라가 법으로 제정하고 연마해야 한다는 데 동의할 겁니다.

아테네인: 그렇다면 도대체 왜 오늘날의 나라들 중에서

13) 활뿐 아니라 돌, 창 등도 포함된다.

14) 앞의 '정화의식'이나 이곳의 '오염되지 않은'이나 모두 같은 어근에서 온 말이다. 고대 그리스에는 살인을 한 자는 살해당한 자의 피에 의해 오염되며, 살인으로 인한 오염은 정화의식에 의해 씻어야 한다는 종교적 믿음이 있었다. 이런 플라톤의 생각은 이 책에서도 유지되고 있다. 당장 문맥에는 '죄가 없는' 또는 '면죄된'이라고 할 수 있으나 이런 맥락을 살리기 위해 직역했다.

는 이런 종류의 가무와 경기[15]가, 극히 작은 규모의 것을 제외하고는, 거의 발견되지 않는 그 이유에 대해 우리 모두는 알고 있나요? 아니, 우리는 대중과 그들에게 법을 제정해 주는 자들의 무지 때문이라고 말하지 않을까요?

클레이니아스: 아마도 그렇겠지요.

c **아테네인**: 복 받은 클레이니아스, 결코 그렇지 않습니다. 이에 대해서는 두 가지 아주 강력한 원인이 있다고 말해야 합니다.

클레이니아스: 그게 무엇인가요?

아테네인: 첫 번째 원인은 부에 대한 사랑입니다. 이런 사랑은 사적인 소유물 이외에 다른 것들을 돌볼 여가 시간을 전혀 내지 못하게 합니다. 시민들의 온 마음이 사적인 소유물에 매달려서 일상적인 이득 이외에는 도무지 다른 것들을 돌볼 여력이 없는 것이죠. 그리고 이득을 낳는 배움이나 과업에 대해서는 다들 사적으로 배우고 익힐 만반의 태세가 되어 있지만 다른 것들은 우습게 여깁니다.
d 이것이 지금까지 이야기한 과업뿐만 아니라 다른 아름답고 훌륭한 과업에도 나라가 왜 진지하게 임할 의사가 없으며, 이와는 반대로 금과 은에 대한 갈망으로 인해 모든 사람이 — 그것이 더 아름답든 더 볼썽사납든 — 부유해질 수 있다면 어떤 기술과 수단도 가리지 않으려 하는지를

15) 전쟁에 대비한 훈련을 총괄한 표현이다. 훈련은 크게 둘로 나뉘는데, 하나는 일상적으로 거의 매일 이루어지는 춤과 체육을 통해서 하는 것이다. 춤은 단체로 하는 일상의 군사훈련이고 체육은 개별적으로 하는 일상의 군사훈련이다. 다른 하나는 다달이 하는 것으로 이것은 앞의 것과는 달리 서로 겨루는 것에 주안점을 두고 있다. 그래서 '경기'로 집약할 수 있다.

설명해 주는 한 가지 원인이라고 말해야 합니다. 또한 모든 사람은 그것이 경건한 행동이든 불경스러운 행동이든, 심지어 어느 모로 보나 추한 행동일지라도, 짐승에게처럼 온갖 먹을 것과 마실 것, 그리고 성적 쾌락의 온갖 충족거 e
리를 전적으로 제공해 줄 수만 있다면, 그와 같은 행동을 거리낌 없이 행하고자 하지요.

클레이니아스: 맞는 말입니다.

아테네인: 그렇다면 내가 말하는 이것이 나라들로 하여금 다른 아름다운 것뿐만 아니라 전쟁에 대비해서 충분히 훈련하는 것도 하지 못하게 방해하는 한 가지 원인이라고 합시다. 이것이 사람들 중에서 본래 절도 있는 사람들을 장사꾼, 무역상, 한낱 하인으로 변하게 하고, 본래 용감 832a
한 자들을 해적, 도둑, 신전 약탈범 그리고 호전적이고도 거만한 자로 변하게 합니다. 꽤 많은 경우에 이와 같은 자들은 본성이 나쁘지 않은 자들이고 단지 불운한 자들일 뿐입니다.

클레이니아스: 무슨 말이죠?

아테네인: 자신의 혼이 평생 동안 지속적인 굶주림의 상태에 처할 수밖에 없는 자들에 대해 어찌 '불운한 자들'이라 말하지 않을 수 있겠습니까?

클레이니아스: 그러시다면 그것이 한 원인이군요. 그러면 두 번째 원인은 무엇이라고 말씀하겠습니까, 손님?

아테네인: 마침 잘 기억나게 해주셨습니다.

클레이니아스:[16] 당신의 말에 따르면, 첫 번째 원인은

16) 뷔데판에 따르면 이 발언과 클레이니아스의 다음 발언은 메길로스의 것으로 되어 있다. 그러나 대부분의 필사본에 의하면, 두 발언은 클레이니

b 평생에 걸쳐도 채울 수 없는 욕구입니다. 이것이 각자를 바쁘게 만들며 군사훈련을 제대로 수행하지 못하게 방해한다는 말이군요. 좋습니다. 이제 두 번째 원인을 말해 주시죠.

아테네인: 혹시 내가 대답이 궁해서 말을 못하고 시간을 보내고 있다고 보시는 건 아닌가요?

클레이니아스: 아닙니다. 하지만 당신은 그런 성격을 대단히 혐오하는 것 같고, 그 결과 우리의 논의주제에 필요한 것 이상으로 그들을 혹평하는 것 같아 보이기는 합니다.

아테네인: 손님들, 적절한 질책입니다. 다음 이야기를 듣고 싶은 것으로 보입니다만.

클레이니아스: 말씀하시지요.

아테네인: 나로서는 비정치체제들[17]이 원인이라고 주장
c 합니다. 이것들은 내가 앞선 논의에서도 자주 말했던 것들입니다.[18] 민주정, 과두정, 참주정이 여기에 속합니다. 이것들 중 어떤 것도 정치체제가 아니고, 그 모두는 '당파체제'라 불러야 가장 올바를 것입니다. 이런 체제하에서는 자발적인 자들이 자발적인 자들을 지배하는 게 아니라 자발적인 자들이 비자발적인 자들을 일종의 폭력을

아스의 것으로 되어 있다. 다만 브리송의 플라마리옹본에서는 여전히 뷔데판을 따르면서 주석을 달고 있다.

17) 의역하면 '사이비 정치체제' 또는 '정치체제답지 못한 정치체제'라고 할 수 있겠으나, 그리스어 원문 자체가 본래 어색한 조어법 형태로 되어 있는 만큼 우리말도 다소 어색한 형태로 번역했다. 4권 715b; 《국가》 4권 422e 참고. 플라톤은 공동체로서 합의에 의한 통치가 이루어지지 않는 정치체제는 진정한 정치체제가 되지 못하는 것으로 여긴다.

18) 4권 713a 전후, 714e~715d 참고.

사용하여 지배하며, 지배자는 피지배자를 두려워해, 피지배자가 훌륭한 자, 부유한 자, 강한 자, 용감한 자가 되는 것을 허용하지 않을 것이며, 특히 뛰어난 전사가 되는 것을 허용하지 않을 것입니다. 그리하여 이 두 가지가 거의 모든 악의 주된 원인이며, 특히 우리가 논의한 악들의 주된 원인이 됩니다. 그러나 우리가 법을 세우고 있는 우
리의 정치체제는 우리가 말하는 이 두 원인을 피해 갔습 d
니다. 이 정치체제는 한가로움을 최대한 만끽하고, 시민들은 서로로부터 자유로울 것이며, 내 생각으로는 이런 법 아래에서는 시민들이 돈에 욕심을 부릴 가능성이 가장 낮아질 것입니다. 그 결과 이런 식으로 구성된 정치체제만이 오늘날의 나라들 중에서 — 방금 자세한 설명을 마친, 그것도 논의를 통해 옳게 설명을 끝마친 — 전쟁을 위한 교육과 놀이를 수용할 수 있는 유일한 정치체제라고 보는 것이 합당하기도 하고 이치에 맞기도 할 것입니다.

클레이니아스: 훌륭한 말이십니다.

아테네인: 그러면 이에 이어서 온갖 체육종목과 관련하
여 꼭 기억해 두어야 할 것은, 그것들 중 전쟁과 관련되는 e
경기종목들은 시행하고 경기의 우승상을 제정하되, 그렇지 않은 것들은 제쳐 놓아야 한다는 것이 아닐까요? 그런데 어떤 것들이 그런 것들인지는 처음부터 말해 두고 법으로 제정하는 것이 낫습니다. 먼저 달리기를 비롯해서 속도와 관련된 것들 전반을 정해야 하지 않을까요?

클레이니아스: 그렇게 해야지요.

아테네인: 어느 모로 보나 신체의 민첩성이 어떤 것보다도 전쟁과 가장 관련이 깊으며, 그중 하나는 발의 민첩성

a 이고 다른 하나는 손의 민첩성입니다. 달아나거나 잡는 데는 발의 민첩성이 필요한 반면 맞붙은 상태에서의 전투, 즉 백병전에는 손의 완력과 힘이 필요합니다.

클레이니아스: 물론이지요.

아테네인: 그렇지만 무기가 없어서는 손발 어느 쪽도 최대의 효과를 보지 못합니다.

클레이니아스: 그렇겠지요.

아테네인: 그러니 우리의 호명관은 요즘처럼 경기에서 첫 번째로 스타디온[19] 경주자를 호명하게 될 텐데, 그 경주자는 무장한 상태로 등장하게 됩니다. 우리는 무장하지 않은[20] 경기자를 위해서는 상을 제정하지 않을 겁니다. 그러니까 첫 번째로 1스타디온을 경주할 자가 무장한 상태로 등장하고, 두 번째로는 2스타디온[21]을 경주할 자가,
b 세 번째로는 경마 경주의 거리를 경주할 자가, 네 번째로는 장거리를 경주할 자까지 등장하게 될 겁니다. 그리고 다섯 번째로는 상대적으로 중무장을 하기 때문에 우리가 중무장 경주자라 일컫는 자가 등장하게 될 것입니다. 그는 아레스의 신전 중 한 곳에 이르는 왕복 60스타디온 거리인 상대적으로 평탄한 길을 완주할 것입니다. 우리는 그를 맨 처음에 출발시키는 한편 또 다른 경주자도 출발시킬 것입니다. 그 경주자는 궁술 장비를 완비한 궁수로서 아폴론과 아르테미스의 신전에 이르는 왕복 100스타디
c 온 거리의 언덕과 온갖 지형을 경유하는 길을 완주할 것

19) 그리스의 거리 단위. 약 198.20미터.

20) 833c와 관련된다.

21) 정확하게는 1스타디온의 거리를 왕복하는 경주이다.

입니다. 그리고 우리는 그들이 돌아올 때까지 기다리면서 나머지 시합을 진행하여 각 종목의 우승자에게 상을 줄 것입니다.[22]

클레이니아스: 옳은 말입니다.

아테네인: 그러면 이 경기종목들을 세 부류로 나눠서 생각해 봅시다. 하나는 어린이들의 경기이고, 다른 하나는 소년들[23]의 경기이고, 또 다른 하나는 성인남자들의 경기입니다. 우리는 소년들의 경기를 위해서는 경주로를 성인들의 2/3로 정하고, 어린이들을 위해서는 1/2로 정할 것입니다. 그들이 궁수로서 경주하거나 중무장한 자로서 경주할 경우에 말이죠. 다른 한편 여자들의 경우에는 결혼 적령기가 안 된 소녀들에게는 무장하지 않은 채로[24]
하는 1스타디온, 2스타디온, 경마 경주, 그리고 장거리 d
경주 네 가지만을 정해 주되, 경기로 내에서만 하도록 정해 줍니다. 다른 한편 우리는 이들이 13세부터 결혼 전까

22) 이 문단의 내용과 관련해서는 논란이 많다. 핵심 논란 사항은 경주자가 몇 명이고, 몇 번의 경주가 이루어지는가 하는 것이다. 해석의 줄기는 대략 다음과 같이 갈린다. ① 다섯 번의 경주에 6명의 경주자가 등장한다. 이 경우 다섯 번째와 여섯 번째 경주자는 서로 경합한다〔팽글, 잉글랜드, 테일러(A. E. Taylor), 로뱅(Robin), 디에〕. ② 다섯 번의 경주에 5명의 경주자가 등장한다〔베리, 로버트슨(Robertson)〕. ③ 여섯 번의 경주에 6명의 경주자가 등장한다. 이 경우 중무장 경주자와 경장비(궁수) 경주자는 각기 다른 경기를 수행한다(손더스). 이 번역은 손더스의 입장을 따랐다.

23) 원래 'gageneios'는 '(턱) 수염이 아직 나지 않은'이란 뜻이다.

24) 'gymnos'는 '벗은'과 '무장하지 않은'이라는 두 가지 뜻이 있다. 하지만 여기서는 옷을 입고 벗은 것이 중요한 문제가 아니라고 보아서 '무장하지 않은'으로 번역했다. 하지만 옷까지 입지 않았을 가능성은 여전히 남아 있다.

833d 지는 경기에 계속 참여하되 18세까지 또는 많아야 20세까지 출전하도록 정할 것입니다. 그리고 그녀들이 이 달리기의 경합에 나서기 위해서는 적합한 장비[25]를 갖추어야 합니다.

이 정도가 남자들과 여자들에 의한 달리기에 관한 규정이라고 합시다. 완력과 관련해서는 레슬링이나 이와 유사
e 한 요즘의 격렬한 경기들 대신에 무장을 하고 싸우게 합시다. 이건 1 대 1, 2 대 2, 10 대 10에 이르는 싸움 방식으로 서로 격돌하는 것이죠. 어떤 기술에 걸려들지 않고 어떤 기술을 써야 이긴 것으로 할지, 그리고 그 횟수는 어떻게 해야 할지에 대해서는, 요즘 레슬링에서 경기 전문가들이 레슬링을 잘하는 사람과 못하는 사람의 동작이 무엇인지를 법규로 정하듯이, 바로 똑같은 식으로 중무장 전투의 최고 전문가들도 불러서, 이 싸움과 관해서도 역
834a 시 어떤 기술을 걸었거나 걸렸을 때 누가 이겼다고 해야 옳으며, 또 같은 방식으로 진 쪽을 판가름하는 규칙은 무엇인지에 관해 법규를 정하는 데 이들이 돕도록 해야 합니다. 결혼 적령기에 이르기 전까지의 여성에 관해서도 같은 사항들이 법으로 정해져야 합니다. 한편 판크라티온 싸움을 모든 경무장 싸움으로 대체하여, 활, 경방패, 투창으로 겨루거나 돌을 손이나 투석기로 던져 겨루는 사람들의 싸움과 관해서도 역시 법을 마련하여, 이 싸움과 관

25) 앞의 주석에서 밝힌 문제와 관련지으면, 앞에서 결혼 적령기 이전의 여자가 '무장하지 않은' 경기에 참여한다고 볼 경우에는 여기서 말하는 '장비'는 '무장'을 말할 수 있을 것이다. 그러나 앞의 주석에서 밝힌 것처럼 '옷을 입지 않고 하는' 경기라고 볼 경우에 '장비'는 '의복'이 될 것이다.

련한 규정을 가장 잘 충족시키는 사람에게 상과 승리를 나눠 주어야 합니다.

이것들에 이어 말(馬)을 이용하는 경기에 대한 입법이 b
있을 것입니다. 하지만 우리는 많은 말을 사용하지도 않고, 자주 사용하지도 않습니다. 적어도 크레타에서는 그래서 말의 양육과 말을 이용하는 경기[26]에 대한 열성도 덜할 수밖에 없습니다. 그러므로 우리에게는 마차를 끌 만한 수의 말을 키우는 사람도 전혀 없고, 이와 관련해서 이렇다 할 명예욕이 누구에게도 생기지 않을 것이며, 지역 특성에 맞지 않은 이러한 시합[27]이 열린다면 우리는
지각 있는 사람이 아닐 것이고, 다른 사람들 역시 우리를 c
지각 있는 사람으로 여기지 않을 것입니다. 하지만 승마 경기에는 상을 주도록 제정하여, 지역의 특성에 맞게, 이갈이를 하지 않은 망아지, 다 자란 말과 이갈이를 하지 않은 망아지의 중간에 해당하는 말, 다 자란 말로 분류하여 승마 경기를 정해 주는 것이 좋겠습니다. 그래서 법에 따라 경연을 겨루게 하고 경쟁의식을 갖도록 하며, 부족지휘관들과 기병지휘관들에게 바로 그 경기 자체와[28] 중무

26) 두 필 이상의 말을 사용하는 마차 경기를 말한다.

27) 사본에는 'agōnistas'로 되어 있으나 OCT판을 제외한 모든 편집본이 잉글랜드의 제안 이래(잉글랜드는 원문은 그대로 두었다) 'agōnias'를 받아들였다. 다른 한편 '지역특색에 맞지 않을'은 아스트와 베리(R. G. Bury)의 제안을 받아들인 것으로 'ouk epichōrion'의 앞에 'ho'를 삽입했다. 잉글랜드는 이 제안을 받아들이지 않고 사본대로 해석해서 '마차 경기를 개최하는 것은 지역 풍습에 맞지 않고'로 번역했다.

28) 해석이 갈린다. 경주 자체의 질을 평가한다는 뜻일 수도 있고, 경주로의 거리와 경로를 결정한다는 뜻일 수도 있다.

장을 하고 경기에 참여한 자들의 우열을 공동으로 심판할 권한을 부여하기로 합시다. 비무장 경기를 제정하는 일은
d 체육에서도 그렇고[29] 여기서도 그렇고 올바른 입법이 되지 못할 것입니다. 그런데 말을 타고 활을 쏘는 크레타 사람은 쓸모없지 않으며, 창을 던지는 사람 또한 쓸모없지 않습니다.[30] 따라서 이러한 놀이를 위한 경쟁과 경기도 제정합시다.

그렇지만 여자들이 이 경합에 법률과 명령에 의해 강제로 참여하는 것은 온당치 못합니다. 하지만 만약에 그들이 이전에 교육받은 것으로 인해 습성이 되어 여자아이나 처녀의 자질과 능력이 참여할 정도가 되고 꺼려하지도 않는다면, 허용할 일이지 말릴 일이 아닙니다.

이렇게 해서 시합에서는 경합에, 날마다 선생의 집에서
e 는 체육 수업에 얼마나 진력해야 하는지에 대해 비로소 마무리를 지었습니다. 다른 한편 대부분의 시가에 관해서도 마찬가지로 결론을 보았습니다. 하지만 음유시인들과 이들을 따라 다니는 자들[31]에 관한 것, 또 축제 때 거행되어야만 하는 가무 경연대회는 어떤 종류가 필요하게 될지에 대해서는 신들 및 신들과 함께하는 자들[32]에게 날,

29) 정확하게 말하면 여기 '체육'은 '사람의 몸을 직접 사용하는 운동'이라는 뜻이다. 즉, 승마나 마차 경주에 대비되는 뜻이다.

30) 'chrēsimos'는 '필요하다'는 뜻도 있고 '유능하다'는 뜻도 있다. 그래서 이 문장은 '말을 타고 활을 쏘거나 창을 쏘는 일이 크레타 지형에서는 필요하다'는 뜻일 수도 있고, '그런 일을 하는 데 크레타 사람이 재주가 있다'는 뜻일 수도 있다.

31) 축제의 식사(式辭)를 읊는 사람들. 잉글랜드의 해당 주 참고.

32) 신령들과 영웅들.

달, 해를 배치하고 나서 정돈할 것입니다. 즉, 축제가 2
년에 한 번씩일지 4년 간격일지, 아니면 어떤 방식으로
어떻게 할지는 신들의 뜻을 받아서[33] 그 배치에 관한 일 835a
들이 정해질 것입니다. 그때 시가의 경연도 돌아가며 이
루어지리라고 기대해야 할 것입니다. 경기담당관과 젊은
이들의 교육담당관들, 그리고 법수호자들은 바로 이런 문
제로 모여서 스스로 입법가가 되어, 모든 가무단과 가무
와 관련하여 언제 누가 누구와 가무단을 이루어 경연을
벌일지를 정할 것입니다. 각각의 가무가 가사와 노래의
측면에서, 그리고 박자와 춤이 섞인 선법의 측면에서 어 b
떤 것이어야 하는지를 최초의 입법가가 여러 차례[34] 이야
기했습니다. 두 번째 입법가들은 이것들에 따라 입법하여
때에 맞는 제사들 각각에 적절하게 경연을 배정해서 축제
를 하도록 나라를 위해 정해 주어야 합니다. 이러한 것들
과 이와 유사한 다른 것들에 대해서는 어떤 방법으로 법
에 맞는 질서체계를 확보해야 하는지를 알기란 어렵지 않
습니다. 그러나 이러저러한 곳에서 이것이 변경된다고 하
더라도 나라에 큰 이득이나 손해를 초래하지는 않을 것입 c
니다. 하지만 작지 않은 차이를 가져오는 것들은 설득하
기가 어렵고, 무엇보다 그것은 신의 소관사항입니다. 어
떻게든 신으로부터 명령 자체를 받을 수만 있다면 말이
죠. 하지만 현재로서는 거침없이 말하는 것을 남달리 중
시하고 나라와 시민들에게 가장 좋다고 판단하는 것을 말
할 수 있는 담대한 사람이 필요합니다. 그런 사람은 아무

33) 이와 관련된 언급은 828a2에도 나온다.

34) 6권, 7권에 주로 언급되어 있다.

835c 리 큰 욕구에 대해서라도 그것에 대해 반대한다고 말할 것이며 인간의 도움을 전혀 얻지 못할지라도 홀로 이성만을 따라서, 정치체제 전체에 적합하고 그에 따르는 사항을 타락한 혼에 지시할 것입니다.

d **클레이니아스**: 손님, 지금 우리가 무슨 말을 하고 있는 것입니까? 아직 우리가 이해하지 못하겠어서요.

아테네인: 그럴 만합니다. 그럼 내가 당신들에게 좀더 분명하게 설명 드리겠습니다. 교육에 대한 논의에 이르렀을 때, 나는 청춘남녀가 서로 정답게 사귀는 모습을 떠올렸습니다. 청춘남녀가 양육을 잘 받고, 예속적인 힘든 일
e 에서—무엇보다 이런 일이 욕정을 억제하죠—벗어나 다들 제사와 축제와 가무단에 평생토록 관심을 쏟는 그러한 나라를 어떤 방법으로 관리할지에 대해 심사숙고하니, 그럴 법하게도 두려움이 내게 엄습했습니다. 도대체 이 나라에서 어떤 방법으로 많은 경우에 수많은 사람을 최악의 상태에 빠뜨리는 욕구들을 멀리할 수 있을까요? 법이 되고자 애쓰는 이성이 멀리하라고 명하는 그러한 욕구들 말
836a 입니다. 앞에서 정한 법규들이 대부분의 욕구를 억제한다는 것은 놀라운 일이 아닐 것입니다. 왜냐하면 지나치게 부유하지 못하게 하는 것은 절제하는 데 상당히 좋고, 모든 교육은 이 목적에 맞는 법률을 택했기 때문입니다. 이에 더하여 관리들은 시선을 다른 데로 돌리지 말고 늘 이것을 주시하면서,[35] 젊은이들 자신들을 지켜보도록 훈련

35) 이것이 무엇인지에 대한 논란이 있다. 원문에는 이것에 해당하는 부분이 없는데, '욕구들을 억제하는 데'라거나 '욕구들을 억제하는 데 실패하지는 않는지' 정도를 넣을 수도 있고, 특별한 목적어를 넣지 않을 수도 있다.

되어 있어서 다른 욕구들과 관련해서는 인간이 할 수 있는 한 적도를 유지시키기 때문입니다. 그러나 남녀 어린이들의 사랑과 성인남자에 대한 성인여자들의 사랑, 그리 b
고 성인여자에 대한 성인남자들의 사랑의 문제는 어떻게 감시할 수 있을까요? 이것들은 개인이나 나라 전체에 무수한 문제를 발생시키는 원천이라서 말이죠. 이들 각자에게 어떤 약을 처방해 줌으로써 그런 위험을 피하는 길을 찾을 수 있을까요? 전혀 쉽지 않습니다, 클레이니아스. 그 한 가지 이유는 이렇습니다. 다른 많은 문제의 경우에는 크레타와 라케다이몬이 많은 사람의 생활방식과는 다른 법률들을 제정하는 데 참으로 적잖은 도움을 주는 것이 사실입니다. 그러나 사랑의 문제에 관해서는 — 우리끼리니까 하는 말이지만 — 정반대입니다. 왜냐하면 만약 누 c
군가가 본성을 따른답시고 라이오스 왕[36] 이전의 법률을 제정하려 하면서, 성인남성이 성교를 위해서 성인여성과 관계하듯이 소년하고 관계하는 것이 옳지 못하다고 말한다면, 그리고 짐승들의 본성을 증거로 삼아 그것들은 본성에 맞지 않기 때문에 수컷이 성교를 위해 수컷에 붙지 않는다는 점을 지적한다면, 아마도 그의 논변은 설득력이 없을 것이며[37] 선생들의 나라들에 전혀 어울리지도[38] 않

36) 테베의 왕이며 오이디푸스의 아버지. 신화에 따르면 그는 펠롭스의 아들을 사랑하여 자신의 나라로 납치했으며, 그것이 최초의 남성 간 동성애였다고 한다.

37) 사본의 '설득력 있는'(*pithanoi*)을 받아들인 OCT판과 달리 문맥을 고려하여 배덤의 수정을 받아들였다.

38) OCT판을 제외한 뷔데판과 베리판은 잉글랜드의 제안을 따라 사본의 'symphōnoi' 대신 'symphōnōi'를 택했다. 이 번역도 그에 따랐다.

836c

을 테니까요. 또 다른 이유는 이렇습니다. 앞의 이유와는
d 별도로, 이런 행위는 입법가가 내내 주시해야 한다고 우
리가 말하는 것과 일치하지 않는다는 것이죠. 왜냐하면
우리가 늘 탐구하고 있는 것은 제정되는 법률들 가운데
어떤 것이 덕으로 이끌고 어떤 것이 이끌지 않는지 하는
것이니까요. 자, 지금 우리가 남성과 남성의 사랑을 아름
답고 전혀 추하지 않은 것이라고 법으로 정한다고 해 봅
시다. 이 법이 덕을 위해서 우리에게 어떤 기여를 할 수
있을까요? 설득된 자의 혼 속에 용감한 성품이 생겨 자리
잡게 될까요? 혹은 설득한[39] 자의 혼 속에 절제 있는 성
향의 부류가 생겨나 자리를 잡을까요? 그렇지 않으면 아
무도 그런 것에 설득되는 일이 없고, 오히려 모든 것이 이
e 와 반대일까요? 그래서 쾌락에 굴복하고 버텨 내지 못하
는 사람의 나약함을 다들 비난하는 한편, 여자 역할을 하
는 쪽이 흉내 내는 모습이 여자를[40] 닮았다고 해서 비난
하지 않겠습니까?[41] 상황이 이런데 어느 누가 이것을 법

39) 앞에 나오는 '설득된'과 여기의 '설득한'은 '설득' 외에 '유혹'이라는 뜻을 가지고 있다. 플라톤은 의도적으로 언어유희를 하고 있는데, 앞의 '설득된'은 '입법의 취지에 설득된'이란 뜻이고, 뒤의 '설득한'은 동성연애에서 '상대를 유혹해 낸'이란 뜻이다. 이중의 뜻을 살려서 풀어 보면 이 문장은, '이런 입법이 있다고 해서 동성연애에서 유혹받는 쪽인 소년애인이 이 법에 설득되어 용감한 품성을 갖도록 했으며, 유혹하는 구애자(*erastēs*)는 이 법에 의해 절제의 품성을 갖추게 되겠는가' 하는 의구심을 드러내는 것이다.

40) 부정적인 성격, 즉 유약함 같은 것을 말한다.

41) 836b 중간에서부터 여기까지 이어진 논의는 다소 복잡하다. 정리하면, 동성애에 관한 입법은 곤란한데, 그 이유는 동성애를 금지하는 법률을 제정한다고 해도 현 실정과 맞지 않아 설득력이 없고, 반면에 동성애를 찬양하는 입법을 한다 한들 동성애가 덕을 함양하는 데 긍정적이라고 일

으로 제정하겠습니까? 아마 진정한 법을 염두에 두고 있는 자라면 누구도 그러지 않을 것입니다. 그렇다면 우리가 어떻게 이것이 참되다고 말할 수 있겠습니까? 만약 우리가 이 문제에 대해 생각을 옳게 하고자 한다면, 우애와
욕구의 본성뿐만 아니라 이른바 사랑의 본성을 반드시 알 837a
아야 합니다. 왜냐하면 이것들은 두 가지이고 제삼(第三)의 다른 종류는 그 둘에서 나오는 것인데도 하나의 이름이 그것들을 포괄하는 까닭에 난감하고 불분명한 온갖 문제들이 생기기 때문입니다.

클레이니아스: 어떻게 말입니까?

아테네인: 우리는 덕의 측면에서 닮은 자는 닮은 자와, 대등한 자는 대등한 자와 친구라고 부르는가 하면, 궁핍한 자는 부류상 부유한 자와 상반되는데도 궁핍한 자는 부유한 자의 친구라 부릅니다. 그리고 양쪽 각각이 강렬해질 때, 우리는 그것을 사랑이라고 이름 붙입니다.[42]

클레이니아스: 옳은 말입니다. b

아테네인: 그런데 상반되는 자들 사이에서 생기는 우애는 무시무시하고 거칠며 우리 인간들 사이에서 공유되는 것을 가진 적도 별로 없지만, 닮은 자들 사이에서 생기는 우애는 온순하고 평생토록 공유되지요. 이것들이 섞여 생기는 우애가 세 번째 사랑이지만, 우선 문제는 누군가 이 세 번째 사랑을 가짐으로써 자신에게 무엇이 생기기를 원

반인들이 인정할 리 없다는 것이다.

42) 이 문장은 친구 사이가 갖는 두 측면을 보여 준다. 앞의 것은 서로 상호작용하는 친구 사이고, 뒤의 것은 궁핍한 쪽이 부자가 된 쪽에 대해 갖는 일방적인 관계의 친구 사이다.

837b

하는지를 간파하기가 쉽지 않다는 것입니다. 그다음으로
는 꽃다운 나이의 소년을 가까이하라고 시키는 쪽과 금하
는 쪽, 이 양자에 의해 상반된 방향으로 이끌려 혼란을 겪
c 는 것이 문제입니다. 한쪽 사람은 육체를 사랑하고, 숙성
한 과일에 굶주린 것처럼 꽃다운 나이의 소년에 굶주려
자신의 욕구를 채우라고 자신을 부추기지만 사랑받는 쪽
의 혼의 성품은 전혀 존중하지 않습니다. 다른 쪽 사람은
그것을 부차적인 것이라 여기며, 그것을 사랑하기보다는
바라보며 혼으로써 혼을 욕구하는 자입니다. 그는 육체에
대한 육체의 충족은 횡포라고 생각하는 한편, 절제, 용
d 기, 관후함, 분별을 경외하고 외경하여 순결한 애인[43]과
함께 순결한 삶을 살고자 원할 것입니다. 양쪽이 섞인 바
로 이 사랑이 지금 우리가 자세한 설명을 마친 세 번째 것
입니다. 이들의 수가 이 정도로 매우 많은데, 법은 이것
들을 모두 금지하여 우리에게 생기지 못하도록 막아야 할
까요? 아니면 덕에 대한 사랑이자 젊은이가 가장 훌륭해
지기를 바라는 사랑은 우리의 나라에 있기를 바라면서 다
른 둘은 가능하면 금지했으면 할 게 확실한가요? 아니면
우리는 어떻게 말해야 할까요, 친애하는 메길로스?
e **메길로스**: 손님, 이것들 자체에 관해서 현재 하신 말이
분명 모든 면에서 훌륭합니다.

아테네인: 선생, 내가 예상한 대로 당신의 동의를 얻은
모양이군요. 당신들의 법이 이와 같은 경우에 어떤 생각

43) 그리스에서 사랑(*erōs*)은 쌍방이 동등한 관계가 아니라 한쪽이 다른 한쪽에 대해 일방적으로 맺는 관계이다. 즉, 사랑하는 쪽과 사랑받는 쪽으로 나뉜다. 여기서 '애인'이라 번역한 말은 본래 '사랑받는 자'(*eromenon*)이다.

을 하는지에 대해서는 내가 검토할 필요는 전혀 없고, 논의에 대한 합의를 받아 내는 것이 필요합니다. 다음에 바로 이것들에 대하여 클레이니아스를 위해 주문을 외워 설득해 보겠습니다. 하지만 지금은 두 분이 제게 동의해 주신 것으로 하고, 법률들을 훑어봅시다.

메길로스: 아주 옳은 말입니다.

아테네인: 현 상황에서 나는 이 법률의 제정을 위한 기술을 하나 갖고 있는데, 이것은 어떤 면에서는 쉽지만 어 838a
떤 면에서는 지극히 어렵다고 할 수 있습니다.

메길로스: 무슨 말씀이시죠?

아테네인: 현재도 대다수의 사람들은 아무리 불법적인 사람이라 할지라도 마지못해서가 아니라 매우 자발적으로 아름다운 사람과의 성적 교섭을 훌륭하고 엄격하게 스스로 금한다는 사실을 우리는 알고 있을 겁니다.

메길로스: 그게 언제 그렇다는 말이죠?

아테네인: 아름다운 사람이 자신의 남자 형제이거나 여
자 형제일 때입니다. 그리고 아들이나 딸에 대해서도 성 b
문화되어 있지는 않지만 동일한 법률이, 드러내 놓든 숨어서든 이들과 동침하거나 다른 어떤 방식으로 껴안거나 해서 그들을 건드리는 것을 최대한 효과적으로 막고 있습니다. 그러나 사실 많은 사람에게 이 교제에 대한 욕구는 아예 일어나지 않습니다.

메길로스: 맞는 말입니다.

아테네인: 짤막한 경구가 이와 같은 모든 쾌락의 불길을 끄지 않겠습니까?

메길로스: 어떤 경구 말입니까?

838b

아테네인: 이 일은 절대로 경건한 것이 못 되며 신의 미
c 움을 사는 일이자 추한 것들 중에서도 가장 추한 것이라
는 경구 말이죠. 그런데 그 경구가 욕구를 억제하는 원인
은 이 일에 대해서 그 누구도 다르게 말하지 않는다는 데
있지 않겠습니까? 우리는 각자 태어나자마자 이것을 언
제, 어디서나 이야기하는 것을 듣습니다. 이 이야기는 희
극에서뿐만 아니라 진지한 비극에서도 자주 이야기됩니
다. 예컨대 튀에스테스[44] 나 오이디푸스 같은 자들이 등장
하거나 누이와 남모르게 교합했던 마카레우스[45] 같은 자
들이 등장해서, 잘못이 발각되자 그에 대한 벌로 자진해
서 자신에게 죽음을 명하는 경우죠.

메길로스: 누구도 법에 반하는 다른 생각을 전혀 품으려
d 하지 않는 때가 공중의 의견[46] 이 놀라운 효력을 갖는 때
라는 것까지는 지극히 옳으신 말씀이십니다.

아테네인: 그렇다면 방금 전에 이야기된 것은 옳습니다. 즉, 사람들을 유달리 노예로 만드는 욕구들 중 어떤 욕구를 노예로 삼고자 할 때, 어떤 방법으로 손을 써야 할지를 입법가가 알기란 쉽다는 것 말입니다. 그 방법이란 이 공중의 의견을 모든 사람에게, 즉 노예와 자유인, 아이와 여자와 나라 전체에 신성한 것으로 여겨지게 함으로써 이

---

44) 아트레우스의 쌍둥이 형제. 자신에게 자신의 자식들을 먹인 아트레우스에게 복수하기 위해 자신의 딸 펠로페이아와 동침했고, 그 결과 얻은 아들인 아이기스토스가 아트레우스를 죽여 복수했다.

45) 마카레우스는 아이올로스의 아들로, 친누이 카나케와 근친상간을 범했고 이것이 탄로 나자 자살했다.

46) '공중의 의견'(*phēmē*)은 '전조', '신의 뜻' 등 다양한 뜻을 가진 말이지만, 여기서는 앞에 나온 '경구'와 비슷한 뜻을 갖고 있는 말이기도 하다.

법률에 관한 가장 확고한 지반을 수립하는 것이죠. e

메길로스: 물론입니다. 그렇기는 하지만 모든 사람이 그와 같은 것을 기꺼이 말하도록 만들 수 있을지 ….

아테네인: 제대로 이해하셨군요. 바로 그 점이 이 법과 관련한 방책이 내게 있다고 말씀드린 이유였습니다. 그런데 이 법이란 성적 교섭은 본성에 맞게 자손의 생산을 위해 한다는 법입니다. 이 법은 남자들이 남성을 멀리할 것을 명함으로써 인간 종족을 고의로 죽이는 일은 방지하고 바위와 돌에 씨를 뿌리는 일도 방지하는 그런 법입니다. 839a
씨는 바위나 돌에는 뿌리를 내리지 못하여 거기서는 자신의 생식 본성을 발휘할 수 없기 때문입니다. 다른 한편 이 법은, 사람들이 뿌린 씨를 자라게 하고 싶지 않은 모든 여성의 밭을 멀리할 것을 명합니다. 바로 이 법이 지속하는 동시에 힘을 발휘하여, 현재 부모 자식 간의 성적 교섭에 힘을 발휘하듯이, 다른 것에도 정당한 승리를 거두게 된다면, 우리는 이 법으로 인해 숱한 좋은 것들을 갖게 될 것입니다. 왜냐하면 이 법은 우선 자연에 따른 것이기 때문입니다. 다른 한편 이 법은 사랑의 열광과 광기와 모든 간통과 과도한 모든 음주와 식사를 금하게 할 뿐만 아니 b
라 자신의 부인과만 가깝고 친하게 지내게 할 것이며 이 법으로 인해 그 밖의 온갖 좋은 것들이 생겨날 것이기 때문입니다. 누군가 이 법을 관철시킬 수 있다면 말이죠. 그런데 격정적이면서 생식능력이 왕성한[47] 어떤 젊은이가

47) 직역을 하면 '정자로 가득 찬'이란 말이다. 이 말이 워낙 노골적이라 고대에서도 플라톤이 과연 이 책의 진정한 저자인지 의심을 품게 한 대목 중 하나였다고 한다.

839b

우리 곁에 있다가 이 법규를 제정한다는 소리를 들었다고 해 봅시다. 그는 아마 어리석고 실현 불가능한 법을 제정한다고 비난하며 고함을 질러 주위를 소란스럽게 할 것입니다. 바로 이와 같은 사태를 염두에 두고 내가 그 말을
c 했던 것입니다. 이 법이 제정되어 존속하기 위한 한 방책을 내가 마련해 두었는데, 어떤 면에서는 그 무엇보다 쉽고, 어떤 면에서는 가장 어려운 방법이라는 말이죠. 그것이 쉬운 이유는 그것이 실행 가능한 것이고, 또 어떻게 가능한지 이해하기가 아주 쉽기 때문입니다. 이 법규가 충분히 신성시되면 모든 혼을 예속시켜 공포심을 갖고 제정된 법률에 전적으로 복종하게 만들 수 있다는 것이 우리 주장이기 때문입니다. 하지만 현재 우리는 이 법이 신성시되는 때조차도 사람들은 그 일이 도무지 실현되지 않으리라고 여기리라는 데 생각이 미쳤습니다. 그것은 공동식사 제도의 가능성에 대한 사람들의 불신과 동일한 것이
d 죠. 사람들은 나라 전체가 공동식사를 하면서 평생을 보내는 일이 가능하다고 믿지 않습니다. 물론 그것은 당신네 나라에서 이 제도가 생겼다는 사실에 의해 반박되긴 하지만, 당신네 나라에서조차도 여자들의 경우에는 그런 일이 본성에 맞지 않는다고 생각합니다. 바로 이 점, 즉 사람들의 불신 때문에 내가 이 두 가지는[48] 법으로 지속되기가 지극히 어렵다고 말한 것입니다.

메길로스: 옳은 말씀입니다.

아테네인: 그렇더라도 이 법률이 인간능력을 넘어서는

48) 즉, ① 여성들을 포함하는 공동식사 제도, ② 자신의 배우자 이외의 사람과 — 이성이든 동성이든 — 성관계를 맺는 것을 금지하는 것.

것은 아니고 실현 가능하다는 점을 내가 두 분께 어느 정도 설득력이 있는 논증을 펼쳐 설명해 드릴까 합니다만, 어떠십니까?

클레이니아스: 물론 좋습니다.

아테네인: 성관계를 멀리하는 것, 그래서 이에 대하여 e
정해진 법규를 절도 있게 기꺼이 따르는 것을 두 사람 중에서 누가 더 쉽게 하겠습니까? 훈련을 게을리하지 않고 몸을 잘 관리하고 있는 자인가요, 아니면 몸을 형편없이 관리하는 자인가요?

클레이니아스: 훈련을 게을리하지 않고 몸을 관리하는 자가 훨씬 더 쉽게 하겠지요.

아테네인: 우리는 타란툼 사람인 이코스[49]가 올림피아 경기와 그 밖의 다른 경기들에 참가한 이야기를 소문으로
들어 알고 있습니다. 그는 경기에 대한 승부욕으로 인하 840a
여 기술도 갖추게 되고 절제를 겸비한 용감함도 혼에 갖추게 되어, 전 훈련 기간에 어떤 여자와 소년도 건드리지 않았다는 이야기가 전해집니다. 똑같은 이야기가 크리손, 아스튈로스, 디오폼포스 그리고 그 밖의 많은 사람에 대해서도 전해집니다. 그런데 클레이니아스, 이들의 혼은 내 나라의 시민들과 당신 나라의 시민들의 혼보다 훨씬
형편없는 교육을 받은 데다가 신체적으로는 훨씬 기운찬 b
자들이었습니다.

클레이니아스: 이 운동선수들에게 일어난 일들이 실제로

49) 《프로타고라스》 316d에도 이 이름이 나온다. 프로타고라스에 따르면 그는 소피스트인데, 이를 숨기느라 자신의 기술을 체력 단련술(*gymnastikē*)로 위장했다고 한다.

일어났다는 것을 옛사람들이 확인해 준다는 말은 맞는 말입니다.

아테네인: 그렇다면 생각해 보세요. 이들은 레슬링이나 달리기 같은 것의 승리를 위하여 많은 사람이 '행복'이라고 부르는 것을 과감히 멀리했습니다. 그런데 우리가 욕구를 이기는 것이 가장 아름다운 승리라고 어릴 적부터 옛이야기와 경구로 이야기하고 노래로 불러 줌으로써 우리의 아
c 이들을 매료시킨다면, 그들은 훨씬 아름다운 이 승리를 위해 행복이라 불리는 그것을 견뎌낼 수 없을까요?

클레이니아스: 어떤 승리를 말씀하시는 겁니까?

아테네인: 쾌락에 대한 승리 말입니다. 이기면 행복하게[50] 살 수 있을 것이고, 지면 그와 정반대되는 삶을 살게 되지요. 게다가 쾌락에 지는 것은 결코 경건한 것이 못된다는 두려움은, 더 못한 다른 자들도 극복했던 욕구를 이겨낼 수 있는 힘을 이들에게 주지 않겠습니까?

클레이니아스: 그럴 것 같습니다.

아테네인: 이 법규에 대하여 우리가 이 지경에 이르렀으
d 니, 즉 많은 이들의 못남 때문에 우리가 곤경에 빠졌으니, 나는 우리의 법규가 바로 이것들에 대하여 다음과 같이 말하면서 무조건 앞으로 나아가야 한다고 주장합니다. 즉, "우리의 시민들은 새나 다른 짐승만도 못해서는 안 된다. 이 짐승들은 큰 무리 속에 태어나는데 생식이 가능한 시기

---

50) 바로 앞 문장에 '행복이라 불리는 그것을 견뎌 내다'라는 말이 나와서 지금 이 문장과 맞지 않는 것으로 읽힐 수 있다. 하지만 앞의 '행복'은 그렇게 불리는 것이지 진정한 행복은 아니다. 840e의 '이른바 행복' 역시 진정한 행복이 아니다.

까지는 짝짓지 않고 교미로 불결해지지 않은 채 순결하게
살다가, 생식 적령기에 이르면 호감 가는 대로 수컷은 암
컷과, 암컷은 수컷과 짝을 이루고, 그 이후에는 사랑할 때
한 처음의 합의를 굳건히 지키면서 경건하고 올바르게 산
다. 분명 시민들은 적어도 동물들보다는 더 훌륭해야 한 e
다." 그러나 그들이 다른 그리스인과 대다수의 이민족들
속에서 이른바 난잡한 아프로디테 여신[51]이 큰 힘을 발휘
하고 있음을 보고 들음으로써, 이들에 의해 타락하게 되
고, 바로 그렇게 해서 이른바 '행복'을 이길 수 없게 되면,
법수호자들이 입법가가 되어 그들을 위해 이차적인 법을
고안해야 합니다.

클레이니아스: 현재 제정되는 법이 법수호자들의 장악력 841a
을 벗어난다면, 그 상황에서 당신은 그들에게 어떤 법을
제정하라 조언하실 생각이십니까?

아테네인: 클레이니아스, 그건 분명 현재 제정되는 법에
이어지는 이차적인 법입니다.

클레이니아스: 어떤 것을 말하는 건가요?

아테네인: 즐거움을 향한 힘을 가능한 한 단련되지 못하
게 만들 수 있다는 취지로 앞서 언급했던[52] 법입니다. 그
힘이 쇄도하는 방향과 그 힘을 위한 자양분의 방향을 고된
일을 통해 몸의 다른 곳으로 돌림으로써 말이죠. 그런데
시민들이 성행위를 할 때 수치심을 느낀다면, 그것이 가능
할 것입니다.[53] 왜냐하면 시민들이 수치 때문에 이 일을 b

---

51) 사랑의 한 부류를 신격화해서 표현했다.

52) 835d8 참고.

53) '이차적인 법'(*deuteros nomos*)이 어떤 것인가에 관해서 논란이 있을 수 있

841b

드물게 하면, 그들은 이 일을 적게 함으로써 이 여주인[54] 자신을 더 약하게 만들 것이기 때문입니다. 그러니 이것이 관습과 성문화되지 않은 법에 의해 통용되는 규범으로서, 이런 일들과 관련해서 남의 눈에 띄지 않게 하는 것이 그들에게 아름다운 것이고 남의 눈에 띄게 행하는 것은 추한 것이게끔 합시다. — 하지만 전혀 하지 않는 것이 아름다운 것이 되어서도 안 됩니다 — 이렇게 되면 우리의 법에는 추한 것과 아름다운 것에 대한 기준이 이차적으로 생기게 되는 한편, 올바름의 이차적인 기준을 갖게 될 것입니다.
c 그리고 우리가 자신들에게 지는 자들[55]이라고 부르는, 본성이 타락한 이 한 가지 부류를 세 부류가 둘러싸고 법을 어기지 못하게 강제하게 될 것입니다.

클레이니아스: 어떤 부류들을 말씀하시는 것이죠?

아테네인: 신을 외경하는 것, 명예를 사랑하는 것, 그리고 몸이 아니라 혼의 아름다운 성향들을 욕구하는 것입니다. 지금 이야기된 것들은 어쩌면 옛이야기 속의 소망과도 같은 것입니다만, 이것들이 실현되기만 한다면, 모든 나

다. 835d8과 841a6~8에서 말한 '고된 일을 통해 쾌락으로 향하는 힘을 약화시키는 것'과 841a8~9의 '성행위를 할 때 수치심을 느끼는 것', 두 가지가 제시되었기 때문이다. 그런데 이후에는 두 번째 방안만이 집중적으로 논의된다. 또 첫 번째 방안은 835d8에서 이미 언급되었는데, 현재 논의 중인 나라에는 '고된 일이 없어서 젊은 남녀가 사랑에 탐닉하게 된다'는 문제를 논의하는 과정에서 제시되었다. 따라서 이 책에서 논의하고 있는 나라에는 적용할 수 없는 방안으로 보인다. 따라서 두 번째 방안만이 플라톤이 추천하는 '이차적인 법'으로 보인다.

54) 840e4의 '난잡한 아프로디테 여신'을 가리키는 말.

55) 1권 626e 이하 참고.

라에 지극히 훌륭한 것들이 있게 될 것입니다. 그런데 만
일 신이 허락하신다면, 우리는 사랑의 일과 관련하여 다음 d
두 가지 중 어느 하나를 강제할 것입니다. 즉, 누구도 결
혼한 자신의 부인 말고는 자유인 신분의 양갓집 여인들을
감히 건드리지 않는 한편, 축복받지 못한 서출의 씨를 첩
들에게 감히 뿌리지 않으며, 자연을 거슬러 결실 없는 씨
를 남자들에게 감히 뿌리지 않도록 강제하는 것입니다. 아
니면 우리는 남성들 간의 성적 접촉을 완전히 없애는 한
편, 여성들과 관련해서는 다음과 같이 강제할 것입니다.
즉, 누군가가 신의 뜻과 성스러운 결혼식에 의해 자신의
집으로 들어오는 여자들 이외의 어떤 사람과 관계를 가졌 e
는데, — 돈으로 사든 다른 어떤 방식으로 얻든 간에 — 모
든 남녀의 눈을 피하지 못한 경우에, 아마 우리는 그를 진
짜 외국인처럼 취급해 그에게서 나라의 혜택을 받을 자격
을 박탈하는 법을 제정하는 것이 옳다고 생각할 것입니다.
이 법을 하나라고 불러야 하든 둘이라고 불러야 하든, 성 842a
적인 욕구와 사랑의 일 전반에 관련해서는, 다시 말해서
성적 욕구에 의해 우리가 서로 관계를 맺을 때 어떻게 처
신하는 것이 바르게 처신하거나 바르게 처신하지 못하는
것인지와 관련해서는 이 법으로 정해야 합니다.

메길로스: 손님, 나라면 당신한테서 이 법을 기꺼이 받아들이겠습니다만, 클레이니아스 자신은 이에 관하여 대체 어떤 생각을 하고 있는지를 말하게 했으면 합니다.

클레이니아스: 메길로스, 적절한 때가 되었다는 생각이 들면 그렇게 하지요. 하지만 지금은 손님이 계속해서 법에 관한 이야기를 더 진전시키게 합시다.

842a

메길로스: 옳은 말입니다.

b 아테네인: 그렇지만 지금 우리는 공동식사 제도를 확립하는 데까지는 거의 진전을 본 상태입니다. 다른 데서는 그것이 어렵겠지만 크레타에서는 누구도 그것이 다른 식으로 되어야 한다고는 상상하지 않으리라는 것이 우리의 주장입니다. 그런데 그 구체적인 방식이 어떤 것이어야 할지, 즉 이곳 크레타에서 하는 식일지 라케다이몬에서 하는 식일지,[56] 또는 이것들 말고 세 번째 형태의 공동식사 제도를 취하는 것이 이 두 가지보다 더 좋을지를 찾아내는 일은 내가 보기에 어려운 일은 아닙니다. 그리고 찾는다 한들 대단히 좋은 아무런 것도 이루어 내리라고는 생각되지 않습니다. 왜냐하면 현재 공동식사 제도가 적절하게 마련되어 있는 상태로 보이기 때문입니다.

c 이것들에 뒤따라오는 것은 먹고사는 문제로서, 어떤 방식으로 공동식사 제도를 뒷받침할 것인가 하는 문제입니다. 다른 나라들에서는 먹을 것이 모든 방식으로 모든 곳으로부터 생길 것이며, 먹을 것이 이곳보다 분명히 2배의 방식으로 생길 것입니다. 왜냐하면 대다수의 그리스인들에게는 먹을거리가 땅에서도 바다에서도 조달되지만 이곳에서는 땅에서만 조달되기 때문입니다.[57] 그래서 이 문제는 우리의 입법가에게 더 쉽습니다. 왜냐하면 이 경우에는
d 법률이 절반만 되거나 그보다 훨씬 더 적어도 적절할 것이

56) 아리스토텔레스는 크레타에서는 공동식사의 재원이 나라의 공공기금에서 충당되고, 스파르타에서는 개인의 비용으로 충당된다고 보고한다(각각 《정치학》 1271a27 이하, 1272a13 이하).

57) 4권 704d 이하; 5권 743d4~5; 12권 949e3~4 참고.

며, 적은 수의 법률이 자유인에게는 더 적합할 것이기 때
문입니다. 왜냐하면 이 나라의 입법가는 해운업자, 무역
업자, 중간상인, 숙박업자, 관세징수업자, 광산업자, 대
부업자, 복리대금업자, 그리고 그 밖의 다른 수많은 업자
들로부터 대체로 벗어나 있으므로 이들에 대해 신경을 쓸
이유가 없습니다. 대신 그는 농부, 목축업자, 양봉업자,
그리고 그들의 생산물을 지키는 자들과 장비 관리자를 위 e
해 법을 제정할 것입니다. 게다가 가장 중요한 것들, 즉
결혼과 아이들의 출산 및 양육뿐만 아니라 교육, 그리고
이 나라에 있는 관리들의 임명에 관한 것들은 이미 입법이
된 상태이니 말이죠. 그런데 이제는 먹을 것과 먹을 것의
조달에 대하여 공동으로 꾸준히 애쓰는 사람들에게로 입
법의 관심을 돌려야 할 때입니다.

그러니 우선 '농업법'이라는 이름의 법률을 둡시다. 경
계의 신 제우스의 첫 번째 법은 다음과 같아야 합니다. 땅
의 경계는 누구도 움직이지 말라. 그것이 같은 나라의 시
민과 이웃한 경계이든, 또는 국경에 땅을 갖고 있어 다른
나라 사람과 이웃한 경계이든, 참으로 그것은 움직일 수
없는 것을 움직이는 일[58]이라 믿고서 땅의 경계를 움직이
지 말아야 합니다. 신들에게 맹세하여 우애와 적의의 경 843a
계로 정한 신성한 돌을 움직이느니 차라리 경계석이 아닌
거대한 바위를 움직일 마음을 먹게끔 해야 합니다. 왜냐
하면 한편의 증인은 동족의 신 제우스고, 다른 편의 증인
은 외국인을 돌보는 신 제우스로서, 이 신들이 분노하게

58) 3권 684e1과 해당 주 참고.

843a

되면 가장 적대적인 전쟁이 벌어지기 때문입니다. 그리고
그 법을 따르는 자는 그것을 어김으로써 발생하는 나쁜
것들을 겪지 않게 되겠지만, 그 법을 무시하는 자는 이중
의 처벌을 받아야 합니다. 첫 번째로는 신이 내리는 처벌
b 에 의해, 두 번째로는 법에 의해서 말입니다. 왜냐하면
누구도 고의로 이웃하는 사람과의 땅의 경계를 움직여서
는 안 되기 때문입니다. 그런데 만약에 누군가 움직인다
면, 원하는 사람은 누구든 그를 해당 농부들에게 알려 주
어야 하고, 해당 농부들은 그를 법정으로 끌고 가야 합니
다. 그런데 만약에 누군가가 그 재판에서 패소했다면, 법
정은 패소한 사람이 비밀리에 또는 폭력적으로 땅을 재분
할한 것으로 보고, 그가 어떤 처벌을 받거나 어느 정도 배
상해야 할지 산정해야 합니다.

그다음으로는 이웃 간에는 여러 가지 사소한 해악들이
생기는데, 그것은 자주 반복되는 탓에 큰 덩어리의 원한
c 을 쌓이게 하여 이웃지간을 어렵고 곤욕스럽게 만듭니다.
그래서 무엇보다도 이웃 간에는 불화를 일으키는 일이 없
도록 주의해야 하며, 다른 것들에 대해서도 그렇지만 특
히 남의 땅을 경작하는 일에 대해서는 어떤 종류가 되었
든 언제나 각별히 지속적으로 주의해야 합니다. 왜냐하면
해를 끼치는 일은 전혀 어렵지 않고 누구에게나 가능한
일이지만, 도움을 주는 일은 누구에게나 가능한 일이 전
혀 아니기 때문입니다.

만약 누군가가 경계를 넘어 들어가 이웃의 땅을 경작했
d 다면, 피해를 배상하게 하는 한편 그 몰염치와 자유인답지
못함을 치료하는 의미로 피해의 2배를 피해자에게 별도로

배상하게 합니다.[59] 그리고 이 모든 것과 이와 유사한 것들의 조사관이자 재판관이자 산정관은 지방감독관들이 맡게 하되, 중대한 사안들에 대해서는 앞에서 이미 이야기되었던 것처럼,[60] 12개 지역의 간부 모두가 맡도록 하고, 가벼운 사안에 대해서는 이들의 수호지휘관[61]들이 맡도록 합니다. 그리고 만약에 누군가가 남의 목축지를 침범해 가축들에게 풀을 뜯게 한 경우에는, 이들이 그 피해 상황을 보고, 판결을 내리고, 산정하게 합니다. 그리고 누군가가
꿀벌들이 좋아하는 것을 이용하여 소리를 내 자신을 따르 e
게 함으로써 다른 사람의 벌 떼를 훔친 경우에는, 그 피해를 배상해야 합니다. 그리고 불을 피우면서 이웃사람의 나무에 제대로 주의를 기울이지 않은 경우에는, 담당 관리들이 합당한 것으로 판단한 정도의 벌금을 물려야 합니다. 그리고 나무를 심으면서 이웃사람의 땅과의 사이에 적당한 공간을 남겨 두지 않은 경우에도 같은 식으로 해야 합니다.[62] 이것은 많은 입법가들도 충분히 이야기해 온 것입니다. 우리는 그들의 법률들을 활용해야지 평범한 입법

59) 처벌의 목적이 '치료'에 있다는 점에 대해서는 9권 862c6 이하 참고.

60) 6권 760a 이하, 761e1~4 참고.

61) 수호지휘관(*phrourarchoi*)들은 각기 12명의 경비들을 두기 때문에 수호자들의 총수는 60명이다(6권 760a 이하 참고).

62) 팽글은 '같은 식으로 해야 한다'에 해당되는 내용이 생략되어 있는 것을 지적하면서 이 문장과 '그들의 법률들을…' 사이에 공백이 있다는 점을 지적한다. 뒤에 이어지는 내용이 문맥에서 추측할 수 있는 것과 다소 다른 방향으로 진행되는 것을 볼 때 팽글의 지적은 설득력이 있다. 추측건대 많은 법률가들의 법률들을 활용할 필요가 있다는 지적 이후에 '그럼에도 불구하고 그 법률들을 그대로 적용할 수는 없다'란 내용이 그 사이에 있었을 수도 있다.

843e

가들의 일에 속하는 것들까지 포함해서 모든 것을 나라의
844a 최고 지휘관이 입법해야 한다고 주장해서는 안 됩니다. 예
컨대 물 공급에 대해서도 농부들 사이에는 오래되고 아름
다운 법들이 있으니, 이 법들을 바로 우리의 논의에 흘러
들어 오게 해야 합니다. 자신의 지역에 물을 끌어다 대기
를 원하는 자는 끌어다 대게 하되, 절대 개인의 노천 샘에
서 끌어오지 말고 공공의 하천[63]에서 시작해서 그가 원하
는 방향으로 끌어가게 하고, 집이나 어떤 신전들이나 무덤
을 통과하지 못하게 하고, 실제 수로 작업에 필요한 정도
이상으로 손상시키는 일이 없도록 해야 합니다. 그런데 어
b 떤 지역의 물 부족 원인이 토질로 말미암은 자연적인 것이
라서, 하천이 제우스로부터 오는 비를 담아 두지 못하여
필요한 식수가 부족할 수 있습니다. 그런 경우에 땅 주인
이 진흙이 나올 때까지 자기 땅을 파게 하고, 그 깊이에서
도 전혀 물을 만나지 못한다면, 이웃에게서 식솔들 각자에
게 필요한 식수를 길어 가게 합니다. 이웃에게도 물이 빠
듯하다면 수량의 조정을 지방감독관에게 의뢰하여 각자의
c 하루치 물을 가져가게 함으로써 이웃과 물을 공유해야 합
니다. 제우스로부터 비가 내릴 때, 위에서 농사를 짓거나
아래에 사는 사람들과 벽을 같이하며 살고 있는 사람에게
아래에 있는 자들 중 누군가가 물의 흐름을 막아 해를 끼
치거나 반대로 위에 있는 자가 흐르는 물을 함부로 방류하
여 아래에 있는 자에게 해를 끼치고, 이를 통해 이 점에
대해서 상호 간의 물 공유에 응하지 않는다면, 원하는 사

63) 우물은 개인 소유이고 강, 개울, 샘은 공유였다고 한다. 잉글랜드 해당 주 참고.

람은 누구든 도시에서는 도시감독관을, 지방에서는 지방 감독관을 불러서 각자가 무엇을 해야 하는지 정하게 해야 합니다. 그 조정을 따르지 않는 자는 욕심 많고 고약한 소유자라는 판정을 받게 해야 합니다. 즉, 소송에 지는 쪽은 d
관리들의 말에 따르기를 거부한 죄로 피해를 입은 쪽에 2배의 배상을 하게 합니다.

가을과일[64]의 공유는 모두들 다음과 같은 어떤 방식으로 해야 합니다. 이 여신[65]은 우리에게 자비로운 이중의 선물을 주시니, 하나는 저장되지 않는 것으로 디오니소스 신의 장난감이고 다른 하나는 자연에 맞게 저장용으로 생겨난 것입니다.[66] 그래서 가을과일에 대해서는 다음과 같은 법을 제정해야 합니다. 만약 대각성(아르크투로스)이 뜨는 시기[67]와 일치하는 수확의 계절이 오기 전에, 포도송이든 무화과 열매든 거친 과일을 자신의 땅에서든 남의 e
땅에서든 따 먹는 자가 있다면, 자신의 것에서 따 먹는 경우에는 디오니소스 신에게 바치는 50드라크메의 벌금을 물려 배상하게 하고 이웃의 것에서 따는 경우에는 1므나를, 다른 사람의 것에서 딴 경우에는 2/3므나를 벌금으로 물려야 합니다. 오늘날 이른바 질 좋은 포도이거나 질 좋다고 이름 붙은 무화과 열매를 따기를 원하는 자는, 자기 것에서 취하는 경우에는 언제 어떻게 거둬들이든 원하는

64) 포도와 무화과 열매를 말한다.

65) 가을과일로 번역한 'opōra'는 여신의 이름이기도 하다.

66) 앞의 것은 품질이 좋아서 직접 먹는 포도이고 뒤의 것은 포도주나 건포도를 만드는 포도이다.

67) 추분(秋分).

844e

대로 하게 하고, 남의 것에서 허락 없이 거둬들인다면, 그 경우에는 '자기가 놓은 것이 아니면 가져가서는 안 된다'[68]
845a 라는 법에 따라서 그때마다 벌금형에 처해야 합니다. 만약 노예가 그 땅 주인의 허락을 받지 않고 그런 것 중 무엇인가에 손을 댄다면, 포도송이나 무화과 열매와 같은 개수의 매질에 처하게 합니다. 거류민이 질 좋은 가을과일을 원한다면 돈을 내고 질 좋은 가을과일을 따게 해야 합니다. 만일 외국인이 우리 나라에 들러 길을 가다가 가을과일을 먹어 보고 싶어 한다면, 질 좋은 가을과일을 원할 경우에는
b 외국인에 대한 호의로 그의 동행 1명까지만 대가 없이 그것에 손을 대게 하되 이른바 거친 과일과 그와 유사한 것들은 외국인과 우리가 공유해서는 안 된다는 법에 따라 손대지 못하게 해야 합니다. 만약 모르고 어떤 사람이나 그의 노예가 가을과일에 손을 댄 경우에는, 노예는 매질로써 꾸짖고, 자유인에게는 훈계를 하고, 건포도와 포도주와 말린 무화과 열매용으로 저장하기에 적합하지 않은 다른 가을과일에만 손을 댈 수 있다는 사실을 알려준 후 쫓아내야 합니다. 그렇지만 배, 사과, 석류와 그와 유사한 것들
c 에 대해서는 눈에 띄지 않고 갖는 것[69]에는 전혀 부끄러움을 느끼게 하지 말아야 하지만, 붙잡힌 사람의 나이가 30세 이하일 경우에는 상처가 나지 않을 정도로 때려서 쫓아내되 자유인이라도 그와 같은 체벌 때문에 소송을 걸지 못하게 해야 합니다. 외국인은 가을과일의 경우와 마찬가

68) 11권 913c~d 참고.

69) 주인의 눈앞에서 거리낌 없이 가져가는 것만 아니면 용인할 수 있다는 뜻이다. 우리의 '서리' 정도의 의미로 이해해도 되겠다.

지로 그와 유사한 것들도 나눠 가질 수 있게 해야 합니다. 서른이 넘은 사람은 그것들에 손을 대더라도 그 자리에서 먹고 하나도 가져가지는 않는다면, 외국인과 마찬가지 조건에서 그와 같은 것들 모두를 공유해야 합니다. 하지만
법에 따르지 않는 자는[70] 탁월함을 겨루는 경합 자격이 d
박탈될 수 있는 위험을 감수하게 해야 합니다. 만약 누군가가 경합이 열리는 때에 그에 관하여 이와 같은 일들을 심판관들에게 상기시킬 경우에는 말입니다.

물은 경작을 위해서 무엇보다도 중요한 자양분이지만 쉽게 훼손될 수 있습니다. 물과 더불어 땅, 태양, 바람은 땅에서 자라나는 것들을 위한 자양분이 되지만 독약을 사용하거나 물길을 틀거나 도둑질을 해서 쉽게 훼손되는 것이 아닙니다. 그러나 물은 본성상 이런 일이 가능합니다.
따라서 법의 지원이 필요하지요. 그러니 그것에 대한 법 e
은 다음과 같아야 합니다. 즉, 누군가가 샘물이든 고인물이든 남의 물을 독약으로건 도랑으로건 도둑질에 의해서건 의도적으로 훼손했다면, 피해자는 피해액을 서면으로 작성하여 도시감독관들에게 소송을 제기할 수 있게 해야 합니다. 그리고 독약을 사용함으로써 해를 끼쳤다는 유죄 판결을 받은 사람은 배상금 이외에 그 샘물 혹은 그 저수지를 정화해야 합니다. 그리고 이 정화는 해석자들[71]의 법이 해당 경우와 해당 사람들을 위해 규정해 놓은 방

---

70) 즉, 가져가는 자는.

71) 6권 759c~d에 해석자들의 임명절차에 대한 논의가 나온다. 신적인 사안에 대한 해석을 하는 신탁 해석자들이 여기에 나오는 이유는 물을 훼손시키는 약이 마법의 약이기 때문일 것이다.

845e

식대로 이루어져야 합니다.

모든 종류의 계절별 생산물을 운송하는 것과 관련해서
846a 원하는 사람은 누구든 어떤 곳이라도 통과해서 자신의 것을 운송할 수 있게 하되, 어떤 사람에게도 손해를 끼치지 않고 운송하거나, 아니면 이웃에게 끼치는 손해보다 3배가 많은 이익을 그 스스로 낼 수 있는 방식만을 허용해야 합니다. 이 사안들에 대해서는 관리들이 조사관이 되어야 합니다. 그 밖에 어떤 사람이 자신의 재산을 통해 몰래든 강제적으로든, 다른 어떤 사람의 의지에 반해 의도적으로 그에게나 그가 가진 어떤 것에 해를 끼치는 다른 사안에 관해서도 피해액이 3므나를 넘지 않는 경우에는 피해자는 피해를 관리들에게 보여 주고 그에 대한 손해배상을 받을 수 있게 해야 합니다. 그러나 피해청구액이 3므나가 넘을
b 경우에는, 소송을 공동재판소로 가져가 가해자로 하여금 손해배상을 하게 해야 합니다. 만약에 어떤 관리가 손해배상을 결정하면서 부정한 판결을 내린 것이 분명하다면, 그 관리는 피해 입은 쪽에게 피해액의 2배를 배상해야 합니다. 원하는 사람이면 누구나 각 피해청구와 관련하여 행한 관리들의 불의를 공동재판소에 고발할 수 있게 해야 합니다. 처벌을 규정하는 법규들이나, 고발장 작성과 소환에 관한 법규들, 소환의 증인에 관한 법규, 즉 소환 시 입회할 증인이 둘이어야 하는지 아니면 몇 명이어야 하는
c 지에 관한 법규 등은 무수히 많고 세부적입니다. 그리고 이처럼 많은 것을 입법하지 않을 수도 없지만 연로한 입법가가 그와 같은 많은 것을 입법하는 것도 알맞은 일이 아닙니다. 따라서 이것들을 입법하되 이전 사람들의 입법

사례들에 비추어서 젊은 사람들이 모방해, 즉 큰 것들에 비추어 세세한 것들을 입법해야 합니다. 그리고 이것들이 필수불가결한 용도를 갖고 있는지를 경험을 통해 점검해 나가야 합니다. 그리고 모든 것이 충분히 정돈되었다고 여겨진 연후에야 그것들을 확고부동한 것으로 삼고 적도를 갖춘 이것들을 사용하여 삶을 영위해야 합니다.

장인들에 관한 것은 다음과 같이 해야 합니다. 우선 자 d
국민은 누구라도 기술업종에 종사해서는 안 되고 자국민의 가내 노예 역시 그렇습니다. 왜냐하면 시민은 많은 연마와 배움이 필요하고 나라의 공공질서를 유지하고 실현하는 데 걸맞은 기술을 가지고서 나라의 공공질서를 유지하고 실현해야 하며 이를 부업 삼아 수행해서는 안 되기 때문입니다. 인간의 본성은 두 가지 과업 또는 두 가지 기
술을 완벽하게 해내기에 충분하지 못합니다.[72] 더 나아가 e
인간의 본성은 한 가지 기술을 스스로 실행함과 동시에 다른 기술을 실행하는 다른 이를 감독하기에도 충분하지 못합니다. 따라서 우선 다음과 같은 규정이 나라에서 주요 규정이 되어야 합니다. 그 누구도 대장장이 일을 하면서 목수 일을 같이 하거나, 자신은 목수 일을 하면서 자신의 기술보다는 남들이 대장장이 일을 하는 데 더 관심을 쏟아서는 안 됩니다. 그가 수공업 일을 하는 많은 가내 노예에게 관심을 쏟으면서, 자신의 기술보다는 거기서 더 많은
이익이 자신에게 생기기 때문에 자연스럽게 노예들의 수 847a
공업에 더 관심을 쏟게 된다고 핑계를 댈지라도 허용해서

72) 분업의 원리에 관해서는 《국가》 2권 369e~370d 참고.

847a

는 안 됩니다. 나라에서는 한 사람 한 사람이 한 가지 기
술을 지니고 이로부터 생활도 유지해야 합니다. 이 법률을
도시감독관들은 힘써서 보존해야 합니다. 도시감독관들
은, 자국민 중 누군가가 덕의 돌봄보다는 어떤 기술에 마
음을 기울일 경우에는, 이자를 자신의 올바른 길로 인도할
때까지 비난과 불명예로 징계해야 합니다. 반면에 외국인
이 두 가지 기술에 종사하는 경우에는, 이자를 징역, 벌
b 금, 국외추방으로 징계함으로써, 이자가 여러 사람이 아
니라 한 사람이 되도록 강제해야 합니다. 수공업자들의 임
금과 제품의 인수 거부에 대해서는, 또는 누군가 다른 사
람이 그들에게 손해를 끼치거나 그들이 다른 누군가에게
손해를 끼친 경우에는, 50드라크메 한도 내에서는 도시감
독관들이 판결을 내려야 하나, 이보다 많을 경우에는 공동
재판소가 법에 따라 판결을 내려야 합니다.

우리 나라에서는 누구도 수출품이나 수입품에 대한 세
c 금을 내서는 안 됩니다. 유향이나 이와 비슷한 종류의 제
례용 외국산 향료들, 그리고 이 지역에서 생산되지 않는
보라색 안료와 그 밖의 염색용 염료, 생필품이 아니라 기
술에 필요한 외국산 물품의 수입을 누구에게도 허용해서
는 안 되는 한편, 이 지역에 반드시 남아 있어야 할 것들
의 수출도 허용해서는 안 됩니다. 이 모든 것의 조사관과
감독관은 가장 연장자인 다섯 명을 제외한 열두 명의 법
수호자들이 맡아야 합니다.

d 그러나 무기와 전쟁 관련 일체의 장비에 대해서는 군사
적 목적을 위해서 특정한 기술이나 식물, 광물, 결속용
재료와 동물을 수입할 필요가 발생할 경우에는, 나라가

나서서 교역하고 기병지휘관과 장군들이 이것들의 수입과
수출을 주관해야 합니다. 그리고 법수호자들은 이와 관련
한 적절하고 충분한 법들을 제정할 것입니다. 그렇다 하
더라도 우리 지역과 나라 전체에서 돈벌이를 위해 이것이
나 다른 어떤 것의 소매업을 하는 일을 허용해서는 안 됩 e
니다.

이 지역의 식량 조달과 분배는 크레타 법에 가까운 방식
으로 적절히 시행한다면, 옳게 이루어질 것으로 보입니
다.[73] 다시 말해 모든 사람은 우리 지역에서 생산되는 모
든 것을 그것이 소비되어야 하는 계절순에 따라 열두 몫으
로 나누어야 합니다. 12로 나뉜 몫 각각 — 예컨대 밀과
보리를 비롯한 그 밖의 다른 계절별 생산물과 시민들 각자 848a
에게 판매 가능한 모든 동물의 열두 몫 각각 — 은 셋으로
비율에 맞춰 나누어야 합니다. 한 몫은 시민들, 다른 한
몫은 이들의 가내 노예들, 세 번째 몫은 필수적인 식량 조
달이 필요한 장인들과 외국인들 일반, 즉 거류민들 중 한
데 모여 사는 사람들과 공무나 사적인 용무로 항시 입국하
는 사람들의 몫입니다. 모든 생필품 중에서 반드시 세 번
째 것으로 할당된 몫만이 판매되어야 하고, 나머지 두 몫
은 절대로 판매되어서는 안 됩니다. 그렇다면 어떻게 하 b
면 이것들을 가장 올바르게 나눌 수 있을까요? 우선 분명
한 것은 한편으로는 동등하게, 다른 한편으로는 동등하지
않게 우리가 나누어야 한다는 것입니다.

클레이니아스: 무슨 말이죠?

---

73) 식량 조달과 분배에 대한 크레타 법에 대해서는 아리스토텔레스 《정치학》 1272a15~21 참고.

848b

아테네인: 땅이 이것들 각각을 더 나쁘게도 더 좋게도 기르고 생산하는 것은 필연적입니다.

클레이니아스: 물론이죠.

아테네인: 그러니 이와 같은 점에서는 세 몫 중 주인을 위한 몫이든 노예에게 나누어 주는 몫이든, 아니면 외국인들의 몫이든, 어느 한 몫이 더 많게 해서는 안 됩니다. 나눔의 방식은 모두에게 동등한 품질, 즉 같은 품질의 것

c 이 주어지는 방식이어야 합니다. 시민들 각자는 두 몫을 받아서 노예와 자유인을 위해 분배를, 즉 얼마만큼 어떤 종류를 배분하면 좋을지를 주관해야 합니다. 잉여 농산물이 발생한다면, 다음과 같은 단위와 수로 배분해야 합니다. 즉, 땅에서 먹이를 얻어야 하는 모든 동물의 숫자를 파악하여 잉여 농산물을 배분해야 합니다.

그다음으로는 그들에게 집이 따로 배정되어야 합니다. 이런 문제에는 다음과 같은 방식의 배정이 적합합니다. 마

d 을은 12구역의 중앙마다 1개씩 12개가 있어야 합니다. 각 마을에는 우선 신들과 신들을 따르는 신령들의 신전들과 시장을 위한 자리를 마련해야 합니다. 그리고 마그네시아 사람들의 토착 신들이든 기억 속에 살아남아 있는 다른 옛 신들의 사당이든, 그것들에게 우리는 옛사람들이 했던 공경의 몫을 나누어 주어야 합니다. 우리는 헤스티아와 제우스와 아테네와 그 밖의 다른 신들 중에서 12구역 각각을 수호하는 신들의 신전들을 모든 마을에 건설해야 합니다.

e 우선 이 신전들 주변에서 지키는 자들이 가장 잘 방어할 수 있는 위치인 가장 높은 지대에 집이 있어야 합니다. 나머지 모든 지역은 장인들을 13개의 무리로 나누어 대비하

게 하여, 한 부분은 도심에 자리 잡게 하는 한편 그 무리도 다시 전 도시의 열두 부분으로 나누어 도시의 바깥에 둥글게 배치해야 합니다. 다른 한편 각 마을에는 농부들에게 도움이 되는 장인들의 부류가 같이 살게 해야 합니다. 지방감독관들의 우두머리들이 이 모든 장인들의 감독관이 되어, 어떤 사람들이 어느 정도 그 지역에 필요한지, 어디
정착해야 농부들에게 가장 노고가 덜하고 가장 유익할지 849a
를 살펴야 합니다. 도시에서는 도시감독관들의 우두머리가 같은 방식으로 지속적으로 돌볼 것입니다.

시장감독관들은 시장의 일들 하나하나를 돌보아야 할 것입니다. 그 돌봄은 누구도 시장을 따라 둘러선 신전들에 조금이라도 해를 끼치는 일이 없도록 살피는 것을 최우선으로 하고, 그다음으로 사람들의 필요[74]를 돌보는 것이 그 두 번째가 되어야 할 것입니다. 이때 그들은 절제와 방종을 살피는 자로서 처벌이 필요한 자가 있으면 처벌해야 합니다. 우선 그는 외국인들에게 판매하도록 시민들에게
지정해 준 판매용 물품들의 판매가 매번 법에 따라 이루어 b
지는지 살펴보아야 합니다. 그리고 각각의 경우에 법이 있어야 합니다. 매달 새날에 시민들을 대행해 주는 대행업자들인 외국인이나 그들의 노예들은 판매해야 할 물품 중에서 우선 곡식의 1/12을 외국인들에게 팔아야 합니다. 반면에 외국인은 이 첫 장날에 한 달 치 곡식과 곡식 관련 물품들을 구입해야 합니다. 매달의 열흘째 되는 날에는 액체로 된 물품들을 판매하고 한 달 내내 지내기에 충분할 만

74) 'chreia'는 생필품을 뜻하는 게 일차적이지만, 여기서처럼 시민들의 생업을 뜻하기도 한다.

849b
큼의 양을 구매해야 합니다. 세 번째인 매달 20일에는 동
c 물의 판매를 허용하여 각자가 판매하거나 구매할 필요가
있는 만큼을 매매하게 해야 합니다. 이날에는 또 특정한
용구나 물건의 판매를 농부들에게 허용해야 합니다. 예를
들면, 가죽이나 각종 의류나 직물 또는 모피 등 외국인들
로서는 구할 길이 다른 사람에게서 사는 방법밖에 없는 것
들 말입니다. 그러나 이것들이나 보릿가루 또는 밀가루 또
는 그 밖의 모든 먹을 것을 시민들과 이들의 노예들에게
d 판매하는 소매업이 있어서는 안 되고 그와 같은 이들로부
터 어느 누군가가 구매하는 일이 있어서도 안 됩니다. 반
면에 외국인들의 시장에서 외국인이 장인들과 이들의 노
예들에게 대다수의 사람들이 소매라고 부르는 형태의 판
매로 포도주와 곡물을 거래해야 합니다. 동물도 푸주한이
부위별로 해체해서 외국인들과 장인들 및 이들의 가내 노
예들에게 배분해야 합니다. 모든 땔나무는 원하는 외국인
이 지역별로 있는 대행자들에게서 아무 때나 일괄적으로
e 사서 자신이 다른 외국인들에게 원하는 만큼 원하는 때에
팔게 해야 합니다. 그 밖에 각자에게 필요한 종류의 물품
과 용구는, 공공시장의 각각의 장소로 가져가 팔게 하되,
그 장소에서는 법수호자들과 시장감독관들이 도시감독관
들과 함께 적당한 자리를 지정해 주고, 판매될 것들의 구
역을 설정해 주어야 할 것입니다. 그리고 이곳에서는 화폐
를 물품으로, 물품을 화폐로 교환하게 하되, 외상거래는
없도록 해야 합니다. 믿고서 외상으로 주는 자는 그런 거
래에 대해서는 돌려받든 돌려받지 못하든, 더 이상의 소송
850a 이 없다는 사실을 감수하게 해야 합니다. 한편 법에서 허

용된 것보다 양이나 가격 면에서 더 많이 사거나 판 것은, 일정 정도 이상[75]으로 재산이 증가하거나 감소하는 경우에는 사지도 팔지도 말아야 합니다. 바로 이 법에 따라서, 더 많은 이익을 얻은 경우에는 그때 바로 법수호자들이 관할하여 그 이익을 등록해야 하고[76] 반대의 경우에는 상쇄시켜 주어야 합니다. 거류민들의 재산 등록의 경우도 똑같은 방식이어야 합니다. 한편 외국인들 중에서 원하는 자에게는 정해진 조건 아래에서 외국인 거주지로의 전입을 허용해야 합니다. 그 조건이란 정착을 원하고 그럴 능력이 b
있는 자를 위한 외국인 거주지가 있고, 기술을 지니고 있으며 등록된 후 거주 기간이 20년을 넘지 않았으며, 거류민세를 전혀 내지 않으며 어떤 구매나 판매에 대한 세금 역시 내지 않으며 다만 절제 있게 행동해야 한다는 것입니다. 그리고 기한이 다 되면, 그의 재산을 가지고 떠나야 합니다. 그런데 만약 이러한 기간에 내세우기에 충분히 훌륭한 행동을 나라를 위해서 하고, 자신의 퇴거를 공식적으 c
로 얼마간 연기해 주거나 아니면 전적으로 영주를 허용해 달라는 요청을 하여 평의회와 민회를 설득할 수 있다는 확신이 선다면, 나서서 나라를 설득해서 그가 설득하고자 하는 것을 충분히 이행할 수 있도록 허용해야 합니다. 거류민들의 아이들은 장인이면서 15세가 되면, 열다섯 번째 해가 지난 다음부터 거주기한이 시작하는 것으로 해야 합니다. 또 이러한 조건들 아래에서 20년간 머무르고 나서는,

75) 5권 744d 이하에서는 재산의 증감이 일정한 한도 이상을 넘어서는 것을 규제하는 장치가 이야기되었다.

76) '몰수한다'는 말이다.

850c

그가 마음에 드는 곳으로 가게 해야 합니다. 그런데 만약에 그가 머무르기를 원한다면, 같은 방식에 따라서 설득을 하고서 남아야 합니다. 반면에 떠나는 자는 이전에 관리들의 관할하에 그가 기록한 모든 재산등기부들을 말소하고 떠나게 해야 합니다.

9권

9권은 8권에서 논의된 농사 관련 형벌을 제외하고 주요한 형벌에 대한 플라톤의 형법 논의가 시작되는 곳이다. 여기서 시작한 형법은 11권 끝까지 이어지지만 10권은 무신론의 문제가 중심 논의가 되고, 11권은 계약과 거래에 관한 내용이 주를 이루기 때문에, 절도, 살인, 상해 등 형법의 주요 대상을 다루는 9권이 플라톤의 형법 이론의 중심을 이루는 곳이라고 볼 수 있다.

형법 중에서 아테네인이 가장 먼저 다루는 것은 신과 관련된 불경죄이다. 먼저 신전 절도에 대해 이야기하면서 아테네인은 처벌조항을 담은 법률을 제시하기에 앞서 사람들을 설득해 그런 범죄를 저지르지 않도록 선도할 이른바 '서곡'을 먼저 말한다. 이어서 현재 이론적으로 건립하고 있는 이 나라의 시민은 이런 불경죄를 저지르지 않으리라고 생각해야 하지만, 인간의 일은 장담할 수 없다고 하면서 신전 절도를 저지르는 사람들 중 시민들의 가내 노예나 외국인, 또는 그들의 가내 노예의 경우에는 그들이 충분한 교육을 받지 못했기 때문에 죄목을 얼굴이나 손에 새기거나〔자자형(刺字刑)〕 매질을 해서 교화될 수 있게끔 해야 한다고 아테네인은 말한다. 반면 훌륭한 양육과 교육을 받은 이 나라의 시민이 그런 죄를 저질렀을 경우에는 개선의 여지가 없다고 보고 사형에 처해 다른 시민들에게 본을 보여야 한다고 아테네인은 말한다. 불경죄에 해당하는 다른 죄목은 국가체제의 와해와 관련되는 것들이다. 이것은 다시 둘로 나뉘어 국법을 훼손한 것과 반역을 저지른 것으로 나뉜다. 이 죄의 대가는 사형이고, 그 후손에게까지 죄를 물어서는 안 되지만, 같은 죄가 삼대에 걸칠 경우에는 본래의 조국으로 돌아가게 하고 그로 인한 5,040가구의 정족수에 모자라는 가구는 훌륭한 가문의 아이들 중에서 제비를 뽑아 채워야 한다. 불경에 관한 이 세 가지, 즉 신전 절도, 반역, 국법의 훼손은 공통된 하나의 법으로 다스려야 하고, 그 가족에 관한 것도 마찬가지라고 아테네인은 말한다.

다음으로 절도에 관하여 모든 절도에 대해서 같은 법으로, 즉 훔쳐간 것의 2배를 배상해야 한다고 아테네인은 제안하다가, 각양각색의 절도에 대해서 한 가지 법을 적용하는 것에 대한 클레이니아스의 반박을 듣고 이 법에 대한 이론적 검토에 들어간다. 아테네인은 법에 대한 개관이 여유를 갖고 검토될 필요가 있다고 하면서, 그 이유는 다른 어떤 작가의 글보다 입법가의 글이 행복해지고자 하는 사람들에게 아름다운 것들과 훌륭한 것들과 정의로운 것들에 관해 설명해 주고 어떤 방식으로 그것들에 힘써야 하는지를 조언해 주어야 하기 때문이라고 한다.

아테네인은 '각기 다른 절도에' 대해 한 가지 법을 적용하는 것'에 대한 반론에 대하여 이 문제를 '정의로운 법에 의한 결과인 처벌(겪음)이 아름답지 못한 것이 될 수 있는가'란 처벌의 정당성 문제로 확대하여 해석해 '정의로운 법에 의한 처벌이 아름다울 수 있는' 방법을 모색한다. 이 문제는 그 이전에 이미 간략히 언급했던 문제, 즉 '나쁜 사람들은 모든 점에서 비자발적으로 나쁘다'란 주장과 연결되어 '부정의한 자는 아마 나쁜 자이겠지만, 나쁜 자는 비자발적으로 그렇다'란 원리를 산출하고, 아테네인은 이것을 형벌의 원리로 정립한다. 왜냐하면 비자발적으로 부정의를 행할 때만 그 행위자가 치유 가능하고, 처벌은 바로 그 치유를 위한 것일 때 정의로우면서 아름다운 것일 수 있기 때문이다.

문제는 이렇게 봤을 때 모든 부정의한 행위는 본의에 의한 것이 아닌 것이 되어서 부정의한 행위들의 차이를 구별할 수 없을 것처럼 보인다는 점이다. 이에 대해 아테네인은 모든 위해 행위를 부정의한 것으로 봐서는 안 된다고 주장한다. 아테네인은 그 경우에 그것을 부정의한 것으로 봐서는 안 되고, 오히려 올바르지 못한 행위를 통해 다른 사람에게 이익을 준 사람을 부정의한 행동을 한 자라고 봐야 한다고 말한다. 따라서 '입법가는 정의로운 성품(*ēthos*)과 성향(*tropos*)으로 말미암아 누군가에게 이로움을 주거나 해를 끼치는지를 보아야 하며, 부정의와 위해 행위에 주목해야 한다. 그리고 입법가는 할 수 있는 한 해를 입은 것을 해를 입지 않은 것으로, 즉 파괴된 것을 다시 복원하고, 누군가에 의해 쓰러진 것을 다시 바로잡아 주고, 죽거나 상처 입은 것은 건강한 것으로 해주는 한편, 위해를 끼친 사람들과 위해를 입은 사람들이 보상으로 중재를 받아 불화에서 언제나 우애의 상태에 이르도록 노력해야 한다'고 주장한다. 그리고 형벌은 부정의한 행동을 한 자에게 가르침과 강제를 통해 그러한 행동을 하지 못하게 하는 목적을 위해 행해져야 한다고 아테네인은 주장한다.

부정의는 행위 결과의 이해득실로 판단하는 것이 아니라 즐거움과 고통, 시기와 욕구의 독재가 혼 안에 성립되면 부정의고, 그 반대이면 정의라고 아테네인은 말한다. 따라서 형법은 격정과 두려움, 즐거움과 욕구, 최선의 것에 관한 기대와 참된 의견의 겨냥이라는 잘못을 저지르는 세 가지 형태에 부응하여 제정되어야 한다고 아테네인은 주장한다. 그리고 이것들을 세부적으로 다시 다섯 개의 부류로 나누고 이 원인들에 의해 잘못이 벌어지는 경우를 다시 크게 둘로 나누어 군사훈련과 같이 완력이 행사되는 공개적인 장소에 벌어지는 것과 은밀하게 이루어지는 것으로 나누어 형법을 적용해야 한다고 아테네인은 말한다.

이런 원리에 따라서 아테네인은 자발적인 것과 비자발적인 것 사이에서 모든 행위를 판단하여 이에 따른 정도 차이를 치유의 가능성 정도로 보고 그에 합당한 처벌을 내린다. 여기서 다뤄지는 형벌의 대상은 신전털이를 비롯한 불경죄, 직접 살인, 우발적 살인, 계획적 살인, 살인 교사, 존속살해, 동물이나 물건에 의해 벌어진 살인, 정당방위, 상해, 폭행 등이다. 특히 가짓수가 많은 상해에 대해 규정하면서 아테네인은 법이 인간 사회에서는 불가피한 차선책임을 밝히면서 입법가가 모든 사안에 대해 입법하는 것이 불가능한 만큼 입법가는 처벌의 윤곽과 유형을 제시하여 재판관들에게 표본을 보이고 세세한 부분은 제대로 양육과 교육을 받은 재판관들에게 일임해야 한다고 말한다.

끝으로 아테네인이 폭행에 대해서 장유유서(長幼有序)의 정신에 입각해 폭행 행위의 당사자들 사이의 연령 차이에 따라 처벌의 강도가 달라져야 하고, 당사자 이외에 주변 인물들의 폭행 행위 제지 여부도 상벌의 대상으로 삼아야 한다고 주장하면서 9권의 논의는 끝을 맺는다.

아테네인: 바로 그다음으로는 법률의 자연스러운 배치순서에 따라, 앞에서 말한 모든 행위에 뒤따르는 형벌입니다. 그래서 형벌을 가해야 하는 행동 중 농사와 이에 부속하는 일들에 관한 것들이 이야기됐지만,[1] 가장 중요한 것들은 아직 이야기되지 않았습니다. 그 행동들 하나하나를 열거하여 그것이 어떤 처벌을 받아야 하고 어떤 재판관들에게 맡겨져야 하는지 이야기해야 합니다. 바로 이것들이 이어서 이야기되어야 할 것들입니다. a b

클레이니아스: 맞습니다.

아테네인: 지금 우리가 입법하려고 하는 것 모두를 입법하는 것은, 경영이 잘되고 있고 덕의 함양을 위한 모든 올바른 제도를 갖추고 있다고 우리가 말하는 그러한 나라에서는 어떤 점에서는 수치입니다. 다른 나라들에 있는 심각한 악덕들에 가담하는 자가 그와 같은 나라에 생기리라고 생각하는 것, 그리하여 그와 같은 사람이 생길 것에 대 c

1) 8권 842e 이하.

비하고 경각심을 주기 위해 입법해야 하고, 그런 자가 생기리라는 생각에서 이런 자가 생기는 것을 막고, 생길 경우에는 처벌하기 위해 법을 세워야 한다고 주장하는 것은, 내가 말한 대로, 어떤 면에서는 수치입니다. 그렇지만 우리는 옛 입법가들처럼 신들의 자식들인 영웅들을 위해 입법하는 것이 아닙니다. 즉, 요즘 하는 이야기에서처럼, 그때의 입법가들은 바로 자신들이 신들에게서 태어났고 또 신들로부터 태어난 자들을 위해 입법하였습니다. 그러나 우리는 사람으로서 사람의 종자들에게 지금 입법
d 을 하는 것입니다. 그러니 우리 시민들 가운데 누군가가 예컨대 단단해지고[2] 너무도 딱딱하여 결코 말랑해지지 못할까 두려워하는 것은 잘못이 아닙니다. 그런 딱딱한 씨앗들이 불에 의해 부드러워지지 않는 것처럼 이들도 강력한 법률들에도 불구하고 이 법률들에 의해 부드러워지지 않을 것을 두려워하는 것 말입니다.

바로 이들의 불편한 편의를 위해[3] 나는 신전 약탈[4]에—누군가 감히 이런 짓을 한다면—관한 법을 우선 말하

---

2) '단단하다'(*kerasbolos*)는 LSJ판에 '뿔에 받힌'(*hornstruck*)이라고 나와 있다. 이 말의 어원에 대한 설은 많지만, 뜻은 콩과 같은 곡물이 끓여도 말랑해지지 않을 정도로 딱딱해진 상태를 가리키는 말이다. 우리말에 이런 비유적인 표현이 있어야 '예컨대'란 말이 뜻이 통하는데, 찾지 못하여 부득불 일반적인 형용사로 뜻만 드러냈다.

3) 역설적인 표현이다. 뜻을 풀면 '받아들이는 쪽은 호의로 받아들이지 않겠지만 주는 쪽에서는 호의로서 베푸는 호의'라는 뜻이다.

4) 'hierosylia'는 '신전 약탈'이라고도 할 수 있고, 결과적으로 '신성 모독'이라고도 할 수 있다. 다만 플라톤이 이 책에서 '신전 약탈'을 다른 절도와는 달리 특별히 취급하고 있으므로 혼동을 피하기 위해서 여기서는 '신전 약탈'이라는 번역어를 사용한다.

겠습니다. 우리는 올바르게 양육된 시민들 중 누군가가 이 질병에 걸리기를 바라지도 않고 그러리라 별로 예상하지도 않지만, 이들의 가내 노예와 외국인들 및 외국인들의 노예들은 이와 같은 짓을 하려 들 수 있겠지요. 무엇보다
도 이들을 위해서, 그렇지만 인간 본성의 모든 허약함을 854a
각별히 주의해서 신전 약탈 및 이와 유사한 종류의 치유 불가능하거나[5] 치유가 어려운 다른 모든 것에 관한 법률을 이야기하겠습니다. 그런데 앞서 합의된 논의에 따라[6] 이 모든 것에 관한 서곡을, 가급적 간략하게 미리 말해 주어야 합니다. 낮에 나쁜 욕망의 부름을 받고 밤에 일어나 나쁜 욕망의 인도를 받아 어느 한 신전을 털러 가는 사람
과 누군가가 대화를 나누며 다음과 같이 권고의 말을 한다 b
고 해 봅시다. "놀라운 이여, 지금 당신을 움직여 신전 약탈을 하러 가라고 재촉하는 악은 인간적인 악도 아니고 신적인 악도 아닙니다. 그것은 오래되고 정화되지 않은 악행으로부터 사람들 사이에 자라나는 어떤 들쑤심이요, 주변을 맴도는 저주스러운 것이니, 당신은 온 힘을 다해 각별히 주의해야 합니다. 무엇이 그것을 막아 주는 것인지를 배우십시오. 당신에게 그와 같은 어떤 생각이 생길 때면, 액막이를 하러 가십시오. 악을 쫓아내는 신들의 신전에 청
원자로 가고, 우리가 훌륭하다고 하는 사람들의 모임에 가 c
서, 한편으로는 듣고, 다른 한편으로는 스스로 말하려 노력하십시오. 모든 사람은 아름다운 것들과 정의로운 것들

5) 치유 불가능한 병에 관해서는 《파이돈》 113e2; 《고르기아스》 525c~e; 《국가》 10권 615e~616a에도 나온다.

6) 6권 772e4 이하 참고.

854c

을 받들어야 한다고 말이죠. 반면에 악한 자들의 모임에서
는 뒤도 돌아보지 말고 달아나세요. 당신이 그렇게 해서
질병이 완화된다면, 다행입니다. 하지만 그렇지 못하다
면, 죽는 것이 더 낫다고 생각하여 삶을 떠나십시오."

우리는 이런 서곡을 모든 종류의 불경스럽고 나라를 망
치는 일을 꾀하는 자들에게 불러 주도록 합시다. 이 서곡을
듣고 따르는 자에게는 본곡은 잠자코 있어야 하지만, 따르
지 않는 자에게는 서곡에 이어 법률이 큰 소리로 노래하도
d 록 해야 합니다. 그 노래는 이런 것입니다. 노예이든 외국
인이든 신전 약탈을 하다가 붙들린 자에 대해서는 얼굴과
손에 그의 불행한 짓을 적고 재판관들이 정하는 횟수만큼
매질을 한 후 벌거벗겨 영토의 경계 밖으로 추방해야 합니
다. 이런 형벌을 받은 자는 아마 절제 있게 되고 개선될 것
입니다. 법률에 따라 실시되는 형벌이라면 전혀 나쁜 결과
를 낳지는 않을 것입니다. 대신 그것은 대개 둘 중의 한 결
과가 될 것 같습니다. 즉, 형벌은 벌을 받는 자를 더 나은
e 자로 만들거나 덜 악한 자로 만듭니다. 그렇지만 시민이 신
과 부모와 조국에 대하여 말할 수 없을 정도로 엄청난 해악
을 저지른 사실이 밝혀진다면, 재판관은 그를 치유 불가능
한 자로 간주해야 할 것입니다. 재판관은 그가 그런 훌륭한
교육과 양육을 어릴 때부터 받아 왔지만 그럼에도 불구하
고 큰 범죄 행위를 피할 수 없었다는 사실을 고려해서 그런
판단을 내릴 것입니다. 따라서 이자를 위한 형벌은 사형입
855a 니다. 그리고 이것은 그에게 가장 작은 악입니다. 그리고
이자는 다른 사람들에게 본이 됨으로써 유익한 역할을 할
것입니다. 그의 이름이 지워지고 영토의 경계선을 넘어 사

람들의 눈으로부터 사라짐으로써[7] 말입니다.

그러나 그의 자식과 가족이 그의 성향에서 벗어났을 경우에는, 이들이 훌륭하고도 용감하게 악에서 훌륭함으로 완전히 빠져나왔다는 점을 감안해서 명성과 명예로운 평판이라 일컬어지는 것이 주어져야 합니다. 이와 같은 사람들 중 누구의 재산도 국유화되는 것은 적절하지 않을 것입니다. 우리의 정치체제에서는 같은 사람들이 항상 같은 양의 할당분을 유지해야 하기 때문입니다. 그런데 어떤 사람이 벌금형에 해당하는 불의를 저질렀다고 판정받는 경우에는, 벌금을 물어야겠지만, 할당분을 상회하는 재산을 갖고 있 b
는 경우에, 그 초과분의 범위 안에서만 그에게 벌금을 물려야 하고, 그 이상은 안 됩니다. 이를 위해 법수호자들은 재산등기부[8]를 토대로 하여 자세한 사항들을 살펴 정확한 사실을 재판관들에게 알려 주어야 합니다. 자금의 부족으로 인해 할당받은 땅을 놀리는 일이 일어나지 않도록 말입니다.[9] 그런데 누군가가 그 이상의 벌금형에 해당하는 것으로 판정받는 경우에 그의 친구들 중에서 그를 위해 보증을 서고 그의 석방을 위해 벌금 지불을 도와줄 용의가 있는 사람들이 없다면, 그는 명시된 장기 감금과 수모의 처벌을 받아야 합니다. 그러나 그 누구에 대해서도 그리고 그의 그 c
어떤 잘못에 대해서도, 심지어 국외추방자의 경우에도 완

7) 잉글랜드에 따르면 아테네의 법에서 중죄를 지어 사형을 당한 자는 아테네에 묻히지 못하게 했다고 한다.

8) 재산등기부에 대해서는 5권 745a6 이하; 8권 850a4~6, 850d1 참고.

9) 지불 능력을 넘어서는 벌금으로 인해 할당받은 토지를 경작하기 위한 자금이 부족하게 되는 경우를 말하는 듯하다. 잉글랜드 해당 주 참고.

855c

전한 권리 박탈은 있을 수 없습니다.[10] 한편 형벌로는 사형, 감금, 매질, 앉거나 서서 당하는 공개망신, 영토의 경계선에 위치한 신전 앞에서 당하는 공개망신, 벌금이 있어야 합니다. 그런데 앞에서 우리가 이루어져야 한다고 말한 방식대로 이 벌금형은 이루어져야 합니다. 사형을 관할하는 재판관들은 법수호자들과 전년도 관리들 중 가장 탁월

d 한 자들로 구성된 법정[11] 입니다. 그렇지만 이 소송사건들의 기소, 소환 등 그런 종류의 모든 것이 어떻게 이루어져야 하는지는 젊은 입법가들의 소관입니다. 우리가 할 일은 표결 사항을 입법하는 일입니다. 투표는 공개해야 합니다. 투표 전에 우리의 재판관들은 원고와 피고를 마주 보고 나이순대로 바짝 붙어 자리를 잡고 앉아야 합니다. 시간이 있는 모든 시민은 재판을 진지하게 경청해야겠지요. 각자 한 번씩 진술하되, 처음에는 원고가, 두 번째로는 피고가 해

e 야 합니다. 이들의 변론 다음으로는 최고령자가 심문을 시작하여 발언 내용에 대한 충분한 검토에 들어갑니다.[12] 가장 연장자인 사람 다음으로 연이어 모든 재판관은, 소송당사자들 각자가 말한 것이든 말하지 않은 것이든 그것에 대해 어떤 방식으로 누군가가 부족하다고 느끼는 것은 무엇

10) 바로 앞에 나온 자식과 가족의 연좌제 금지나 할당된 토지의 유지 등의 예외가 있어야 한다는 말이다.

11) 법수호자와 '가장 탁월한 관리들'로 구성된 법정은 아테네의 아레오파고스(Areopagos)와 유사성을 보여 준다. 이 법정의 관할 사안은 신전 약탈(854d~e), 반란(856b~c), 대역죄(856e), 고의적 살인(871d), 살인미수에 그친 상해(877b), 그리고 종교적 불경(10권 910c~d)이다.

12) 해석자에 따라서는 '심문'이 아니라 현재 판사가 배심원에게 하는 사건요지의 진술(*summing up*)에 해당하는 것이라고 보기도 한다(England).

이든 상세히 검토해야 합니다. 부족하다고 느끼는 것이 없
는 재판관은 다른 사람에게 심문기회를 넘겨주어야 합니
다. 이야기된 것들 중 핵심적이라고 판단되는 것들은 재판 856a
관 전원이 서명한 후 헤스티아 여신의 제단에 보관해야 하
며, 다음 날 재판관들은 다시 같은 장소에 모여 같은 방식
으로 심문을 통해 재판을 진행시키고 이야기된 내용에 대
해서 다시 서명해야 합니다. 이것을 세 차례에 걸쳐 함으로
써 증거와 증인을 충분히 파악하고서, 각자는 헤스티아 여
신의 신전 앞에서 최선을 다하여 정의롭고 진실한 판결을
하겠다는 맹세를 한 후 신성한 표를 던져야 합니다. 그들은
이런 방식으로 이런 종류의 재판을 끝마쳐야 합니다.

신들과 관련되는 사안들 다음은 정치체제의 와해와 관련 b
되는 것들입니다. 법률을 지배하여 예속시키는 한편 나라
를 파당에 복속시키며, 다름 아닌 폭력으로 이 모든 일을
행하고 내란을 일으켜서 법을 어기는 사람[13]은 그 누구보
다도 나라 전체의 가장 큰 적으로 간주해야 합니다. 그런
일을 누구와도 공모하지는 않지만, 나라의 요직에 참여하
고 있으면서, 자신이 그 일들을 감지하지 못했거나 감지하 c
지 못한 것은 아니지만 겁이 나서, 자신의 조국에 그런 일
을 행한 자를 처벌하지 않는 경우, 그런 시민은 악의 측면
에서 두 번째로 큰 적으로 간주해야 합니다. 조금이라도

13) 버넷, 잉글랜드, 베리는 'anthrōpōn'(사람들)을, 피치누스와 손더스 등은 'anthrōpon'(사람)을 택한 듯하다. 후자의 독법을 따를 경우, 번역은 '법률을 (자신의) 지배하에 두어 노예로 삼는 사람은'이 되고, 이때 비판의 대상이 되는 것은 1인 독재체제로 보인다. 반면에 전자의 독법을 따르면 비판의 대상은 과두정, 참주정, 민주정 등이 될 것이다. 여기서는 후자인 단수의 사람을 택했다.

856c

쓸모 있는 사람은 누구든지 그런 음모를 꾸미는 자를 관리들에게 고발하고 폭력과 불법에 의한 정치체제의 전복이라는 죄목으로 재판에 회부해야 합니다. 이 경우에 재판관들은 신전 약탈의 재판관들과 같은 사람들이어야 하며, 그들에 대한 전체 재판 절차도 신전 약탈범들의 경우와 같은 방식으로 이루어져야 하며, 다수결에 의해 사형을 선고해야 합니다. 그렇지만 아버지가 받은 비난과 처벌은 한마디로
d 어떤 자식에게도 이어지지 않아야 합니다. 누구든 그의 아버지와 할아버지 그리고 할아버지의 아버지가 차례로 사형 판정을 받은 경우 외에는 말입니다. 나라는 이들이 할당분과 그에 따른 일체의 것을 제외한 자신들의 재산을 갖고 자신들의 옛 조국과 나라로 떠나게 해야 합니다. 그리고 시민들 가운데 10세가 넘은 둘 이상의 아들을 가진 가정들로부터 아버지나 할아버지 또는 외할아버지가 추천하는 아이
e 들 10명을 제비로 뽑아야 하며, 제비로 선택된 자들의 이름을 델포이로 보내 그중에 신이 선택한 자가 할당분의 상속자로서, 떠난 사람들의 집에 들게 해야 합니다. 더 좋은 운을 기원하면서 말입니다.

클레이니아스: 훌륭합니다.

아테네인: 나아가 누군가가 반역죄로 고발해 법정에 세운 자들에게 판결을 내려야 하는 재판관들 및 재판 방법에 관한 공통된 한 가지 법률이 세 번째 것[14] 이어야 합니다. 그리고 이 한 가지 법률이 자손들을 남아 있게 할지 조국에서 추방할지에 관해서도 마찬가지로 세 경우에, 즉

---

14) 앞의 두 가지 경우에 법정을 구성하는 방식에 대한 법률이 세 번째로 나온 이 경우에도 적용되어야 한다는 뜻이다.

반역자와 신전 약탈범과 나라의 법률을 폭력으로 망치는
자에게 적용되어야 합니다. 절도범의 경우에도, 큰 것을 857a
훔친 자든 작은 것을 훔친 자든, 그 모두에게 역시 한 가
지 법과 한 가지 법적 처벌이 있어야 합니다. 일단 누구든
유죄 판결을 받으면 절도한 것의 2배를 갚아야 하되, 할
당분을 넘는 다른 재산을 갖고 있어서 갚기에 충분하다면
그렇게 하고, 그렇지 못할 경우에는 되갚거나 고발한 사 b
람을 설득할 때까지 감금되어야 합니다. 만약 누군가가
공공재산을 훔친 죄로 유죄 판결을 받은 경우에는 나라를
설득하거나 아니면 훔친 것의 2배를 갚은 후 감금에서 풀
려나도록 해야 합니다.

클레이니아스: 손님, 큰 것을 훔치든 작은 것을 훔치든
그리고 신성한 곳에서 훔치든 신성하지 않은 곳에서 훔치
든, 그리고 절도와 관련해서 온갖 다양한 것들이 있더라
도, 그것들이 아무런 차이가 없다고 우리가 어떻게 말할
수 있습니까? 입법가는 전혀 다른 벌로 처벌함으로써 각
양각색의 절도에 맞추어야 하지 않겠습니까?

아테네인: 아주 훌륭합니다, 클레이니아스. 마치 자면서
떠밀려 가는 상황에 있던 나와 부딪쳐 전에 생각했던 것을 c
기억나게 해주었습니다. 지금 처한 상황에서 말하건대 법
률 제정에 관한 일들이 결코 어떤 방식으로든 한 번도 옳
게 수행되었던 적이 없다는 사실 말입니다. 이건 또 우리
가 무슨 뜻으로 하는 말일까요? 현시대에 법률을 제정받는
모든 사람을 우리가 노예들에게 치료받는 노예들에 비유
했을 때,[15] 우리가 비유를 잘하지 못한 것이 아니었습니
다. 다음과 같은 점을 우리가 잘 알아야 하니까요. 이론

d 없이 경험으로 의술을 행하는 어떤 의사가 자유인 의사와
자유인 환자 사이에 오가는 대화를 듣는다고 해 봅시다.
그는 이들이 거의 철학하는 것에 가깝게 말들을 사용하여
신체의 본성 전체에 소급해서 질병을 근원에서부터 파악
하는 장면을 목격할 겁니다. 이 장면에 그는 즉시 폭소를
터뜨리며 요즈음 '의사'라 불리는 자들이 항상 입에서 내뱉
는 말을 할 겁니다. 그는 이렇게 말할 테니까요. "멍청한
사람! 환자를 치료하는 게 아니라 거의 교육하고 있군그
e 래. 마치 환자가 건강을 회복하기보다는 의사가 되기를 원
하기라도 하는 듯이 말이지."

클레이니아스: 그가 그런 말을 하는 것이 옳지 않습니까?

아테네인: 그럴 수 있겠지요. 이런 방식으로 법을 다루는 사람은 — 우리가 지금 그러듯이 — 시민들을 교육하는 것이지 법을 제정해 주는 것이 아니라는 생각을 그가 추가로 하기만 한다면 말이죠. 이것 역시 그가 적절하게 말하는 것으로 보이지 않겠습니까?

클레이니아스: 아마 그렇겠지요.

아테네인: 그런데 현재 상황으로 볼 때 우리는 운이 좋습니다.

클레이니아스: 어떤 상황 말씀이시죠?

858a **아테네인:** 법을 제정해야 하는 강제성은 없고, 모든 정
치체제에 대하여 탐구함으로써 어떤 방식이 되어야 가장
좋은 것과 가장 필수적인 것이 실현될지를 조망하려 시도
해야 할 강제성이 있는 상황 말씀입니다. 게다가 현재 우

---

15) 4권 720a~e 참고.

리는 원한다면 법과 관련하여 가장 좋은 것을 고찰할 수도 있고, 원한다면 가장 필수적인 것을 고찰할 수도 있습니다. 그러니 어느 쪽이 좋을지 선택합시다.

클레이니아스: 손님, 우리가 선택을 제시하는 것은 우스꽝스럽군요. 우리는 내일 할 수 없기 때문에 당장 입법을 b
해야 하는 어떤 대단한 강제성의 힘에 붙들린 입법가들과 영락없이 닮아서 말입니다. 하지만 신의 가호를 빌어 말하건대, 우리는 돌 쌓는 사람[16]이나 다른 어떤 구조물을 짓기 시작하는 사람들처럼 만들어지게 될 구조물에 적합한 것들을 되는 대로 쌓아 두고 고를 수가 있습니다. 게다가 여유를 가지고 고를 수 있고요. 그러니 우리는 우리 자신이 현재 어쩔 수 없이 집을 지어야 하는 사람이 아니라 아직은 여유를 갖고 어떤 것들은 비축하고 어떤 것들은 구성하는 사람들이라고 생각합시다. 그래서 법들 중에서 일부는 당장 입법되는 것이고, 일부는 비축된다고 말하면 c
옳게 말하는 것이 되고 말이죠.

아테네인: 클레이니아스, 그렇다면 우리가 하는 법의 개관은 한결 본성에 맞게 될 것입니다. 그러니 신들께 맹세코 입법가들에 관하여 다음과 같은 것을 봅시다.

클레이니아스: 어떤 것 말씀입니까?

아테네인: 아마 나라들에는 다른 많은 사람의 글과 글로 된 연설도 있겠지만 입법가의 글과 연설도 있을 겁니다.

클레이니아스: 물론이죠.

아테네인: 그러면 다른 사람들의 저술들, 즉 시인이거나 d

16) 맞춤한 돌을 골라 쌓아 구조물을 만드는 사람.

858d 산문 또는 운문으로 인생에 대한 자신들의 조언을 저술하여 비축해 둔 사람들의 저술에 정신을 쏟고 입법가들의 저술에는 정신을 쏟지 말아야 할까요, 아니면 그 무엇보다도 그것에 정신을 쏟아야 할까요?

클레이니아스: 후자에 훨씬 더 정신을 쏟아야 하지요.

아테네인: 그런데도 글 쓰는 사람들 중에서 입법가만은 아름다운 것과 좋은 것과 정의로운 것에 관해 그것들이 어떤 것이고 행복해지고자 하는 사람들이 어떤 방식으로 그것에 힘써야 하는지를 가르치는 조언을 하면 안 되나요?

클레이니아스: 왜 안 되겠습니까?

e **아테네인**: 그런데 호메로스와 튀르타이오스[17]와 다른 시인들에게는 인생과 인생에서 할 일에 관해 나쁜 규칙을 글로 쓴 것이 더 수치스러운 일이고, 뤼쿠르고스와 솔론 그리고 입법가가 되어 글을 쓴 모든 사람에게는 그런 일이 덜 수치스러운 일인가요? 아마 다음과 같은 것이 옳을 것입니다. 나라 안에 있는 모든 글 중에서 법에 관하여 쓰인 글들은 펼쳤을 때 가장 아름답고 좋아 보여야 하고 다
859a 른 글들은 그것들을 따라야 하며, 그렇지 않고 그것들과 다른 소리를 내면 웃음거리가 되어야 합니다. 우리가 볼 때 나라의 법이 기록되는 양식은 어떠해야만 합니까? 법은 사랑과 지각이 있는 부모의 모습을 하고 나타나야 한다고 생각해야 할까요? 아니면 참주와 전제군주와 같은 식으로 명령과 협박하는 내용을 벽에다 게시하고 나면 그만이라고 생각해야 할까요? 그러니 이제 우리가 이런 식

17) 1권 629a 해당 주 참고.

으로 법에 관하여 생각하고 말을 해야 할지 살펴봅시다. b
우리가 할 수 있든 없든 열의만큼은 보이고 말이죠. 그리
고 이 길을 따라가다가 무슨 일인가를 겪어야 한다면, 겪
읍시다. 좋은 일을 겪게 되기를! 그리고 신이 허락하신다
면, 그렇게 될 겁니다.

클레이니아스: 훌륭하게 말씀하셨습니다. 말씀대로 합시다.

아테네인: 그러면 우리가 착수했던 것처럼 우선 신전 약
탈과 모든 절도와 온갖 불의에 관한 법을 정확하게 검토해
봅시다. 비록 입법하는 과정에서 우리가 어떤 것들은 제정 c
했고, 어떤 것들에 관해서는 아직 살펴보고 있는 중이라
할지라도 괴로워해서는 안 됩니다. 우리는 입법가가 되는
중이지, 아직 입법가는 아니니까요. 아마도 입법가가 되
기는 하겠지만 말입니다. 그러니 내가 말한 것을 내가 말
한 대로 살펴보는 것이 좋겠다면, 살펴봅시다.

클레이니아스: 당연히 그래야죠.

아테네인: 그러니 아름답고 정의로운 모든 것에 관하여
다음과 같은 것을 살펴봅시다. 다른 건 몰라도 대다수의
사람들과는 다르기를 무엇보다 열망한다고 할 법한 우리
가 지금 도대체 얼마만큼이나 우리 자신과 의견이 일치하
며, 또 얼마만큼이나 우리 자신과 의견이 다른지를, 그런
가 하면 다수의 사람들 자신은 자신들과 관련하여 어떤지 d
말이죠.

클레이니아스: 우리의 어떤 불일치를 생각하고서 하는 말인가요?

아테네인: 내가 말해 보도록 하겠습니다. 정의 일반, 즉

859d

정의로운 사람들, 정의로운 것들, 정의로운 행위들에 관해서 어쨌든 우리 모두는 이 모든 것이 아름답다는 데 동의합니다. 그래서 만약에 정의로운 사람들이 비록 그들의 육체가 추한 상태라고 하더라도 가장 정의로운 성품 자체, 바로 그 점에서는 지극히 아름답다고 누군가가 확언한다
e 면, 그렇게 말함으로써 그가 엉뚱한 소리를 한다고는 누구도 생각하지 않을 것입니다.

클레이니아스: 올바르게 하는 것 아닌가요?

아테네인: 그렇겠지요. 그런데 정의와 연관된 것들이 모두 아름답다면, 우리가 겪는 일[18]들도 행하는 것들과 거의 같은 만큼 아름다운 그 모든 것에 속하는지 봅시다.

클레이니아스: 그런데요?

아테네인: 행위가 정의로운 한에서 행위는 정의로운 것에 참여하는 것과 거의 같은 만큼 아름다운 것에도 참여하는 것입니다.

클레이니아스: 물론입니다.

아테네인: 그러면 겪음[19]도 정의로운 것에 참여하는 그
860a 만큼 아름다워진다는 데 의견이 일치한다고 해서 앞의 주장과 일치하지 않는 주장을 내놓는 것은 아니겠지요?

클레이니아스: 맞습니다.

---

18) '겪는 일'로 번역한 'pathēma'는 동사 'paschein'에서 온 말이다. 'paschein'은 기본적으로 '어떤 일을 겪다'란 뜻인데, 여기서 경험, 수난, 상태 등의 뜻이 파생한다. 플라톤이 여기서 의도적으로 이 뜻들이 다 들어간 이 표현을 사용하기 때문에 의역하지 않았지만, 맥락상의 뜻은 '죄를 짓고 받는 처벌'을 말한다.

19) 앞의 '겪는 일'과 같은 의미로 '형벌'이라고 볼 수 있다.

아테네인: 그럼 만약에 우리가 겪음이 정의롭다는 데 동의하는 한편으로 겪음이 추하다는 데 동의한다면, 정의로운 것들이 가장 수치스러운 것이라고 말하는 것이니까, 정의로운 것과 아름다운 것은 일치하지 않게 되겠군요.

클레이니아스: 그 말은 무슨 뜻입니까?

아테네인: 이해하기 어려울 게 전혀 없습니다. 바로 조금 전에 우리가 제정했던 법률들은 지금 이야기되는 것들과 무엇보다 가장 반대되는 것들을 전하는 것으로 보이겠기에 하는 말입니다.

클레이니아스: 어떤 이야기죠?

아테네인: 우리는 신전 약탈범을 비롯하여 잘 제정된 법의 적을 정의에 입각해 사형시켜야 한다는 법을 제정했습니다. 그리고 그와 유사한 모든 법규들을 우리가 제정하려던 차에 중지했습니다.[20] 그 수와 크기에서 무한하게 다양한 형벌적 겪음을 우리가 보았기 때문이지요. 이런 겪음은 한편으로는 모든 것 중에서 가장 정의로우며 다른 한편으로는 모든 것 중에서 가장 추하다는 것을 본 것이지요. 이런 식으로 정의로운 것들과 아름다운 것들이 어떤 때는 다 같이 동일한 것으로, 어떤 때는 완전히 상반되는 것으로 우리에게 보이지 않겠습니까? b

클레이니아스: 그렇겠는데요.

아테네인: 그럼 많은 사람은 이런 경우들과 관련해서 아름다운 것들과 정의로운 것들에 대해 이런 식으로 일치를 c

20) 857b를 가리킨다. 그곳에서 클레이니아스가 제기한 의문은 '각기 다른 죄에 같은 법을 적용해야 하는가?'였는데, 아테네인은 이를 확장해서 해석한 것이다.

보지 못하고 제각기 이야기하는군요.

클레이니아스: 그렇게 보이기는 하네요, 손님.

아테네인: 클레이니아스, 그럼 바로 이것들과 관련해서 우리의 생각은 어떻게 일관성을 유지할 수 있을지 다시 살펴봅시다.

클레이니아스: 대체 어떤 일치와 어떤 점을 염두에 두고 하시는 말씀이십니까?

아테네인: 어떤 식으로든 앞선 이야기들에서[21] 내가 명확하게 이야기했다고 생각하지만, 이전에 그렇지 못했다면 지금 내가 다음과 같이 이야기하는 것으로 생각하시죠. 그러니까 … .

클레이니아스: 어떤 것을 말하는 겁니까?

d 아테네인: '모든 나쁜 사람들은 모든 점에서 비자발적으로 나쁘다'라고 말입니다.[22] 그런데 사실이 이렇다면, 연이은 주장이 아마도 필연적으로 이것에 뒤따라 나올 것입니다.

클레이니아스: 어떤 주장을 말씀하시나요?

아테네인: '부정의한 자는 아마 나쁜 자이겠지만, 나쁜 자는 비자발적으로 그렇다'는 주장을 말하는 겁니다. 자발적인 행동이 비자발적으로 이루어진다는 것은 도무지 말

---

21) 5권 731c, 734b2~6에서 논의한 적이 있다. 이에 대한 아리스토텔레스의 논의는 《니코마코스 윤리학》 1109b30 이하 참고.

22) 이 주제는 플라톤의 대화편 전편에 걸쳐 반복해서 등장한다(《프로타고라스》 345d~e, 352b, 358c~e; 《고르기아스》 468c~e, 509e; 《메논》 77b; 《국가》 2권 382a; 3권 413a; 4권 444a; 9권 589c; 《소피스트》 228c7~8; 《티마이오스》 86d~e 참고).

이 되지 않습니다. 그래서 부정의를 비자발적인 것으로 생
각하는 사람에게는 부정의를 행하는 사람이 비자발적으로
부정의를 행하는 것으로 보일 것 같습니다. 특히 그 점은
지금 나 역시 동의해야 하는 것입니다. 왜냐하면 나는 모
든 사람이 비자발적으로 부정의를 행한다는 데 동조하기
때문입니다. —비자발적으로 부정의한 사람들도 있지만,
다수의 사람은 자발적으로 부정의를 행한다고 누군가 경 e
쟁의식과 공명심으로 말미암아 말한다 할지라도 나의 주
장은 그것이 아니라 이것입니다—그러면 도대체 어떤 방
식으로 나만이라도 내 주장과 부합할 수 있을까요? 클레이
니아스와 메길로스, 만일 두 분이 내게 묻는다고 해 봅시
다. "손님, 사실이 그렇다면 마그네시아 사람들의 나라의
입법에 대하여 당신은 우리에게 어떤 조언을 하시겠습니
까? 입법을 하라는 겁니까, 말라는 겁니까?" 그러면 나는
"물론 입법하라고 하지요"라고 말할 것입니다. "그러면 당
신은 그들의 경우에 비자발적인 부정의한 행위와 자발적
인 부정의한 행위를 구별하고, 자발적인 잘못과 부정의한
행동의 처벌은 더 무겁게 정하고, 나머지 것의 처벌은 더
가볍게 정하시겠습니까? 아니면 부정의한 행위는 전혀 자 861a
발적이지 않다고 생각해서 모든 경우에 균등하게 정하시
겠습니까?"

클레이니아스: 정말 옳은 말입니다, 손님. 그럼 방금 이야기된 것을 우리가 어떻게 적용할까요?

아테네인: 훌륭한 질문입니다. 그럼 먼저 그것들을 이렇게 적용합시다.

클레이니아스: 어떻게요?

아테네인: 방금 전에 우리가 훌륭하게 했던 이야기를 다시 기억해 봅시다. 정의로운 것들에 관한 우리의 혼란과 불일치가 엄청나다고 했습니다.[23] 이것을 염두에 두고 우
b 리 자신에게 물어봅시다. "우리는 이것들의 어려움을 풀어내지도 못했고 이것들 간의 차이점이 무엇인지도 구별해 내지 못했군. 반면에 모든 나라에서는 지금까지 나타난 모든 입법가들에 의해서 두 구분이 이루어지는군. 즉, 부정의한 행위들은 자발적인 것과 비자발적인 것, 두 가지 형태로 구분되는 것이지. 그리고 이 관점에 따라 정의로운 것들에 대한 입법이 이루어지지. 그런데 방금 우리가 한 주장은 마치 신이 전해 준 것인 양 그 정도의 어마어마한 이야기를 그저 말만 하고 나면 그만인 걸까? 그것이 어째서 올바른 주장인지에 대한 아무런 논거도 제시하지 않고 말이지. 그러고서는 어떤 식으로든 입법을 밀어
c 붙일까?" 하지만 그럴 수는 없고 입법하기 전에 어떻게든 부정의한 행위들이 둘이면서도 기존의 구분방식과는 다른 차이점을[24] 분명히 드러낼 수밖에 없습니다. 누군가가 각각에 형벌을 부과했을 때, 모두가 선고 이유에 따를 수 있고 선고된 것이 적합한지 그렇지 못한지를 어떤 식으로든 판단할 수 있게끔 말입니다.

클레이니아스: 우리가 보기에 당신이 훌륭하게 말씀하신

---

23) 859c6 이하 참고.

24) 사본의 'allēn' 외에 헤르만의 수정 제안인 'allēlōn'도 있다. 후자의 독법을 따를 경우 번역은 '서로의 차이점'이 된다. 둘 다 일리가 있는 번역이지만, 여기서는 OCT판과 마찬가지로 사본의 독법을 따랐고, 잉글랜드의 해석처럼 '기존의 입법가들이 주장하는 차이점과는 다른 차이점'이란 뜻으로 보았다.

것 같습니다, 손님. 우리는 둘 중의 하나, 즉 모든 부정의한 행위는 비자발적이라는 것을 부인하든지 아니면 이것이 어째서 올바른 주장인지 그 차이점을 구별해서 분명히 드러내야 하니 말입니다.

아테네인: 이 둘 중 앞의 것은 나로서는 어떤 식으로든 도저히 용인할 수 없습니다. 진실이라고 생각하면서 그것을 부인하는 일은 용인할 수 없다는 말입니다. 그것은 도리에 맞지도 않고 경건하지도 않기 때문입니다. 그러니 비자발적인 것과 자발적인 것에 의해 구분되지 않는다면,[25] 그것이 어떤 방식으로 둘인지, 또 달리 어떻게 구분되는지를 분명히 드러내기 위해 시도해야 합니다.[26] d

클레이니아스: 전적으로 이 일은 달리 생각해 볼 수가 없습니다, 손님.

아테네인: 그래야지요. 자, 시민들 간의 관계와 교류들에는 시민들 상호 간의 여러 위해(危害) 행위가 있으며, 그 가운데 '자발적인 것'과 '비자발적인 것'은 차고 넘칩니다. e

클레이니아스: 물론입니다.

아테네인: 그렇지만 그 누구도 모든 위해 행위를 부정의한 것으로 놓고,[27] 거기에서 부정의한 것들 역시 다음과

---

25) 861b3~5와 861c8을 비교하면 명확하듯이, 다른 나라의 입법가들은 '부정의한 행위에는 본의에 의한 것과 본의에 의하지 않은 것, 두 종류가 있다'란 생각을 갖고 있고, 아테네인은 '모든 부정의한 행위는 본의에 의하지 않은 것이다'란 생각을 갖고 있다. 또한 아테네인은 부정의한 행위가 둘로 나뉜다는 데는 기존의 입법가들과 생각을 같이하지만, 그것이 다른 차이에 의해서 나뉜다고 생각한다.

26) 861d2~861d7까지는 현재 편집본들이 조금씩 다르다. 여기서는 베리의 편집본에 따랐다.

861e

같은 방식으로 이중적으로 된다고, 즉 한쪽은 자발적인
것이고, 다른 한쪽은 비자발적이라고 — 왜냐하면 비자발
적인 위해 행위가 전체의 수나 크기에서 자발적인 위해 행
위보다 덜하지 않기 때문입니다 — 생각해서는 안 됩니다.
862a 대신 내가 지금 이야기하려고 하는 것이 말이 되는지 전혀
말이 되지 않는지 살펴보십시오. 클레이아스와 메길로스,
나로서는 누군가가 다른 사람에게 해를 끼치길 원하지 않
으면서도 비자발적으로 해를 끼친다면, 그의 행위가 비록
'비자발적이긴 하더라도 분명 부정의다'라는 것을 부정합
니다. 나는 이것을 '비자발적인 부정의'로 규정하지도, 이
에 입각해 입법을 하지도 않을 뿐만 아니라 그와 같은 위
해 행위가 어떤 사람에게 더 큰 해가 되든 더 작은 해가
되든 상관없이 그것을 부정의로 규정하지 않을 것입니다.
반면에 우리는 이로움의 경우라도 올바르지 않게 이루어
진 것이면 이로움을 초래한 당사자가 부정의한 행위를 하
는 것이라고 자주 주장할 것입니다. 물론 내 주장이 이긴
b 다면 말씀입니다. 친구분들, 왜냐하면 일반적으로, 어떤
사람이 누군가가 가진 것들 중 무언가를 주거나 반대로 그
로부터 가져갈 때, 그런 사람을 무조건 정의롭거나 부정
의하다고 말해서는 안 되고, 입법가는 어떤 사람이 그의
정의로운 성품과 성향으로 말미암아 누군가에게 이로움을

---

27) 그리스인의 일상적인 언어생활에서 위해 행위(*blabē*)와 부정의한 행위(*adikia*)는 명확히 구별되지 않는다. '부정의한 행위를 하다'(*adikein*)는 일상적으로는 '해를 끼치다'란 뜻으로 쓰이기 때문이다. 플라톤이 지금 여기서 이런 논의를 길게 하는 이유 중 하나는 이런 잘못된 일상 언어 사용과 그에 따른 개념적 혼란을 바로잡고자 하는 것이다.

주거나 해를 끼치는지를 보아야 하며, 이 두 가지, 즉 부정의와 위해 행위에 주목해야 하기 때문입니다. 그리고 가능한 한 입법가는 해 입은 것을 해 입지 않은 것으로 만들어 줄 수 있어야 합니다. 파괴된 것을 다시 복원하고, 누군가에 의해 쓰러진 것을 다시 바로잡아 주고, 죽거나 c
상처 입은 것은 건강한 것으로 해주는 한편, 위해를 끼친 사람들과 위해를 입은 사람들이 보상으로 중재를 받아 언제나 불화에서 우애의 상태에 이르도록 노력해야 합니다.

클레이니아스: 그거 훌륭하군요.

아테네인: 그런가 하면 부정의한 위해 행위와 부정의한 이득, ― 어떤 사람이 부정의한 행위를 해서 누군가에게 이득을 얻게 해주는 경우의 이익 ― 이것들과 관련해서 그런 행위는 혼의 질병이라고 보고 이것들 중 치료 가능한 것들은 모두 치료해야 합니다. 하지만 부정의의 치료가 다음과 같은 방향에서 이루어진다는 점을 우리는 밝혀 두어야 합니다.

클레이니아스: 어떤 방향입니까?

아테네인: 누군가가 크든 작든 부정의한 행위를 했다면, d
법은 위해 행위에 대한 배상을 하게 하는 데 그치지 말고 가르침과 강제를 통해서 그가 앞으로는 전적으로 결코 그런 짓을 자발적으로 감히 저지르지 못하게 하거나 그런 짓을 현격하게 아주 덜 저지르도록 해야 합니다. 이것을 우리는 그에게 행동을 통해서도 말을 통해서도 할 수 있습니다. 우리는 그에게 쾌락을 줄 수도 고통을 줄 수도 있고, 명예를 줄 수도 불명예를 줄 수도 있습니다. 그에게 벌금을 물릴 수도, 선물을 줄 수도 있습니다. 요컨대 어

떤 수단을 동원해서라도 우리는 부정의는 미워하게 만들
고, 참된 정의는 갈망하거나 미워하지 않도록 만들어야
할 것입니다. 바로 이것이 가장 아름다운 법의 구실입니
e 다. 그런데 누군가가 이 점에 있어서 치유 불가능한 자로
판단될 때, 입법가는 이런 사람의 경우에 어떤 형벌과 어
떤 법률을 마련해야 할까요? 아마 입법가는 이런 사람 모
두에 대해서 이들이 더 살지 않는 것이 자신들을 위해서
도 더 낫고 그들이 삶을 중단하는 것이—다른 사람들에
게 부정의한 행동을 해서는 안 된다는 본보기가 되고, 악
인들이 없는 나라를 만든다는 점에서—다른 사람에게 이
863a 중으로 이로움을 줄 수 있다는 점을 알기 때문에, 이런 사
람들의 잘못에 대한 처벌로 입법가는 사형을 내릴 수밖에
없습니다. 하지만 다른 경우에는 결코 안 됩니다.

클레이니아스: 당신의 말은 한편으로는 매우 적절한 것
같습니다만, 당신이 말한 부정의와 위해 행위의 차이, 그
리고 자발적인 것들과 비자발적인 것들의 차이가 당신이
말한 경우들 속에 어떻게 다채롭게 채색되어 있는지를 더
분명하게 들을 수 있다면 더 좋겠습니다.

아테네인: 두 분이 하라는 대로 해서 말하도록 하겠습니
b 다. 사실 혼의 '상태'라고 말해도 좋고 혼의 '부분'이라고
말해도 좋은 '격정'이라는 것이 그 본성의 하나로 혼에 있
습니다. 이것은 쉽게 발끈하고 제어하기 힘든 우리의 타
고난 소유물이며, 자신의 비이성적인 완력으로 많은 것을
뒤집어 놓는다는 말을 사람들이 분명히 서로에게 하기도
하고 듣기도 합니다.

클레이니아스: 물론입니다.

아테네인: 그뿐만 아니라 우리는 쾌락은 격정과 다른 것이라고 말하고, 쾌락은 그것과 정반대의 힘으로 주도권을 쥐고 완력이 아닌[28] 설득과 기만에 의해 쾌락의 바람이 승인하는 것은 무엇이든 행한다고 우리는 말합니다.

클레이니아스: 대단하지요.

아테네인: 무지를 누군가가 잘못의 세 번째 원인으로 말 c
한다고 해서 거짓말을 하는 것이 아닐 것입니다. 입법가가
무지를 둘로 나누면, 그는 일을 더 잘하는 셈입니다. 즉,
그는, 단순한 무지는 가벼운 잘못들의 원인으로 생각하고,
이중적인 무지는 누군가가 무지에 사로잡혀 어리석을[29]
뿐만 아니라 실제로는 전혀 모르는 것들에 대해 완벽하게
안다고 생각하는, 지혜에 대한 확신에 사로잡힌 어리석음
이라고 생각할 것입니다. 한편 그는 이중적 무지가 그것을
뒷받침하는 기력과 힘을 동반할 때는 이런 것들이 크고 무 d
지막지한 잘못들의 원인이 되지만, 힘을 결여하게 되면 아
이나 노인들이 저지를 만한 잘못이 생긴다고 볼 것입니다.
그리고 입법가는 둘 중 나중 것도 잘못으로 보고 잘못한
자로서 법을 부과하겠지만, 그것은 그 어떤 법보다 부드럽
고 최대의 관용을 가진 법이 될 것입니다.

클레이니아스: 아주 근사한 말입니다.

아테네인: 그래서 우리 모두가 거의 다 하는 말인즉, 우리 중 어떤 사람은 쾌락과 격정을 이기고 어떤 사람은 진

28) 사본에 있는 '완력적인'(*biaiou*)을 OCT판은 그대로 살렸지만 문맥에 맞게 고친 잉글랜드의 수정, '완력이 아닌'(*ou biai*)을 받아들였다.

29) '어리석다'(*amathēs*)는 말은 앞의 '무지'(*agnoia*)와 단어가 다르기 때문에 달리 번역하기는 했지만 뜻이 통하는 말이다.

863d

다고 합니다. 사실 역시 그렇고요.

클레이니아스: 전적으로 그렇지요.

아테네인: 하지만 우리 중 어떤 사람은 무지를 이기고 어떤 사람은 진다는 말은 들어본 적이 없습니다.

e 클레이니아스: 지당한 말입니다.

아테네인: 그런데 이 모든 것이 실제 각자가 끌리는 자신의 바람의 방향으로 끌리는 것과 동시에 반대 방향으로 몰고 가는 경우가 허다하다고 우리는 말합니다.

클레이니아스: 아주 흔한 일이지요.

아테네인: 그러면 이제 내가 주장하는 정의로운 것과 부정의한 것을 전혀 복잡하게 꾸미지 않고 분명하게 구별해서 말하고자 합니다. 혼에 있는 격정과 두려움, 쾌락과 고통, 시기와 욕구의 독재[30]를 우리는 그것이 해를 끼치든 끼치지 않든 상관없이 부정의라 부릅니다. 다른 한편
864a 나라나 어떤 개인이 어떻게 해서 그것을 얻을 수 있다고 생각하든 말든[31] 그것과 상관없이, 최선의 것에 대한 판단이 혼에서 주도권을 잡고 모든 사람을 질서 지운 경우에는, 비록 좀 손해를 보더라도 이것에 의해 이루어진 모든 행위도 이와 같은 다스림에 복종하는 각 사람의 부분도[32] 정의롭고 사람들의 전반적인 삶에 최선이라고 말해야 합니다. 많은 사람은 이와 같은 위해 행위를 비자발적

30) 문맥에 맞게 '독재'라고 번역하기는 했지만 이 말은 책 전반에 걸쳐 등장하는 '참주정'(*tyrannis*)이란 말이다.

31) 사본과 OCT판에 있는 'toutōn' 대신에 'touto'로 고친 하인도르프의 수정 제안을 받아들였다(Pangle 1988, 257 주 13 참고).

32) 각 사람의 혼을 이루는 부분들을 말하는 것으로 보인다.

인 부정의로 생각하지만 말입니다. 그런데 현재 우리의 문제는 이름을 가지고 왈가왈부할 일이 아니며, 잘못을 b
저지르는 세 가지 부류가 있음이 밝혀진 만큼, 우선 이것들을 더 확실하게 해두어야 합니다. 그 한 종류는 고통스러운 것인데, 우리는 그것을 '격정'과 '두려움'이라 이름 붙입니다.

클레이니아스: 물론입니다.

아테네인: 그런가 하면 두 번째는 쾌락과 욕구이고, 세 번째는 기대와 참된 의견, 즉 최고의 좋음에 관한 단순한 겨냥이 별도의 종류입니다. 바로 이 세 번째 것이 두 번 나뉘어[33] 셋으로 나뉘게 되면 우리가 말한 대로 5개의 종류가 생기게 됩니다. 우리는 이 5개 종류에 대해 서로 다 c
른 두 종류의 법을 제정해야 합니다.

클레이니아스: 그 종류는 어떤 것들이죠?

아테네인: 한편은 매번 공개적으로 폭력을 통해 이루어지는 행위에 의해 저질러진 것이고, 다른 한편은 어둠과 기만을 동반하여 은밀하게 이루어진 것인데, 때로는 이 양쪽에 의해 저질러지기도 합니다. 이것에 대한 우리의 법은 가장 엄할 것입니다. 그것이 적절한 몫을 받아야 한다면 말입니다.

클레이니아스: 일리 있는 말입니다.

아테네인: 그러면 그다음으로는 우리가 논의에서 벗어났던 곳[34]으로 돌아가서 그 법들의 제정을 마쳐 봅시다. 내

---

33) 863c에서 무지를 '단순한 것'과 '이중적인 것'으로 나누었고, 다시 '이중적인 것'을 '힘을 가진 것'과 '힘을 갖지 않은 것'으로 나눈 적이 있다.

34) 857b 참고.

d 가 생각하기에 우리는 신들의 것을 터는 자들과 반역자에
관한 법, 더 나아가 현존하는 정치체제를 전복하려고 법
을 파괴하는 자들에 관한 법을 제정했습니다. 어떤 사람
이 이 일들 중 무엇인가를 한다면 그건 아마 미쳐서이거
나 병에 걸리거나 나이가 너무 많이 들어서이거나 이런
상태들과 다를 바 없는 어린아이와 같은 상태로 말미암아
서일 것입니다. 이와 같은 사항들 중 어떤 사건을 저지른
사람이거나 그 사람을 변호하는 사람이 각각의 경우를 위
해 '선출된 재판관들'[35]에게 보고하여 그 점이 분명해지
면, 그리하여 그가 그와 같은 상태에서 법을 어겼다는 판
e 결이 내려지면, 누군가에게 해를 끼친 위해 행위에 대해
서는 무조건 같은 값의 배상을 해야 하지만 다른 형벌은
면하게 해주어야 합니다. 다만 누군가를 살해하고서 살인
한 손을 정화하지 않은 자는 예외입니다. 그런 경우에 그
는 다른 나라 땅에 가서 1년을 살아야 합니다. 그러나 그
가 법이 정한 기한 전에 돌아오거나 자신의 조국 땅 어디
865a 에라도 발을 들여놓는다면, 그는 법수호자들에 의해 공공
감옥에 2년 동안 감금되었다가 풀려나야 합니다.

우리가 살인에서 시작했던 것에 따라서 모든 종류의 살인에 관하여 법률을 총괄적으로 제정해 봅시다.[36] 먼저 상황에 따른 폭력을 통해 일어나는 비자발적인 것들[37]에

---

35) 6권 767c~d 참고.

36) OCT판을 따른 번역이지만, 이후 텍스트인 베리의 판본과 그것을 따른 뷔데판은 다르다. 이에 따르면 번역은 "우리가 시작했듯이 모든 종류의 살인에 관하여 총괄적으로 법률을 제정하는 것을 꺼릴 이유가 없습니다"가 된다.

대해 살펴봅시다. 시합과 공적인 대회에서 비자발적으로 때려서 친분이 있는 누군가를 죽였다면, ―그 자리에서나 나중에 죽어서―또는 전쟁 중이거나 전쟁을 대비한 훈련 중에, 예컨대 맨몸으로 창을 다루는[38] 연습을 하거나 어 b
느 정도 무장을 하고 전투 행위를 모방하다가 비슷한 일이 발생하였을 때에는 그는 델포이에서 받아온 관련 법률에 따라[39] 정화의식을 치름으로써 정화받아야 합니다. 모든 의사의 경우에, 그들에게 치료받던 환자가 사망했으나 그것이 비자발적인 경우, 그 법률에 따라 정화받아야 합니다. 다른 한편 어떤 사람이 누군가를 제 손으로 죽이기는 했으나 그것이 비자발적인 경우라면, 그것을 자신의 맨몸으로 했든 도구로 했든 쏘거나 던지는 무기로 했든 먹을 것이나 마실 것을 주어서 했든 불이나 추위에 의해서 했든 질식에 의해서 했든, 그리고 다른 사람들의 몸을 통해서 했든 간에, 모든 경우에 그가 제 손으로 한 것으로 c
간주하는 한편, 다음과 같은 처벌을 받아야 합니다. 만일 노예를 죽였다면, 자신의 노예를 죽였을 경우의 손해를 고려하여 죽은 노예의 주인에게 손해와 피해가 발생하지 않도록 배상해야 하거나, 아니면 가치상 죽은 노예의 가치의 2배에 달하는 처벌을 받아야 합니다. 그 가치의 산정은 재판관들이 해야 합니다. 다른 한편 정화의식은 운

37) 어떤 공적 행위에 의해 비자발적 살인의 결과에 이르게 되는 것을 말한다.

38) 사본에 있는 'tōn archōntōn'을 버넷과 잉글랜드는 빼자고 제안했으나 후에 베리는 이것을 'tōn akontiōn'으로 고쳤고, 이를 디에(A. Diès)가 받아들였다. 이 수정본을 따랐다.

39) 6권 759c 참고.

d 동 경기에서 살인을 저지른 사람들의 경우보다 더 크고
더 많이 치러야 합니다. 이런 일들은 신이 선택하는 해석
자들이 관장해야 합니다. 만일 자신의 노예를 죽였다면,
법에 따라 정화의식을 받아서 살인죄를 면해야 합니다.
누군가가 자유인을 비자발적으로 죽였다면, 노예를 죽인
자와 같은 정화의식들을 치러야 하지만, 전래되는 어떤
오랜 이야기를 가볍게 여기지 말아야 합니다. 그 이야기
는 이러합니다. 자유인의 기상 속에 살다가 폭력으로 인
e 해 죽은 사람은, 갓 죽어서는 가해자에게 화를 내는 동시
에 폭력을 겪은 상태로 인해 두려움과 공포로 가득 차서
자신의 살해자가 자신이 드나들던 익숙한 장소들을 돌아
다니는 걸 보면 공포를 느끼고, 그 자신이 혼란스러워서
기억을 지원군으로 삼아 온 힘을 다해 가해자와 그의 행
동을 혼란스럽게 만듭니다. 그러므로 가해자는 1년 사계
절 동안 피해자를 피해야 하며, 전체 조국 땅에서 피해자
에게 친숙했던 모든 지역을 멀리해야 합니다. 죽은 자가
866a 외국인일 경우에는 그 외국인의 나라도 같은 기간에는 멀
리해야 합니다. 그리하여 이 법에 누군가가 자발적으로
따른다면, 가족 중에서 죽은 사람과 가장 가까운 사람이
이 모든 일이 이루어지는 데 책임을 지고 살펴보고서 용
서를 해주어야 하며, 그렇게 함으로써 그와 평화를 유지
하여 적도에 맞는 사람이 되어야 합니다. 하지만 만일 그
법에 따르지 않고 정화의식을 치르지 않은 채로 감히 신
전에 가서 제의를 지내려 하거나, 심지어는 멀리 떠나 언
b 급된 시간들을 채우려 하지 않는다면, 가족 중에서 죽은
사람과 가장 가까운 사람이 그 사람을 살인죄로 기소해야

하며, 그렇게 해서 유죄 판결 받은 자에게는 모든 처벌이
곱으로 주어져야 합니다. 만일 가장 가까운 친척이 피해
에 대해 기소하지 않는다면, 피해자가 자신의 피해를 호
소했는데도 그 친척이 들어주지 않아서 오염이 그 친척에
게 간 것으로 보고, 누구든 원하는 사람이 이 사람을 기소
하여 법에 따라 5년간 자신의 조국에서 떠나게 해야 합니
다. 만일 외국인이 우리 나라에 있는 외국인을 비자발적
으로 죽였다면, 누구든 원하는 이가 같은 법에 의거해 그 c
를 기소해야 하고, 죽인 외국인이 거류민인 경우에는 1년
간 추방되어야 하며, 단순히 외국인이라면 외국인을 죽였
든 거류민을 죽였든 시민을 죽였든지 간에 정화의식에 더
하여 이 법률을 제정한 나라로부터 평생 떨어져 있어야
합니다. 만일 그가 법을 어기고 돌아온다면, 법수호자들
은 그를 사형에 처해야 하며, 그가 어떤 재산을 갖고 있다
면 가족 중에서 피해자에 가장 가까운 사람에게 넘겨주어
야 합니다. 그리고 그가 비자발적으로 온다면, 그가 바다 d
에서 배가 난파되어 그 나라로 왔을 경우에는 바다 속에
발을 적신 상태로 야영을 하면서 출항할 때를 기다려야
하고, 육로로 누군가에 의해 강제로 끌려왔다면 그 나라
에 있는 사람들 가운데 그를 만난 첫 번째 관리가 그를 풀
어 주어 국경 너머로 안전하게 보내야 합니다.

다른 한편 만일 누군가가 제 손으로 자유인을 죽였으나
저지른 일을 격정으로 말미암아 저질렀다면, 그런 일은
우선 둘로 나누어 봐야 합니다. 왜냐하면 그 자리에서 충
동이 일어 죽이려는 의도 없이 순간적으로 때리거나 그와 e
유사한 어떤 행위에 의해 누군가를 죽이고 바로 자신이

866e 저지른 일을 후회하는 사람의 경우도 격정에 의한 것이지만, 말이나 모욕적인 행동으로 수모를 겪고 복수를 한다는 차원에서 죽이겠다는 마음을 먹고 나중에 누군가를 죽이고 나서 저지른 일을 후회하지 않는 사람의 경우도 격정에 의한 것이기 때문입니다. 그러니 그런 살인은 두 종류로 간주되어야 하며, 양쪽 다 격정에 의해서 일어난 것

867a 이라고 할 수 있으며 '자발적인 것과 비자발적인 것 사이의 것'으로 말하는 것이 가장 정당할 것 같습니다. 그렇기는 하지만 양편의 각각은 모상[40] 입니다. 격정을 누르고 있다가, 그 자리에서 순간적으로가 아니라 나중에 계획적으로 복수하는 사람은 자발적인 사람의 모상이지만, 분노를 통제하지 못하고 그 자리에서 순간적으로, 의도 없이 터뜨려 버리는 사람은 비자발적인 사람과 비슷하지만, 이 사람 역시 완전히 비자발적인 사람이 아니라 비자발적인

b 사람의 모상입니다. 사정이 이렇기 때문에 격정으로 인해 저질러진 살인들을 자발적인 것들로 보고 법을 정할지, 아니면 어떤 의미에서 비자발적인 것으로 보고 법을 정해야 할지는 결정하기 힘든 문제입니다. 가장 좋고 가장 참된 것은 그 둘을 자발적인 것이나 비자발적인 것의 모상이라 생각하고 계획과 우발에 의해 그 둘을 나누고,[41] 계획적으로 그리고 분노로 말미암아 살인하는 자에게는 엄

40) 격정에 의한 살인 두 가지는 각기 '비자발적 살인'과 '자발적 살인'을 원형으로 삼은 모상이라는 말이다. 그러므로 바로 뒤에 설명이 이어지듯이, 그래서 둘 다 비자발적 살인과 자발적 살인의 중간에 위치하지만, 하나는 비자발적 살인에 가깝고, 다른 하나는 자발적 살인에 가까운 것이다.

41) '자발적', '비자발적' 대신에 이 두 말('계획'과 '우발')을 사용하자는 제안이다.

한 처벌을 법률로 정하는 반면, 우발적이고 순간적으로 살인하는 자에게는 너그러운 처벌을 법률로 정하는 것입니다. 더 큰 악의 모상은 더 크게, 더 작은 악의 모상은 c 더 작게 처벌해야 하니 말입니다. 우리의 법률도 그렇게 해야 합니다.

클레이니아스: 그렇게 해야 하고말고요.

아테네인: 그럼 다시 되돌아가서 이야기해 봅시다. 만약에 누군가가 제 손으로 자유인을 죽였지만, 저지른 일이 우발적으로 어떤 분노에 의해 저질러 벌어진 일이라면, 다른 처벌은 살인을 저지른 자가 받기에 적합한 정도를 받게 하되, 반드시 2년 동안 추방해서 자신의 격정을 벌주게 해야 합니다.

하지만 분노에 의하기는 했으나 계획적으로 살인을 저 d 지른 자는 다른 처벌과 관련해서는 역시 앞의 것에 따르면 되지만, 다른 사람이 2년 동안 추방되는 것에 비례해서 격정의 크기에 따라 더 긴 기간인 3년 동안 추방해야 합니다. 한편 이들의 귀환에 대해서는 다음과 같이 해야 합니다. —물론 그 귀환에 관하여 정확하게 입법하기란 어렵습니다. 왜냐하면 두 사람 중에서, 법에 의해서는 더 심하다고 규정된 사람이 더 양순할 수도 있고, 반면에 양순하다고 규정된 사람이 더 심할 수도 있기 때문입니다. 즉, 후자의 사람이 살인과 관련된 일들을 더 잔인하게 행했을 수도 있는 반면 전자의 사람은 더 양순하게 그 일을 행했을 수도 있기 때문입니다. 하지만 나의 말은 전형적 e 인 경우라고 불리는 것들에 관한 것입니다—이 모든 일의 조사관은 법수호자들이 되어야 하며, 살인자들 각자의

867e

추방 기한이 다 차면, 법수호자들 중에서 12명의 재판관을 국경에 파견하여 이 기간에[42] 추방당한 자의 행동을 한층 더 명확하게 살펴보게 하고 이들의 용서와 복귀에 재판관이 되어야 하며, 반면에 추방된 이들은 이와 같은 관리들에 의해 내려진 판결 결과에 승복해야 합니다. 그
868a 런데 만약에 돌아와서 언제든 또다시 이 둘 중 누군가가 분노에 져서 이와 똑같은 행위를 저지르게 된다면, 그는 둘 중 어느 쪽이 되었든 추방되어 다시는 돌아오지 못할 것입니다. 만약 그가 돌아온다면, 외국인이 돌아온 경우에 대한 규정에 따라 같은 처벌을 받게 해야 합니다.

자신의 노예를 죽인 자는 정화의식을 치르게 하고 다른 사람의 노예를 격정에 의해 죽인 경우에는 손해의 2배를 그 소유주에게 갚아야 합니다. 살인한 모든 사람 중에서 법에 복종하지 않고 정화되지 않은 채 돌아다녀 시장과
b 경기장과 그 밖의 신성한 것들을 오염시키는 자가 있다면, 원하는 사람이라면 누구든 피살자의 친척 중에서 이를 방임한 자[43]와 살해자를 기소하여 재물로도 다른 행동으로도 2배의 벌금을 내게 합니다.[44] 그리고 법에 따라 이 벌금은 기소한 사람 자신에게 귀속합니다. 만약 어떤 노예가 격정으로 말미암아 자신의 주인을 죽인다면, 피살

42) 원문은 이처럼 애매하게 되어 있어서, 추방당한 사람이 추방당한 기간에 한 행동으로도, 관리들이 파견되어 있는 동안에 한 행동으로도 읽을 수 있지만, 대다수의 해석자들은 전자로 해석한다.

43) 죽은 사람과 가장 가까운 친척. 866b 참고.

44) 행동은 아마 정화의식과 같은 것일 텐데, 이 정화의식을 두 번 또는 2배 이상의 공을 들여 치러야 한다는 뜻일 테니, 그만큼 비용도 2배로 든다는 말일 것이다.

자의 친척들이 살해자를 그들 마음대로 처분하더라도 어
떤 형태로든 그를 살려 두지 않기만 한다면 그들은 죄가 c
없는 것으로 해야 합니다. 만약에 노예가 다른 자유인을
격정으로 말미암아 죽인다면, 주인들은 그 노예를 피살자
의 친척들에게 내어 주어야 하며, 친척들은 반드시 가해
자를 죽음에 이르게 해야 하며, 방식은 그들이 원하는 어
떤 방식이라도 좋습니다. 드물게 일어나는 일이기는 하지
만, 격정으로 인하여 아버지나 어머니가 아들이나 딸을
때려서 혹은 다른 어떤 폭력적인 방법으로 죽인다면, 그
들은 다른 살인자들과 똑같은 정화의식을 치르고 3년 동 d
안 추방되어야 합니다. 한편 살인한 자들이 돌아오면, 부
인은 남편과 남편은 부인과 떨어져 지내도록 하고, 앞으
로는 더 이상 함께 아이를 낳지 못하게 해야 합니다. 또한
자식이나 형제를 빼앗긴 사람은 그 살해자와 화덕을 같이
해서는 안 되며 신성한 것들의 공유자가 되어서도 안 됩
니다. 한편 이 법률들과 관련하여 불경하게 굴고 복종하
지 않는 자는 불경죄로 누구든 원하는 사람이 기소할 수
있게 해야 합니다. 한편 남편이 자신과 혼인한 부인을 분
노로 인해 죽이거나, 부인이 자신의 남편에 대해 똑같은 e
방식으로 똑같은 짓을 저지른다면, 그들은 똑같은 정화의
식을 치러야 하고, 3년간의 추방 기간을 다 마쳐야 합니
다. 한편 그러한 어떤 것을 행했던 당사자가 돌아오면,
그가 자신의 아이들과 신전에 함께 제의를 드리지 못하게
하고, 언제든 결코 한 상에 앉는 일도 없도록 해야 합니
다. 이에 따르지 않는 아버지나 자식은 역시 불경죄로 누
구든 원하는 사람이 기소해야 합니다. 그리고 또 형제가

868e

형제나 누이를, 혹은 여자 형제가 남자 형제나 여자 형제를 격정에 의해 죽인다면, 그 정화와 국외추방에 대한 규정들은, 앞서서 부모와 자식의 경우에 대해서 규정된 것처럼, 또한 이들에게도 적용되어야 하는 것으로 합시다. 형제에게서 형제를 그리고 부모에게서 아이를 앗아 간 자들, 바로 이런 자들과는 화덕을 공유하는 일은 있어서는 안 되며, 함께 신전에 제의를 드리는 일도 있어서는 안 됩
869a 니다. 만약 이 법률들에 복종하지 않는 사람이 있다면, 그는 이에 대한 불경을 규정한 법에 따라 기소되는 것이 올바르고 정의로울 것입니다.

한편 누군가가 자신을 낳아 주신 분들에 대하여 격정을 억제하지 못한 나머지 분노의 광기로 말미암아 감히 친부모 중 어느 한쪽을 살해한다면, 죽은 쪽이 죽기 전에 살인을 저지른 자를 자발적으로 용서한 경우에는, 비자발적으로 살인을 저지른 자들과 마찬가지 방식으로 정화의식을 치르고, 그 밖의 다른 것들도 그들이 하는 대로 한 후에는 정화된 것으로 해야 합니다. 하지만 용서하지 않은 경우
b 에는 그러한 일을 저지른 자는 여러 법률에 저촉되는 것으로 봐야 합니다. 왜냐하면 그의 행위는 폭행에 대한 형벌 중 극형에 해당될 뿐만 아니라 불경과 신전 약탈—친부모의 혼을 털었기 때문에—에 대한 형벌에도 해당될 수 있기 때문입니다. 그래서 만약 한 사람이 여러 번 죽는 것이 가능하다면, 부친 살해범이나 모친 살해범 역시 격정에 의해 그 짓을 저지른 자로서 여러 번의 죽임을 당하는 것이 가장 정의로울 것입니다. 다음과 같은 유일한 경우에도 법은 아버지나 어머니를 죽일 수 있도록 허용하지

않습니다. 즉, 낳아 준 부모에 의해 죽임을 당하게 될 상
황에서 자신의 목숨을 방어할 목적으로 아버지나 어머니 c
를 죽일 수 있도록 법은 허용하지 않습니다. 세상을 보게 해주신 아버지와 어머니에게 그런 짓을 하기 전에 차라리 모든 일을 당하고 감수하라고 법은 그 사람에게 명합니다. 그렇다면 부모 살해에 대해서 사형 말고 어떤 적절한 처벌을 내릴 수 있겠습니까? 그러니 아버지나 어머니를 격정에 의해 죽인 자는 벌로 사형에 처하게 해야 합니다.

한편 형제가 형제를 내란 중에 싸움을 통해서 혹은 이
와 비슷한 상황에서 먼저 공격을 시작한 쪽을 막아 내다 d
가 죽인 경우에는 적을 죽인 경우와 마찬가지로 죄가 없는 것으로 해야 합니다. 이것은 시민이 시민을, 외국인이 외국인을 죽인 경우에도 마찬가지입니다. 한편 방어하다가 내국인이 외국인을, 외국인이 내국인을 죽인 경우에도 똑같은 식으로 죄가 없는 것으로 해야 합니다. 그리고 노예가 노예를 방어하다가 죽인 경우에도 마찬가지입니다. 이에 반해 방어하다가 노예가 자유인을 죽이는 경우는 부친을 살해한 사람에 해당되는 법률들과 같은 법률들에 저촉되는 것으로 봐야 합니다. 그러나 부친에 의한 살인죄 면죄[45]와 관련한 규정이 그와 유사한 죄의 면죄인 경우에
는 전체에 적용되어야 합니다. 즉, 누구라도 누군가에 대 e
해서 그 살해 행위가 비자발적이라는 이유로[46] 이를 자발

45) 9권 868c~d 참고.

46) '그 살해 행위가 비자발적이라는 이유로'를 어디에 붙이느냐에 대한 논란이 있다. 현재 번역처럼 용서의 근거로 볼 수도 있고, 용서를 받았을 경우에 뒤따르는 처벌의 근거로 볼 수도 있기 때문이다. 처벌의 근거로 볼

869e 적으로 용서한다면, 살해자는 정화의식을 치러야 하고 법적으로 1년 동안 추방되어야 합니다. 이리하여 폭력적이지만 비자발적으로, 격정에 의해 저질러진 살인에 대해서는 적절하게 이야기한 것으로 합시다. 그런데 살인과 관련하여 자발적으로 순전한 부정의에 따라 벌어지는, 심지어 계획적이기까지 한 살인도 있습니다. 이는 쾌락과 욕망과 질투에 져서 일어나는 것입니다. 다음으로는 이런 살인들을 논의해야 하겠습니다.

클레이니아스: 옳은 말씀입니다.

아테네인: 그러면 다시 첫 단계로 이와 같은 살인과 관
870a 련하여 그 종류가 몇이나 되는지 이야기할 수 있을 만큼 이야기해 봅시다. 가장 큰 부류는 갈망에 의해 사나워진 혼을 욕망이 지배할 때 벌어지는 살인입니다. 이런 살인은 많은 사람의 경우에는 돈에 대한 욕구가 극도로 자주, 아주 강렬하게 일어날 때 벌어집니다. 돈의 위력은 잘못된 천성과 잘못된 교육을 통해 채울 길 없고 무한정한 소유에 대한 무수한 사랑을 불러일으킵니다. 잘못된 교육에 관해서는 그리스인과 이민족들의 세평이 부를 잘못 찬양하는 것이 그 원인입니다.[47]

경우 그 뒤에 이어지는 내용은 '비자발적인 살인의 경우 일반적으로 정화의식과 더불어 1년간의 추방이 뒤따른다'는 말이 되는데, 이것은 사실이 아니라는 잉글랜드의 지적을 따라, 용서의 근거로 보는 번역을 택했다 (England, 2.415 참고).

47) 이 문장에 대해 OCT판과 베리는 다른 편집을 하고 있다. OCT판의 버넷은 사본을 따라 'hē tou … phēmē'를 택했으나 베리는 편집을 가해 'ēn to … phēmēi'를 택했다. 버넷의 편집본이 아예 번역이 되지 않는 것은 아니나 다소 무리한 해석을 하게 되기 때문에 이후 편집자들과 번역자들은 베

사실은 세 번째인 부를 이들이 좋은 것들 중에서 으뜸 b
가는 것으로 선택함으로써 후손들과 그들 자신 모두에게
해를 끼치고 있습니다. 부에 관한 진리가 모든 나라에서
이야기될 수 있다면, 이보다 아름답고 좋은 일은 없을 것
이기 때문입니다. 부는 육체를 위해 있고, 또 육체는 혼
을 위해 있다는 진리 말입니다. 좋은 것들 중에서 본래 부
의 목적이 되는 것들이 좋은 것이고 부는 육체와 혼의 훌
륭함을 따르는 세 번째가 될 것입니다. 그리하여 이 말은
행복해지고자 하는 자는 무조건 부유해지는 것을 추구해
서는 안 되고 정의롭고 절제 있게 추구해야 한다는 것을
우리에게 가르쳐 주는 스승이 될 것입니다. 그리고 그렇 c
게 되면 그것을 정화하기 위해 살인이 필요한 살인사건[48]
이 나라에서 발생하지 않을 것입니다. 하지만 지금으로서
는 우리가 이 주제를 시작하면서 앞에서 이야기했던 것처
럼, 이것이 자발적인 살인에 관련한 아주 큰 재판들을 일
으키는 한 종류이자 가장 강력한 종류입니다. 두 번째 종
류는 명예욕을 지닌 혼의 상태입니다. 이러한 혼의 상태
는 질투심을 불러일으키고, 질투심은 무엇보다도 먼저 질
투심을 간직한 사람 본인에게 고약한 동거자이며, 이차적
으로는 같은 나라에 거주하는 가장 좋은 사람들에게 고약
한 동거자입니다. 세 번째 종류로서 비겁하고 정의롭지
못한 두려움이 있습니다. 한 사람이 무슨 일을 저지르거 d

리의 편집본을 따랐다. 어느 편집본을 택하든 번역 내용이 크게 달라지지는 않고, 문법적 설명이 더 쉬운가 그렇지 않은가의 차이가 있을 뿐이지만, 어쨌든 이 번역서도 베리의 편집본을 따랐다.

48) 살인죄 중에서 사형이 필요한 살인사건을 말한다.

870d

나 이미 저질렀을 때 이 범죄에 대해 누구도 알지 못하기를 원할 때, 바로 이 두려움에 의해 많은 살인이 유발되었습니다. 그 사람은 다른 어떤 수단이 가능하지 않을 때, 자신의 범죄를 고발할 수 있는 사람을 살인을 통해 제거합니다.

이런 이야기가 이 모든 경우들에 대한 서곡이라고 합시다. 또한 이에 더해 입교의식에서 이런 일들에 전념하는 자들로부터 많이들 듣고 열렬히 따르는 이야기도 이런 것들에 대한 서곡이라고 합시다. 그 이야기는 그런 일들에
e 대한 응보가 하데스에서 이루어지며, 다시 이승으로 돌아와서도 반드시 자연에 따른 대가를 치르게 된다는 것입니다. 그 대가란 자신이 했던 바로 그 일들을 겪는 것으로서, 다른 사람에 의해 그와 유사한 종류의 운명으로 그때의 삶을 마감한다는 것이죠. 그리하여 이 서곡을 따르고 바로 이 서곡으로 말미암아 그와 같은 대가에 대한 전적인 두려움을 갖는 사람에게는 이 서곡에 더해지는 법률을
871a 노래해 줄 필요가 전혀 없습니다만, 이 서곡을 따르지 않는 사람에게는 다음과 같은 법이 성문화되어 공표되어야 합니다.

즉, 동족 중 누군가를 작정하고 부정의하게 자기 손으로 살해한 자는 우선 공공장소들로부터 차단해서 신전, 시장, 항구, 그 밖의 어떤 공공의 회합장소도 오염시키지 못하게 해야 합니다. 사람들 중 누군가가 가해자에게 이를 금지시키든 그렇지 않든, 그것은 상관없습니다. 왜냐하면 금지는 법이 하는 것이고, 현재도 앞으로도 나라 전체를 위하여 금지하는 것은 분명히 법이 하는 일이기 때

문입니다.[49] 피살자의 부계와 모계 쪽으로 조카 관계까지 b
의 친척 중에서 기소해야 함에도 불구하고 기소하지 않거
나 접근 금지를 공표하지 않는 사람은, 우선 오염과 신들
의 미움이 자신에게 돌아오는 것을 감수해야 할 것입니
다. 법의 미움이 세평을 그리로 돌리기 때문입니다. 이차
적으로는 죽은 사람을 위해 응징을 원하는 사람이 그를
기소할 수 있게 해야 합니다. 그러나 응징을 원하는 이는
이를 위해서 우선 목욕재계 및 그 밖에 신이 제정한 다른
관련 관례를 모두 준수하고 난 후에 접근 금지를 공표해 c
야 합니다. 그러고 나서 그는 가해자에게 가서 가해자가
법에 따라 처벌 조치에 따르도록 강제해야 합니다.

이런 모든 일들이, 나라 안에 살인이 일어나지 않도록
보살피는 신들에 대한 특정한 기도와 제의를 통해 이루어
져야 한다는 것을 입법가가 밝히기는 쉬운 일입니다.[50]
그 신들이 누구고 그런 종류의 소송을 법정에 가져가는
기소 방식은 어떤 방식이 되어야 신과 관련된 문제에 가
장 올바른 것이 될지는, 법수호자들이 해석자들과 예언가
들, 그리고 신과 더불어 입법해야 합니다. 그리고 그 후 d
에 법수호자들이 이 범죄들에 대한 소송절차를 진행해야
합니다. 한편 신전을 터는 자들의 재판을 주관한다고 우
리가 이야기한 바로 그 사람들이 이 기소들의 재판관이
되어야 합니다. 유죄 판결을 받게 되면 사형을 선고하고
피해자의 고장에서 장사를 지내지 못하게 해야 합니다.

---

49) 이 말은 금지명령은 누가 하고 안 하고의 문제가 아니라는, 즉 개인이 허용하고 말고의 문제가 아니라는 뜻이다.

50) 따라서 여기서는 길게 별도로 논의하지 않겠다는 뜻(England, 420 참고).

871d

이는 그의 불경함 때문만이 아니라 그가 용서받지 못했
음[51] 을 보이기 위해서이기도 합니다. 가해자가 도망가서
판결에 승복하려 하지 않을 경우에는 영구추방을 시켜야
합니다. 이들 중 누군가가 살해된 사람의 고장 어딘가에
발을 들여놓는다면, 죽은 사람의 친척들 중에서, 또는 시
e 민들 중에서라도 그와 처음 마주친 사람이 그를 죽여도
아무런 처벌을 받지 않도록 보장해 주어야 합니다. 아니
면 누구든 그를[52] 결박해서 그 사건을 재판한 관리들에게
넘겨 사형에 처하게 해야 합니다. 한편 기소하는 사람은
기소와 동시에 기소되는 사람에게 보증을 요구해야 합니
다. 다른 한편 기소되는 사람은, 이 일들을 담당한 재판
관들로 구성된 재판부가 볼 때 믿을 만하고 신뢰할 만한
사람들로 보증을 세워야 합니다. 3명으로 된 이 믿을 만
한 보증인들이 기소된 사람을 법정에 출석시킨다는 보증
을 서야 합니다. 만약에 보증인을 세우려 들지 않거나 세
울 능력이 없는 사람의 경우에는, 재판부가 그를 인계받
아 구금하여 그 법정의 판결을 받게 해야 합니다.
872a 한편 만약에 누군가가 제 손으로 죽이지는 않았으나 타
인의 죽음을 모의해서 의도와 계획에 의해 죽인 책임이
있는데도 살인으로부터 그 혼을 정화하지 않은 채 그 나
라에 살고 있다면, 보증을 세우는 것을 제외하고는 이 사

51) '용서받지 못했음'(*anaideia*)은 본래 '몰염치'라고 번역할 수 있는 말이다. 그러나 아테네 법에서 용서받을 수 없는 범죄를 저지른 자들의 묘에 이 말을 새겨 넣음으로써 죽어서도 그 죄는 용서받지 못한다는 뜻을 밝혀 두었다는 관례에 따라 이처럼 번역하였다.

52) 피살자의 고향에 발을 들인 살인자.

람에게도 동일한 방식에 따라 이 일에 대한 판결이 이루
어지게 해야 합니다. 하지만 그렇게 해서 유죄 판결을 받
은 사람에게는 고향에서 장사를 지낼 수 있게 허용해야
합니다. 그 밖의 사항들은 제 손으로 죽인 사람에 대해서
앞에서 이야기했던 것과 마찬가지 방식으로 처리해야 합
니다. 이 점은 외국인이 외국인을 죽인 경우나 내국인과
외국인 사이에서 벌어진 살인인 경우나 노예가 노예를 죽 b
인 경우에도 제 손으로 죽였든 모의를 해서 죽였든 상관
없이 동일해야 합니다. 단 보증을 세우는 것은 예외로 합
니다. 이 보증은 제 손으로 죽인 사람들이 세워야 한다고
우리가 말한 것처럼, 살인에 관련한 접근 금지[53]를 공표
하는 사람은 이 사람들에 대해서도 즉시 보증을 요구해야
합니다. 만약 노예가 자유인을 자발적으로 죽이고 재판에
서 유죄 판결을 받는다면, 나라의 공공 집행관이 피살자
의 묘소 쪽으로 끌고 가서 그 노예가 무덤을 볼 수 있는
곳에서 붙잡은 사람[54]이 명하는 만큼 때리게 해야 합니 c
다. 그리고 맞아서 죽지 않은 경우에는 죽여야 합니다.
만일 누군가가 아무런 잘못도 하지 않은 노예를, 자신의
수치스럽고 나쁜 행동들의 고발자가 되지 않을까 하는 두
려움 때문이거나 그와 유사한 다른 어떤 행동 때문에 노
예를 죽인다면, 시민들을 죽여서 살인 처벌을 받는 경우
와 마찬가지로 그런 노예가 죽을 때에도 같은 방식으로
처벌받게 해야 합니다.

관련된 법을 제정하는 것조차 끔찍하고 전혀 내키지 않

53) 이에 대해서는 871a에서 논의했다.

54) 기소해서 유죄 판결을 받아낸 사람.

872c

지만 제정하지 않을 수는 없는 그런 일들이 있습니다. 친
d 족들을 제 손으로나 계획을 통해서 죽이는 자발적이면서
도 전적으로 부정의한 일이 바로 그것입니다. 그런 일들
은 대부분의 경우 잘못 경영되고 양육된 나라들에서 일어
나지만 누구도 예상하지 못한 곳에서도 어떤 식으로든 일
어날 수 있기도 합니다. 만일 그런 일이 우리의 나라에서
일어난다고 한다면, 좀 전에 우리가 한 말을 이번에도 다
시 말해 주어야 합니다. 그래서 누군가 우리에게서 그 말
을 듣고 그런 이야기들을 통해서 어느 모로 보나 불경하
기 짝이 없는 살인들로부터 스스로를 자발적으로 멀리할
수 있게 되기만 한다면 말입니다. 사실 옛 사제들이 분명
e 하게 이야기해 주는 신화 또는 말이—또는 그것을 무엇
이라 부르든—있습니다. 그것은 친족들에 대한 피의 복
수를 하는 정의는 감시자로서 방금 이야기했던 법을 채택
하여 그와 같은 어떤 짓을 한 자는 자신이 한 짓과 똑같은
짓을 반드시 당하도록 정해 놓았다는 것입니다. 만약에
누군가가 과거 어느 때에 아버지를 죽였다면, 그는 어느
때인가에 자식들에 의해 강제로 이 일을 당하는 수모를
겪고, 어머니를 죽인다면 그는 여자의 본성을 받고 태어
나 나중에 자손들에 의해 삶을 떠나게 될 수밖에 없게 되
어 있다는 것이죠. 이는 같은 핏줄이 오염되었을 때는 다
873a 른 정화방법이 없고 가해자의 혼이 동종(同種)의 살인에
대한 죗값을 동종의 살인에 의해 치르고 모든 친족의 격
정을 진정시켜 잠들게 하기 전까지는 오염된 것이 씻기기
를 거부하기 때문입니다. 우리는 신들의 그러한 처벌을
두려워해서 스스로 자제해야 합니다. 하지만 불행한 불운

에 붙들려 아버지나 어머니 또는 형제들이나 자식들의 혼을 작정하고 감히 자발적으로 육체에서 앗아 가는 사람이 있다면, 그와 같은 사람들에 대해서는 인간인 입법가가
다음과 같이 정합니다. 즉, 앞에서 이야기된 것과 동일하 b
게 관습상으로 정해진 장소들에 대한 접근을 금지하는 사전 경고와 보증을 법으로 정합니다. 만약 누군가가 그런 종류의 살인으로, 즉 앞에서 말한 이들 중 누군가를 죽여서 유죄 판결을 받으면, 재판관들의 보조원들과 관리들이[55] 그를 죽여서 법으로 규정된 나라 밖 삼거리에 벌거벗긴 채 내다 버려야 하고 모든 관리들은 나라 전체를 위해 각자 돌을 들고 가서 시체의 머리에 던져 나라 전체를
깨끗하게 해야 하며, 그 후에는 법에 의해 국토의 경계로 c
운반해서 매장하지 말고 버려야 합니다.

그런데 그 누구보다도 가장 가까운 가족이며 운명으로 정해진 몫에서 이른바 가장 친한 사람을 죽인 사람은 어떤 일을 당해야 할까요? 나는 자기 자신을 살해하는 사람을 말하는 것입니다. 그는 나라가 판결에 의해 지시한 것도 아니고 벗어날 길 없는 지독한 고통에 떨어진 운명에 강제된 것도 아니며 탈출구 없고 살아갈 면목이 없는 어떤 치욕에 처한 것도 아닌데도, 나태와 비겁에 의해 자신
에게 부정의한 심판을 내리는 자입니다. 이 사람을 위해 d
어떤 정화의식과 어떤 매장 관례가 행해져야 하는지는 신이 알며, 혈연적으로 가장 가까운 친척들이 해석자들 및 관련된 법률들에 물어서 지시받는 사항들에 따라서 해야

55) 번역자에 따라서는 '재판관들을 보조하는 관리'라고 번역하기도 한다.

873d

하지만 우선 이렇게 죽어간 사람들의 무덤은 따로따로 있
어야 하며 한 사람이라도 같이 묻어서는 안 됩니다. 그다
음으로는 그들을 열두 부분의 경계들에 묻어 황량하고 이
름 없는 곳에 묻히게 해야 하고 비명이나 이름 표식으로
무덤의 주인을 밝혀서는 안 됩니다.

만약에 짐 나르는 가축이나 다른 어떤 짐승이 어떤 사
e 람을 죽인다면, 공적으로 열린 경기에서 경합하다가 그런
짓을 한 경우를 제외하고는 친척들은 그 짐승을 살인죄로
기소해야 하는 한편, 지방감독관들 중에서 친척들의 지명
을 받은 지방감독관들은 그 짐승이 무엇이고 숫자가 얼마
나 되든지 개의치 말고 판결을 내려야 하며, 유죄 판결을
받은 것은 죽여서 지역의 경계 밖에 버려야 합니다. 한편
혼을 갖지 않은 것[56]이 사람에게서 혼을 앗아 가는 경우,
벼락이거나 신에게서 날아오는 어떤 것을 제외한 다른 어
떤 것에 떨어지거나 그쪽에서 떨어져 누군가가 죽는 경우
874a 에는, 혈연적으로 가까운 친척이 이웃 중에서 가장 가까
운 사람을 재판관으로 앉혀 자신과 친족 전체를 위해 정
화의식을 거행하게 하는 한편 유죄 판결을 받은 것은 동
물에 대해서 이야기했던 것과 마찬가지로 경계 밖으로 버
려야 합니다.

그런가 하면 누군가가 죽은 채로 발견되었는데 죽인 사
람이 분명하지 않고 그를 애써 찾았지만 밝혀지지 않는 상
태라면, 공표는 다른 경우들과 같은 식으로 이루어지게 합
b 니다. 단, 기소한 사람은, 이러이러한 사람을 살해한 자이

56) 무생물, 즉 물질적인 것을 말한다.

자 살인죄로 기소된 자는 신전들과 피해자의 고장 어느 곳에도 발을 들여놓지 말라고 시장에서 포고해야 합니다. 만약 죽인 사람이 발각되고 알려진다면, 그는 죽임을 당하고 피해자의 고장 밖으로 매장되지 않은 채 내버려질 것이라고 하면서 말입니다. 바로 이 법이 살인에 관한 주요한 한 가지 법이어야 합니다.

이와 같은 경우들에 대해서는 이 정도로 하겠습니다. 한편 살인자가 죄가 없다고 봐도 무방한 경우들은 다음과 같습니다. 밤에 물건을 훔치러 자기 집에 들어온 도둑을 죽인 사람이 있다면, 그는 죄를 짓지 않은 것으로 봐야 합니다. 만약 누가 방어하다가 노상강도를 죽이는 경우에 c
도, 그는 더럽혀지지 않은 것으로 봐야 합니다. 또한 누가 자유인 부녀자나 아이에게 성적으로 폭행을 가한다면, 강제로 능욕을 당한 사람이나 그의 아버지 또는 형제나 아들들이 그를 죽여도, 그들은 더럽혀지지 않은 것으로 봐야 합니다. 또한 만약 남편이 자신의 부인이 성폭행당하는 것을 목격한다면, 폭행한 자를 죽여도 법적으로 죄를 짓지 않은 것으로 봐야 합니다. 누군가가 아버지나 어머니, 자식들이나 형제들 또는 자식들의 어머니를 죽음에서 구하고자 돕다가 — 그들이 전혀 불경한 짓을 하지 않은 경우에 — 누군가를 죽이는 경우에도, 그는 전적으로 죄를 짓지 않은 것으로 봐야 합니다. d

이렇게 해서 가치 있는 삶을 살고자 한다면 혼을 갖추어야 하고, 갖추지 못한다면 정반대의 삶을 살게 되는, 혼의 양육과 교육에 관련된 법 제정을 마친 것으로 합시다. 그리고 폭력적인 죽음에 관련해서 어떤 처벌이 이루

874d

어져야 하는지에 대한 법 제정도 마친 것으로 합시다. 한
편 육체의 양육과 교육에 대해서도 이야기되었습니다. 이
제 이것들에 이어지는 주제, 즉 상호 간의 비자발적인 혹
은 자발적인 폭력의 종류는 무엇이고 그 수는 얼마인지
그리고 이것들 각각에 대한 처벌은 무엇인지에 대해 힘닿
e 는 데까지 정해야 합니다. 앞의 것에 이어 그다음으로 우
리가 법을 제정해야 할 것이 바로 이 주제입니다.

상해와 상해로 인한 불구에 대해서는 법률에 관심을 둔
사람이라면 아무리 형편없는 사람일지라도 사망에 이어
두 번째로 규정을 마련할 것입니다. 상해는 살인이 분류
되었던 것과 마찬가지 방식에 따라 비자발적인 것, 격정
에 의한 것, 두려움에 의한 것, 그리고 작정하고 자발적
으로 이루어진 것으로 분류해야 합니다. 우리는 그러한
모든 것에 대해서 다음과 같은 것을 미리 공표해야 합니
다. 사람들 스스로 법을 제정하고 그 법에 따라 사는 것은
875a 사람들에게는 어쩔 수 없는 일이며 그렇지 않고서는 가장
거친 동물들과 전혀 다를 바가 없다는 것을 말입니다. 그
이유는 본래 어떤 사람의 본성도 나라에 사는 이들에게
이로운 것들을 알기에 충분하지 않고, 안다고 해도 항상
가장 좋은 것을 행할 충분한 능력도 없고 가장 좋은 것을
행하기를 원하기에도 충분하지 못하다는 것입니다. 왜냐
하면 우선 참된 정치술이란 사적인 것이 아니라, 공공의
것을 반드시 돌봐야 한다는 것을 — 왜냐하면 공공의 것은
나라를 함께 결속시키지만 사적인 것은 이를 갈라놓기 때
문입니다 — 알기 어렵고 사적인 것보다는 공적인 것이 잘
정비되어 있을 때 공공의 것과 사적인 것, 둘 다에 이롭다

는 것 또한 알기 어렵기 때문입니다. 두 번째로는, 만약 b
에 누군가가 사실이 본래 이렇다는 것에 대한 앎을 원리
적으로 충분히 파악하고, 이후에 면책특권을 가진 절대권
력자로서 나라를 다스린다고 할지라도, 언젠가는 이 생각
에 머물러 공공의 것을 앞서 기르고 사적인 것은 공공의
것 뒤에 따르게 하는 일생을 살지 못하는 때가 올 것입니
다. 그때에는 탐욕과 사적 이익의 방향으로 인간의 본성
이 계속 그를 몰아갈 것입니다. 그의 본성은 무턱대고 고
통을 피하고 즐거움을 좇을 것이며, 더 정의로운 것과 더 c
좋은 것에 앞서 이 두 가지가 우선시될 것입니다. 또한 본
성이 스스로 어둠을 자신 안에 만들어 내어 본성 자신과
온 나라 전체를 온갖 나쁜 것으로 완전히 꽉 채우게 될 것
입니다. 하지만 다음에 언젠가 사람들 중에서 누군가가
신적인 섭리를 타고나서 본성상 이 일들을 충분히 맡을
만하다면, 그 자신을 다스릴 어떠한 법률도 필요하지 않
을 것입니다. 왜냐하면 법이나 규정 그 어느 것도 앎보다
는 우월하지 않으며, 지성이 그 어떤 것의 시종이거나 노
예라는 것은 이치에 맞지 않으며, 오히려 그것이 모든 것 d
을 다스리는 것이 이치에 맞기 때문입니다. 만약 그 지성
이 참되고 그 본성에 따라 진정으로 자유롭다면 말입니
다. 하지만 지금은 그것이 어디에도 없고, 있다 해도 그
정도가 미미할 뿐입니다. 이런 이유로 해서 우리는 차선
책으로 규정과 법률을 택해야 합니다. 이 규정과 법률이
대부분의 경우를 보고 살피지만 모든 경우에 다 그렇게
할 수는 없지만 말입니다.

이 말들을 한 이유는 다음과 같은 것들 때문입니다. 지

875d

금 우리는 상해를 입힌 자거나 위해 행위를 한 자가 각기 다른 어떤 벌을 받거나 배상해야 하는지를 규정하려 합니다. 누구든 어떤 경우에 대해서나 참견하는 것은 손쉬운
e 일이고, 또 그 참견은 옳기도 합니다. "누구에게 어떤 상해를, 어떻게, 언제 입힌 사람을 두고 말씀하시는 것입니까? 이런 경우들 하나하나가 헤아릴 수 없이 많고 서로 아주 많이 다르니까 말입니다"라고 말이죠. 그러니 이것들 모두를 판결하도록 법정에 맡기는 것도 불가능하고 아무것도 맡기지 않는 것 역시 불가능합니다. 하지만 모든 경우에 걸쳐서 한 가지는 판결하도록 맡길 수밖에 없습니다. 이 일들 각각이 일어났는지 일어나지 않았는지 하는 점 말입니다.

876a 그렇지만 어떤 위해 행위를 한 자에게 어떤 벌금을 물려야 하고 어떤 벌을 내려야 할지와 관련해서 아무것도 맡기지 않는 것도 사실상 불가능하지만, 크고 작은 모든 사안들에 대해서 입법가가 입법하는 것도 사실상 불가능합니다.

클레이니아스: 그럼 이다음에 올 이야기는 무엇입니까?

아테네인: 이런 것이죠. 어떤 것들은 법정에 맡겨야 하지만, 어떤 것들은 법정에 맡겨서는 안 되고 입법가가 입법해야 한다는 것이죠.

클레이니아스: 그러면 어떤 것들을 법으로 제정해야 하며, 어떤 것들을 판결을 내리도록 재판관들에게 넘겨주어야 합니까?

아테네인: 그렇다면 이다음으로는 다음과 같은 것들을
b 이야기하는 것이 가장 올바르겠군요. 형편없고 어리석은

법정이 자신들의 의견을 숨기고 비밀리에 판결을 내리는
나라에서는 나라 전체가 어려워지기 십상입니다. 그리고
비밀리에 판결을 하는 것이 아니라 쌍방의 변론가들에 대
하여 각자 번갈아 가며 목청껏 칭송과 비난을 하고 그래
서 소음과 소란으로 가득한 채 법정 판결이 내려지는 경
우에는 그 나라 전체는 더욱 끔찍하고 어려운 상태가 될
것입니다. 그러므로 어쩔 수 없는 사정에 의하여 이러한
법정을 위해 입법하게 되는 경우가 잘된 일이라고 할 수
는 없지만, 그럼에도 불구하고 어쩔 수 없이 그렇게 된 경
우에는 가장 사소한 것들에 대한 처벌은 법정에 맡겨서 c
처벌을 내리게 하고, 다른 대부분의 사안들에 대해서는
입법가가 법을 제정해 명기해야 합니다. 만약 누군가가
그런 정치체제를 위해 법을 제정하게 된다면 말입니다.
하지만 법정이 가능한 한 올바르게 구성되어 있는 나라라
면 판결을 하게 될 사람들이 훌륭하게 양성되고 철두철미
하게 검증을 받았을 것이므로, 이런 곳에서는 유죄 판결
을 받은 자들에 대해서 그들이 어떤 형벌을 받고 어떤 배
상을 해야 하는지에 대해 재판관들이 판결하도록 많은 일
을 맡기는 것이 옳고 좋으며 훌륭합니다. 그러니 지금 우
리가 법정을 위해 가장 중요하면서도 가장 흔한 것에 대 d
해 입법하지 않는다고 해도 그것은 비난받을 일이 아닙니
다. 그것들에 대해서는 훨씬 더 형편없이 교육받은 재판
관들이라고 해도 식별할 수 있고, 각각의 잘못에 피해와
가해 행위에 대한 적정한 대가를 부과할 수 있습니다. 그
런데 우리가 입법해 주는 사람들이 이런 것들의 판관으로
서 가장 어울리지 않는다고 우리가 생각하는 것이 아니

876d
니, 가장 흔한 것들은 그들에게 맡겨야 합니다. 그렇다
e 하더라도 우리가 앞선 법들의 입법과정에서 자주 이야기
하고 행했던 것, 즉 절대로 정의를 이탈하지 않기 위해 그
러한 재판관들에게 표본을 제공하고자 처벌의 윤곽과 유
형에 대해서 이야기했던 것이야말로[57] 그때에도 옳은 것
이었을 뿐만 아니라 지금쯤 우리가 다시 법으로 돌아가
해야 하는 것도 바로 그것입니다.

그럼 상해에 대한 우리의 법조문은 다음과 같이 제정합
시다. 만약에 누군가가 친한 누군가를 의도적으로 죽일
생각을 했으나 상해를 가하고 죽이지는 않았다면, 그리고
법이 그 살인들을 허용한 것이 아니라면, 죽일 생각을 하
877a 고 상해를 입힌 사람은 가엽게 여길 가치가 없고 살인을
저지른 사람들과 마찬가지로 용서하지 말고 살인죄로 재
판을 받게 해야 합니다. 하지만 전적으로 나쁘지만은 않
은 그의 운과 수호신[58]을 외경하여 — 수호신이 그와 부상
당한 사람을 가엽게 여겨 그들을 위해 다친 사람이 치명
상을 입지 않게 구해 주고 다치게 한 사람은 저주받은 운
과 불행에 처하지 않게 구해 주었으니까요 — 상해를 입힌
사람이 이 수호신의 호의를 사고 반대되는 짓을 하지 않
은 점을 참작하여 그에게 사형은 면하게 합니다. 그리고
b 그는 옆 나라로 이주하여 자신의 재산 전부를 누리며 평
생 그곳에서 살게 해야 합니다. 한편 그가 상해당한 사람
에게 큰 손해를 입혔다면 위해를 당한 사람에게 충분히

57) 4권 718b; 6권 770b; 7권 800b; 8권 846b~c에서 이런 논의를 했다.
58) 다이몬(*daimōn*). 사람에 붙어 그에게 행운을 가져오거나 그 사람을 미망에 빠트려 어떤 악행을 하게 만드는 영적 존재.

피해 보상을 해야 하며, 보상액은 소송을 재판하는 법정
이 산정하며, 상해의 후속 타격으로 인해 그가 죽었다면
살인 소송을 재판했을 재판관들이 그 재판관이 되어야 합
니다. 만일 자식이 아버지에게, 또는 노예가 주인에게 마
찬가지 방식으로 작정하고 상해를 입혔다면 사형입니다.
또한 형제가 형제나 누이에게, 또는 여자 형제가 남자 형
제나 마찬가지 방식으로 서로에게 상해를 입혔고, 작정하
고 한 상해로 유죄 판결을 받았다면, 그 역시 사형입니
다. 한편 부인이 자신의 남편을, 또는 남편이 자신의 부 c
인을 살인할 계획을 하고 상해를 입혔다면 영구추방에 처
해야 합니다. 그들[59]에게 아직 어린 아들이나 딸이 있다
면, 그들의 재산은 후견인이 관리해야 하며 아이들을 고
아라고 생각하고 돌봐 주어야 합니다. 만약 자식들이 성
인이라면, 추방되는 부모를 위한 부양책임은 지지 않으면
서[60] 재산을 갖게 해야 합니다. 만약에 자식이 없는 사람
이 그와 같은 불행에 처했다면 그의 친척들이 부계와 모 d
계의 사촌의 자식들까지 모여 법수호자들과 사제들과 함
께 의논하여 나라의 5,040가구 중 하나에 해당하는 가구

---

59) 추방되는 남편이나 부인.

60) 이 부분의 텍스트 편집에는 논란이 있다. 필사본에는 'ean de andres, mē …'로 되어 있는 부분을 예른스테트(V. Jernstedt)가 'ean de andres ēde …'로 고친 것을 잉글랜드, 디에, 베리 등이 받아들였기 때문이다. 이 텍스트에 따를 경우 번역은 '만약에 이미 자식들이 성인이라면, 추방되는 … 부양책임을 지고 …'가 된다. 반면 OCT판은 원 필사본을 받아들였고, 손더스와 팽글도 OCT판을 받아들여 번역했다. 잉글랜드는 이하의 문맥에 수정본이 맞는다고 보고 있고 손더스는 따로 주를 달아 필사본이 맞음을 주장한다. 이 번역은 원 필사본에 따랐다.

877d

의 상속자를 정해야 합니다. 그들은 5,040가구 중 어떤
가구도 공적으로든 사적으로든 나라에 속하는 만큼 거주
자에게 속하지도 않고 친족 모두에 속하지도 않는다는 방
식과 원칙에 입각하여 의논해야 합니다. 그래서 나라는
e 자신의 가구를 가능한 한 가장 경건하고 가장 복되게 유
지해야 합니다. 그러나 가구들 중에 박복하고 경건하지
못하게 된 가구가 있을 수 있습니다. 그래서 그 가구의 세
대주가 미혼이거나 기혼이지만 무자식인 상태에서 자발적
인 살인죄로 유죄 판결을 받거나 법적으로 죽음의 처벌이
명시적으로 규정된 신들 혹은 시민들과 관련된 어떤 잘못
으로 유죄 판결을 받아 죽는 경우가 발생할 수 있습니다.
또는, 위와 동일한 상태의 가구주가 영구추방에 처해지는
경우도 있습니다. 이런 경우들에 대해서는, 우선 법에 따
라 이 가구를 정화하고 오염을 제거해야 하며, 그다음에
878a 는 방금 우리가 이야기한 대로 친척들과 아울러 법수호자
들이 함께 모여 나라 안에 있는 집안 중에서 훌륭하고 복
받은 집안으로 가장 이름난 집안이면서 자식이 여럿 있는
집안이 어떤 집안인지 살펴보아야 합니다. 이들은 이로부
터 죽은 사람의 아버지와 집안의 선조들에게 저들의 아들
로서 양자로 들여야 하며, 길조 삼아 이름을 붙여 주어야
합니다. 그들은 이런 방식에 의해서[61] 그가 그의 아버
지[62]보다 더 좋은 운을 바탕으로 그들에게 자손을 낳는
자이자 가문의 수호자이며 경건한 것들과 신성한 것들을
b 보살피는 자가 되어 주기를 비는 내용의 기도를 드려야

61) 양자를 들이는 방식.

62) 자식 없이 형벌을 받아 사형을 당해 죽었거나 추방된 자.

합니다. 그러고 나서 그들은 그를 법적 상속자로 삼아야 합니다. 다른 한편 그와 같은 불행이 잘못을 범하는 자를 사로잡는 경우에 그를 이름 없고 자식 없고 제 몫이 없는 자로서 묻히게끔 내버려 두어야 합니다.

그런데 있는 것들의 경계가 모두 다 다른 경계와 맞닿아 있는 것은 아니고 그 사이에 중간지대가 있는 경우도 있는 것 같습니다. 이 중간지대는 경계들의 중간에서 펼쳐져 양쪽의 중간에 있게 될 것이며, 각 경계와 만날 것입니다.[63] 특히 비자발적인 것과 자발적인 것들의 경우에 그 사이에 있는 것이 격정에 의해 일어나는 것이라고 말했습니다.[64] 그러니 분노에 의해 일어난 상해들의 경우에는 다음과 같은 법이 있어야 합니다. 일단 누군가 그런 상 c
해죄로 유죄 판결을 받으면, 일단 상해가 회복 가능한 것으로 밝혀지는 경우에는 피해의 2배를 배상하게 하고, 회복 불가능한 것으로 밝혀지는 경우에는 4배를 배상하게 해야 합니다. 하지만 회복 가능하더라도 상해를 입은 사람에게 어떤 커다란 수치와 불명예를 안겨준 것이라면 3배[65]의 배상을 지불해야 합니다. 반면에 누군가가 피해자

63) 원래 사본에는 'proteron'으로 되어 있고, 이것을 OCT판은 받아들였지만 베리가 'proteinon'으로 고쳤다. 사본대로 읽으면 번역은 "경계들보다 먼저 각 경계가 부딪칠 것이다"로 옮길 수 있다.

64) 867b1 참고.

65) 사본에는 '4배'(*tetraplasion*)로 되어 있고 OCT판은 이를 받아들였으나 이후 편집본과 번역이 모두 '3배'(*triplasion*)로 수정한 오렐리(Orelli)를 받아들이고 있다. 2배와 4배의 중간을 택하는 것이 합리적이고 문맥에도 맞다고 생각한 것으로 보인다. 또한 878d에 '3배'라는 말이 나온 것도 이 대목을 지칭한 것으로 보는 것이 문맥에 맞는다.

878c

인 어떤 사람에게만 피해를 입힌 것이 아니라 그가 전쟁
에 나가 조국을 도울 수 없게 만들어 나라에도 피해를 끼
친 경우라면, 그 가해자에게 벌금과 더불어 나라에 끼친
피해까지 배상하게 해야 합니다. 자신의 군복무에 더해
d 군복무가 불가능한 자를 대신하여 군복무를 하고 그 사람
을 대신하여 병역 의무를 다해야 합니다. 만약 이것을 하
지 않으면 법에 따라 원하는 사람으로 하여금 병역 기피
죄로 기소하게 해야 합니다. 한편 피해 산정액이 2배인지
3배인지 4배인지는 유죄 표결을 통해 재판관들이 정해 주
어야 합니다. 혈족이 혈족에게 이와 동일한 방식으로 상
해를 입혔다면, 직계 가족과 모계와 부계 쪽 사촌의 자식
e 들에 이르는 남자 친척들과 여자 친척들이 함께 모여 결
정을 하고 친부모들에게 피해 산정을 맡겨야 합니다. 만
약 산정에 논란이 있다면 부계 쪽 친척들이 산정의 권한
을 가져야 하며 자신들이 할 수 없을 경우에는 최종적으
로 법수호자들에게 맡겨야 합니다. 그런데 자식이 부모에
게 이와 같은 상해를 입힌 경우에는 60세 이상의 사람으
로서 양자가 아닌 친자가 있는 사람이 반드시 재판관이
되어야 합니다. 한편 그가 유죄 판결을 받는다면, 그런
자가 죽어야 하는지, 이보다 더 큰 다른 벌을 받아야 하는
지, 아니면 다소 덜한 벌을 받아야 하는지를 산정해야 합
879a 니다. 또한 가해자의 친척들은 법이 규정한 연령이 되었
더라도 재판관이 되어서는 안 됩니다. 만약 어떤 노예가
분노로 말미암아 자유인에게 상해를 입혔다면, 노예 소유
주는 상해 입은 사람에게 노예를 넘겨주어 마음대로 할
수 있게 해야 합니다. 만약 넘겨주지 않는다면, 소유주

자신이 피해에 대한 충분한 보상을 해주어야 합니다. 만약 누군가가 벌어진 일이 노예와 자유인의 공모에 따라 이루어진 사기라고 고발한다면, 그가 이의를 제기할 수 있게 해야 합니다. 만약 그가 이기지 못한다면, 3배의 피해 보상을 해야 하며, 이기는 경우에는 노예와 더불어 공
모한 자를 유괴죄로 기소해야 합니다. 한편 비자발적으로 b
다른 사람에게 상해를 입힌 사람이 있다면, 피해만큼만 배상하게 해야 합니다. 어떤 입법가도 운을 관장할 만한 충분한 능력이 없기 때문입니다. 그 사건의 재판관들은 부모에 대한 자식의 상해사건을 맡아야 한다고 우리가 말했던 사람들이 되어야 하며, 그들이 피해액을 산정하게 해야 합니다.

우리가 앞에서 말한 모든 피해도 폭력적이지만, 모든 종류의 폭행도 폭력적입니다. 이와 같은 경우들과 관련해서 모든 성인남자와 아이들과 성인여자가 고려해야 할 것
은 다음과 같습니다. 즉, 나이를 먹는다는 것은 신들 사 c
이에서나 그리고 안녕을 누리며 행복하게 살고자 하는 인간들 사이에서나 젊음보다 훨씬 우대받는다는 점입니다. 따라서 나라 안에서 연장자에 대해 젊은이가 행하는 폭행은 보기에 수치스럽고 신의 미움을 사는 일입니다. 반면에 노인에게 맞은 젊은 사람은 자신의 노년을 위하여 이 명예를 지켜 누구든 흥분하지 말고 화를 가라앉히는 것이 합리적입니다. 따라서 다음과 같아야 합니다. 우리 나라의 모든 사람은 자신보다 나이 많은 사람을 행동으로든 말로든 공경해야 합니다. 남자든 여자든 자신보다 나이가 스무 살 이상 많은 사람은 아버지나 어머니처럼 생각하고

d 공손하게 행동해야 하며, 출산을 관장하는 신들을 생각하
여 자신을 생기게 하고 낳을 수 있는 모든 연령대의 사람
들에게 스스로 삼가는 태도를 늘 가져야 합니다. 외국인
의 경우도 마찬가지여서, 그가 오래전에 정착했든 최근에
정착했든 상관없이 그에게 함부로 손을 대서는 안 됩니
다. 다시 말해 본인이 먼저 시작해서든 방어를 위해서든
그런 사람을 때려서 훈계하면 안 됩니다. 외국인이 무턱
대고 안하무인격으로 자신을 때려서 처벌해야 할 필요가
있다고 생각하는 경우에는, 맞은 사람은 그 외국인을 때
e 리지는 말고 붙잡아서 도시감독관들의 법정에 세워 그가
다시는 감히 자국민에게 주먹질하는 일이 없도록 만들어
야 합니다. 도시감독관들은 그를 넘겨받는 한편, 외국인
을 돌보는 신을 경외하는 마음으로 심문하여 만약 그 외
국인이 부당하게 자국민을 때렸다고 판단되면, 그 자신이
주먹질을 한 만큼 그 외국인에게 매질을 가해 외국인의
안하무인을 그치게 해야 합니다. 만약 그가 부당하게 그
런 것이 아니라면, 그를 법정에 세운 사람에게 경고하고
질책한 후에 둘 다 방면해야 합니다.

한편 동갑내기가 동갑내기를, 또는 자신보다 나이가 많
880a 지만 자식이 없는 사람을 때리는 경우에는 노인이 노인을
때렸든 젊은이가 젊은이를 때렸든 공격당하는 자가 무기
없이 맨손으로 한 자연스러운 방어는 용인되어야 합니다.
한편 나이가 마흔이 넘은 사람이 누군가와 싸움을 벌였다
면, 먼저 시작했든 방어를 위해서 했든 막돼먹고 자유인
답지 못하며 노예와 같다는 소리를 들을 것이며, 질책의
처벌을 받는 것이 마땅할 것입니다. 누군가가 이와 같은

권고에 순종한다면, 그는 순순한 사람일 것입니다. 하지
만 서곡에 따르지 않고 전혀 거들떠보지 않는 사람은 다
음과 같이 준비된 법을 받아들여야 할 것입니다. 만약 누 b
군가가 자신보다 스무 살 이상 나이가 많은 연장자를 때
렸다면, 처음 목격한 사람이 싸운 사람들과 동갑내기가
아니거나 더 어리지 않은 경우에는 그가 싸우는 둘을 말
려야 합니다. 그렇지 않으면 그는 법에 따라 비겁한 사람
으로 규정받아야 합니다. 한편 그가 맞은 사람과 동갑이
거나 더 젊다면 부당한 일을 당한 사람을 자신의 형제나
아버지, 심지어는 더 윗사람이라 여기고 그를 위해 막아
주어야 합니다. 더 나아가 이야기했던 대로 감히 연장자
를 때린 사람은 폭행죄로 기소되어야 하며, 그가 유죄 판
결을 받는다면, 최소 1년의 징역을 살게 해야 합니다. 한 c
편 재판관들이 이보다 더 많이 선고한다면, 그에게 선고
된 기간이 구속력을 갖는 것으로 간주해야 합니다. 한편
외국인이거나 거류민 중 누군가가 자신보다 스무 살 이상
나이가 많은 연장자를 때렸을 경우에는 그 자리에 함께
있던 사람의 도움에 관한 동일한 법률[66]이 동일한 효력을
지녀야 합니다. 반면에 그 재판에 진 사람은, 그가 외국
인이라서 상주하지 않는 경우에는 2년의 징역을 살게 해
이 죄의 값을 갚게 하고 거류민이면서 법에 순종하지 않
는다면 3년의 징역을 살게 해야 합니다. 법정이 이 죄에
대해 그에게 더 긴 기간의 형벌을 선고하지 않는다면 말
입니다. 한편 이런 경우들 중 어떤 경우에라도 그 자리에 d

66) 바로 앞의 경우 참고.

880d 함께 있으면서도 법에 따른 도움을 주지 않은 사람에게도 벌금을 물려야 합니다. 가장 많은 재산을 가진 계층[67]의 사람이라면 1므나를, 두 번째 사람이라면 50드라크메를, 세 번째 사람이라면 30드라크메를, 네 번째 사람이라면 20드라크메를 벌금으로 물려야 합니다. 한편 그런 사건들에 대한 법정은 장군들, 보병지휘관들, 부족지휘관들, 그리고 기병지휘관들로 이루어져야 합니다.[68]

e 어떤 법은 훌륭한 사람들을 위해 제정되어서, 이들이 어떤 방식으로 서로 친교를 나누며 우애 있게 살아야 하는지에 대한 가르침을 줍니다. 그러나 또 어떤 법은, 교육을 멀리하고 본성이 딱딱해서 부드러워지기는커녕 극단적인 악으로 치달을 수 있는 사람들을[69] 위해 제정되기도 합니다. 바로 이 사람들이 이제 이야기하려는 논의들을 하게 만드는 사람들일 것입니다. 바로 이들을 위해서 입법가는 부득이하게 그 법들을 제정할 것입니다. 그것들이 결코 쓰일 일이 없기를 바라면서 말이죠. 아버지나 어머니 그리고 할아버지나 할머니에게 폭행을 가하려 하면서도 지상의 신들의 분노나 이른바 지하 세계의 응보에도 두려워하지 않는 사람을 생각해 보시기 바랍니다. 그는
881a 전혀 모르면서도 자기가 '안다'고 생각해서, 오래되고 누구나 이야기하는 것들을 깔보고 범법 행위를 저지르는 사람입니다. 이런 자에게는 극단적인 억제 대책이 필요합니다. 사실 사형은 극단적인 것이 못 됩니다. 이들을 위해

67) 돈의 많고 적음을 근거로 계층을 나눈 것에 대한 설명은 6권 754d 참고.

68) 군 편제에 따른 지휘관의 명칭에 대해서는 6권 755c 참고.

69) 같은 사람에 대해서 853d에서 말한 적이 있다.

하데스에 마련되어 있다고 하는 고역들이 사형 같은 이승의 형벌보다 더욱 극단적이라는 사실은 지극히 진실한 것이지만, 이러한 혼들에게는 아무런 억제 대책이 되지 못합니다. 왜냐하면 만약 그랬다면 모친살해범이나 낳아준 b
분들을 때리는 불경한 자가 생기지 않았을 테니까요. 그래서 그러한 자들이 살아 있는 동안에 받는 처벌이 하데스의 처벌보다 가능한 한 조금이라도 부족해서는 안 됩니다. 그러니 다음과 같이 이야기해야 합니다. 자신의 아버지나 어머니를 광기에 사로잡히지 않고서 감히 때리려고 하는 자가 있다면, 우선은 앞의 경우들에서처럼 목격한 사람이 도와야 합니다. 거류민[70]이 도왔다면 그를 경연의 특별석에 초대해야 하고, 돕지 않았다면 그 땅에서 영구 추방해야 합니다.

한편 거류민이 아닌 사람이 도왔다면 칭찬을 받게 하고 c
돕지 않았다면 비난을 받게 해야 합니다. 한편 노예가 도왔다면 자유롭게 해주고 돕지 않았다면 매를 100대를 때려야 합니다.

그 범죄가 시장에서 일어났다면 저지른 자는 시장감독관에게 맞아야 합니다. 시장 밖이지만 도시 안에서 일어났다면 도시감독관 중에서 상근하는 자에게, 지역의 농촌 어딘가에서 일어났다면 지방감독관들을 관리하는 자들에게 맞아야 합니다. 그 자리에 있던 사람이 내국인 시민일 경

70) 사본에는 'metoikos ē xenos'(거류민이거나 외국인)이라고 되어 있고 OCT 판도 이를 받아들였지만, 잉글랜드가 'ē'를 빼자고 제안한 이래로 다른 편집본과 번역본이 이를 따르고 있다. 이어지는 내용에서 외국인에 대한 언급이 따로 없기 때문이다.

881c
우에는 아이든 성인남자든 성인여자든 그를 '불경한 자'라
d 외치며 막아야 합니다. 한편 막아 주지 않는 자는 법에 따
라 동족과 조상의 신 제우스의 저주를 받게 해야 합니다.
만약 어떤 자가 부모에 대한 폭행으로 유죄 판결을 받으
면, 우선 도시에서 다른 지방으로 영구추방하고 모든 신
전에 대한 접근을 금지시켜야 합니다. 만약 그가 접근 금
지를 지키지 않는다면, 지방감독관들이 그를 매질로 처벌
하고 전적으로 그들이 임의로 정하는 대로 처벌해야 합니
다. 한편 그가 도시 안으로 다시 들어온다면 사형으로 벌
해야 합니다. 만약 누구든 그가 자유인이라면 그와 같은
e 사람과 같이 식사를 하거나 술을 마시거나 그 밖의 그런
어떤 함께 나누는 행위를 한다면, 또는 어디선가 우연히
마주쳐서 그저 접촉하기만 했더라도 그것이 일부러 그런
경우라면, 자신이 저주받은 운도 가졌다고 생각하고 정화
되기 전에는 신전, 시장, 그 외 어떤 곳에도 들어가서는
안 됩니다. 한편 그가 이 법에 순응하지 않고 신전들과 나
라를 불법적으로 오염시킨다면, 이를 알아차렸음에도 그
를 기소하지 않는 관리는 바로 이 잘못이 감사 때 자신이
책임져야 할 가장 큰 잘못이 됩니다.
882a 노예가 자유인을 때린다면, 맞은 사람이 외국인이든 내
국인이든 목격자는 도와야 하고 그렇지 않으면 재산 등급
에 따라 이야기된 벌금을 지불하게 합니다. 목격자들은
맞은 사람과 함께 노예를 움직이지 못하게 묶어서 부당하
b 게 맞은 사람에게 넘겨주어야 합니다. 넘겨받은 사람은
족쇄를 채워서 원하는 만큼 매질을 하되 주인에게 손해를
끼치지 않는 한에서 한 후에, 법에 따라 주인의 소유물로

돌려주어야 합니다. 그 법은 다음과 같아야 합니다. 관리들이 명령하지 않았는데도 자유인을 때린 노예는[71] 족쇄로 묶여 있어야 합니다. 이 노예의 소유자는 맞은 사람에게서 그 노예를 넘겨받을 수는 있지만, 그 노예가 족쇄로부터 풀려나서 살아도 될 만하다는 것을 맞은 사람에게 스스로 설득할 때까지는 풀어 주어서는 안 됩니다. 이와 c
같은 폭행이 여자들 사이에 일어날 때에도, 그리고 여자가 남자에게 폭행을 가할 때에도, 그리고 남자가 여자에게 폭행을 가할 때에도 동일한 규정이 적용됩니다.

71) 나라가 소유한 노예는 관리의 명령을 받아 시민에게 신체적 처벌을 가할 수도 있다(7권 794b~c 참고).

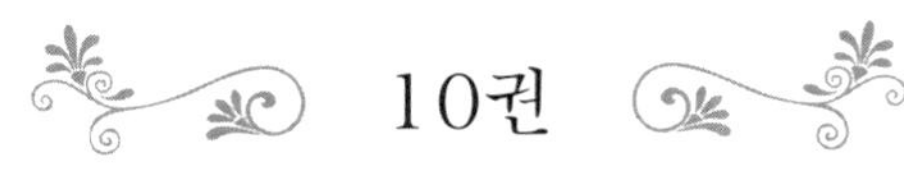 10권

10권의 논의는 신들에 대한 각종 불경스러운 행동들을 어떻게 다룰 것인가 하는 문제로부터 출발한다. 이런 측면에서 10권에서 논의되는 법들은 의례나 제사와 같은 종교제도 그리고 이와 연관된 규범적 행동에 관한 것이라고 말할 수 있다. 그런데 다른 법들에 대해서도 마찬가지이지만, 종교법에 대해서도 입법 취지와 정신을 설득하는 서언이 필요하다. 아주 긴 서언이 나온 후 마지막 부분(907e~910d)에서 구체적인 종교법의 내용들, 즉 불경죄의 정의와 종류, 불경죄에 대한 처벌, 사적 신전(神殿)에 대한 처벌 등이 이야기된다.

지적으로 가장 흥미로운 부분은 단연 서언 부분(885b~907d)이다. 이 서언은 무신론을 논파하고, 이에 바탕을 두어 도덕적 상대주의나 도덕적 회의주의를 논파하는 것을 목적으로 한다. 신에 대한 불경한 행동과 생각은 일차적으로 도덕적 상대주의 혹은 회의주의에서 나오고, 더 근본적으로는 무신론에서 나온다고 판단되기 때문이다.

무신론을 구성하는 논제는 세 가지이다. 첫째, 신들은

존재하지 않는다는 믿음이다. 둘째, 설사 신들이 존재한다고 할지라도 이들은 인간사에 대해 관심이 없고, 따라서 이들은 인간을 돌보지 않는다는 믿음이다. 셋째, 우리는 신들에 대한 기도나 제의를 통해 이들의 마음을 우리가 원하는 방향으로 얻을 수 있다는 믿음이다. 서언은 이 세 가지 논제 각각에 대해서 반대 논제 및 논증을 제시하는데, 특히 첫 번째 무신론 논제(비존재 논제)를 논파하기 위하여 가장 양이 많은 그리고 사유의 질적인 면에서도 주목할 만한 할애를 한다.

무신론자들의 비존재 논제는 세계의 기원과 발생에 관한 잘못된 이론 그리고 도덕적 개념들의 근거와 지위에 관한 해로운 교설과 연결돼 있다. 무신론자들에 따르면 혼(*psychê*)은 물질 혹은 물체로부터 분리되어 있고, 다른 한편으로 기술 혹은 기술적 제작(*technê*)은 우연(*tychê*)으로부터 분리돼 있다. 더 나아가 무신론자들에 따르면 혼보다는 물질이 더 앞서고 근본적인 것이며, 우리가 경험하는 운동의 규칙성과 세계 질서는 우연의 산물로 설명 가능하다. 따라서 세계의 질서와 규칙적 변화를 정립하고 실행하는 행위자로서 신과 같은 존재를 설정할 이유는 없게 된다. 그리고 법과 도덕의 문제는 순전히 인간적인 제작과 관행의 문제로 설명될 뿐 더 이상의 다른 설명 근거를 필요로 하지 않는다.

비존재 논제에 대한 반대 논증은 물질과 혼의 우선성 순위를 역전시킨다. 그 어떤 물리적 운동 변화도 선행하는 타자의 운동에 의존한다. 그리고 물리적 운동의 연쇄를 최초로 출발시키는 운동은 물리적 운동이 될 수는 없다. 왜냐하면 최초의 운동은 자기 스스로 운동을 일으키는 운동이며, 이런 운동에 대한 능력을 자기 안에 가지고 있는 존재는 혼이다. 따라서 세계의 모든 운동 그리고 이 운동들의 질서와 규칙성을 발생시키는 자기 운동자로서의 혼이 존재한다. 이런 혼은 곧 우주적 차원에서의 혼, 즉 신이다.

무신론자들의 첫 번째 논제가 논파되었기 때문에 두 번째 그리고 세 번째 논제에 대한 논파는 상대적으로 단순해진다. 인간사에 대한 무관심한 태도 그리고 선물에 의해 매수되기 쉬운 속성은 신의 관념 혹은 신의 정의와 일치하지 않는다는 것이다. 세계와 세계 안의 운동들이 나타내는 질서와 아름다움은 신들이 선한 존재임을 보여 준다. 그러나 한편으로 무관심과 나태함 그리고 다른 한편으로 이해타산적인 속성과 부패는 일종의 악덕이고, 이것은 '선함'과 '덕'에 모순된다. 그래서 신은 인간사에 무관심하지도, 선물에 의해 매수되지도 않을 뿐 아니라 오히려 가장 선한 존재이며 가장 정의로운 존재이다.

아테네인: 폭행(*aikia*)에 관해서는 이 정도로 합시다. 이 a
제 폭력[1]에 관한 하나의 일반적인 법규를 말해 보도록 합시다. 그 법령은 다음과 같습니다. 그 누구도 다른 사람의 재산을 취하거나 가져가서는 안 됩니다. 그리고 재산 소유자의 허락 없이는 이웃사람의 재산을 사용해서도 안 됩니다. 바로 이런 일[2]로부터 모든 악이 생겨났고, 지금

1) 여기서 '폭력'(*biaia*)은 광범한 의미를 가지는 단어이다. '폭력'은 자신에게 속하지 않는 것에 대한 침해 일반을 가리킨다.

884a

도 생겨나고 있으며 앞으로도 그럴 것입니다. 그 외의 다른 종류의 폭력 중에서 가장 큰 폭력은 '가장 위대한 재산'을 침해하는, 즉 신성한 재산을 침해하는 젊은이들의 오만함과 방자함입니다. 이런 폭력은, 공공에 속하는 신성한 재산 혹은 나라의 구성단위, 예컨대 부족이나 그와 같은 단위의 구성원들에게 공동으로 속하는 재산을 침해할
885a 때 그 폐해가 특히 심각합니다. 이다음 두 번째 폭력은 개인에게 속하는 신성한 대상, 특히 묘(墓)에 대한 침해입니다. 세 번째는 부모에게 방자하게 구는, 그런데 앞서 언급한 것[3]은 제외한 행동입니다. 네 번째 종류의 방자함은[4] 공공 기관을 무시하고 허락도 없이 공공 기관에 속하는 어떤 것을 취하거나 가져가거나 사용하는 행동입니다. 다섯 번째는 시민 개인의 시민적 권리를 침해하는 행동으로, 이것에는 소송과 재판이 뒤따릅니다.

이것들 각각의 경우 모두에 공통적으로 적용될 법을 제정해야 할 것입니다. 신전 약탈에 관해서는, 이것이 노골적으로 행해졌든지 은밀하게 행해졌든지, 어떤 처벌을 받
b 아야 할지가 개괄적으로 언급된 바 있습니다.[5] 그러나 말이나 행동으로 신에 대해 방자하게 구는 자가 어떤 처벌을 받아야 할지를 지정하려는 자는 그에 앞서 다음과 같은 권고의 말[6]을 해야 합니다. "법이 정하는 대로 신들의

2) 타인의 재산을 무시하고 침해하는 일.

3) 9권 877b(부모에게 의도적으로 상해를 입힌 경우), 878e(분노로 인해 부모에게 상해를 입힌 경우), 880e~881a(부모를 때리는 경우).

4) 12권 941b~942a 참고.

5) 9권 854d~855a 참고.

존재를 믿는 자는 그 누구도 자발적으로 불경한 행동을 저지르거나 무법의 발언을 내뱉는 적이 없습니다. 그가 그런 것을 했다면, 다음 세 가지 잘못된 생각 중 하나를 가지게 되었기 때문입니다. 첫째, 말했다시피, 신들은 존재하지 않는다는 생각입니다. 둘째, 신들은 존재하지만 이들은 인간사에 관심이 없다는 생각입니다. 셋째, 신들은 제사나 기도를 통해 손쉽게 회유해서 달랠 수 있다는 생각입니다."[7)]

클레이니아스: 이런 사람들에 대해 우리는 어떤 일을 해 c
야 할까요? 혹은 어떤 말을 해야 할까요?

아테네인: 선생, 우선 그들의 말을 들어 봅시다. 내가 짐작건대 우리를 경멸해서 조롱 삼아 말할 법한 그들의 말을 들어 봅시다.

클레이니아스: 어떤 말입니까?

아테네인: 그들은 아마도 다음과 같은 말을 우리에게 희롱하며 할 것 같습니다. "아테네 손님이여, 스파르타 손님이여, 그리고 크노소스 손님이여, 당신들 말은 맞습니다. 우리 중 일부는 신을 전혀 믿지 않고, 또 다른 일부는 당신들이 기술한 대로 신을 믿습니다. 우리가 당신들에게 요구하는 것은 당신들이 법에 요구했던 바와 같습니다.[8)]

---

6) '권고의 말'로 새긴 'paramythion'은 9권 880a7에서 '서곡', '서언'의 뜻을 가진 'prooimion'과 동의어로 쓰였다. 두 단어의 동의어 관계는 11권 923c2에서도 확인할 수 있다.

7) 이 세 가지의 불경스러운 태도에 관해서는 888c; 12권 948c 참고. 특히 세 번째 태도에 관해서는 《국가》 2권 365e 참고.

8) 4권 719e 이하; 9권 857c 이하(또한 890b~c) 참고.

d 즉, 우리를 심한 말로 협박하기 전에, 신들은 존재한다는
사실 그리고 선물에 유혹되어 정의를 배반하지 않을 정도
로 신들은 선하다는 사실을 충분한 증거를 들어 설득하고
가르칠 것을 먼저 시도하라고 우리는 당신들에게 요구합
니다. 그런데 우리는 바로 이런 종류의 말들[9]을 이른바
'가장 훌륭하다'는 시인들, 연설가들, 예언자들, 사제들
그리고 그 밖의 수많은 사람들로부터 듣고 있습니다. 이
때문에 우리 대부분은 부정의한 짓은 하지 않는 쪽으로
돌아서는 것이 아니라, 부정의한 짓을 하고 나서 그에 대
e 해 무마하려고 합니다. 그러나 우리는 거친 자가 아니라
부드러운 자가[10] 되겠노라고 말하는 입법가들에게 우선
설득의 수단을 우리에게 사용할 것을 요구합니다. 신의
존재에 관한 이들의 말이 다른 사람들의 말보다 표현에
있어서는 크게 나은 점이 별로 없지만 최소한 진리의 면
에 있어서는 더 낫다면 말입니다. 그러면 아마도 우리는
당신들 말을 믿을 수 있을 것입니다. 자, 그럼, 우리 주
장이 적절한 것이라면, 우리가 요청하는 것을 말해 보도
록 하십시오."

클레이니아스: 손님, 신이 존재한다고 증명하는 것은 아
주 쉬운 일이라고 생각되지 않는지요?

886a **아테네인**: 무슨 말인지?

클레이니아스: 자, 우선 땅과 태양과 별과 우주가 있고,
계절의 아름다운 순차적 질서가 있고, 또한 이 질서에는

9) 예컨대, "신들은 선물에 유혹될 수 있다".

10) 4권 719e~720a에서 묘사된 두 종류의 의사에 관한 비유를 암시.

연(年)과 월(月)에 의한 구분이 있습니다. 나아가 그리스
인이든 비(非)그리스인이든 모두 신의 존재를 믿습니다.

아테네인: 존경하는 이여, 나는 그 나쁜 사람들이 —'두
렵다'는 말은 쓰고 싶지 않습니다 — 겁이 납니다.[11] 이들
이 우리를 깔보지나 않을까 해서요. 당신들은 이들이 우
리와 반대되는 생각을 갖는 원인을 알지 못합니다. 이들 b
의 혼이 불경한 삶 쪽으로 추동되는 것은 오로지 쾌락과
욕망을 지배하지 못한 탓으로 당신들은 생각합니다.

클레이니아스: 손님, 그것 말고 다른 어떤 것이 원인일 수가 있나요?

아테네인: 바깥에서 사는 당신 두 사람에게는 전적으로 알려져 있지 않고 당신들이 모르고 지나친 원인이 있지요.

클레이니아스: 대체 무엇을 두고 지금 하는 말입니까?

아테네인: 아주 위험한 종류의 무지, 그러나 위대한 지혜로 통하는 무지를 두고 하는 말입니다.

클레이니아스: 무슨 말인지요?

아테네인: 우리 아테네에는 글로 쓰인 이야기들이 있습
니다. 이런 것들은 당신들네 나라에는 없는데, 이는 당신 c
네 나라의 정치제도가 탁월하기 때문인 것으로 저는 알고
있습니다. 이것들은 신들에 관한 이야기로서, 어떤 것은
운문[12]으로, 어떤 것은 산문[13]으로 되어 있습니다. 이중
가장 오래된 이야기들은 최초의 자연[14] — 하늘과 그 밖의

11) 동사 'aideomai'(두렵다)에는 'phobeomai'(겁나다)와는 달리 조심스러움, 경외, 존경심이라는 심리적 태도도 함축된다.

12) 대표적 예는 헤시오도스의 《신들의 계보》.

13) 예컨대 시로스(Syros) 출신의 페렉키데스(Pherekydes)의 산문.

886c
다른 것들 — 이 어떻게 해서 생성되었는지를 이야기하며,
이런 이야기를 시작한 후 바로 신들의 탄생에 관해 상술
하고, 또 신들의 탄생 이후 신들이 서로를 어떻게 취급하
고 대했는지에 관해 이야기합니다. 이런 이야기들이 당시
의 청자들에게 어떤 점에서 좋은 영향을 끼쳤는지 어떤
점에서 나쁜 영향을 끼쳤는지에 관해, 이 사람들이 워낙
d 옛날 사람들인지라, 판단을 내리기가 쉽지 않습니다. 그
러나 부모에게 해야 할 봉양과 공경을 위해서라면, 나는
이 이야기들을 결코 권장하지 않으며,[15] 또한 이것들이
그 점에서 유용하거나 조금이라도 진실에 부합한다고 말
하고 싶지 않습니다. 그러니 이 오래된 이야기들은 옆으
로 제쳐 두고 잊어버립시다. 신들 마음에 드는 대로 이야
기하도록 내버려 두세요. 하지만 우리 세대의 '현자들'에
의한 이론은 악의 원인이라고 비난받아야 합니다. 그런
자들의 이론은 다음과 같은 영향력을 발휘합니다. 즉, 당
신과 내가 신의 존재에 대해 증명하면서 방금 언급된 것
들, 다시 말해 태양, 달, 별, 땅을 신 혹은 신적인 존재로
e 예시하면, 이 현학자들을 추종하는 자들은, 이것들은 흙
과 돌덩이에 불과하므로 인간사에 신경을 쓸 능력이 전혀
없다고, 그리고 이것들은 순전히 말에 의해 그럴 법하게
잘 치장된 것이라고 주장하고 싶어 합니다.

클레이니아스: 손님, 당신이 말한 그런 이론은, 단 하나만 있어도, 골치 아픈 것이 될 겁니다. 그런데 사실은 그런 종류의 이론은 아주 많으니, 더욱 골치가 아픕니다.

---

14) 'physis'는 '최초의 물체들'로도 번역 가능하다.

15) 《국가》 2권 365e, 377b 참고.

아테네인: 자, 이제 어떻게 되나요? 우리 대답은 무엇인가요? 우리는 무엇을 해야 하나요? 우리는 마치 누군가에 의해 기소당해 불경한 재판관들 앞에 선 것처럼 여기고 변론을 해 볼까요? 그러면 저 불경한 재판관들은 변론하 887a
는 피고인인 우리에게 신이 존재한다고 우리가 법을 제정하는 것은 괴이한 것이라고 말합니다. 아니면 우리는 변론을 포기하고 다시 법 제정으로 돌아갈까요? 그렇게 되면 우리의 서곡은 실제 법률보다 길지는 않을 겁니다. 그렇지만 우리가 불경한 마음을 품고자 하는 저들에게 저들이 우리에게 보여 달라고 요구한 논점들을 정당하게 논증하고 그래서 저들에게 신에 대한 두려움을 주입하여 마음을 꺼림칙하게 만든 후에 필요한 법 제정에 들어간다면, 우리의 이야기는 길게 늘어날 것입니다.

클레이니아스: 손님, 우리는 비교적 얼마 안 되는 시간 b
동안 다음과 같은 점을 자주 강조한 적이 있습니다.[16] 지금 우리는 자세한 논의보다 짧은 논의를 굳이 선호할 이유가 없다고 말입니다. 그 누구도 흔히 말하듯 '우리 뒤에 바짝 붙어' 우리를 압박하지는 않습니다. 우리가 최상의 논의 대신 짧은 논의를 선택하는 것이 분명하다면, 이는 우습고도 잘못된 일입니다. 신들은 존재하고 선하다는 것 그리고 신들은 인간보다 정의를 월등히 귀하게 여긴다는 것을 우리가 주장하려면, 우리의 논의는 여하튼 어떤 식으로든 설득력을 지녀야 한다는 것은 매우 중요합니다. 그런 논의는 우리의 모든 법률을 위해 가장 아름답고 좋

16) 1권 642d; 4권 722a; 6권 781e; 9권 858a~b.

887b

은 서곡이 될 겁니다. 거리낌 없이 그러나 서두르지 않고
c 그런 논의를 위한 모든 설득의 힘을 아낌없이 쏟으면서
사안에 대해 최대한 자세히 이야기합시다.
아테네인: 당신이 지금 한 말을 들으니 우리는 신적인
도움을 청해야 할 것 같습니다.[17] 당신이 그렇게 열정적
으로 달려드니 말입니다. 논의를 더 이상 미뤄서는 안 되
겠군요. 자, 어떻게 해야 우리가 화가 나서 흥분하지 않
d 으면서도 신의 존재에 관해 논의할 수 있을까요? 우리에
게 이런 논의의 수고를 초래했고 또 지금도 초래하고 있
는 자들에 대해 화를 내고 싫어할 수밖에 없습니다. 이들
은 아주 어릴 적 젖먹이 시절부터 엄마와 보모에게 신화
를 들었지만 이를 믿지는 않습니다.[18] 때로는 재미를 위
해 때로는 진지하게 마치 주문과 같이 들었던 이야기 말
입니다. 또한 이들은 제의(祭儀)에서 바치는 기도를 통해
그런 이야기를 듣기도 했고, 제의에 뒤따르는 구경거리를
보기도 했습니다. 제의에서 행해지는 이런 구경거리는 아
이라면 아주 즐겁게 보고 듣지요. 또한[19] 이들은 그들의
부모가 자기 자신과 가족들을 위해 아주 진지하게 기도드
e 리는 것을, 즉 정말로 신이 존재한다는 생각에서 기도와
애원으로 신들과 대화를 나누는 것을 보고 들었습니다.

---

17) 어떤 어려운 논의에 착수하기 전에 신적인 도움을 간청하는 다른 예로서는 《필레보스》 61b와 《티마이오스》 27c 참고.

18) 스테파누스를 따라 'nyn oun'이 아니라 'nyn ou'로 읽고, 'nyn'과 'ou' 사이를 끊어 읽었다.

19) 페이튼(W. R. Paton)을 따라 'en spoudê' 바로 다음에 접속사 'te'를 삽입해서 읽었다.

또한 어릴 적 이들은 해와 달이 뜨고 지는 때에는 그리스인이든 비(非)그리스인이든 모두가 형편이 좋을 때나 어려울 때나 할 것 없이 엎드려 경배하는 것을 보고 들었습니다. 이때 경배하는 사람들은 신이 존재하지 않는 것이 아니라 정말로 신이 존재한다고 생각하고 신의 비존재에 관한 그 어떤 의심도 보이지 않습니다. 그렇다면 어떤 자들이 이 모든 증거를 단 하나의 충분한 이유도 없이 무시하여—조금이라도 정신이 있는 사람이라면 이를 알아차릴 수 있습니다—우리에게 지금 이 논의를 하도록 강제한다면, 어떻게 이들에게 부드러운 말로 충고하면서 또한 888a
신에 관한 첫 번째 사실, 즉 신은 존재한다는 것을 가르칠 수 있겠습니까? 그렇지만 시도해 봅시다. 우리 인간들 중 일부는 쾌락에 대한 탐욕으로[20] 그리고 다른 일부는 바로 이런 자들에 대한 분노와 함께 이성을 잃어서는 안 되기 때문입니다. 자, 마음이 그런 식으로 타락한 자들을 향해 우리의 서언(序言)[21]을 다음과 같이 말하되 분노는 하지 맙시다. 노여움을 식히고 부드럽게 이야기하되 이들 중 한 사람과 대화하는 것처럼 합시다. "젊은이여, 당신 b
은 아직 젊습니다. 하지만 시간이 지나면, 당신이 지금 받아들이는 많은 생각을 뒤집고 그 반대를 취하게 될 것입니다. 그러므로 좀더 훗날까지 기다리십시오. 이런 가장 중요한 일들에 관해 판단할 수 있을 때까지. 가장 중요한 일이란, 지금 아무리 당신이 이런 일을 아무것도 아

20) 886b 참고.

21) 원어는 'prorrêsis'. 'prorrêsis'는 885b의 'paramythion'처럼 'prooimion'과 의미상 교환 가능한 단어로 쓰이고 있다.

888b

닌 것으로 여길지라도, 신들에 관해 옳은 생각을 하는
것, 그래서 훌륭한 삶을 사는 것입니다. 만약 그렇지 않
다면 나쁜 삶을 살게 되겠지요. 우선 나는 이에 관한 하
나의 중요한 논점을 적시하고자 합니다. 이 논점은 결코
틀린 것이 아니며 다음과 같습니다. 신에 관해 이런 생각
을 가지는 사람은 당신 혼자가 아니며, 또 당신의 친구들
이 이런 생각을 가지게 된 최초의 사람들도 아니라는 점
입니다. 이런 유의 질병을 앓는 사람은 항상 어느 정도는
있습니다. 이제 당신에게 지적하고 싶은 것은 다음과 같
c 은 것입니다. 즉, 신이 존재하지 않는다는 믿음을 젊었을
때부터 취했던 이들을 내가 만나 보니, 이들 중 많은 자
가 결코 노년까지 이 생각에 머물지는 않는다는 것, 그럼
에도 불구하고 많지는 않지만 몇몇 이들은 두 가지 마음
상태, 다시 말해서 신들은 존재하나 인간사에 신경을 쓰
지 않는다는 믿음 그리고 설사 인간사에 신경을 쓴다 할
지라도 신들을 제물과 기도에 의해 쉽게 회유할 수 있다
는 믿음을 가지고 있다는 것입니다. 이제 내 말에 따르십
시오. 이게 맞을지 저게 맞을지 검토할 때, 많은 사람 중
에서 특별히 입법가에게서 듣고 배우고자 한다면, 당신은
이 주제에 관해 최대한으로 분명한 가르침이 생겨나리라
d 는 것을 기대해도 좋습니다. 듣고 배우는 이 시간 동안에
는 신들에 관한 그 어떤 불경스러운 짓도 하지 마십시오.
왜냐하면 당신을 위해 법을 제정하는 자가 바로 이 주제
에 관해 당신에게 가르치는 일을 지금도, 앞으로도 시도
해야 하기 때문입니다."

클레이니아스: 손님, 지금까지는 훌륭히 말씀하셨습니다.

아테네인: 전적으로 그렇습니다, 메길로스와 클레이니아스. 그런데 우리는 우리도 모르는 사이에 놀라운 이론 하나와 맞닥뜨리게 되었습니다.

클레이니아스: 무슨 이론입니까?

아테네인: 많은 사람이 모든 이론 중에서 가장 똑똑한 e
것으로 간주하는 이론입니다.

클레이니아스: 더 분명히 말씀해 주시지요.

아테네인: 어떤 이들은, 생성된 모든 사물, 생성 중인 모든 사물, 그리고 생성될 모든 사물 중 어떤 것은 자연에, 어떤 것은 기술에, 어떤 것은 우연에 근거한다고 말합니다.[22]

클레이니아스: 훌륭한 말 아닌가요?

아테네인: 글쎄, 똑똑한 사람들이라면 올바로 이야기하
겠지요. 여하간 이들을 따라가면서, 이들 입장에서 나오는 889a
말들이 정말 무엇을 의미하는지에 대해 고찰해 봅시다.

클레이니아스: 그렇게 합시다.

아테네인: 그들은 이렇게 말합니다. 가장 위대하고도 아름다운 사물들은 자연과 우연에 의해, 작은 사물들은 기술에 의해 만들어졌다는 것이 그럴 법하다고 말입니다. 기술은 크고 으뜸가는 작품들의 생성을 자연으로부터 넘겨받아, 모든 작은 사물, 즉 우리가 '기술적 제작물'이라고 부르는 것들을 주조하고 제작한다고 합니다.

클레이니아스: 무슨 말입니까?

아테네인: 보다 분명히 말해 보겠습니다. 그들[23]은 다음 b

22) 신, 기술, 우연 사이의 상관관계에 대한 4권 709b의 논의를 참고.

과 같이 주장합니다. 즉, 불, 물, 흙, 공기 이 모든 것은 자연과 우연에 근거하며, 이것 중 그 어떤 것도 기술에 근거하지 않는다고 합니다. 그리고 이것들 다음에 오는 물체들, 즉 지구, 해, 달, 별은 바로 이런 전적으로 혼이 없는 것들[24]에 의해 생성되었다는 것입니다. 이런 것들[25] 각자는 자신이 지니는 힘에 따른 우연에 의해 운동하면서, 각자는 자신에게 적당한 방식으로 다른 것들과 부딪혀 어울
c 리게 되었다는 겁니다. 그리하여 뜨거운 것은 찬 것에, 메마른 것은 축축한 것에, 부드러운 것은 딱딱한 것에 부딪히게 되었고, 이런 식으로 반대자들 상호 간의 섞임으로 불가피하게[26] 일어나는 모든 우연적인 결합들이 생겨났다고 합니다. 이런 방식에 의해 하늘 전체와 하늘에 있는 모든 것이 생성되었고, 이것들로부터 모든 계절이 생성되었으며, 그다음으로 모든 식물과 동물이 생성되었다는 거죠. 그들이 말하기를, 이 모든 것의 원인은 지성도 아니고, 어떤 신도 아니며, 기술도 아닌, 방금 말했다시피, 자연과 우연이라고 합니다. 기술은 이 살아 있는 피조물로부터 나

23) 890a까지 소개된 '무신론자들'에 대해 어떤 특정한 역사적 철학자들을 짝짓는 것은 간단한 일이 아니다. 하지만 아마도 이 '무신론자들'에는 엠페도클레스나 데모크리토스와 같이 기계론적·물체주의적 자연관을 주장한 철학자들이 우선 대표적으로 포함되고, 더 나아가, 윤리적 상대주의를 주장하는(889e) 소피스트들(프로타고라스, 히피아스, 안티폰, 트라시마코스)도 포함될 수 있을 것이다.

24) 일차적 물체들(불, 물, 흙, 공기) 혹은 자연과 우연 혹은 이 두 그룹 모두를 지칭한다.

25) 일차적으로 불, 물, 흙, 공기와 같은 근본 물체들을 지칭한다.

26) '필연적으로'로도 번역 가능하다.

온, 나중에 생겨난 것입니다. 기술은 가사적인 자들로부터 나온 것이며, 그 자체가 가사적인 것입니다. 기술은 나중 단계의 것이며, 몇몇 오락거리들을 산출하기는 했지만, 이 산출물들은 진리를 전혀 나누어 갖지 않으며 기술들 자체가 그렇듯 똑같은 종류의 모상(模像)에 불과합니다. 예를 들어, 회화술과 시가의 산출물들 그리고 이런 기술들을 도와주는 보조기술들의 산출물들이 그렇습니다. 그런데 정말 어떤 진지한 것을 산출하는 기술이 있다면, 그것은 자신의 힘을 자연과 나누어서 자연과 같이 일하는 기술입니다. 의술, 농사, 체육이 그 예입니다. 이들의 주장에 따르면, 특히 정치술[27]은 아주 조금만 자연과 함께하는 것이라서, 정치술의 대부분은 기술적입니다. 마찬가지로 법 제정도 그 전체가 자연적이지 않고 기술적이며, 따라서 제정된 것들은 참이지 않고 인위적이라고 합니다.

d

e

클레이니아스: 무슨 의미인지요?

아테네인: 존경하는 분이여, 이자들이 신들에 관해 첫 번째로 주장하는 것은 다음과 같습니다. 즉, 신들은 자연이 아니라 기술에 근거하는 존재라는 것입니다. 신들의 존재는 법에 따를 뿐이며, 이 법이라는 것도, 법을 제정하는 사람들 각각이 자기네들끼리 서로 합의하는 방식에 따라 서로 다르다는 거죠. 특히, 자연에 따른 훌륭함과 법에 따른 훌륭함은 서로 다르다는 겁니다. 그리고 정의는 전혀 자연에 근거하지 않는다는 것입니다. 오히려 사람들은 정의에 관해 계속해서 서로 논쟁을 벌이며 항상

27) '정치술'(*politikē technē*)을 목적격(*politikên*)이 아니라 소유격(*politikês*)으로 읽었다.

889e 새로운 규정을 내리려 한다는 겁니다.

890a 그러나 일단 새로운 규정이 내려지면, 그때부터는 이것이 구속력을 지니게 됩니다. 그렇지만 이런 규정은 기술과 법에 근거한 것이며, 조금도 자연에 근거하지 않습니다.[28)]

친구들이여, 이 모든 이야기가 우리의 젊은이들 사이에 '현명한 사람들'로 통하는 자들로부터 나왔습니다. 이들은 시와 산문을 지어서, 힘으로 정복하여 얻은 것[29)]이 가장 정의로운 것이라고 주장합니다.[30)] 그 결과, 법이 믿음의 대상으로 지시한 신들은 존재하지 않는다는 불경스러운 생각이 젊은이들 사이에 퍼지게 되었습니다. 그리고 또한 이 결과, 법에 대한 사람들의 반란이 생기게 되었는데, 이는 저들[31)]이 사람들을 이른바 '자연에 따른 올바른 삶'으로 끌고 가기 때문입니다. 법에 따라 다른 사람에게 예속하는 삶이 아니고, 실제로는 다른 사람을 지배하는 삶으로 말입니다.

하지만 저들이 볼 때 이 삶은 실제로는 다른 사람을 지배하는 삶이지, 법에 따라 다른 사람에게 예속하는 삶이 아닙니다.

---

28) 플라톤, 《테아이테토스》 172b(프로타고라스의 주장) 그리고 크세노폰, 《소크라테스 회상》 4. 4. 6 이하(히피아스의 주장) 참고. 그리고 디오게네스 라에르티오스, 《유명한 철학자들의 생애와 사상》(*Bioi kai gnōmai tōn en philosophia eudokimēsantōn*) 2. 16(아르켈라오스의 주장)도 참고.

29) 혹은 '힘으로 정복하여 집행(요구, 명령)한 것'으로도 번역 가능하다.

30) 3권 690b와 4권 714e 핀다로스 인용 참고. 그리고 《고르기아스》 482c 이하(칼리클레스의 주장); 《국가》 1권 338a 이하(트라시마코스의 주장); 2권 358b 이하(글라우콘의 보고) 참고.

31) '현명한 사람들'로 통하는 자들.

클레이니아스: 손님, 당신이 설명한 이론은 얼마나 위험한 이론인지요! 그리고 이 이론이 공적으로 나라 안에서뿐만 아니라 개인 가정 안에서도 젊은이들에게 끼칠 폐해는 또한 얼마나 큰지요! b

아테네인: 클레이니아스, 맞는 말입니다. 당신이 생각하기에, 입법가는 무엇을 해야 할까요? 이런 이론과 그 영향력은 아주 오래전부터 존속하였으니 말입니다. 입법가는 단지 대중 앞에 나와, 신의 존재를 인정하지 않고 법이 정한 대로 신들을 믿지 않는 모든 사람은 처벌하겠노라고 위협하기만 하면 되는 건가요? 그는 아름다운 것과 정의로운 것 그리고 그런 중요한 모든 것에 대해서 그리고[32] 덕과 악덕에 관련된 모든 것에 대해서 아마도 똑같은 위협의 말을 할 수도 있을 것입니다. 즉, 그는 이런 것 c
들에 관한 사람들의 생각과 행동이 그가 기록한 지침과 일치하도록 요구할 수도 있을 것입니다. 그래서 법률에 따르고자 하지 않는 자는 사형이나 태형 및 감금으로 혹은 시민권 박탈로 혹은 재산 박탈 및 추방으로 처벌하겠노라고 위협할 수도 있을 것입니다. 그러나 설득은 어떻습니까? 그가 사람들에게 법을 제정할 때에는 이들이 법을 최대한 따르는 자세를 갖도록 사람들에게 말할 필요는 없는 건가요?[33]

클레이니아스: 손님, 그건 결코 그렇지 않습니다. 그런 d
사안에 관련해 조금이라도 설득의 가능성이 있다면, 조금

32) 필사본의 'hosa de'를, 스테파누스를 따라 'hosa te'로 읽었다.
33) 법 제정 시 설득의 필요성에 관해서는 4권 719e8 이하, 722b~c; 9권 859a2 이하 참고.

890d 이라도 능력이 있는 법 제정가라면 이 일에 결코 쇠진해져서는 안 됩니다. 그는, 흔히 말하듯, "목청껏 소리 높여", 신은 존재한다는 오래된 법[34]을 논증으로써 지지하고, 또한 당신이 지금까지 말한 것도 지지해야 합니다. 특히 그는 법 자체와 기술을 구제하기 위하여, 이 둘은 자연에 근거한다는 사실[35] 혹은 이 둘은 자연에 못지않은 어떤 것[36]이라는 사실을 보여 줘야 합니다. 올바른 논증에 따라 이것들이 지성의 산물이라면 말입니다. 당신이 내게 말하고자 하는 것도, 그리고 내가 지금 당신에게 신뢰를 보여 주는 것도 바로 이 논증입니다.

e **아테네인**: 열정적인 클레이니아스, 그런데 대중을 상대로 한 이런 이야기를 논증으로 보완하는 일은 어렵지 않을까요? 그리고 이런 논의는 대단히 길어지지 않을까요?

클레이니아스: 손님, 어때요? 술 취함과 시가에 관해서 그렇게 길게 논의했을 때에도[37] 우리가 다 참아냈는데, 신들에 대해 그리고 이들과 관련된 주제에 대해 논의하는데 우리가 참지 못할 이유가 어디 있겠습니까? 나아가 이런 논의는 분별 있는 법 제정을 위해 큰 도움이 될 것입니
891a 다. 왜냐하면 법에 관한 지침들이, 나중에 언제라도 검토의 여지를 받아들이기 위해서, 한 번 문자로 기록된 이후

34) 빈켈만의 판독을 따르지 않고 필사본 전통을 그대로 따라 'nomos'를 보존하여 읽었다.

35) 혹은 '자연의 부분이라는 사실'로도 번역 가능하다.

36) 헤르만의 판독 방식(*hêttoni*)을 취하지 않고 필사본 전통을 그대로 따라 'hêtton'으로 읽었다.

37) 1권과 2권.

에는 고정될 것이기 때문입니다. 따라서 처음에 알아듣기가 어렵다 하더라도 두려워할 필요는 없습니다. 왜냐하면 이해력이 부족한 사람도 그때마다 돌아가서 반복적으로 고찰할 수 있으니 말입니다.[38] 따라서 이 논의가 길지만 유용하다면, 누구라도 이 논의에 대해 최대한 돕기를 거부하는 것은 마땅한 근거도 없고, 내가 볼 때 불경한 일로 보입니다.

메길로스: 손님, 내가 볼 때 클레이니아스의 말은 아주 훌륭합니다.

아테네인: 그렇습니다, 메길로스. 클레이니아스의 말대로 해야겠군요. 물론 저 이론이 거의 모든 인간 사이에 퍼져 있지 않다면, 신의 존재를 위한 방어적 논증들은 필요하지 않겠지요. 하지만 지금은 그렇게 할 수밖에 없습니다. 자 그럼, 가장 중요한 법들이 나쁜 인간들에 의해 파괴될 때 이 법들을 마땅히 구원할 사람은 누구겠습니까? 입법가 아니겠습니까? b

메길로스: 맞습니다.

아테네인: 자, 클레이니아스, 당신도 내게 다시 한 번 답해 주시죠. 당신도 논의에 참여해야 하니 말입니다. 저 이론을 주장하는 자는 불, 물, 흙, 공기를 모든 것 중에서 첫 번째 것으로 생각하는 것 같고, 바로 이것들을 '자연'[39]이라고 명명하는 반면에 혼은 이것들로부터 나온, c

38) 교차 대구법(*chiasmus*)에 의한 배열. 클레이니아스의 첫 번째 대답("… 참지 못할 이유가 어디 있겠습니까?")은 아테네 손님의 두 번째 반대 질문에, 두 번째 대답("… 고찰할 수 있으니 말입니다.")은 첫 번째 반대 질문에 대구된다.

891c

나중의 것으로 생각하는 것 같습니다. 아니, 그렇게 '생각하는 것 같은' 것이 아니라, 그는 우리에게 논증으로 이 점을 확실히 지적하는 것으로 보입니다.

클레이니아스: 그렇습니다.

아테네인: 맙소사! 그렇다면 우리는, 자연 탐구의 일에
한 번이라도 몰두해 본 적이 있는 사람들이 갖는, 지각없
는 견해들의 샘과도 같은 것을 발견한 셈이 아닌가요? 이
d 들의 논증 각각을 따지면서 고찰해 보십시오. 왜냐하면
불경스러운 이론에 몰두하는, 그리하여 그런 점에서 다른
사람들을 이끄는 자들의 논증은 단지 훌륭하지 않을 뿐만
아니라 심지어 오류에 빠져 있다는 것을 보여 줄 수 있다
면, 이는 작지 않은 소득이 될 것이기 때문입니다. 이 점
은 내게 사실로 보입니다.

클레이니아스: 맞습니다. 그럼 어떤 점에서 오류인지 설명해 주십시오.

아테네인: 우선 우리는 우리에게 익숙하지 않은 논증에 착수해야 할 것 같습니다.

클레이니아스: 손님, 주저하지 마십시오. 우리가 그런 논
증에 착수하게 되면 법 제정에서 우리가 이탈하리라는 것이
e 당신 생각이라는 것을 나는 알아차렸습니다. 하지만 존경
하는 분이여, 이렇게 이탈하는 방식이, 신에 대해서 지금
우리의 법에서 기술하는 바가 올바른 것이라고 합의할 수
있는 유일한 방식이라면, 이 방식대로 진행해야 합니다.

아테네인: 그럼 이제 익숙하지 않은 논증을 다음과 같이

39) '자연'으로 새긴 원어 'physis'는 '본성'으로도 번역 가능하다.

말해야 할 것 같습니다. 불경한 혼을 만드는 저 이론은 만물의 생성 소멸의 첫 번째 원인을 첫 번째가 아니라 나중에 생긴 것으로, 그리고 나중 것을 먼저 있는 것으로 선언합니다. 바로 이 때문에 저 이론은 신의 진정한 본성에 관해 오류에 빠지게 됩니다.

클레이니아스: 아직 이해를 못하겠습니다. 892a

아테네인: 친구여, 거의 모든 사람은 혼이 무엇인지 그리고 혼이 어떤 힘을 지니는지를 오해했던 것처럼 보입니다. 사람들은 혼에 관한 다른 점들에 대해서도 오해를 하지만, 특히 그것의 생성에 관해 오해를 합니다. 혼은 첫 번째 것 중 하나이며, 모든 물체보다 먼저 생겨났으며, 물체의 모든 변화와 형태변환을 지배하는 가장 중요한 것입니다. 이것이 사실이라면, 혼과 가까운 것들도 물체에 속하는 것보다 먼저 생겨났다는 것은 필연적이지 않겠습니까? 혼 자체가 물체보다 더 오래됐으니 말입니다.[40] b

클레이니아스: 필연적입니다.

아테네인: 의견, 보살핌, 지성, 기술, 법은 딱딱함과 부드러움, 무거움과 가벼움에 선행할 것입니다. 특히 위대한 첫 번째 작품들과 실천들은, 바로 첫 번째 것들에 속하는 것으로 기술로부터 나올 것입니다. 반면에 '자연적인 것'과 '자연'은 — 저들의 잘못된 용어의 사용을 따르자면 — 나중의 것이며 기술과 지성에 의해 지배되는 것입니다.[41]

클레이니아스: 잘못된 용어 사용이라니요? c

40) 《티마이오스》 34b10 이하 참고.

41) 889a 무신론자들의 주장과 비교할 것.

892c

아테네인: 저들은 '자연'이라는 말로 첫 번째 것들이 생성되는 과정을 뜻하고자 합니다.[42] 그러나 불이나 물이 아니라 혼이 먼저라는 것이 그리고 혼이 첫 번째 것에 속하는 것으로서 생겨났음이 밝혀진다면, 혼은 각별히 자연적인 것이라고[43] 말하는 것은 꽤 올바를 것입니다. 우리가 혼은 물체보다 오래된 것이고 그 반대는 가능하지 않음을 증명할 수 있다면, 이것은 사실입니다.

클레이니아스: 참으로 맞는 말입니다.

d **아테네인**: 이제 다음과 같은 논점을 여기에 붙여서 이야기해 봅시다.

클레이니아스: 무엇을 말인가요?

아테네인: 우리는 아주 기만적인 논증 앞에서 우리 자신을 보호해야 할 것입니다. 우리처럼 나이 많은 노인들이 그런 논증의 새롭고도 진기한 특징에 현혹되어 우리도 모르는 사이에 우리가 우스꽝스러운 사람이 되어서, 큰 것을 노리면서 쫓아가다 조그마한 것들을 놓쳤다는 평판을 듣지 않도록 말입니다. 자, 생각해 보십시오. 우리 셋이 물살이 아주 센 강 하나를 건너야 한다고, 그리고 셋 중에서 내가 제일 젊고 급류를 접해 본 경험이 많다고 해 봅시
e 다. 그리고 내가 다음과 같이 말한다고 해 봅시다. "우선 나 혼자 시도를 해 봐야 하겠습니다. 당신들은 안전한 곳에 남겨 둔 채 말입니다. 그래서 당신들처럼 나이 많은 사람도 건널 만한 강인지 혹은 어떤지를 볼 것입니다. 건널

42) 891c3 참고.

43) 혹은 '자연에 근거하는 것'이라고도 번역 가능하다.

만하다고 밝혀지면 그때서야 당신들을 불러서 내 경험을
이용해 당신들을 건너게 할 것입니다. 그러나 당신들한테
는 건널 만한 강이 아니라면, 나만 위험을 겪게 된 셈입니
다." 그런 상황에서 나의 말은 적절해 보입니다. 마찬가지
로 지금 우리 앞에 놓인 논증 역시 거칠기 짝이 없으며 당
신들의 힘으로는 거의 접근 불가능합니다. 강물처럼 거칠 893a
게 흐르는 논증과 대답하기에 익숙하지 않은 질문들 속에
서 당신들이 깜깜하고도 멍해지는 어지러움을 느끼지 않
도록 그래서 당신들의 체면과 위신이 망가짐으로써 당신
들이 불쾌감을 느끼지 않도록 나는 이제부터 이렇게 하면
좋을 것 같습니다. 즉, 먼저 내가 나 자신에게 질문을 하
고 당신들은 안전한 곳에서 듣는 것입니다. 그리고 이 질
문에 대해 다시 내가 대답을 하는 것입니다. 이런 식으로
전체 논증을 끝까지 훑어 나가는 것이지요. 혼의 문제가
철저히 다루어지고 혼이 물체보다 선행하는 존재임이 밝
혀질 때까지 말입니다.

클레이니아스: 손님, 당신이 지금 한 말은 우리가 볼 때 아주 좋은 제안입니다. 당신 제안대로 하시지요.

아테네인: 자! 우리가 신들에게 도움을 청해야 한다면 b
지금이 바로 그 시점입니다. 신들의 존재를 증명하기 위해
서는 아주 진지하게 신들에게 도움을 청해야 합니다. 마치
우리가 튼튼한 밧줄을 붙잡은 것처럼, 그렇게 신들의 도움
을 붙잡고서 우리 앞에 있는 논증의 강물 속으로 들어가
봅시다. 자, 이제 내가 이런 주제를 놓고 검토를 받고 있
다고 칩시다. 그러면 다음과 같은 질문이 내게 제기될 터
이고, 이에 대한 가장 안전한 답변은 다음과 같을 것으로

893b

보입니다. 누군가 이렇게 질문한다고 해 봅시다. "손님,
모든 것은 정지해 있고 운동하는 것은 아무것도 없는 건가
요? 아니면 이와는 정반대인가요? 아니면 어떤 것들은 운
c 동하고 어떤 것들은 가만히 있는 건가요?" 나의 답변은 다
음과 같습니다. "아마 어떤 것들은 운동하고 어떤 것들은
가만히 있습니다." "정지한 사물이 정지한 것도, 운동하는
사물이 운동하는 것도, 어떤 공간에서 그러해야 하지 않을
까요?" "물론입니다." "아마 어떤 것들은 단일한 한 지점에
서 운동을 하고, 다른 어떤 것들은 여러 지점에서 운동을
하겠지요." 그러면 우리는 이렇게 말할 것입니다. "중심점
을 움직이지 않도록 유지하는 능력을 지닌 것들은 '단일한
한 지점에서 운동한다'라고 당신은 말하는 건가요? 예를
들어, 원은 돌고 있지만 '정지해 있다'라고 말하는 것처
럼." "그렇습니다." "나아가, 이러한 회전 운동은 가장 큰
원과 가장 작은 원을 동시에 돌게 하고 자기 자신을 작은
원과 큰 원의 비례에 따라 나누어 준다는 것[44]을 우리는
d 알고 있습니다. 따라서 이 원들의 운동은 이 비례에 따
라[45] 더 적거나 더 많게 됩니다. 이런 이유로 원 운동은
모든 놀라운 현상의 원천이 됩니다. 왜냐하면 이런 운동은
큰 원들과 작은 원들 각각의 크기에 대한 비례에 맞추어
빠른 속도와 느린 속도를 동시에 부여하기 때문입니다.[46]

---

44) 다른 말로 표현하면, 원 중심점에서 가까운 점들과 먼 점들은 동일한 시점에서 서로 다른 길이의 반지름을 지닌 원들을 기술한다는 것이다.

45) 다시 말해, 점들이 원 중심점으로부터 떨어진 거리, 즉 점들이 구성하는 반지름 길이에 따라.

46) 《티마이오스》 39a 참고.

이는 사람들이 불가능하다고 믿고 싶은 현상이지요." "정확히 맞는 말입니다." "여러 가지 지점들에서 운동하는 것들에 관해서도 당신은 언급을 했는데, 내 생각에 당신은 한 장소에서 다른 장소로 위치 이동하는 것들을 지시하는 것으로 보입니다. 이런 운동은 때로는 한 점에서 지면과 접촉을 이루기도 하고, 때로는 구르기처럼 여러 점들에서
지면 접촉을 이루기도 합니다. 때때로 대상들은 서로 만납 e
니다. 운동하는 대상이 정지하는 대상과 충돌하면 쪼개지고, 반면에 반대 방향에서 이쪽으로 접근하는 대상과 만나면 이것은 이 대상과 하나로 합체됩니다. 이 둘로부터 중간적 대상 하나가 결합되어 나옵니다. 당신이 말한 대로 그렇게 되리라고 저도 생각합니다." "그것들이 결합해서는 크기가 증가하게 되고, 분리되어서는 크기가 감소하게 됩니다. 단, 각 대상의 원래적인 성질이 남아 있는 경우에만 그렇고, 이 성질의 보존이 실패할 경우에는 결합이나 분리
를 통해 그 대상은 파괴됩니다. 각 사물의 생성이 이루어 894a
질 때마다 거기에 있는 조건은 어떤 것입니까? 명백히 다음 조건입니다. 즉, 최초의 출발점이 크기의 증가를 경험한 후 두 번째 단계로 들어가고, 여기에서 그다음 단계로 들어가고, 마침내 세 단계 모두를 통과해서 지각할 능력이 있는 것들에게 지각대상을 제공하게 됩니다.47) 이 과정이

47) 기하학적 유비로 해석 가능하다. 즉, 기하학적 점(*archê*)으로부터 출발하여〔아리스토텔레스, 《형이상학》(*Metaphysika*) 1.992a20~22 참고〕, 이 점이 '크기의 증가를 경험한 후' 선(線)으로 연장되고, '두 번째 단계로 들어가' 면(面)이 되고, '여기에서 그다음 단계로 들어가' 입체가 됨으로써 마침내 하나의 지각대상으로 생성된다. 이때 최초의 출발점(*archê*)은 또한 최초의 운동을 상징하는 기하학적 이미지로 생각될 수 있으며, 이때의 운동은 그

894a

각 사물이 생성하게 되는 변화와 운동입니다. 사물은 안정적일 때만 정말로 존재하고, 자신의 원래 성질이 변화를 겪게 되는 경우에는 완전히 파괴, 소멸됩니다."

b 친구들이여, 그렇다면 우리는 모든 운동을 다 언급했고, 그 수를 세어서 다 분류한 것이 아니겠습니까? 단 두 가지만 빼고 말입니다.

클레이니아스: 두 가지라뇨?

아테네인: 선생, 바로 이 두 가지 때문에 우리가 지금 이 모든 탐구를 하고 있습니다.

클레이니아스: 좀더 분명히 말씀해 보시지요.

아테네인: 혼 때문에 이 탐구를 하는 것은 맞습니까?

클레이니아스: 물론이죠.

아테네인: 이렇게 구분합시다. 둘 중 한 가지는 항상 다른 것들을 움직이게 할 수는 있지만 자신은 항상 움직이게 할 수 없는 운동 종류입니다. 다른 한 가지는 항상 자기 자신과 동시에 다른 것들을 움직이게 할 수 있는, 즉 결합과 분리 혹은 증가[48]와 감소 혹은 생성과 소멸에 의
c 해 움직이게 할 수 있는 운동 종류입니다. 이 두 가지는 운동의 전체 집합에 속하는 서로 구분되는 부분입니다.

클레이니아스: 동의합니다.

아테네인: 항상 다른 것을 움직이게 하고 다른 것에 의

어떤 공간적 차원(*dimension*)도 필요로 하지 않는 운동이다. 아마도 혼의 운동은 이 출발점이다. 896b2 '혼은 운동의 출발점이다', 그리고 892a6~7 '(혼은) 물체 대상의 모든 변화와 형태변환을 지배하는(*archein*) 가장 중요한 것'이라는 언명 참고.

48) '성장'으로도 번역 가능하다.

해 변화되는 운동을 아홉 번째 운동으로 합시다. 그리고 자기 자신과 동시에 다른 것을 움직이게 하고, 모든 작용과 겪음에 적응하며, 정말로 모든 사물의 변화와 운동의 원천이라 불리는 운동이 있습니다. 이것을 열 번째 운동으로 명명합시다.[49]

클레이니아스: 그렇게 합시다.

아테네인: 이제 이 열 가지 운동들 중에서 어떤 것이 정 d
말로 가장 강력하고, 활동적인 운동이라고 특별히 인정해야 할까요?

클레이니아스: 자기 자신을 움직이게 할 수 있는 운동은 무한할 정도로 월등하고, 다른 모든 종류의 운동은 열등하다고 주장할 수밖에 없습니다.[50]

아테네인: 좋은 대답입니다. 그럼 조금 전에 우리가 부정확하게 말했던 논점들을 한두 개 정도 바로잡아야 하지 않겠습니까?

클레이니아스: 부정확하다니요, 어떤 것들입니까?

아테네인: '열 번째 운동'이라는 표현은 정확하지 않습니다.

클레이니아스: 왜 그렇죠?

아테네인: 그 운동은 기원과 힘에 있어서 사실 첫 번째라
는 것이 논증될 수 있습니다. 반면에 이를 따르는 다음의 e
운동은 두 번째 운동입니다. 이것을 우리는 조금 전에 이상

---

49) 나머지 여덟 가지 운동은 실상 아홉 번째 운동의 하위 종류들이다. 이것들은 아마도 ① 단일한 한 지점에서의 운동(893c6), ② 위치 이동(893d6~9), ③ 결합, ④ 분리, ⑤ 증가, ⑥ 감소, ⑦ 생성(894a1~5), ⑧ 소멸(894a7)이다. 여덟 가지 운동의 목록을 다른 식으로 구성할 가능성에 관해서는 잉글랜드(2. 469) 참고.

50) 《티마이오스》 89a1~4 참고.

894e

한 표현으로 '아홉 번째'라고 부르기는 했지만 말입니다.

클레이니아스: 무슨 의미로 하시는 말씀인지요?

아테네인: 이런 의미입니다. 어떤 것이 다른 한 사물에
변화를 일으키고, 재차 이것이 또 다른 한 사물에 변화를
일으키고, 또 계속 이렇게 진행되면, 이러한 연쇄 안에서
변화의 첫 번째 원인이 나올 수 있나요? 어떻게 해서 다른
것에 의해 움직이게 되는 것이 변화를 일으키는 원인들의
첫 번째가 될 수 있나요? 이는 불가능합니다. 그러나 어
떤 것이 자기 자신을 움직여서 다른 것에 변화를 일으키
895a 고, 재차 이것이 또 다른 것에 변화를 일으키고, 또 계속
이렇게 진행하여 그 이후 수만 개의 운동이 전이된다고
해 봅시다. 그러면 이 운동들 전체의 연쇄에는 어떤 출발
점이 있는 것이고, 이 출발점은 자기 자신을 움직이는 바
로 그 변화입니다.[51]

클레이니아스: 아주 훌륭하게 말씀하셨습니다. 동의할 수밖에 없는 말입니다.

아테네인: 이제 이 논점을 다음과 같이 좀 다르게 서술
하고 다시 한 번 우리 자신의 질문에 대답해 봅시다. 대부
분의 저 이론가들[52]이 대담하게 주장하는 대로, 만일 모
든 사물이 하나로 합쳐져 정지한다면,[53] 언급된 운동들
중 어떤 운동이 그 안에서 첫 번째 운동으로 생겨날 수밖
b 에 없습니까? 자기 자신을 움직이게 하는 운동입니다. 왜
냐하면 그런 것들에는 한 사물이 다른 사물로부터 전이된

51) 《파이드로스》 245c 참고.

52) 888e에 언급된 무신론자들.

53) 《테아이테토스》 180e, 183e; 《파이드로스》 245e 참고.

운동 변화의 자극을 경험하는 일이란 있을 수 없기 때문입니다. 그런 것들에서는 애초에 운동 변화에 대한 어떤 선행적 자극이 존재하지 않기 때문입니다. 그렇다면 자기 자신을 움직이게 하는 운동은 모든 운동의 출발점이고 정지해 있는 사물들 중 첫 번째로 생기며 운동하는 사물들 중 순서상 첫 번째입니다. 이 운동은 모든 운동 중 가장 오래된 것이며 가장 강력한 것이라고 우리는 주장할 수밖에 없습니다. 반면에 다른 것에 의해 변화를 겪고 또 이 운동을 다른 것에 전이하는 운동은 그다음에 오는, 두 번째 운동입니다.

클레이니아스: 참으로 맞는 말씀입니다.

아테네인: 자, 우리는 이제 우리 논의에서 이 지점까지 c
도달했으므로, 다음 문제에 대답해 봅시다.

클레이니아스: 무슨 문제인지요?

아테네인: 우리가 이 운동[54]이 흙으로 된 것에서 혹은 물로 된 것에서 혹은 불로 된 것에서 — 이것들이 서로 결합되든 서로 분리되든 — 생겨난 것을 볼 경우 이 대상의 상태는 어떤 것이라고 우리는 말합니까?

클레이니아스: 당신은 내게 이런 것을 질문하는 건가요? 즉, 한 대상이 스스로를 움직이면, 그것은 '살아 있다'고 우리가 말할 것인지 말입니다.

아테네인: 그렇습니다.

클레이니아스: 당연히 살아 있는 것입니다.

아테네인: 그럼 어떤 사물 안에서 우리가 혼을 본다면,

---

54) 자기 자신을 움직이게 하는 운동.

상황은 정확히 똑같지 않을까요? 즉, 그것은 살아 있다고 우리는 인정해야 합니다.

클레이니아스: 예, 똑같습니다.

d **아테네인**: 그런데 잠깐만! 각 사물에 대해서 당신은 세 가지를 알아볼 준비가 되어 있을 거라고 나는 생각합니다.

클레이니아스: 무슨 말인지요?

아테네인: 하나는 존재, 다른 하나는 존재의 정의, 나머지 하나는 그것의 이름입니다.[55] 따라서 각 존재하는 것에 대해서 특별히 두 가지 질문이 있게 됩니다.

클레이니아스: 두 가지라뇨?

아테네인: 우리는 어떤 때에는 이름을 먼저 놓고 그것의 정의를 알기를 원하고, 또 어떤 때에는 정의를 먼저 놓고 그것의 이름을 알기를 원하기도 합니다.

클레이니아스: 그렇다면 내 생각에는 아마 다음과 같은 점을 우리가 말하고자 할 것 같습니다.

아테네인: 어떤 점을 말씀하시나요?

e **클레이니아스**: 일반적으로 사물은 두 가지로 나누어진다는 점이며, 이 점은 수도 마찬가지입니다. 수의 경우 '짝수'라는 이름이 있고, 또 '동일한 두 부분으로 나누어질 수 있는 수'라는 정의가 있습니다.

아테네인: 그렇습니다. 그 점이 내가 뜻하는 바입니다.[56] 그렇다면 우리는 어느 쪽 방식이든, 즉 이름을 먼

55) 12권 964a6~8; 《테아이테토스》 201e~202c; 《소피스트》 218b~c; 《정치가》 267a, 271c; 《일곱째 편지》 342a 참고.

56) 이 두 문장은 필사본에서 바로 붙어 쓰여 있으므로 한 화자의 언표로 보는 게 자연스럽다. 따라서 슈나이더(C. E. Schneider)를 따라 "그렇다면

저 주고 정의를 물어보든 아니면 정의를 먼저 주고 이름을 물어보든 동일한 존재에 관해 말하고 있는 것 아닙니까? 예컨대 우리가 '짝수'라는 이름을 사용하든, '두 부분으로 나누어질 수 있는 수'라는 정의를 사용하든 우리는 동일한 존재에 관해 말하는 것입니다.

클레이니아스: 바로 그렇습니다.

아테네인: 그럼 '혼'이라는 이름의 정의는 무엇입니까? 조금 전의 표현 말고는 다른 정의는 없습니다. 즉, 그것 896a
은 '자기 자신을 움직이게 할 수 있는 운동'이지요?[57]

클레이니아스: 당신 말에 따르면, 우리 모두가 '혼'이라고 이름을 붙인 존재는 '자기 자신을 움직이게 함'이라는 표현으로 정의된 바로 그 대상이라는 것이지요?

아테네인: 그렇습니다. 이 정의가 사실이라면 우리 논의에는 아직도 아쉬운 뭔가가 남아 있을까요? 혼은 모든 존재했던 것과 존재하는 것과 존재하게 될 것 그리고 이와 반대되는 모든 것[58]의 첫 번째 생성 및 운동과 동일하다
는 점이 충분히 증명되지 않았나요? 혼은 모든 것의 모든 b
변화와 운동의 원인임이 밝혀졌으니 말입니다.

클레이니아스: 아쉽냐고요? 전혀 그렇지 않습니다! 혼은 운동의 출발점이기에 모든 것 중에서 가장 오래된 것이라

… 말하고자 할 것 같습니다"와 "일반적으로 … 있습니다"는 클레이니아스의 언표로, "어떤 점을 말씀하시나요?"와 "그렇습니다"는 아테네 손님의 언표로 읽는 것이 온당하다.

57) '혼'과 '자기 운동'을 동일하게 놓는 아이디어는 《파이드로스》 245c～e의 혼 불멸 논증에도 출현한다.

58) 소멸했던 것, 소멸하는 것, 소멸하게 될 것.

는 점이 아주 충분히 증명되었으니 말입니다.

아테네인: 그렇지만 한 사물이 스스로가 아닌 다른 것을 통해 운동하게 될 때에는 그것은 자기 자신을 움직이게 하는 능력을 결코 부여받지 못합니다. 그런 운동은 두 번째이거나 심지어 거의 꼴찌나 다름없어서 당신은 얼마든지 그 지위를 격하시킬 수 있을 정도입니다. 왜냐하면 그런 운동은 말 그대로 '혼이 없는' 물체의 변화에 불과하기 때문입니다.

클레이니아스: 옳은 말씀입니다.

c 아테네인: 혼은 물체보다 먼저 생성되었고, 물체는 두 번째 혹은 나중의 것이고, 혼은 지배하지만 물체는 본성상 지배당한다는 우리의 언명은 옳고, 타당하고, 가장 참되고, 가장 완전합니다.

클레이니아스: 완전히 참입니다.

아테네인: 이제 앞에서[59] 우리가 동의했던 논점을 기억합시다. 즉, 혼이 물체보다 더 오래된 것이라는 점이 밝혀진다면, 혼에 속하는 것들도 물체에 속하는 것들보다 더 오래된 것이라는 논점 말입니다.

클레이니아스: 그렇습니다.

아테네인: 습성, 성격, 바람, 추론, 참된 의견, 보살핌,
d 기억은 물체적 길이, 폭, 깊이, 강도(强度)보다 앞서 생성된 것일 겁니다. 혼이 물체보다 오래된 것이라면 말입니다.

클레이니아스: 반드시 그러합니다.

아테네인: 그렇다면 이제 다음 논점에 동의할 수밖에 없

59) 892a 참고.

지 않겠습니까? 즉, 우리가 혼을 모든 것의 원인으로 놓는다면, 혼은 좋음과 나쁨, 아름다움과 추함, 정의로움과 부정의 그리고 일반적으로 모든 상반되는 것의 원인이라는 점 말입니다.

클레이니아스: 물론입니다.

아테네인: 혼은 도처에 운동하는 모든 것 안에 거주하면 e
서 다스리기 때문에 하늘 또한 다스린다고 말할 수밖에 없지 않겠습니까?

클레이니아스: 그럼요.

아테네인: 하나의 혼입니까, 아니면 하나보다 많은 혼입니까? 당신 둘을 대신해 내가 대답하지요. 하나보다 많은 혼입니다. 어쨌든 둘보다 작은 수를 택하지는 맙시다. 이럴 경우 하나는 좋은 일을 하는 혼이고, 다른 하나는 그 반대의 일을 할 수 있는 혼입니다.[60]

클레이니아스: 아주 옳은 말씀입니다.

아테네인: 좋습니다. 따라서 혼은 자기 자신의 운동을
통해 하늘과 땅과 바다의 모든 것을 이끕니다. 혼 자신의 897a
운동들의 이름은 바람, 고찰, 보살핌, 숙고, 옳은 의견 혹은 거짓 의견, 기쁨과 괴로움, 대담함과 두려움, 사랑과 증오입니다. 혼은 또한 이와 유사한 모든 운동이나 일차적 운동들을 사용합니다. 이 운동들은 물체의 이차적인 운동들을 재차 넘겨받아 모든 것이 증가 혹은 감소하도록 그리고 결합 혹은 분리되도록 이끌고, 이로부터 뜨거움과

60) 플라톤이 여기서 '나쁜 세계 혼', 심지어 '악마적 신'을 언급하는지에 관한 문제에 대해서는 프리드랜더(Friedländer 1975, 407 이하)와 잉글랜드(2. 475~476) 참고.

897a

차가움, 무거움과 가벼움, 거칢과 부드러움, 흑과 백, 달
b 콤함과 쓴 맛이 따라 나오도록 합니다. 이 모든 것을 혼은 사용합니다. 혼이 신적인 지성을 받아들여 그 자체가 정말로 신적인 존재가 됨으로써[61] 모든 것이 올바르고 행복한 것이 되도록 옆에서 돌보고 이끄는 경우에도 그렇고, 그 반대로 어리석음[62]과 결합하여 모든 점에서 이와는 반대되는 결과가 나오도록 하는 경우에도 그렇습니다. 우리는 이것이 사실이라고 받아들일까요? 아니면 사실이 아닌 것 같아 아직도 의심이 되나요?

클레이니아스: 결코 의심하지 않습니다.

아테네인: 자, 그럼, 어떤 종류의 혼이 하늘과 땅과 그리고 이것들의 전체 회전에 대한 지배력을 획득하게 되었다고 우리는 말해야 할까요? 분별 있고 덕으로 가득 찬 혼
c 입니까, 아니면 둘 다를 가지지 않은 혼입니까? 이에 대한 답변은 다음과 같으리라고 우리는 기대하겠죠?

클레이니아스: 어떻게 말입니까?

아테네인: 선생, 이렇게 말해야 하지 않겠습니까? 즉, 하늘 전체와 하늘에 있는 모든 것의 행로와 운행이 지성의 운동, 회전, 헤아림과 유사한 본성을 가지고 있고[63] 또 실제로 그와 비슷한 방식으로 작동한다면, 최선의 혼

---

61) 디에의 판독(1956)을 따라 'theion orthôs theos ousa'로 읽었다. 참고로 버넷의 판독을 취한다면 'theon orthôs theois'가 되며, 이 경우에 이 구절은 '신들에 대해서도 정말로 신적인 존재인 지성을 혼이 받아들임으로써 모든 것이 …'로 번역된다. 이 구절에 대한 여러 판독 가능성들에 관해서는 잉글랜드 2권의 주 476 참고.

62) '어리석음'의 원어는 'a-noia', 즉 지성이 결여된 것이다.

63) 《티마이오스》 34a~b, 37a~c, 40a 이하, 47b 이하, 90c 이하 참고.

이 전체 우주를 돌보고 또 이것을 최선의 행로로 이끈다고 우리가 인정해야 하는 것이 명백합니다.

클레이니아스: 맞는 말씀입니다.

아테네인: 만일 우주가 미친 듯이 그리고 무질서하게 운 d
행한다면, 나쁜 혼이 이끈다고 말해야 할 것입니다.

클레이니아스: 그 또한 옳은 말씀입니다.

아테네인: 그럼 지성의 운동이 가지는 본성은 어떤 것입니까? 친구들이여, 이 질문에 대해서 현명한 대답을 제시한다는 것은 어려운 일입니다. 그러니 당신들의 답변에 도움이 되도록 당신들이 지금 나의 지원을 요청하는 것은 정당합니다.

클레이니아스: 좋은 말입니다.

아테네인: 우리가 답변을 할 때, 우리가 지성을 사멸하는 눈으로 충분히 볼 수 있고 이해할 수 있다고 상정하지 맙시다. 그것은 마치 태양을 정면으로 쳐다봄으로써 밝은 한낮에 우리 눈이 어둡게 되는 일과 같은 것입니다.[64] 그 e
것은 우리가 지성을 사멸하는 눈으로 충분히 볼 수 있고 이해할 수 있다고 상정하는 것과 똑같은 것입니다. 탐구 대상의 모상을 바라본다면 우리 눈은 다치지 않고 바라볼 수 있을 겁니다.

클레이니아스: 무슨 말인지요?

아테네인: 저 열 가지 운동들 중에서 지성과 닮은 운동 하나를 선택해 이를 모상으로 삼는 것입니다. 나는 이 운동을 당신들과 함께 기억을 통해 불러내 공동의 답변을

64) 《국가》 7권 516e; 《파이드로스》 99d 참고.

897e

하도록 하겠습니다.

클레이니아스: 아주 훌륭한 말입니다.

아테네인: 그때 말했던 점들 중에서[65] 어쨌든 다음은 우리가 여전히 기억하고 있지요? 즉, 모든 것 중 어떤 것은 운동하고, 어떤 것은 정지해 있다고 우리가 상정했던 점 말입니다.

클레이니아스: 기억합니다.

아테네인: 운동하는 것들 중 어떤 것들은 단일한 장소에
898a 서 운동하고, 다른 것은 여러 가지 지점에서 운동한다는
점도 기억합니까?

클레이니아스: 그렇습니다.

아테네인: 이 두 운동 중에서 단일한 장소에서 일어나는 운동은 한 중심점을 둘러싸는 지속적인 회전 운동일 수밖에 없습니다. 마치 선반(旋盤)에 붙어 있는 원반처럼 말입니다. 이런 종류의 운동이 지성의 회전 운동과 모든 점에서 최대한으로 가깝고 비슷한 것입니다.

클레이니아스: 무슨 말인지요?

아테네인: 지성과 단일한 장소에서 일어나는 운동, 이 두 가지의 운동 모두는 규칙적이고, 일정하며, 똑같은 장소에서 일어나고, 똑같은 중심점을 둘러싸며, 같은 것에 관계한다는 것 그리고 단일한 계획과 질서에 따른다고 우
b 리가 말한다면, 그리고 우리가 이 둘 모두를 선반에서 돌
고 있는 구(球)와 비교한다면, 우리는 언어적으로 아름다운 모상을 다루지 못하는 실력 없는 장인으로 보일 것 같

---

65) 893b 이하 참고.

지는 않습니다.

클레이니아스: 아주 옳은 말씀입니다.

아테네인: 반면에 결코 일정하지도, 규칙적이지도, 똑같은 장소에서 일어나지도, 똑같은 중심점을 둘러싸지도, 같은 것들에 관계하지도, 단일한 장소에서 일어나지도 않는 그리고 조화와 질서와 계획을 갖추도록 조직되지도 않은 운동은 모든 종류의 어리석음과 결합된 것이겠지요?

클레이니아스: 틀림없이 그럴 것 같습니다.

아테네인: 그럼 이제 아무 어려움 없이 다음과 같은 점 c
을 명시적으로 말할 수 있습니다. 즉, 우리가 볼 때 모든 것을 회전하게 하는 것은 혼이기에, 하늘의 회전은 최선의 혼이 이를 돌보고 조직하기 때문에 일어날 수밖에 없거나, 그게 아니면 최선의 혼과 반대되는 혼 때문에 그런 일이 일어날 수밖에 없다고 말해야 한다는 점입니다.

클레이니아스: 손님, 지금까지 말한 것으로 볼 때, 덕 전체를 가진 하나 혹은 여러 혼이 이런 회전을 하게 한다는 것을 부인하고 다른 이야기를 한다는 것은 불경한 일입니다.

아테네인: 클레이니아스, 당신은 아주 훌륭하게 내 말을
경청했군요. 그럼 아울러 다음 말도 경청해 보십시오. d

클레이니아스: 어떤 말이지요?

아테네인: 혼이 태양과 달 그리고 나머지 별들, 즉 이 모든 것을 함께 회전시킨다면, 혼 또한 이것들 각각을 회전시키는 것 아니겠습니까?

클레이니아스: 물론입니다.

아테네인: 한 가지 예를 들어 말해 봅시다. 그럼 이 말

898d

은 다른 모든 천체 대상에도 명백히 적용될 것입니다.

클레이니아스: 어떤 예입니까?

아테네인: 태양입니다. 태양의 몸은 어떤 인간이라도 볼
수 있지만 태양의 혼은 아무도 보지 못합니다. 그뿐만 아
니라 살아 있든지 죽어가고 있든지 간에 동물의 혼은[66] 결
e 코 볼 수 없습니다. 하지만 혼이 우리의 어떤 신체적 감각
에 의해서도 결코 감각되지 않는다고 하더라도 혼이 우리
를 감싸고 있다는 사실 그리고 오직 지성에 의해서만 인식
가능하다는 사실을 믿고 기대할 만합니다. 그럼 지성과 이
해력으로 태양에 관해 다음과 같은 것을 파악해 봅시다.

클레이니아스: 어떤 것입니까?

아테네인: 혼이 태양의 운동을 이끈다고 해 봅시다. 그러면 혼은 다음 세 가지 중 하나를 한다고 우리가 말한다면, 우리는 틀린 것이 아닐 것입니다.

클레이니아스: 세 가지는 어떤 것들입니까?

아테네인: 혼은 눈에 보이는 이 구형의 물체 안에 거하
면서[67] 혼이 가는 모든 방향에 이것을 데리고 다닙니
다.[68] 우리의 혼이 우리를 모든 곳으로 데리고 다니듯 말
899a 입니다. 혹은 혼은, 어떤 자들이 주장하는 것처럼, 불이
나 물과 같은 것으로 자기 자신의 물체를 마련한 후 바깥
에서부터 물체로 물체를 밀어내는 방식으로 태양을 움직
이게 합니다.[69] 혹은 혼은 전적으로 물체가 없는 것이지

---

66) 문자적 번역은 '동물의 신체(*sôma*)의 혼은'이다.

67) 바로 위 구절에서 출현하는 '감싸고 있다'는 표현과 비교할 것.

68) 《티마이오스》 34b 참고.

69) 《크리티아스》 109b~c(이 두 번째 선택지가 기각되는 구절) 참고.

만 대단히 경이로운 어떤 힘을 가지고 있으므로 태양을 움직일 수 있습니다.

클레이니아스: 예, 맞습니다. 혼이 만물을 이끄는 것은 이 세 가지 중의 하나가 되리라는 것은 필연적입니다.

아테네인: 여기서 잠깐만![70] 이 혼이 태양 안에 거하면서 태양을 마치 마차처럼[71] 몰아 우리 모두에게 빛을 가져다주든, 태양 바깥에서 그렇게 하든, 다른 방식을 통해서 그렇게 하든, 모든 사람은 이 혼을 신으로 간주해야 합니다. 그렇지 않습니까?

클레이니아스: 예, 맞습니다. 그렇게 간주하지 않는 자 b
는 극단의 어리석음에 빠진 자입니다.

아테네인: 이제 모든 별과 달, 연과 월, 모든 절기에 대해 생각해 봅시다. 태양에 대해 말했던 똑같은 말 말고는 어떤 말을 우리가 할 수 있겠습니까? 혼 혹은 혼들이 이 모든 것의 원인이라는 것 그리고 모든 덕을 갖춘 선한 존재라는 것이 명백해졌기에 우리는 이 존재들을 신이라고 말하지 않겠습니까? 이것들이 물체에 살아 있는 것으로 거하면서 하늘 전체를 이끌고 조직하든지, 아니면 어떤 다른 방식으로 그렇게 하든지 간에 말입니다. 이 점에 동의하면서도 '모든 것은 신들로 가득 차 있다'[72]라는 말을 계속해서 부인할 사람이 있겠습니까?

클레이니아스: 그런 사람은 없습니다, 손님. 그 정도로 c

70) 필사본 전통을 따르지 않고 베리의 제안을 따라 'dêta meinon'으로 읽었다.

71) 《티마이오스》 41e 참고.

72) 자연철학자 탈레스의 말로 전해진다〔아리스토텔레스, 《영혼에 관하여》(*Peri psychēs*) 1. 411a8〕.

899c

정신 나간 사람은 없습니다.

아테네인: 메길로스와 클레이니아스, 그렇다면 지금까지도 신에 대한 믿음을 거부한 자에게 어떤 조건의 말을 제시하여 이 사람의 문제를 해결하도록 합시다.

클레이니아스: 어떤 조건이지요?

아테네인: 이 사람은, 혼은 모든 것의 생성의 첫 번째 원인이라는 우리의 전제와 논변이 잘못되었다는 점 그리고 이로부터 나온 우리의 추가적인 말들도 마찬가지로 잘못되었다는 점을 증명해야 한다는 조건입니다. 그러나 그가 더 나은 논변을 하지 못한다면, 그는 우리의 말을 따라 신들에 대한 믿음을 남은 생애 동안 지니면서 살아야 합
d 니다. 그렇다면 신들에 대한 믿음을 거부하는 자들에 대해 우리가 했던 신의 존재에 대한 논증들을 살펴봅시다. 이 논증들은 이미 충분합니까, 아니면 뭔가 부족합니까?

클레이니아스: 손님, 조금도 부족하지 않습니다.

아테네인: 그렇다면 신의 존재를 믿지 않는 자들에 대한 우리의 논변은 이 정도로 끝을 맺도록 합시다. 그런데 신의 존재를 믿기는 하나 신들은 인간사에 관해 신경을 쓰지 않는다고 생각하는 자가 있습니다. 이자에 대해서는 다음과 같이 충고해야 할 것입니다. 즉, 우리는 그자에게 이렇게 말합시다. "선생, 신의 존재에 관한 당신의 믿음은 아마도 신과 당신 사이의 친족 관계로부터 나왔습니다. 아마도 이 친족 관계가 당신을 친족인 신들을 존경하도록
e 그래서 그들의 존재를 인정하도록 이끕니다. 당신이 신에 대해 불경한 태도를 지니는 것은 사적·공적 영역에서 부정의한 나쁜 인간들의 행운을 당신이 보기 때문입니다.

그들의 행운은 사실 행복이 아니고 단지 대중의 평판에
의해 행복한 것이라고 여겨지지만, 이 평판은 빗나간 것
입니다. 그런 행운은 시가를 비롯한 모든 종류의 문학적
이야기들에서 칭송받지만 이는 모두 옳지 않습니다. 혹은
아마도 당신은 인생의 마지막 시점을 아주 큰 명예 속에
서 누리는 그리고 이 명예를 자식들의 자식들에게 유산으
로 남기는 노인들도 보게 됩니다. 당신은 이 모든 이의 수 900a
많은 불경한 그리고 무서운 행동들에 대해 들어서 알고
있을 수도 있고 혹은 이들의 그런 몇몇 행동들을 당신 눈
으로 직접 목격해서 알고 있을 수도 있습니다. 어떤 식으
로 알고 있든지 간에 당신의 마음이 지금 혼란스러운 것
은 바로 그들이 이런 행동들을 통해 별 볼 일 없는 위치에
서 절대 권한의 자리와 참주(僭主)의 지위에 오르게 되었
다는 것을 알게 되었기 때문입니다. 그렇다면 이런 모든
일이 일어난다고 해서 신들을 이런 일의 원인으로 탓하려
는 마음이 당신에게 있지 않다는 것은 분명합니다. 당신
은 신들과 친족 관계이기 때문입니다. 그러나 이해가 되 b
지 않기도 하고, 또 그렇다고 해서 신들에게 화를 낼 수도
없기에 당신은 지금의 마음 상태에 도달한 것입니다. 즉,
당신이 볼 때 신들은 존재하지만 이들은 인간사를 무시하
며 신경을 쓰지 않는다는 거죠. 그렇다면, 신에 관한 당
신의 지금 마음이 더 심각한 불경의 태도로 자라지 않기
를 우리는 바랍니다. 그리고 말하자면 그런 마음의 질병
이 아직 초기 단계에 있을 때, 우리가 논증으로 이에 맞서
싸워 제거할 수 있기를 바랍니다. 따라서 신의 존재를 전
적으로 믿지 않는 자에 대항해 논구되었던 우리의 원래

논증을 다음 논의 단계에 연결해서 사용하도록 시도합시
c 다." 클레이니아스와 메길로스여, 당신들은 예전에 했던 것처럼 우리의 젊은이 역할을 맡아 대신 답변해 주십시오. 논의 중에 어떤 어려움이 발생한다면, 이전처럼 내가 그 역할을 당신들 두 사람으로부터 떠맡아 강을 건너게 해줄 것입니다.[73)]

클레이니아스: 맞는 말입니다. 그렇게 하십시오. 우리는 최대한 당신의 제안을 따르겠습니다.

아테네인: 신들은 큰일 못지않게 작은 일에도 신경을 쓸 뿐 아니라 아마도 작은 일에 더욱 신경을 쓴다는 점을 우리의 젊은이에게 보여 주는 일은 아마 그리 어려운 일은 아닐
d 것입니다. 그는 조금 전 여기 있었고, 신들은 덕 전체에 있어 선한 존재이며 그들 자신의 고유한 일은 만물을 돌보는 것이라는 우리의 논의[74)]를 들었기 때문입니다.

클레이니아스: 예, 그는 확실히 들었습니다.

아테네인: 그렇다면 이제 저들로 하여금 다음과 같은 점을 우리와 함께 검토하도록 해야 합니다. 즉, 우리가 신들은 선한 존재라고 합의할 때 그들이 가지는 덕은 어떤 것이라고 우리는 생각합니까? 자, 절제 있음 그리고 지성의 소유는 덕에 속하고 그 반대는 악덕에 속한다고 우리는 말하지 않나요?

클레이니아스: 그렇게 말합니다.

e **아테네인**: 그럼, 용기는 덕에 그리고 비겁은 악덕에 속

---

73) 892d 참고.

74) 898c, 899b 참고.

하지요?

클레이니아스: 물론입니다.

아테네인: 이런 것 중 어떤 것은 '추한 것'이라고, 어떤 것은 '아름다운 것'이라고 우리는 말하지요?

클레이니아스: 예, 확실히 그렇습니다.

아테네인: 그런 것 중 천한 것들이 누군가에게 속한다면, 그것 모두는 우리에게 속할 것입니다. 하지만 신들에게는 그런 것은 크든 작든 간에 결코 속하지 않으리라고 우리는 말할 것입니다.

클레이니아스: 그 점에 대해 동의하지 않을 사람은 아무도 없습니다.

아테네인: 자, 다음은 어떻습니까? 소홀함, 게으름, 방만함은 혼의 덕에 속하는 것으로 놓을까요? 그게 아니면 당신 생각은 어떻습니까?

클레이니아스: 어떻게 그럴 수 있습니까?

아테네인: 그 반대에 속하겠죠?

클레이니아스: 예.

아테네인: 또 이런 것과 반대되는 것은 덕에 속하겠죠? 901a

클레이니아스: 예.

아테네인: 자, 그럼 소홀하고 게으르고 방만한 모든 사람은 우리가 볼 때 옛 시인이 '침 없는 수벌과 다름없는 자'[75] 라고 표현했던 그런 종류의 사람[76] 아니겠습니까?

클레이니아스: 매우 적절한 표현입니다.

---

75) 헤시오도스, 《일과 날》 303.

76) 'ho'를 삭제해 'toioutos'만 읽었다.

901a

아테네인: 따라서 신은 신 자신이 싫어하는 성격의 소유자라고 말해서는 안 됩니다. 그리고 그런 의견을 발설하고자 하는 그 어떤 시도도 승인되어서는 안 됩니다.

클레이니아스: 물론입니다. 어떻게 그럴 수 있습니까?

b **아테네인**: 뭔가를 위해서 행하고 돌보는 일이 특별히 알맞은 그런 자가 있지만, 이자가 큰일을 돌보는 데에만 마음을 쓰고 작은 일은 소홀히 한다고 해 봅시다. 그런 자를 칭찬하는 것은 어떤 근거에서도 용서할 수 없는 실수가 됩니다. 사안을 다음과 같이 살펴봅시다. 행위자가 신이든 인간이든, 그런 행위에는 두 가지 종류가 있지 않겠습니까?

클레이니아스: 두 가지라뇨, 어떤 것들이죠?

아테네인: 한 경우는 행위자가 작은 일을 소홀히 다룬다 하더라도 이것이 일 전체에는 별 영향이 없다는 생각을
c 하는 경우입니다. 다른 경우는, 작은 일이 중요하기는 하지만 행위자가 나태함과 방만함으로 이를 소홀히 다루는 경우입니다. 소홀함의 다른 가능성이 있습니까? 물론 모든 것을 돌보는 것이 단순히 능력상 불가능하다고 한다면, 즉 어떤 신이나 어떤 신통치 않은 사람이 큰일이든 작은 일이든 간에 이것에 대한 힘이 부족해 돌보는 능력이 없는 경우에는, 이런 자에 대해서는 '소홀'의 문제가 제기되지 않을 것입니다.

클레이니아스: 맞습니다. 어떻게 그럴 수 있습니까?

아테네인: 자, 우리의 두 반대자가 우리 세 사람의 질문
d 에 대해 답변하게끔 합시다. 두 반대자 모두가 신의 존재에는 동의하지만, 한 사람은 신의 마음은 애원해서 얻을

수 있다고 생각하고, 다른 한 사람은 신은 작은 일을 소홀히 다룬다고 생각합니다. 우선, 당신 두 사람은 다음을 인정합니까? 즉, 신들은 모든 것을 알고, 보고, 듣고 있다는 점 그리고 우리의 지각과 앎에 있는 모든 것은 신에게는 숨길 수 없다는 점 말입니다. 이것이 사실이라고 인정합니까, 아니면 어떻습니까?

클레이니아스: 인정합니다.

아테네인: 다음으로, 죽을 운명의 인간과 불사의 존재 모두의 능력 안에 있는 대상이라면 이 대상 모두에 대해서 신들은 능력을 가지고 있겠지요?

클레이니아스: 예. 이것이 사실이라는 것을 저들이 어떻게 부인할 수 있겠습니까?

아테네인: 나아가 우리 다섯 사람은 신들이 선하다는 것 e
그것도 가장 선하다는 것에 이미 합의했지요.[77]

클레이니아스: 확실히 그렇게 했습니다.

아테네인: 그렇다면 신들이 우리가 동의한 그러한 존재라고 한다면, 이들이 어떤 것 하나라도 나태와 방만으로 행한다는 것은 절대로 불가능하다고 동의해야 하지 않겠습니까? 알다시피 우리 인간은 겁을 먹는 것으로부터 무사안일이 생겨나고, 무사안일과 방만으로부터 나태가 생겨납니다.

클레이니아스: 아주 옳은 말씀입니다.

아테네인: 만약 신들이 우주 안의 작고 적은 일을 소홀 902a
히 한다면 남아 있는 가능성은 다음 두 가지뿐입니다. 그

77) 아마 900d에서 했던 합의를 말하는 듯하다. 이와 관련된 내용은 《티마이오스》 29e와 《국가》 2권 379a 참고.

런 작고 적은 일은 그들이 돌볼 필요가 전혀 없다는 것을 그들이 알기 때문에 이를 무시할 가능성이 하나 있습니다. 다른 가능성은, 돌볼 필요가 있다는 것을 그들이 모른다는 것 말고 무엇이겠습니까?

클레이니아스: 예, 다른 가능성은 없습니다.

아테네인: 훌륭하고 뛰어난 분이여, 당신이 말한 것은, 신들은 무지하고 이 무지로 인해 돌볼 필요가 있는 경우에도 신들은 신경을 쓰지 않는다는 뜻으로 우리가 받아들일 수 있을까요? 그게 아니면, 신들은 돌볼 필요는 알고 있지만 형편없는 인간들이 저지른다고 사람들이 말하는
b 바로 똑같은 짓을 행할 수 있나요? 이 인간들은 그들의 실제 행위보다 더 좋은 행위에 대한 가능성이 있다는 사실을 알고 있음에도 쾌락과 고통을 이기지 못해 이를 행하지 못합니다.[78]

클레이니아스: 신들은 그럴 수 없습니다!

아테네인: 그런데 인간사는 혼이 깃든 자연[79]과 관계를 맺고 있으며 또한 인간 자신은 모든 살아 있는 피조물 중 가장 신을 경외하는 존재[80] 아니겠습니까?

클레이니아스: 그렇게 보입니다.

아테네인: 나아가, 죽을 운명을 타고난 모든 살아 있는 피조물은 신의 소유물[81]로 간주되며, 하늘 전체도 신의 소유물입니다.

---

78) 5권 734b; 9권 863b 참고.

79) '자연'에 해당하는 원어 'physis'는 '본성'으로도 번역 가능하다.

80) 《티마이오스》 41e 참고.

81) 906a; 《파이돈》 62b; 《크리티아스》 109b 참고.

클레이니아스: 맞습니다.

아테네인: 이런 것들은 신들의 눈으로 볼 때 작은 것이라고 말하든 큰 것이라고 말하든, 중요하지 않습니다. 이 c
것들이 큰 것이든 작은 것이든 간에 우리를 소홀히 하는 행위는 우리를 소유한 자들에게 어울리지 않을 것이기 때문입니다. 이들은 가장 세심하며 최선의 존재입니다. 이것 외에 우리가 고찰해야 할 다른 점이 있습니다.

클레이니아스: 어떤 것이죠?

아테네인: 지각과 힘에 관한 점입니다. 쉬움과 어려움의 문제에 관해서 이 둘은 본래 서로 반대 관계가 아닌가요?

클레이니아스: 무슨 말인지요?

아테네인: 작은 것을 보거나 듣는 일은 큰 것을 보거나 듣는 일보다 어렵습니다. 그러나 작고 수도 얼마 안 되는 것을 옮기거나 제압하거나 돌보는 일은 큰 것에 대해 그러는 것보다 쉬운 일입니다.

클레이니아스: 예, 훨씬 쉽습니다. d

아테네인: 신체 전체에 대한 치료를 맡은 의사를 생각해 봅시다. 이 의사는 중요한 부분들을 돌보기를 원하고 또 그럴 능력도 있지만, 개별적인 작은 부분들은 소홀히 처리한다고 해 봅시다. 그러면 그가 다루는 신체 전체는 좋은 결과를 얻을 수 있을까요?

클레이니아스: 결코 그럴 수 없습니다.

아테네인: 키잡이, 장군, 가장(家長), '정치가'라 불리는 사람, 일반적으로 이런 종류의 사람이 가끔씩 일어나는 작은 일을 소홀히 처리한다면, 매일 일어나는 중요한 일에서는 그 누구도 좋은 결과를 얻을 수 없을 것입니다. 심 e

902e 지어 석공도 작은 돌 없이는 큰 돌을 잘 쌓을 수 없다고 말합니다.

클레이니아스: 물론입니다.

아테네인: 그러므로 우리는 신을 인간 기술자들보다 형편없는 자로 취급하지 맙시다. 심지어 인간 기술자들도 단일한 기술을 자신들의 고유한 업무로 부과된 모든 일에, 이 일이 큰 것이든 작은 것이든 상관없이 적용하여 처리합니다. 그리고 이들의 솜씨가 훌륭하면 훌륭할수록 그 결과는 더 정확하고 완전합니다. 그런데 가장 지혜롭고, 돌보기를 원하고 또 돌볼 능력도 있는 신은, 작은 것을 돌보기가 쉬운데도 실제로는 이를 전혀 돌보지 않고 큰 것만 돌보
903a 는 자라는 말이 맞나요? 마치 수고스러운 고역에 지쳐 일을 포기하는, 게으르고 겁 많은 인간처럼 말입니다.

클레이니아스: 아닙니다, 손님. 신에 관한 그런 생각을 우리는 결코 받아들여서는 안 됩니다. 그런 생각은 결코 경건하지도 않고, 사실과 부합하는 것도 아닐 것입니다.

아테네인: 항상 신들의 소홀함을 탓하는 자에게 답변하는 우리의 논증은 이제 꽤 만족스러운 것으로 내게는 보입니다.

클레이니아스: 그렇습니다.

아테네인: 어쨌든 우리가 논증으로써 그를 강제해 자신의 말이 잘못되었다고 동의하도록 하는 한에서는 말입니
b 다. 그렇지만 내가 보기에는 아직도 어떤 종류의 이야기가 그를 위한 주문[82]이 되도록 하는 일이 필요합니다.

---

82) 논증을 통한 동의 외에 신화 종류에 속하는 이야기나 음악으로 설득대상에게 주문을 거는 것에 대해서는 2권 659e, 664b, 665c, 666c, 670e;

클레이니아스: 무슨 이야기 말입니까, 선생?

아테네인: 우리는 이 젊은이에게 하는 말을 통해 다음과 같은 것을 설득하고자 합니다.[83] "우주를 돌보는 자는 그 전체가 보존되고 탁월해지도록 모든 것을 조직해 놓았습니다. 우주의 개별적 부분들도 자신의 능력이 닿는 만큼 자신에게 고유한 작용과 겪음을 수행합니다. 이 부분들에는, 심지어 이것들의 능동적인 그리고 수동적인 기능의 가장 작은 단위에까지 지배자들[84]이 각각 배정되어 있어서, 이것들은 우주의 마지막 분할 단위까지 완성하게 됩니다. 딱한 사람아! 당신도 우주의 한 부분입니다. 보잘 c
것없는 작은 부분이지만 어쨌든 지속적으로 전체를 바라보면서 전체에 기여하는 부분입니다. 단지 당신은, 각각의 개별적 생성은 우주 전체를 위해서, 즉 이 전체의 삶이 행복한 존재로 있도록[85] 일어난다는 사실을 망각했을 따름입니다. 그것이 당신을 위해 생기는 것이 아니라 당신이 그것을 위해 생긴다는 것을 망각한 것입니다. 모든 의사와 솜씨 좋은 기술자는 모든 것을 전체를 위해 만듭니다. 즉, 그들은, 부분들이 전체의 최고 공동선에 기여하도록 만들지, 부분을 위해 전체를 만들지는 않습니다. 당 d

6권 773d; 8권 837e; 12권 944b 등에서 여러 차례 언급되었다.

83) '강제'와 '설득'의 대립에 관해서는 의사의 두 모델(4권 720a~e)과 그 해석(722b) 참고.

84) 예컨대 최고신을 돕는 보조적 신적 존재(다이몬)나 그런 성격의 힘들(906a; 4권 713d; 《티마이오스》 41a; 《정치가》 271d; 《파이드로스》 247a 참고).

85) 생성(*genesis*)은 존재(*ousia*)를 위해 일어난다는 아이디어는 《필레보스》 54c 참고.

903d

신이 투덜거리는 것은 당신의 무지 때문입니다. 다시 말해 당신의 현 조건은 우주 전체를 위해서도 최선이지만, 당신과 우주가 함께 가지는 공동 생성의 힘 때문에 당신의 조건은 당신을 위해서 최선이라는 사실을 당신이 모르기 때문입니다. 혼은 각기 다른 시점에 각기 다른 육체와 결합하며, 스스로 부과하든 다른 혼에 의해 부과되든, 모든 종류의 변화를 지속적으로 겪게 됩니다. 그래서 이 상황에서 신적 존재로서의 장기(將棋)를 두는 자는 개선된 성격의 혼은 더 좋은 장소로, 나빠진 성격의 혼은 더 나쁜 장소로 위치 이동시키는 것 외에는 할 일이 없습니다. 이들 각자에게 적절한 방식대로 응당 받아야 할 운명의 몫을 이들이 나누어 받도록 말입니다."

e **클레이니아스**: 무슨 말인지요?

아테네인: 신들의 돌봄이 얼마나 쉬운지를 나는 지적할 수 있으리라 생각합니다.[86] 어떤 이가 항상 우주 전체를 바라보면서 모든 것의 형태를 변환하며 주조하려 한다고 해 봅시다. 예를 들어, 그는 불을 혼이 스민 물로 형태변환하도록 하지, 여럿으로부터 하나를 혹은 하나로부터 여
904a 럿을 만들지는 않습니다. 이런 식으로 사물들이 첫 번째 그리고 두 번째 그리고 세 번째 생성 단계를 거치게 되면, 사물들의 지속적인 형태변환의 질서는 그 수에 있어서 무한해집니다. 그러나 사실 우주를 돌보는 자에게 이런 일은 놀라울 정도로 쉽습니다.

클레이니아스: 그 말은 무슨 말이지요?

86) 902c; 4권 713d 참고.

아테네인: 다음과 같은 말입니다. 우리의 왕은, 모든 행위는 혼의 기능이며 행위들 안에는 덕도 많지만 악덕도 많다는 것 그리고 혼과 신체는[87] 법에 따르는 신들[88]처럼 영원하지는 않지만 그렇다고 해서 — 혼과 신체 중 어느 하나가 파괴되면 살아 있는 그 생물의 생성도 있을 수 없다는 점에서 — 파괴되지도 않는다는 것 그리고 혼의 좋 b
은 요소는 자연적으로 늘 이롭지만 나쁜 요소는 해롭다는 것을 생각했습니다. 그는 이 모든 것을 본 후, 각 부분이 어디에 놓일 때 우주 전체에 걸쳐 가장 쉽고도 가장 효과적인 방식으로 덕의 승리와 악덕의 패배가 결과 될 수 있을지를 궁리했습니다. 이런 전체적인 목적을 염두에 두고 그는 어떤 종류의 지역 안에서 어떤 종류의 장소가 각 혼의 성격 변화에 따라 할당되어야 할지를 고안했습니다. 그렇지만 그는 성격 형성의 원인들을 우리 각자의 바람에 남겨 두었습니다.[89] 대체로 우리의 욕구 방향이 무엇인가 c
그리고 우리의 혼 상태가 어떤 것인가, 바로 여기에 우리 각자가 어떤 종류의 사람으로 변화하는가 하는 문제가 달려 있기 때문입니다.

클레이니아스: 그럴 법합니다.

아테네인: 혼을 나누어 가지고 있는 모든 존재는 변화하며, 변화의 원인은 이것들 자신 속에 있습니다. 이 변화

---

87) '혼과 신체의 결합은'으로도 번역 가능하다.

88) '법에 따르는 신들'. 가장 간단한 해석에 따르면, 해당 지역의 관행적 규범을 인정한 신들. 증명의 부담이 더 큰, 그러나 보다 철학적인 해석에 따르면, 903b '지배자들'에 의해 암시된 보조적 신적 존재(다이몬)들.

89) 《국가》 10권 617e 참고.

904c

를 통해 이들은 운명이 정한 질서와 법에 따라 이동하게
됩니다. 사소한 성격적 요소의 작은 변화는 수평적 공간
d 에서 약간의 장소이동만 초래합니다. 하지만 부정의 쪽으
로 심각한 정도로 변하게 되면, 이른바 '저 아래' 깊은 곳
으로 가게 됩니다. 그곳은 사람들이 '하데스' 혹은 그와 유
사한 이름으로 명명하는 곳이며, 이곳 때문에 사람들은
큰 두려움을 가진 채 생시에도 육체로부터의 분리 후에도
유령에 홀린 듯 꿈을 꾸게 되지요. 자신의 바람과 교제가
주는 막강한 영향으로 인하여 덕이나 악덕이 크게 성장한
혼이 있다고 합시다. 혼이 신적인 덕과의 결합으로 인해
e 뛰어나게 신적인 존재가 된다면, 혼은 보다 좋은 곳으로
안내를 받아 그 전체가 신성하고 뛰어난 장소를 향해 이
동하는 경험을 누리게 됩니다. 그러나 그 반대가 되면 혼
은 자신의 삶을 반대의 장소에 내려놓아야 합니다. 신들
에 의해 소홀히 취급받는다는 생각을 가진 젊은이여,

이것이 올림포스에 거주하는 신들의 판결입니다.[90]

당신이 더 나쁜 사람으로 변하면 당신은 더 나쁜 혼들과
결합하게 되고 더 좋은 사람으로 변하면 더 좋은 혼들과 결
합하게 되어, 살아 있을 때도 죽게 되는 때에도 동일 부류
에 속하는 것들이 서로에게 자연적으로 행하는 것들을 행
905a 하고 겪게 됩니다.[91] 당신도 그리고 불행한 쪽으로 성격이

90) 호메로스, 《오뒤세이아》 19. 43. 'dikê'는 '관행적 규범', '판결', '정의' 등 다양한 그러나 서로 연결되는 뜻을 가짐.

91) 5권 728b 참고.

변한 그 누구도 신들의 이 판결을 피해 갔다고 뻐길 수는 없을 것입니다. 이 판결은 판결 제정자들이 다른 모든 판결보다 특별히 중요한 것으로 제정한 것이기에 누구라도 이 판결 앞에서는 조심해야 합니다. 이 판결은 항상 당신 뒤를 쫓아갈 것이기 때문입니다. 당신 몸을 아무리 작게 하여 땅속 깊은 곳으로 숨는다 할지라도, 혹은 하늘 높이 치솟는다 할지라도 당신은 응당 받아야 할 처벌을 받게 될 것입니다. 당신이 아직 땅 위에 살아 있든, 이미 하데스로 내려가 있든, 혹은 이보다 더 거친 곳으로 이동하였든 상
관없이 말입니다. 똑같은 말이 불행한 상태에서 행복한 상 b
태로 옮겨 갔다고 당신이 상상한 자들에게도 적용됩니다. 이자들은 당신이 목격한 바에 따르면 불경한 짓과 그와 유사한 나쁜 행동으로 별 볼 일 없던 위치에서 권세를 누리는 위치로 옮겨 간 자들입니다. 당신이 생각하기에는 이자들의 행동은 모든 것에 대한 신들의 소홀함을 볼 수 있게끔 비춰 주는 거울과도 같은 것이었습니다.[92] 당신이 그렇게 생각한 것은, 신들의 역할과 기여가 어떤 식으로 우주의
선을 증진시키는지 몰랐기 때문입니다. 당신이 그런 앎은 c
필요 없다고 생각한다면, 당신은 참으로 '용감한' 사람입니다! 그런 앎 없이는 삶의 행복이나 불행에 관해 윤곽조차 그릴 수 없고 또 그런 것에 관한 설명을 할 수 있는 능력도 가지지 못합니다. 신에 관해 당신이 말할 때 무슨 뜻인지 모르고 말을 한다고 여기 클레이니아스와 우리 노인들 전체가 당신에게 말한다면, 이는 다행히 신의 도움이 당신과

92) 899d 이하 참고.

905c

함께하는 셈입니다. 그런데 당신은 추가 설명을 필요로 할
수도 있을 것입니다. 그렇다면 당신이 조금이라도 정신을
차릴 수 있다면 세 번째 반대자에 대한 우리의 말을 경청하
d 십시오. 신들은 존재하고 인간을 돌본다는 것에 관한 우리
의 증명은 그리 나쁘지 않았다고 나는 주장하고 싶습니다.
그렇다면 이제, 부정의를 저지르는 자들은 선물 공세를 통
해 신들의 마음을 살 수 있다는 논제가 남았습니다. 이 논
제는 누구도 인정해서는 안 되며, 이에 대항하여 다시 모
든 능력을 다해 반박해야 합니다.

클레이니아스: 훌륭한 말입니다. 당신의 말대로 그렇게 합시다.

아테네인: 자, 다름 아닌 신들의 이름을 걸고 한번 봅시
다. 신들의 마음을 달래 얻을 수 있다고 가정한다면, 어
e 떤 방식으로 이들을 달랠 수 있습니까? 달래면 이들은 어
떤 자가 되나요? 어떤 종류의 존재가 이렇게 되나요? 자,
하늘 전체를 계속 다스리게 될 자들은 지배자가 되어야
합니다.[93]

클레이니아스: 그렇습니다.

아테네인: 그럼 신들은 어떤 종류의 지배자들과 닮았습니까? 아니, 어떤 지배자들이 신들을 닮았습니까? 큰 것과 작은 것을 서로 비교해 봅시다. 그래서 신들과 닮은 지배자들을 우리가 찾을 수 있는지 봅시다. 경주 마차를 모는 기수가 이들과 닮은 자입니까, 아니면 배를 운전하는 키잡이가 이들과 닮은 자입니까? 혹은 우리는 신들을 군

93) '지배자'에 관해서는 903b 참고.

대 지휘관과 비교할 수도 있을 겁니다. 또는 질병과의 전 a 쟁에서 신체를 보호하고자 하는 의사 혹은 식물의 생장을 방해하는 절기를 걱정스럽게 예측하는 농부 혹은 가축을 돌보는 목동과 비교할 수도 있을 것입니다. 우리는 우리끼리, 우주는 많은 선 그리고 많은 악으로 가득 차 있다는 점 그리고 악이 선보다 많다는 점에 동의했으므로, 우리의 이 전투는 결코 끝나지 않는다는 것[94]과 놀라울 정도의 대단한 경계심과 각성을 요구한다고 주장합니다. 그렇지만 신들과 신령들은 우리의 동맹군이며, 나아가 우리는 신들과 신령들의 소유물입니다.[95] 부정의와 우둔한 방자함은 우리에게 파멸을 가져옵니다. 하지만 정의와 분별있는 절제는 우리에게 구원을 가져옵니다. 이 덕들은 원 b 래 신들의 능력, 그것도 혼이 깃든 능력 안에 자리하고 있지만 이런 덕들의 조그마한 일부가 여기 우리에게도 자리하고 있다는 것을 당신은 분명히 알 수 있습니다. 부정의한 이득을 챙기는 명백히 짐승과도 같은 혼들이 이 땅 위에 살고 있습니다. 이 혼들은 보호자들—경비견들 혹은 목동들 혹은 최고로 높은 지배자들—의 혼 앞으로 달려가 엎어져서는 나쁜 사람들이 내뱉는 언설을 아첨 섞인 말과 주문과도 같은 기도로 바꾸어 그들을 설득합니다. 다른 사람들에게 피해를 주어도 자신들이 남보다 많이 차 c 지하는 것을 허용해 달라고 하지만 그 때문에 벌로써 나쁜 것을 겪는 일은 없게 해달라고 말입니다. 그러나 바로 우리가 지금 명명한 이 잘못, 곧 '남보다 많이 차지하는

94) 904a~b의 덕과 악덕의 대립 아이디어를 참고할 것.

95) 902b8 참고.

것'은 피와 살로 이루어진 신체에서는 '질병'이라고 불리며, 절기와 여러 해를 걸치는 주기에서는 '역병'이라고 불리며, 국가와 정치체제에서는 다른 식으로 변형된 이름, 즉 '부정의'라고 불린다고 우리는 주장합니다.[96]

클레이니아스: 그렇습니다.

아테네인: 따라서 부정의한 행위로부터 나온 이득 중 일부가 신들의 몫으로 주어진다면 이 신들은 부정의를 행하는 부정의한 인간들을 항상 용서한다고 말하는 사람은 틀
d 림없이 다음과 같은 말을 하는 것과 같습니다. 즉, 늑대가 포획한 먹이의 작은 일부를 경비견에게 선물로 주면 경비견은 이에 마음이 풀어져 늑대가 가축들을 약탈하는 것을 눈감아 준다는 말을 하는 것과 같습니다. 신들의 마음을 달랠 수 있다는 말은 바로 이 말 아니겠습니까?

클레이니아스: 바로 그 말입니다.

아테네인: 앞에서 언급한 인간적 보호자들을 다시 봅시다. 어떤 사람이 신들을 이런 보호자들 중 한 유형과 비슷한 자로 비교한다면, 이로 인해 조롱받지 않을 이가 누가
e 있겠습니까? '제주(祭酒)와 불에 구운 기름진 고기로'[97] 스스로 경로를 이탈해서 배와 선원을 좌초하게 하는 키잡이와 비슷합니까?

클레이니아스: 결코 아닙니다.

아테네인: 그렇다면, 경주에 나가서 출발선에 도열해 있

---

96) 'pleonexia'(남보다 많이 차지함, 자신의 몫보다 많이 차지함)가 다양한 영역에서 발생시키는 폐해에 관해서는 《고르기아스》 483d, 507e; 《향연》 188a~b; 《국가》 8권 563e; 《티마이오스》 82a 참고.

97) 호메로스, 《일리아스》 9.500.

지만 뇌물에 넘어가 다른 마차에 승리를 팔아 버리게 될 기수와 비교할 수도 없을 것입니다.

클레이니아스: 신들을 그런 자와 비슷한 자로 비교해서 말하는 것은 아주 나쁜 비교입니다!

아테네인: 군대 지휘관과도, 의사와도, 농부와도, 목동과도, 나아가 늑대에게 홀린 개와도 비교할 수 없습니다.

클레이니아스: 말조심합시다! 그럴 수는 없습니다.

아테네인: 모든 신은 가장 위대한 보호자이며, 우리의 907a
가장 중요한 것을 보호하는 존재 아닙니까?

클레이니아스: 정말 그렇습니다.

아테네인: 가장 훌륭한 것들을 보호하고 그 보호 능력의 덕에서 누구보다 뛰어난 이 보호자들이, 부정의한 자들에 의해 불경스럽게 건네는 선물 앞에서도 정의를 결코 저버리지 않을 경비견이나 보통 인간보다 열등하다고 우리는 말할 수 있습니까?

클레이니아스: 결코 그렇게 말할 수 없습니다. 그런 말 b
은 용납할 수 없습니다. 가지각색의 불경함이 있기는 하지만, 이런 견해를 견지하는 사람은 모든 불경한 자 중에서 가장 불경한 자이자 가장 나쁜 자로 판결 받을 것으로 보이며, 또 이 판결은 아주 정당한 것으로 보입니다.

아테네인: 자 그럼, 우리의 세 가지 논제들은 어떻습니까? 신들은 존재한다는 것, 신들은 우리를 돌본다는 것, 신들은 달래는 시도에 넘어가서 정의를 거스를 가능성이 결코 없다는 것, 이 논제들은 충분히 증명되었다고 우리는 말할 수 있을까요?

클레이니아스: 그렇습니다. 우리는 이 논증에 찬성표를

907b

던집니다.

아테네인: 그렇지만 이 나쁜 자들을 이기겠다는 마음 때문에 우리의 논증이 강한 어조로 표현된 것도 아마 사실일
c 겁니다. 그렇지만 친애하는 클레이니아스여, 우리가 논쟁적인 어조로 이야기한 이유는, 나쁜 자들이 논의에서 이겼을 때 신들에 관해 그들이 갖게 되는 가지각색의 믿음을 토대로 원하는 대로 행동할 수 있는 자유를 가진다고 그들이 생각할 것 같아 그랬습니다. 이 때문에 강하게 표현하고자 하는 의욕이 우리에게 있었던 것입니다. 그렇지만 이 자들이 스스로에 대해서는 싫어하도록 그러나 자신과 반대되는 성격 유형은 소중히 여기는 마음을 갖도록 설득하
d 는 데 우리가 조금이라도 기여를 했다면, 불경죄에 관한 법을 위한 우리의 서곡은 훌륭하게 언급된 셈입니다.

클레이니아스: 그렇게 희망합니다. 하지만 설사 그런 결과가 없다 할지라도 논의주제의 성격으로 입법가가 비난받는 일은 없을 것입니다.

아테네인: 이제 이 서곡 다음에 법의 해석자 역할을 하는 말이 오는 것이 옳습니다. 이 말은 모든 불경한 자에게 그들의 불경한 성향을 버리고 경건한 성향으로 전향할 것을 선언합니다. 그런데 이를 따르지 않는 자에 대해서는 다음과 같은 불경죄 법이 적용되어야 합니다.

e 누군가가 신들에 대해 불경스러운 말이나 행동을 하면, 이를 마주친 사람은 누구라도 관리에게 알림으로써 법을 도와[98] 이를 막아야 합니다. 그러면 이를 알게 된 첫 번

98) 혹은 '신들을 도와'.

째 관리는 이자를 법률에 따라, 이런 사건을 판결하도록
정해진 법정[99]으로 데려가야 합니다. 그런데 만일 한 관
리가 이 사건을 들어 미리 알았음에도 이 의무를 수행하
지 않았다면, 법을 위해 대신 응징하기를 원하는 누구라
도 다름 아닌 이 관리를 불경죄로 기소할 수 있습니다. 유
죄 판결이 나면, 법정은 각각의 불경한 자들을 각 방식대
로 저지른 죄에 대해 따로 분리하여 처벌 수준을 결정합
니다. 징역은 모든 경우에 적용됩니다. 국가에는 세 가지 908a
종류의 감옥이 있습니다. 첫 번째는 대다수 죄수를 위한
일반적 감옥으로서 시장 근처에 있습니다. 여기서는 많은
수의 죄수들이 안전하게 수용됩니다. 두 번째는 '야간위원
회'[100]가 모이는 곳 근처에 있는 감옥으로서 '교화소'(教化
所)로 불립니다. 세 번째는 시골 한복판에 그리고 황량하
고도 아주 거친 장소에 있는 감옥으로서, 이 감옥은 '처벌'
을 암시하는 명칭을 갖습니다.

우리가 이미 기술했듯이 사람들은 세 가지 이유로 불경 b
죄에 빠지고, 또 이 각각은 다시 두 가지 종류로 나뉘기
때문에, 구분할 만한 가치가 있는 불경한 자들의 종류는
모두 여섯 가지가 될 것입니다. 그리고 각각의 경우에 부
과되어야 할 처벌도 달라야 할 것입니다. 먼저 신의 존재
에 대해서 조금도 믿지 않지만 타고난 성격상 정의로움을
지니며, 나쁜 사람을 싫어하는 불경한 자가 있습니다. 이

99) 아마도 9권 855c에서 기술된 법정일 것이다.

100) 12권 951d, 961a~c, 968a 참고. 12권에서는 이 위원회가 새벽에 열리는 것으로 언급되어 있다. 그러나 그리스어 자체는 '야간'이라는 표현을 쓰고 있으므로 그 표현을 그대로 살려 '야간위원회'로 번역한다.

런 자는 부정의에 대해 불편함을 느끼기에 자기가 부정의한 행동을 저지르는 것을 자신에게 허용하지 않으려 합니다. 이런 자는 부정의한 사람은 멀리하며 정의로운 사람
c 은 소중히 여깁니다. 이와는 다른 불경한 자의 유형이 있는데, 이런 자는 '모든 것은 신들 없이 방치되어 있다'101) 라는 믿음을 지닐 뿐 아니라 쾌락과 고통을 이기지 못하는 속성을 가지며 또한 좋은 기억력과 빠른 이해력을 지닌 자입니다. 신의 존재를 믿지 않는다는 점에서 두 유형은 공통의 증상을 겪지만, 다른 사람에게 끼치는 폐해와 악을 보자면 전자는 후자보다 훨씬 덜 위험합니다. 전자의 유형은 신과 제사와 종교적 맹세에 대한 자신의 생각을 아주 솔직하게 말로 표현하며, 다른 사람들을 조소하여 아마도 이들을 자신의 견해에 동조하는 자로 만들 수
d 도 있을 겁니다. 단, 처벌받지 않는다면 말입니다. 반면에 후자의 유형은 전자와 동일한 견해를 품고 있지만 머리가 좋은 사람으로 통합니다. 이자는 계략과 기만으로 가득 차 있는 자입니다. 이런 유형으로부터 여러 종류의 예언가가 나오며 요술 전문가가 나옵니다. 또한 이 유형으로부터 참주, 대중 선동가, 군대 지휘관 그리고 비밀스러운 밀교(密敎) 모임을 꾀하는 자들이 나옵니다. '소피스트'라 불리는 자들의 기법도 이 유형으로부터 나옵니다.
e 따라서 불경한 자들의 유형은 많지만 우리의 법 제정을 위해 가치가 있는 것은 두 가지 유형입니다. 이중 위선자 유형의 잘못은 한두 번의 사형으로 족하지 않고 여러 번

101) 899b의 "모든 것은 신들로 가득 차 있다"라는 탈레스의 말에 대비된 말이다.

의 사형을 응당 받아야 하지만 다른 한 유형은 감금과 함께 교화를 필요로 합니다. 마찬가지로 신의 돌봄을 부인하는 믿음에도 두 가지 종류가 그리고 신의 마음을 달랠 수 있다고 주장하는 믿음에도 두 가지 종류가 있습니다.

이제 불경한 자들의 유형이 나누어졌습니다. 나쁜 성질
이나 나쁜 성격 때문이 아니라 단지 어리석음으로 인하여
불경한 자가 된 사람을 봅시다. 재판관은 이런 사람을 법 909a
에 따라 최소 5년의 감금형과 함께 교화소로 보내야 합니
다. 이 기간 어떤 시민도 이자와 접촉할 수 없고, 오직 야
간위원회 위원만이 교화와 혼의 구제를 위해 그를 방문할
수 있습니다. 이 5년의 수감 시간이 다 지났을 때 건전한
정신을 보여 주는 자는 나가서 건전한 정신의 사람들과 함
께 살 수 있습니다. 그러나 사실 건전한 사람이 아닌 것으
로 밝혀지고 다시 불경죄의 판결을 받는다면, 그에 대한
처벌은 사형입니다. 그런데 신의 존재를 부인하고, 신의
돌봄을 부인하고, 신의 마음을 달랠 수 있다고 주장하는
것에 더해 짐승의 속성을 가지게 된[102] 사람들이 있습니
다. 이자들은 일단 모든 사람을 우습게 압니다. 그리고 이 b
들은 많은 사람을 생시에도 현혹하지만 죽은 자들도 불러
낼 수 있다고 주장합니다. 그리고 이들은 제물과 기도와
주문으로 신들의 마음을 흔들어 설득할 수 있노라고 약속
하기도 하는데,[103] 이들은 이를 통해 개인과 집안 전체와
국가를 오직 자신들의 금전적 목적을 위해 완전히 파탄에
몰아넣고자 기도합니다. 이런 사람들 중 누군가가 유죄 판

102) 906b 참고.

103) 《국가》 2권 364b~365a 참고.

결을 받는다면, 법정은 이자를 법에 따라 시골 한복판에 있는 감옥에 수감되는 것을 그 처벌로 내려야 합니다.

c 어떤 자유인도 그리고 어떤 시점에도 이자를 방문하는 것은 허용되지 않습니다. 그리고 법수호자들이 그에게 지정해 놓은 음식 배급을 그는 노예에게서 건네받아야 합니다. 그가 사망하면 그의 시신은 매장되지 않은 채로 국경선 바깥에 던져야 합니다. 만일 어떤 자유인이 그를 매장하는 일을 조금이라도 도왔다면, 고발하기를 원하는 자 누구라도 이 사람에게 불경죄의 책임을 물을 수 있습니다.

만일 저 죄수가 시민이 되기에 적절한 자식들을 남겨 놓았다면, 고아 양육을 담당하는 사람[104]은 이들의 아버지가 유죄 판결을 받은 날부터 이들을 진짜 고아처럼 받아들이며 보통 고아와 차별 없이 이들을 돌봐야 합니다.

d 이 모든 불경한 사람들에 대해 적용되는 일반적인 법 하나가 아직 필요합니다. 이 법은 불법적인 종교의식들을 금지함으로써 이 사람들 대부분이 신에 대한 불경한 언행을 보다 덜 저지르도록 유도하고, 나아가 이들이 조금이라도 계몽될 수 있도록 합니다. 모든 사람에게 예외 없이 적용되어야 할 일반적인 법은 아래와 같습니다.

그 누구도 자기 집에 신전을 가지고 있어서는 안 됩니다. 제사를 드려야겠다는 생각이 드는 사람은 제사를 바치러 공공신전에 가야 하고, 자신의 제물을 남자 사제들과 여자 사제들에게 넘겨주어야 합니다. 제물을 정화하는 것
e 은 사제들의 일이기 때문입니다. 그 사람 자신도 그리고

104) 12권 926e 참고.

그 사람과 함께 기도에 참여하기를 바라는 사람도 이 사제
들과 함께 기도를 해야 합니다. 이런 규정을 내리는 이유
는 다음과 같습니다. 신들과 신전을 모시는 일은 간단한
일이 아닙니다. 이런 일을 제대로 수행하는 것은 세심한
고려를 요합니다. 그런데 사람들의 습관적 행동을 보십시
오. 특히 모든 여자, 병약하거나 위험에 처하거나 가지각
색의 어려움에 빠진 남자들, 혹은 이와 반대로 어떤 행운
을 맞이하게 된 사람들의 행동을 보십시오. 이들은 바로
그때 자기 손에 들어오는 것을 봉헌하고 제물을 바칠 것을
맹세하고 신들과 신령들과 신들의 자식들을 위해 신전을
세울 것을 약속합니다. 혹은 이들은 꿈을 꾸거나 깨어 있 910a
으면서 보게 된 환상이 주는 공포에 촉발되어, 그래서 그
이후에 본 많은 환영(幻影)을 예전과 똑같이 기억하게 되
어, 이 환영 각각에 대한 치유책으로 제단과 신전을 그때
그때 마련합니다. 이들은 그런 환영을 볼 때마다 빈터나
아무 곳에서나 신전을 짓게 되고 그래서 모든 집과 모든
마을을 온통 신전으로 가득 채웁니다. 지금 언급되는 법에
따라 행동해야 하는 것은 이런 이유 때문입니다. 그런데
다른 이유도 있습니다. 남들 몰래 비밀스럽게 불경한 종교 b
행위를 하는 자들을 저지하는 것도 목적입니다. 이자들은
신전과 제단을 자기 집 안에 지어서는 제물과 기도로 남들
몰래 신들의 호의를 얻을 수 있다고 생각하는 사람들입니
다. 이자들은 이런 행동으로 자신들의 부정의가 무한히 악
화되도록 함으로써 자신들뿐만 아니라 그런 행동을 묵인
한, 자기들보다 훌륭한 사람들에 대해서도 신들의 질책을
불러일으킵니다. 그 결과 국가 전체는 이들의 불경에 대한

대가를 치르게 되는데, 이것은 어떤 점에서 마땅합니다.
그렇지만 신은 입법가에 대해서는 질책하지 않을 것입니
다. 왜냐하면 아래의 법이 제정되기 때문입니다.

c 신전을 개인 집 안에 소유하는 것은 금지됩니다. 남자
든 여자든 누군가가 공공신전 아닌 다른 신전을 소유하고
그곳에서 종교의식을 지낸 것으로 밝혀진다면 그리고 저
지른 부정의한 행위가 그리 큰 불경한 짓이 아니라면, 이
를 알아차린 사람은 법수호자들에게 알려야 합니다. 그러
면 법수호자들은 사적 신전을 공공신전으로 옮길 것을 명
령해야 합니다. 만약 누군가가 이 명령에 불복한다면, 그
가 신전을 다 옮길 때까지 그는 계속 처벌을 받게 됩니다.
그러나 누군가가 어떤 신을 위해, 그 신이 누구든지 간
에, 자기 집에서 신전을 설치할 때나 공공신전에서 제물
을 바칠 때 어떤 불경한 행동을 하였고 그 행동이 아이들
이 저지르는 단순한 것이 아니라 불경한 어른에게서 전형
적으로 나타나는 심각한 죄로 밝혀진다면, 그는 깨끗하지
못한 손으로 제물을 바쳤다는 이유로 사형에 처해야 합니
d 다. 그 죄가 아이들이나 저지르는 단순한 것인지 아닌지
의 여부는 법수호자들이 결정합니다. 법수호자들은 이 결
정을 내린 후 사안을 법정으로 보내, 저들이 불경죄에 대
한 처벌을 치르도록 해야 합니다.

11권

《법률》은 플라톤의 마지막 대화편으로 플라톤이 최종 탈고를 하지 못한 것으로 전해진다. 특히 11권과 12권이 그런 측면을 비교적 잘 보여 준다. 11권의 경우는 형법상의 숱한 이야기들과 이른바 '서곡'에 해당하는 이야기들이 깔끔하게 정리되지 못한 채 나열되어 있다는 인상을 준다. 11권은 크게 나눠 보면 네 가지 내용으로 구분해 볼 수 있다. ① 소유권 관련 내용(913a~915d), ② 매매와 취득 관련 내용(915d~922a), ③ 가족 관련 내용(922a~932d), ④ 기타 여러 사례와 그 처벌 문제(932e~938c)이다.

먼저 소유권과 관련해서 여러 원칙이 제시된다. 우선 가장 보편적인 원칙으로 제시되는 것은 "누구든 내 물건에 가능한 한 손을 대서는 안 되며, 더구나 나의 허락을 전혀 받지 않았다면 그것을 조금이라도 옮겨서는 안 된다. 그리고 나도, 지각이 있다면, 다른 사람들의 물건에 대해 마찬가지로 그렇게 해야 한다"는 것이다. 그리고 다른 사람의 조상이 비장해 놓은 귀중품을 꺼내 가는 행위와 관련해서는 "옮길 수 없는 것은 옮기지 말라"는 격언을 원칙으로 제시한다. 이런 원칙은 "네가 비장해 두지 않은 것은 꺼내 가지 말라"는 법령으로 표현된다. 그런데 왜 이러한 원칙이나 법령을 따라야 하는 것인가? 그건 내가 꺼내 감으로써 얻을 수 있는 금전적 이득이 꺼내 가지 않음으로써 혼의 덕과 정의로움의 측면에서 양적으로 성장하는 정도만큼 크지는 않기 때문이다. 더 나아가 아테네인은 누군가가 길에서 어떤 물건을 발견했을 경우, 소유권 분쟁이 생겼을 경우, 달아난 노예를 포획한 경우 또는 해방된 노예가 봉사를 하지 않을 경우, 구매한 물건에 대해 제삼자가 소유권을 주장하는 경우에 법적으로 어떻게 해야 하는지를 밝히고 있다.

매매나 취득과 관련해서는, 우선 매매는 지정된 장소에서 이루어져야 하고 외상거래는 허용하지 않는다. 그리고 아테네인은 구매한 것에 결함이 있을 경우나, 진품이 아닌 위조품으로 매매가 이루어졌을 경우 어떤 조치를 취해야 하는지에 대해 심각하게 다룬다. 이다음으로 소매거래와 관련해 서곡(전문)에 이어서 본곡에 해당하는 법률 제정이 뒤따른다. 곧 소매거래 전체에 관해 충고와 설명에 이어서 이에 관한 법률 제정이 이루어진다. 아테네인에 따르면, 여관업이나 기타 돈벌이를 위한 소매업은 어떤 면에서는 사람들의 모든 필요 충족에 도움을 주고 재산의 균형 있는 분배에 기여를 한다. 원래 이런 직업은 비난받을 만한 일이 아니다. 그러나 소매업 종사자들이 탐욕스럽게 영리활동을 함으로써 비난의 대상이 되었다. 따라서 입법가는 이런 잘못들을 적절히 치유해야 한다. 이는 가난이나 부와 다투는 싸움이다. 부는 사람들의 혼을 사치로 타락시키고, 가난은 고통으로 혼을 파렴치함으로 몰고 간다. 그래서 아테네인은 이에 대한 처방책으로 세 가지를 제시하고 있다. 이렇게 함으로써 서곡을 마치고 본곡에 해당하는 법률을 제정한다.

다음으론 가족 관련 내용이 길게 이어진다. 먼저 고아와 관련한 문제, 이를테면 유산 상속 문제나 후견인 배정 문제가 다루어진다. 이 문제를 처리하는 데는 부모의 유언이 아주 중요한데, 죽음이 임박할 때 대부분 사람은 어떤 의미에서는 어리석고 약한 상태가 되므로 유언을 그냥 그대로 유효한 것으로 인정하기 어려운 점이 있다. 그래서 아테네인은 죽음을 앞둔 사람들에게 이렇게 말해둘 필요가 있다고 말한다. "당신들도 그 재산도 결코 당신들 자신에 속한 것이 아니고, 과거와 미래의 당신들 종족 전체에 속하며, 더 나아가 가문 전체와 그 재산까지도 나라에 속하는 것이오." 이런 이야기를 아테네인은 서곡으로 삼고, 이어서 유산 상속과 후견인 배정에 관한 법을 제시한다. 그리고 그는 부모가 유언을 남기지 않고 사망했을 경우와 이런 자에게 자식이 하나도 없는 경우도 살펴본다. 또한 자식과 아버지의 불화나 부모와 자식 간의 불화로 의절을 원하는 경우도 논한다.

부모와 자식의 관계에 관한 이야기에 이어서 부부간의 문제도 다룬다. 아테네인에 따르면, 부부가 성격 차이로 불화를 겪고 전혀 화해가 안 될 경우에는 새로운 짝을 찾아 재혼을 시켜야 한다. 부부에게 자식이 없거나 자식이 적은 경우에는 각기 새 가정을 꾸려 아이들을 낳게 해야 하고, 자식이 충분히 있는 경우에는 재혼해서 함께 늙고

서로 돌보며 살게 해야 한다. 부부 중 한쪽이 죽은 경우도 자식의 유무에 따라 상이한 조치를 취해야 한다. 다음으로 아테네인은 부모에 대한 공경을 역설한다. 이 경우도 서곡과 본곡으로 나누어 이야기를 전개한다. 즉, 살아 계신 부모는 가장 권위 있는 숭배대상임을 설득하는 서곡 부분에 이어, 부모를 제대로 보살피지 않을 때 어떤 처벌을 내려야 하는지를 밝히는 본곡이 전개된다.

그 밖에 독을 사용하는 두 가지 방식, 물리적 독약 사용 방식과 주술 이용 방식을 구분하고 이에 대한 처벌을 논하고, 도둑질을 하거나 폭력을 써서 다른 사람에게 해를 주는 경우, 미친 사람이 있을 경우, 거지가 생길 경우, 노예가 다른 사람의 소유물을 손상시킬 경우, 법정 증언과 관련한 여러 경우, 소송에서 수사술(*rhetorikē*)이 미치는 부정적 영향, 정당하지 못하게 소송을 일삼는 사람의 경우 등과 관련해 어떤 처벌을 내려야 하는가에 관해 논한다.

a **아테네인**: 그다음으로 우리에게 필요한 것은 서로 간의
계약에 관한 적절한 규칙일 것입니다. 그것의 포괄적인 내
용은 아마 이런 것이겠지요. 누구든 가능한 한 내 물건에
손을 대서는 안 되며, 더구나 나의 허락을 전혀 받지 않았
다면 그것을 조금이라도 옮겨서는 안 됩니다. 그리고 나
도, 지각이 있다면, 다른 사람들의 물건에 대해 마찬가지
로 그렇게 해야 합니다. 그런 물건들 가운데서 누군가가
자신과 자신의 가족들을 위해 챙겨 둔 귀중품에 대해 먼저
이야기해 봅시다. 챙겨 둔 물건의 소유자가 나의 선조들
b 가운데 한 사람이 아니라면 나는 그것을 찾게 해달라고 신

들에게 절대 기도해서도 안 되고, 찾아내더라도 그것을 옮겨서도 안 되며, 더욱이 땅에 보관되어 있는 것을 어찌어찌해서 가져가라고 조언해 줄 이른바 예언가라는 자들과 상의해서도 안 됩니다. 왜냐하면 내가 그것을 가져감으로써 얻을 수 있는 금전적 이득이 꺼내 가지 않음으로써 혼의 덕과 정의로움의 측면에서 양적으로 성장하는 정도만큼 크지 않기 때문입니다. 재산에서의 부보다 혼에서의 정의를 가지고 있는 것을 더 가치 있게 여김으로써 나는 저 소유물 대신에 이 더 좋은 소유물을 더 좋은 것 안에 지니게 될 테니까요. 정말이지 '움직일 수 없는 것은 움직이지 말 것'이라는 격언[1]은 여러 경우들에 잘 적용될 수 있습니다. 지금 이 경우에도 그렇습니다. 이것도 그것들 가운데 c
하나니까요. 그리고 이 문제들과 관련하여 전해지는 신화들도 우리는 믿어야 합니다. 그 신화들은 그런 행위가 아이들의 세대에 얼마나 이롭지 않은지에 대해 말해 주고 있지요. 그러나 아이들에게 무관심하고 그 법을 제정한 사람에 대해 주의를 기울이지도 않는 자가 있어서, 자신이 챙겨 놓지도 않았고 그의 선조들 가운데 그 누구도 챙겨 놓지 않았던 것을 챙겨 놓은 자의 허락 없이 가져간다면, 그래서 법률들 가운데서도 가장 훌륭하고도 가장 포괄적인, "네가 챙겨 놓지 않은 것은 가져가서는 안 된다"고 한 저 고귀한 사람[2]의 법규를 무너뜨린다면, ― 그자가 이 두 입 d

1) 3권 684e1에도 같은 격언이 인용된다.

2) 솔론을 가리킨다. 8권 845a1~2 참고. 디오게네스 라에르티오스의 《유명한 철학자들의 생애와 사상》 1.57에서도 이 규정이 솔론에게서 나왔다고 말한다.

913d

법가[3]를 얕보고서 자신이 챙겨 놓지 않았던 것을 가져간다면, 게다가 그 물건이 작은 것이 아니라 엄청난 양의 귀중품이라면 — 그는 어떤 처벌을 받아야 할까요? 그가 신들로부터 받게 되는 벌은 신이 알고 있습니다. 그러나 그런 행위를 맨 먼저 알게 된 자가 그것을 알려야 합니다. 그러한 행위가 도시 안에서 일어나면 도시감독관들에게, 도시의 시장 어딘가에서 일어나면 시장감독관들에게 밝혀

914a 야 하며, 그 밖의 지역에서 일어나면 지방감독관들과 그들의 관리들에게 그것을 밝혀야 합니다. 사실이 밝혀지면, 나라는 그것을 델포이로 보내야 합니다.[4] 그 신이 그 물건에 대해서, 그리고 그것을 옮긴 자에 대해서 어떤 명을 내리든 나라는 그 신의 신탁을 받드는 행위로서 그 명을 수행해야 합니다. 그리고 사실을 고지한 자가 자유민이라면 덕을 가졌다는 평판을 얻게 해야 하지만, 알리지 않았다면 악덕의 평판을 얻게 해야 합니다. 고지한 자가 노예라면 고지에 대한 보상으로 나라는 그의 주인에게 몸값을 지불하여 그를 자유인이 되도록 해야 옳을 것입니다. 그러

b 나 만약 고지하지 않았다면 사형을 받아야 합니다. 이 사안에 이어 크고 작은 사안들에 대해서 위와 동일한 법규가 함께 주어지는 것이 순서일 것입니다. 누군가가 자발적으로든 비자발적으로든 자신의 것들 가운데 하나를 어디엔가 남겨둘 경우에, 그것을 발견한 자는, 그 길의 여(女)신령이 그런 것들을 법에 따라 그 여신[5]에게 바친 것으로서

3) '움직일 수 없는 것은 움직이지 말 것'이란 격언을 말한 미상의 작자와 솔론, 또는 솔론과 이 책에서의 입법가를 가리킨다.

4) 6권 759c 이하와 6권 772d 이하를 참고.

그것을 지키고 있다고 믿고, 그대로 두어야 합니다. 그러나 누구든 이 법규를 따르지 않고 그것을 꺼내 집으로 가져간다면, 그것의 값어치가 적고 가져간 자가 노예일 경우에는 그와 마주친 30세 이상인 자가 그에게 매질을 많이 하도록 해야 합니다. 하지만 가져간 자가 자유인이라면, c
그는 자유인답지 않은 자이고 법률과 함께하지 않는 자로 간주될 뿐만 아니라 옮겨진 물건값의 10배를 남겨 두었던 자에게 갚아야 합니다. 그리고 누군가가 자신의 물건들 가운데 일부를 그것이 많든 적든 다른 어떤 사람이 가지고 있다고 고소할 경우에, 고소당한 자가 그것을 가지고 있다고 인정하나 고소인의 것은 아니라고 주장한다면, 그것이 법에 따라 관청에 등록되어 있는[6] 경우, 고소인은 물건을 가지고 있는 자를 관할 기관에 소환해야 하고, 그는 물건을 가지고 나가야 합니다. 물건이 공개되어 그것이 두 분쟁자 가운데 한 사람의 것으로 기록부에 등재되어 있음이 밝혀지면 그 임자가 물건을 가지고 떠나야 합니다. 그러나 d
물건이 그 자리에 없는 다른 누군가의 것으로 밝혀지면, 두 분쟁자 가운데 믿을 만한 보증인을 세우는 쪽이 그 자리에 없는 임자에게 그것을 돌려주기 위해 그의 가져갈 권리를 대신하여 그것을 가져가야 합니다. 하지만 문제의 물건이 관청에 등재되어 있지 않을 경우에는 재판이 끝날 때까지 담당 관리들 중 가장 연장자인 세 사람에게 맡겨야

5) 헤카테(Hekate)를 가리킨다. 헤카테는 보통 아르테미스와 동일시되곤 한다.

6) 5권 745a~b에서 가구별로 할당받는 땅 이외의 모든 재산은 등록되어 있어야 한다는 규정이 있었다.

914d

합니다. 그런데 맡아야 할 것이 가축인 경우, 그 재판에서
패한 자가 먹이 값을 관청에 지불하도록 해야 합니다. 그
리고 담당 관리자들은 3일 이내에 판결을 내려야 합니다.

e 원하는 사람은 누구나 정신이 온전하다면 법적 테두리
안에서 마음대로 부리기 위해 자신의 노예를 포획해도 됩
니다. 집안사람이나 친구인 다른 사람을 위해서도 안전하
게 붙잡아 두려는 목적으로 도망친 노예를 포획해도 됩니
다. 누군가가 노예로 포획되어 있는 자를 자유롭게 해주
기 위해 데려가려고 한다면 포획한 쪽은 놓아주되, 데려
가려는 쪽은 믿을 만한 보증인 3명을 세워야 하며 그러한
조건하에 데려가야 합니다. 그러나 누구든 이 조건에 따
915a 르지 않고 데려가면 폭력을 사용한 책임을 져야 합니다.
그래서 유죄 판결을 받게 되면 등록된 노예 값의 2배를 노
예를 빼앗긴 자에게 지불해야 합니다. 노예 신분에서 풀
려난 자가 자유를 준 사람들에게 봉사를 하지 않거나 봉
사가 충분하지 않을 경우에는 자유를 준 사람이 그를 다
시 포획해도 됩니다. 자유를 얻은 자가 해야 할 봉사란,
마땅히 해야 하고 실행 가능한 의무를 이행하겠다는 약속
을 하고 자유를 준 사람의 집을 매달 세 번 방문하는 것
과, 결혼과 관련해 이전에 주인이었던 사람의 마음에 드
는 대로 행하는 것입니다. 그리고 자유를 준 사람보다 더
b 부유해지는 일이 있어서는 안 됩니다. 만약 더 부유해질
경우, 초과재산은 그 주인의 것이 되어야 합니다. 노예
신분에서 풀려난 자는, 관리들과 자유를 준 사람의 허락
을 얻지 못했을 경우, 20년 이상 그 나라에 머물러서는
안 되고, 외국인들과 마찬가지로[7] 자신의 모든 재산을 가

지고 떠나야 합니다. 또 노예 신분에서 풀려난 자나 외국인들 가운데 어떤 자가 재산을 세 번째 등급[8] 보다 많이 가졌을 경우에는 초과재산을 갖게 된 날로부터 30일 안에 자신의 재산을 가지고 떠나야 하며, 관리들로부터 체류 c
허가를 받기 위한 탄원권을 더 이상 가져서는 안 됩니다. 이 규칙을 따르지 않아 법정으로 소환돼 유죄 판결을 받을 경우에는 사형에 처해야 하며, 그의 재물은 공공재산으로 삼아야 합니다. 이 사안들에 대한 재판은, 먼저 이웃들이나 선발된 재판관들 앞에서 소송 당사자들의 서로에 대한 고발이 해결되지 못할 경우에, 부족 재판소에서 이루어져야 합니다. 누군가가 타인의 짐승이나 어떤 소유물을 자신의 것이라고 권리주장을 할 경우에, 그것을 가 d
지고 있는 자는 실질적이며 법적인 소유자인 그것을 판 사람이나 준 사람, 또는 다른 방법으로 그것을 적법하게 건네준 사람에게 돌려주어야 합니다. 돌려주어야 할 사람이 시민이나 그 나라의 거류민이라면 30일 내에 돌려주고, 외국인이면 5달 내에 돌려주되 하지(夏至)가 낀 달이 중간에 있어야 합니다. 누구든지 사거나 파는 행위로 다른 사람과 물건을 교환할 때는 시장에서 물건별로 지정된 장소에서 건네주고 그 자리에서 값을 받는 식으로 교환이 이루어져야 하며 다른 곳에서 이루어져서는 안 됩니다.[9]

---

7) 8권 850a 이하의 외국인에 관한 규정을 참고.

8) 5권 744c 이하와 6권 755d 이하에서 재산의 등급과 크기의 제한에 관한 규정을 참고하라.

9) 8권 849e에서 시장의 지정된 장소에 상거래가 이루어져야 한다는 규정을 참고하라.

e 그리고 외상으로는 아무것도 사고팔아서는 안 됩니다. 그러나 누구든 다른 방식으로 다른 장소에서, 교환하는 상대방을 믿고 누군가와 물건을 교환하고자 한다면, 방금 말한 규칙을 따르지 않고 판매한 물건들에 대해서는 법적인 소송을 제기할 수 없다는 점을 알아야 합니다. 기부금 모금과 관련해서는 원하는 사람이 친구들 간에 친구로서 기부하도록 해야 합니다. 기부하는 자는 기부금 모금을 놓고 어떤 다툼이 생기면 누구에게도 소송을 제기할 수 없다는 점을 알고 해야 합니다. 물건을 팔고 50드라크메 이상의 값을 받는 자는 누구든 10일 동안 나라 안에 머물러야 하고, 구매자는 판매자의 집을 알고 있어야 합니다.
916a 그런 거래와 관련해 있기 마련인 고소를 위해서, 그리고 법에 따라 물건을 되돌려 받기 위해서 그렇게 하는 것입니다. 적법하게 되돌려 받을 수 있느냐 없느냐는 다음과 같이 정해져야 합니다. 누구라도 결핵이나 결석, 배뇨곤란, 또는 '신성한 질병'이라 불리는 병[10]이나, 일반인들은 알아채기 어렵지만 신체적으로나 정신적으로 고치기 어려운 만성 질환을 앓는 노예를 팔았을 경우에, 구매자가 의사나 체육선생이면 구매자는 그런 판매자에 대해 반환권을 가져서는 안 됩니다. 판매자가 구매자에게 그러한 사실을 미리 알리고 파는 경우에도 구매자는 반환권을 가져
b 서는 안 됩니다. 그러나 그와 같은 전문가가 문외한에게 그런 노예를 팔았다면 구매자는 6달 내에 돌려주어야 합니다. 간질은 예외인데, 이 질병에 대한 반환권은 1년 내

10) 간질을 가리킨다.

에 행사할 수 있게 해야 합니다. 판결은 소송 당사자들이 같이 제안해서 선택한 3명의 의사들 앞에서 내려야 합니다. 재판에서 진 쪽은 판매한 값의 2배를 물어야 합니다.
만약 문외한이 문외한에게 팔았다면 방금 말한 경우와 마 c
찬지로 반환이 이루어져야 하고, 판결도 마찬가지로 이루어져야 하지만, 패소한 쪽은 판매한 값만 물도록 해야 합니다. 누군가가 살인자를 팔았는데 판매자와 구매자가 그 사실을 알고 거래를 했다면, 그런 것의 구매에 대한 반환권은 구매자에게 주어져서는 안 됩니다. 그러나 구매자가 모르고 구매를 했다면 언제든 그 사실을 알았을 때 반환권을 가질 수 있고, 판결은 법수호자들 가운데 가장 젊은 5명의 사람들 앞에서 내려져야 합니다. 그리고 판매자가 그 사실을 알고도 팔았다는 판결이 날 경우에는 해석자들[11]의 법에 따라 구매자의 집을 정화해야 하고, 판매자는 구매자에게 값의 3배를 물어야 합니다.

화폐를 화폐와 교환하거나, 화폐를 살아 있는 것이나 d
살아 있지 않은 것과 교환하는 자는 법률에 따라 모두 진품을 주고받아야 합니다. 다른 법률들에 대해서도 그랬던 것처럼, 이런 부정 행위 전반에 관해서도 서곡을 받아들이기로 합시다.

모든 사람은 위조와 거짓말과 사기를 같은 종류로 생각
해야 합니다. 대중들은 이런 행위에 대해 그때그때 시의적 e
절하게 일어난다면 대체로 문제가 없다는 식의 말을, 그릇된 말임에도, 으레 하고는 합니다. 그러나 그들은 시의적

11) 6권 759c; 8권 828b, 845e; 9권 877e 참고.

916e

절함의 때와 장소를 규정하지 않고 불분명하게 내버려 두
고 있으므로 이런 발언으로 말미암아 자신들도 많은 피해
를 입고 다른 사람들에게도 많은 피해를 끼칩니다. 하지만
입법가에게는 이를 불분명하게 내버려 두는 것이 허락되지
않습니다. 그는 크든 작든 한계를 분명히 지어야 합니
다.[12] 더구나 바로 지금 한계를 지어야 합니다. 신들을 증
인으로 청할 때는 말로나 행동으로나 어떤 거짓말도 어떤
사기도 어떤 위조도 행해서는 안 됩니다. 신들이 가장 미
917a 워하는 자가 되지 않으려면 말입니다. 거짓 맹세를 하면서
도 신들을 전혀 개의치 않는 자, 두 번째로는 자기보다 높
은 자 앞에서 거짓말을 하는 자가 그런 자입니다. 훌륭한
자들이 열등한 자들보다 높은 위치에 있으며, 일반적으로
말해서, 나이 든 자들이 젊은이들보다 높은 위치에 있습니
다. 그래서 부모도 자식보다 높은 위치에, 남자가 여자와
아이들보다, 지배자들이 피지배자들보다 높은 위치에 있
습니다.[13] 누구나 관직에 있는 이 모든 높은 자들을 경외
하는 것이 바람직할 것입니다. 특히 나라를 다스리는 관직
에 있는 자들에 대해서는 더욱 그렇습니다. 우리의 현 논
b 의가 바로 이 주제로부터 출발했으니 말입니다. 시장에서
거래하는 어떤 물건이든 위조하는 자는 모두, 사람들을 존
중하지도 않고 신들을 경외하지도 않으므로, 신들을 증인
으로 청하여 맹세하면서 시장감독관들의 법률과 경계 아래
에서도 거짓말을 하고 사기를 치는 자들입니다. 신들과 관
련된 많은 정화와 정결의식에서 우리 대부분이 매번 그렇

12) 4권 719d~e 참고.

13) 3권 690a~b; 4권 714e; 9권 879b 참고.

게 하듯이 행동으로써 신의 이름을 쉽게 더럽히지 않는 것
은 훌륭한 관행입니다.

그러나 이 관행을 따르지 않으면, 다음과 같은 법률이
적용되어야 합니다. 시장에서 물건을 파는 자는 파는 물
건의 값을 2배로 올려서는 절대 안 됩니다. 제값을 불렀 c
으나 이 값을 받지 못했다면, 물건을 회수하더라도 그것
은 정당한 회수일 것입니다. 그러나 그는 같은 날에 더 높
은 가격도 더 낮은 가격도 불러서는 안 됩니다. 무슨 물건
이든 팔 물건을 두고 칭찬을 하거나 맹세를 해서는 안 됩
니다. 이 규칙을 따르지 않으면 누구든지, 지나가는 시민
중 30세 이상인 사람이 맹세하는 자를 때려서 처벌해야
하고 처벌 행위에 대해서는 면책받아야 합니다. 그러나
행인이 이 규칙을 소홀히 여기고 따르지 않을 경우에는
법률을 저버렸다는 비난을 받아야 합니다. 위조품을 팔고
있고 지금 우리가 하는 이 말로 설득할 수 없는 자가 있다
면, 위조 사실을 알고 있는 사람들 가운데 그와 먼저 마주 d
친 자로서 그 사실을 입증해 보일 수 있는 자가 — 이자가
노예이거나 거류민일 경우 — 관리들 앞에서 사실을 입증
한 후 그 위조품을 자기 것으로 취하도록 해야 합니다. 처
음 마주친 자가 시민일 경우에 그가 위조 사실을 입증하
지 못하면 신들을 속여 사취한 자이므로 '나쁜 자'로 공표
되어야 하고, 위조 사실을 입증하면, 그 물건을 시장을
관장하는 신들에게 봉납해야 합니다. 그런 물건을 팔다가
적발된 자는 위조품을 압수당할 뿐만 아니라, 물건값에
해당하는 드라크마의 수만큼 매질을 당해야 합니다. 그러 e
기 전에 포고자는 이자가 매질을 당해야 하는 이유를 시

917e

장에서 공표해야 합니다. 시장감독관들과 법수호자들은 판매자들의 위조 행위와 부정 행위에 관해 사안별로 전문가들에게 자문한 후, 판매자가 해야 할 것과 하지 말아야 할 것을 문서화하여 시장 감독청 앞의 비석에 법률로 새겨 게시함으로써 시장에서 거래를 하는 자들에게 분명한
918a 지침이 되도록 해야 합니다. 도시감독관의 임무에 관해서는 앞에서 충분히 이야기했습니다.[14] 그러나 덧붙여야 할 것이 있다고 생각한다면, 도시감독관들은 법수호자들에게 알려 빠져 있다고 판단되는 것을 문서화하고, 그들의 첫 번째 직무수행 법규와 보충한 두 번째 직무수행 법규를 도시감독청의 비석에 새겨 게시해야 합니다.

위조에 관한 업무 다음으로는 소매거래에 관한 업무가 바로 뒤따릅니다. 소매거래 전체에 관해서 충고와 설명을
b 먼저 하고, 그에 관한 법률을 제정하기로 합시다. 도시에서의 모든 소매거래는 본래 해를 끼치기 위해서 생겨난 것이 아니며, 그 정반대입니다. 어떤 종류의 재산이든 그것이 불균형적이고 불공평하게 분배되어 있을 때, 이를 공평하고 균형 있는 상태로 만들어 놓는 자는 누구든지 간에 좋은 일을 하는 자가 아니겠습니까? 화폐의 힘도 이런 일을 한다고 우리는 말해야 하며, 상인 역시 이것을 목적으로 삼아야 한다고 말해야 합니다. 보수를 받고 고용된 자, 여관주인, 그리고 상대적으로 더 품위 있거나 덜
c 품위 있는 다른 종류의 직업들도 모두 사람들의 필요에 충분한 도움을 주고 재산 분배의 공평함을 이루어 내는

14) 6권 759a, 763c~d; 8권 849e; 9권 881c 참고.

일을 할 수가 있습니다. 그렇다면 대체 무엇 때문에 이것이 추하고 품위 없는 직업으로 간주되는지, 그리고 무엇 때문에 비난을 받는 직업이 되었는지 알아봅시다. 이 직업 전체는 아니더라도 일부를 법률로써 개선할 수 있으려면 말입니다. 이것은 하찮은 사안이 아니기에 큰 탁월성을 요구하는 일입니다.

클레이니아스: 무슨 뜻입니까?

아테네인: 친애하는 클레이니아스, 어떤 것들에 대한 필요와 욕망에 직면하더라도 적도를 굳건히 유지할 수 있는 사람들의 종류는 적고 본래부터 드문 데다 최상의 양육을 받았을 때나 가능하다는 말이지요. 그리고 이들만이 많은 d
돈을 벌 수 있을 때에도 온전한 정신으로 많은 것 대신에 적도에 맞는 것을 선택합니다. 대다수의 사람들은 이와는 정반대지요. 무엇을 필요로 할 때 그들은 과도하게 필요로 하며 적절한 만큼의 이익을 취할 수 있음에도 탐욕스럽게 이득을 취하기를 선호합니다. 모든 종류의 소매업과 도매업, 그리고 여관업이 나쁜 평판을 받고 수치스러운 비난을 받는 것이 바로 이 때문입니다.

그러나 가령 어떤 사람이 우리가 결코 일어나지 않기를 바라며 또 일어나지도 않을 이런 일을 한다고 해 봅시다. —말하기 우스꽝스러운 내용이지만 그럼에도 불구하고 하 e
겠습니다—즉, 어떤 사람이 모든 점에서 가장 좋은 사람들을 일정 기간에 여관업이나 소매업, 또는 이와 유사한 종류의 영리활동을 하도록 강제하거나, 또는 여성들을 운명의 어떤 필연성으로 말미암아 그런 삶의 방식을 취하도록 강제한다고 해 봅시다. 그랬을 때 우리는 이 활동들 각

918e 각이 얼마나 친근하고 만족스러운 것인가를 알게 될 것입니다. 그리고 그런 모든 활동이 타락하지 않을 원칙에 따라 이루어진다면, 어머니나 유모의 역할과 같은 것으로 존중받을 것입니다.

919a 그러나 현실은 이렇습니다. 누군가가 소매업을 목적으로 외딴 곳에 사방팔방으로 길게 길들을 낸 집들을 세우고 만족스러운 숙박시설을 갖추어 여행에 지친 사람들이나 사나운 폭풍의 힘에 내몰린 사람들을 받아들여 줌으로써 이들에게 평온한 휴식을 제공하고, 숨 막히는 더위를 겪은 이들에게 시원함을 제공할 때, 그는 매번 손님을 받아들인 다음에는 자신의 동료들을 맞이했을 때처럼 환대하고 계속해서 손님을 위한 우의(友誼)의 선물을 주는 대신, 오히려 이들이 마치 손안에 들어온 적군 포로인 양 엄청난 액수의 부정의하고 더러운 몸값을 받고서야 그들을 보내 줍니다.
b 이런 모든 영리활동에서 자행되는 이와 같은 잘못들이나 유사한 잘못들로 곤란한 사정을 도와주는 이 직업들이 비방을 받는 것입니다. 따라서 입법가는 이 잘못들을 치료하는 약을 그때마다 조제해야 합니다. 질병이나 다른 여러 경우들에서 그렇듯이 "두 적과, 그것도 상반되는 두 적과 맞서 싸우기는 어렵다"는 옛 격언은 옳은 말입니다. 특히 지금 이 문제들과 맞서는 싸움도 두 가지와 맞서는 싸움입니다. 가난과 부 말입니다. 부는 사람들의 혼을 사치로 타
c 락시키고, 가난은 고통으로 인해 혼을 뻔뻔스러움으로 몰고 갑니다. 그렇다면 이성을 가진 나라에서는 이 질병에 대해 어떤 대책이 있을까요? 먼저 소매상인의 종류를 가능한 한 최소한으로 유지해야 합니다. 두 번째로, 부패하더

라도 나라에 큰 해가 되지 않을 사람들에게 소매업을 맡겨
야 합니다. 세 번째로, 이 직업에 종사하는 자들의 혼이 d
뻔뻔스러움과 비굴함의 성향을 거리낌 없이 가지는 일이
쉽게 일어나지 않게 하는 방책을 찾아내는 것입니다. 지금
말한 것들 다음으로 이 문제에 관해, 행운의 도움으로, 다
음과 같은 법률이 우리에게 있어야 합니다. 신이 복구하고
다시 이주시키고 있는 마그네시아인들 가운데 5,040가구
에 속하는 땅을 가진 자는 자발적으로든 비자발적으로든
소매상인이나 도매상인이 되어서는 안 되며, 자신과 대등
한 관계에 있지 않은 그 어떤 개인에게 그와 같은 봉사를
해서는 안 됩니다. 다만 아버지와 어머니, 그리고 이들보 e
다 훨씬 앞선 세대들에 대한 봉사와, 자기보다 나이가 많
은 모든 사람에 대한 봉사는 예외입니다. 이들이 모두 자
유인이고 그들에 대한 봉사도 자유인다운 것인 한에서 말
입니다. 그러나 자유인다운 것과 자유인답지 않은 것을 정
확하게 법률로 정하기는 쉽지 않습니다. 그렇더라도 이 둘
사이의 판정은 후자를 미워하고 전자를 반기는 일로 훌륭
함을 인정받은 사람들이 내리게 해야 합니다. 무슨 술책을
써서 자유인에게 어울리지 않는 소매업에 종사하는 자가
있다면, 누구든 원하는 사람이 그를 기소해서 덕으로 으뜸
간다고 평가받는 이들 앞에서 그의 집안이 수치를 당하게
해야 합니다. 그리고 바람직하지 않은 직업으로 자신의 아
버지 가정에 오명을 끼쳤다고 간주될 경우에, 그는 1년간
구금당함으로써 그런 일에서 격리되어야 합니다. 그리고 920a
그가 다시 그런 일에 손을 대면 2년간 구금당해야 하며,
같은 일로 붙잡힐 때마다 계속해서 앞선 구금 기간의 2배

를 구금당해야 합니다. 두 번째 법률은 소매업에 종사하려는 자는 거류민이거나 외국인이어야 한다는 것입니다. 세 번째 법률은, 이런 사람이 우리 나라에서 가능한 한 가장 좋은 거주자가 되거나 가능한 한 가장 덜 나쁜 거주자가 되어야 한다는 것입니다. 이 목적을 위해, 법수호자들은 자신들의 의무가, 출생과 양육 과정에서 잘 교육받은 자들, 그래서 범법자가 되거나 못된 자가 되지 않도록 보호하기가 비교적 쉬운 자들을 수호하는 일에 국한되지 않음을 명
b 심해야 합니다. 법수호자들은, 잘 교육받지 못한 자들, 그래서 못된 자가 되도록 부추기는 경향이 강한 직업에 종사하는 자들도 있다는 것 그리고 이들을 더욱 잘 보호해야 한다는 점도 명심해야 합니다. 따라서 범위가 넓고 비슷한 성격의 많은 업종을 포함하는 소매업과 관련해서는 — 그것들 가운데 이 나라에 절대적으로 필요하다고 생각되며 존속이 허용되는 소매업들과 관련해서는 — 이렇게 해야 합니다. 이와 유사한 문제인 위조에 관해 앞서 우리가 지시했던 것과 마찬가지로,[15] 법수호자들은 이 문제와 관련
c 해서 각 소매업의 전문가들과 다시 만나야 합니다. 그들이 만나서 얼마를 받고 얼마를 지불해야 소매상인에게 적절한 이득을 줄 수 있는지를 알아보고 받는 금액과 지불하는 금액이 정해지면 그것을 기록해서 게시하고 시장감독관들, 도시감독관들, 지방감독관들이 이를 감시하도록 해야 합니다. 이렇게 하면 아마도 소매업은 각 사람에게는 이익을 주고, 소매업을 이용하는 나라들에는 최소한의 해만 끼치

15) 917e를 가리킨다.

게 될 것입니다.

어떤 계약을 맺기로 합의하고서 합의한 대로 이행하지 d
못할 경우에, ―법률이나 포고령이 금지하는 일이거나 부
당한 강제로 인해 강요받고 합의를 했거나, 예기치 않은
일로 본의 아니게 방해를 받은 경우가 아니라면―합의를
이행하지 못한 모든 경우에 대한 재판은, 당사자들이 먼
저 중재자들이나 이웃들 앞에서 해결을 보지 못할 경우에
는, 부족 법정에서 이루어져야 합니다.[16] 기술로써 우리
의 생활에 도움을 주는 장인들은 헤파이스토스와 아테나
의 보호를 받는 자들입니다. 그리고 또 다른 기술인 방어 e
기술로써 이 장인들의 제작물을 보호하는 장인들이 있습
니다. 이들은 아레스와 아테나의 보호를 받는데, 이 보호
역시 마땅합니다. 이 두 종류의 장인들은 모두 영토와 주
민에게 지속적인 봉사를 제공하는데, 두 번째 장인들은
전쟁에서 싸움을 지휘하고, 첫 번째 장인들은 대금을 받
고 도구나 제작물을 공급합니다. 이 장인들이 그들의 신
적인 조상들을 경외한다면, 자신들이 하는 일과 관련해서
남을 속이는 일은 그들에게 어울리지 않을 것입니다. 만 921a
약 어떤 장인이 악덕으로 인해―문제를 지각 있게 보기
는커녕 경망스럽게도 신이 자기편이라 관대할 것으로 믿
고서 자신에게 삶을 준 신을 경외하지 않음으로써―주문
한 기간 안에 제작물을 만들지 못하면, 그는 우선 그 신으
로부터 대가를 치르게 될 것이고, 두 번째로는 적절한 법
률이 그에게 처벌을 부과해야 합니다. 그는 주문한 사람

16) 6권 766e 참고.

921a

에게 만들어 주겠다고 속인 제작물의 값을 지불해야 하
고, 다시 처음부터 그것을 주문한 기간 안에 무상으로 만
들어 주어야 합니다. 법률은 제작물의 제작을 맡기로 약
정한 자에게 판매자에게 했던 권고[17]와 같은 것을 권고하
b 는 자입니다. 값을 너무 높게 매겨 이득을 취하려고 하지
말고 정확히 제값만 매기라고 말입니다. 법률은 이와 똑
같은 지시를 제작을 약정한 자에게도 내립니다. 적어도
장인으로서 그는 그 값을 알고 있으니까요. 자유인들의
나라에서 장인 자신은 본성상 명확하고 속임이 없는 활동
인 기술을 사용하여 문외한들에게 술책을 부려 이득을 꾀
하려 해서는 절대 안 됩니다. 그리고 이런 일로 불의를 당
한 자는 불의를 행한 자를 상대로 소송을 제기할 수 있습
c 니다. 반면에 만약 누군가가 장인에게 주문을 하고서 적
법하게 이루어진 합의에 따른 대금을 제대로 지급하지 않
는다면, 그래서 나라의 보호자인 제우스와 정치체제에 관
여하는 아테나를 모욕하고 적은 이득을 반김으로써 큰 유
대관계를 잃는다면, 다음과 같은 법률이 신들과 더불어
나라를 하나로 묶는 일에 도움을 주어야 합니다. 제작물
을 먼저 받고 합의한 기간 안에 대금을 지불하지 않는 자
는 누구든 값을 2배로 지불해야 합니다. 만약 1년이 지났
다면, 차용한 다른 돈은 모두 이자가 붙지 않더라도, 이
d 사람은 매달 드라크메당 1오볼의 부과금[18]을 내놓아야 합
니다. 그리고 이 문제에 대한 재판은 부족 법정에서 이루
어져야 합니다.

17) 917b, 920c 참고.

18) 1드라크메는 6오볼과 같으므로 연 200%의 이자를 지불하는 셈이 된다.

장인들에 대하여 일반적으로 언급한 김에 군사적 방어의 장인들, 즉 장군들과 전쟁과 관련되는 기술자들에 대하여 말하는 것이 온당합니다. 그래서 이를테면 색다른 형태의 장인들인 이들 중에서도 누군가가 만약 자발적으로든 명령을 받아서든 공적인 일을 맡아 훌륭하게 수행해 e
낸다면, 그에게 군인을 위한 보수인 명예를 지불하는 사람은 그가 누구든 정의로운 일을 하는 것이며, 법은 그를 칭찬하는 데 결코 지치지 않을 것입니다. 반면에 전쟁에 관한 훌륭한 작품[19]들 중 어떤 작품을 먼저 받고서 대가를 지불하지 않는다면, 그는 비난받을 것입니다. 이리하여 이 문제와 관련해서 우리는 다음과 같은 법을 칭찬과 섞어 시민 대중에게 제시함으로써, 이 법이 강제가 아닌 충고가 되게 해야 합니다. 즉, 우리는 용감한 행동으로나 전술로 나라 전체의 수호자가 되는 좋은 사람들을 존경하 922a
되, 이차적인 수호자로서 존경해야 합니다. 최고의 명예가 돌아가야 할 일차적 수호자는 좋은 입법가들의 글[20]을 남달리 존경해 온 사람들입니다.

자, 그럼 사람과 사람 사이에서 하는 모든 계약[21] 중에

19) 그리스어 'ergon'은 행위와 행위의 결과 둘 다를 뜻한다. 여기서는 군인을 일종의 장인으로 비유하기 때문에 군인의 전쟁 행위 역시 일종의 작품으로 보는 언어유희를 플라톤이 하고 있다.

20) 그리스어 'gramma'는 '법령'도 되고 '글'도 된다. 문맥상 '법령' 또는 '법조문'이라 옮길 수도 있지만, 9권 858e에도 잘 나와 있듯이 입법가의 글은 단순히 '법조문'에 국한되지 않고, 법을 따를 시민들을 설득할 수 있는 서곡을 비롯한 철학과 우주관을 담는 '글'이어야 한다는 것이 플라톤의 생각이다.

21) 여기에서 이야기되고 있는 '계약'(*symbolaion*)에 관한 법률 제정은 가족관

922a

서 가장 중요한 것들에 대해서는 우리가 거의 정리를 마쳤습니다만, 고아에 관한 것과 후견인들이 고아를 돌보는
b 것에 관한 것이 빠졌습니다. 그러니 이 문제들이 지금까지 이야기된 것들에 이어서 불가피하게 어떤 식으로든 규정되어야 합니다. 이 모든 일의 출발점은 임종을 앞둔 사람들의 유언[22]의 취지와 유언을 남기지 않은 사람들의 경우입니다. 그런데 내가 '불가피하다'고 이야기했던 것은, 클레이니아스, 바로 이 일들과 관련된 까다로움과 어려움을 바라보고서 이야기했던 것이지요. 그렇다고 또 그것을 규정하지 않은 채 놔둘 수도 없지요. 왜냐하면 각자는 서로 상반되는 많은 유언들을 제시할 뿐만 아니라 법률에, 그리고 살아 있는 사람들의 성향에, 심지어는 유언을 남
c 기려고 하기 이전의 자신의 성향과 반대되는 유언들까지도 남길 것이기 때문입니다. 어떤 사람이 삶의 마지막 즈음에 처한 상태와 상관없이 그가 남기는 유언을 그냥 그대로 유효한 것으로 누군가가 용인한다면 말입니다. 사실 곧 죽으리라고 생각하는 경우에 우리 대다수는 어떤 의미에서는 어리석고 약한 상태가 되지요.

클레이니아스: 손님, 그게 무슨 말이죠?

아테네인: 클레이니아스, 죽음을 앞둔 사람은 다루기 어렵고, 입법가에게 대단히 두렵고 까다로운 이야기를 잔뜩 늘어놓습니다.

계에 대한 법률까지도 포괄하며, 932d까지 이어진다. 또한 플라톤은 아테네 법률과의 연속성 위에서 유언과 후견인도 넓은 의미에서 '계약'으로 간주하여 다루고 있다.

22) 여기서 유언은 사망자의 유산 처분의 문제로서 다루어진다.

클레이니아스: 어떻게 그렇지요?

아테네인: 모든 것을 주관하고 싶어 하는 탓에, 그는 화 d
를 내며 이야기하곤 하지요.

클레이니아스: 어떤 이야기들을 하지요?

아테네인: "신들이시여, 제 것을 제가 원하는 사람에게 주거나 주지 않고, 제게 잘했거나 형편없이 굴었던 것이 확실한 사람들 중에서 — 그런 사람들은 아플 때, 또 어떤 사람들은 늙어서나 다른 특별한 경우에 충분히 가려지지요 — 한편에는 더 많이, 다른 한편에는 더 적게 줄 수 없다면, 그건 끔찍한 일입니다"라고 그는 말합니다.

클레이니아스: 손님, 당신은 그 사람들의 말이 훌륭하다고 생각하지 않으십니까?

아테네인: 내가 보기에는 클레이니아스, 옛 입법가들은 e
마음이 약해 인간사 중에서 소소한 것에 주목하고 마음을 두어 법을 제정했습니다.

클레이니아스: 무슨 말씀이시지요?

아테네인: 선생, 그들은 그 말을 두려워해서 전적으로
누구든 원하는 대로 자신의 재산을 물려줄 수 있는 법을 923a
제정했지만, 나와 당신은 당신의 나라에서 죽음을 앞둔 사람에게 어떤 의미에서는 더 적합한 답을 할 것입니다. "친구들이여, 영락없는 하루살이들이여, 현재로서는 당신들 자신의 재산을 아는 일에 더하여, 퓌티아의 문구[23] 도

23) 소크라테스가 즐겨 인용하는 "너 자신을 알라"는 문구는 델포이의 아폴론 신전에 있었던 문구라고 한다. 이에 대한 플라톤의 해석은《카르미데스》(*Charmidēs*) 164d~e;《프로타고라스》343b2~3;《필레보스》48c11 참고.

923a

말해 주고 있듯이, 당신들 자신을 아는 것은 당신들에게
어려운 일이군요. 그래서 나는 입법가로서 당신들도 그
재산도 결코 당신들 자신의 것이 아니고, 과거와 미래의
b 당신들 가문 전체의 것이요, 더 나아가서는 가문 전체와
그 재산까지도 나라의 것이라고 규정합니다.[24] 그리고 사
정이 이러하므로, 만약 병들고 나이 들어 휘청거리는 당
신들의 환심을 누군가가 아첨으로 사서 최선의 것에 어긋
나게 유산을 물려주라고 설득한다면, 자발적으로는 내가
물러서는 일이 없을 것이고 나라와 가문 전체에 최선이
되는 것, 이것 전체에 주목하고 개개인의 것에는 비중을
작게 두어 법을 제정할 것이며, 또 그것이 정당할 것입니
다. 당신들은 우리를 자비롭고 너그럽게 대하시고 당신들
이 인간의 본성에 따라 가고 있는 길을 가시기 바랍니다.
c 우리 쪽에서는 당신들의 다른 것들에 대해 배려할 것이
며, 어떤 것들은 신경 쓰고 어떤 것들은 신경 쓰지 않는
것이 아니라 최선을 다해 최대한 신경 쓸 것입니다."

클레니아스, 이것들을 산 자와 죽은 자를 위한 권고와
서곡으로 삼으시죠. 한편 법은 다음과 같습니다. 아이들
의 아버지로서 자신의 것을 물려주는 유언을 작성하는 자
는 먼저 아들 중에서 자격이 있다고 판단되는 자를 유언
장에 적어야 하며, 나머지 아들 중에서 다른 사람에게 양
자로 삼게 할 아들의 이름을 정확히 유언장에 적어야 합
d 니다. 아들 중에 할당분을 가진 집에 양자로 들어가지 못
하고 그의 곁에 남는 자가 있다면, 법에 따라[25] 이주지로

24) 5권 740a; 7권 804d5~6; 9권 877d6 참고.

25) 5권 740c, 740e 참고.

보내질 가망이 있는 자에게 조상 전래의 할당분 및 그 할
당분과 관련된 장비 일체를 제외한 다른 재산들 중에서
자신이 주고 싶은 재산을 줄 수 있어야 합니다. 그리고 만
약 그런 아들이 여럿이라면, 그 아버지가 원하는 비율에
따라 할당분을 초과하는 재산을 나눠 주게 해야 합니다.
그리고 아들 중 집이 있는 자에게는 재산을 나눠 주지 못
하게 하고, 이는 딸에게도 마찬가지로 해서, 만약 한 남
자와 약혼을 한 상태라면 나눠 주지 못하게 하고, 그렇지 e
않다면 나눠 주게 해야 합니다. 만약 아들이나 딸 중 누구
에게라도 국내의 할당분이 있다는 사실이 나중에 발견된
다면, 그는 유산을 남긴 사람의 상속자에게 자신이 받은
유산을 넘겨주어야 합니다. 유언을 남기는 자가 남자아이
를 남기지 않고 여자아이를 남겼다면, 딸 중에서 그가 원
하는 딸의 남편을 맞아들여 상속자로 유언에 적시하여 자
신의 아들로 남겨야 합니다. 친자식이든 입양한 아들이든
아들이 있으나 성인이 되기 전에 아이가 어려서 죽는 사 924a
람의 경우에는 그러한 특별한 경우에 대해서도 유언장에
적도록 해서, 유언을 남기는 자가 더 좋은 운을 기원하며
누가 그 대신에 자식이 될지를 유언장에 적도록 해야 합
니다. 만약에 누군가가 자식이 전혀 없는 상태로 유언을
남긴다면, 그가 누군가에게 선사하고 싶은 경우에는 상속
받은 재산을 초과하는 양의 1/10을 떼어 선사하게 합니
다. 하지만 나머지 것은 모두 양자가 되는 자에게 물려주
어 법의 가호와 더불어 비난이 아니라 호감을 받는 가운
데 그를 아들로 삼아야 합니다. 자신의 아이들에게 후견
인이 필요한 사람의 경우에, 그가 유언을 남기면서 자발

924a
적으로 후견인이 되어 주겠다고 동의하는 사람들로서 자
신이 원하는 사람들이 누구이고 그 수가 몇인지를 적어
b 놓았다면, 작성된 그 내용에 따라 후견인들의 선택이 유
효하게 합니다. 그런데 만약에 유언을 전혀 남기지 않고
죽었거나 후견인들의 선택이 누락되어 있다면, 아버지 쪽
과 어머니 쪽의 혈통 중 가장 가까운 친척들이 적법한 후
견인들이 되도록 하는데, 아버지와 어머니 쪽에서 각각 2
명을, 그리고 또 한 사람은 삶을 마감한 자의 친구들 가운
데에서 뽑아서, 이들을 법수호자들이 고아들 중에서 필요
로 하는 자에게 지정해 주도록 해야 합니다. 후견인 제도
c 전체와 고아에 대해서는 모든 법수호자들 중에서 가장 연
장자인 15명이 늘 돌보되, 그들 스스로 나이별로 셋씩 나
뉘어, 한 해는 세 사람이 그다음 해에는 또 다른 세 사람
이 돌봐, 그렇게 5년의 순환주기로 돌보도록 해야 합니
다. 그리고 가능한 한 이 일이 방치되는 때가 없도록 해야
합니다.

누군가가 전혀 유언을 남기지 않고 사망했을 경우에,
d 만약 그가 후견이 필요한 아이들을 남겨 놓았다면 그의
아이들의 곤궁한 처지에 대해서도 동일하게 이 법을 적용
해야 합니다. 그러나 만약 누군가가 딸들을 남겨 놓은 채
예기치 못한 재난을 당하였다면, 법을 제정하는 사람이
딸들의 출가와 관련하여 세 가지 사항 중에서 두 가지만
고려해서 정하더라도 그를 이해해야 합니다. 그 두 가지
란 친척의 가까운 정도와 할당분의 보존입니다. 세 번째
것은, 아버지라면 따져 볼 사항인데, 전체 시민들 중에서
e 성품과 기질을 보고 자신에게는 아들로서 딸에게는 신랑

으로서 적합한 자를 고르는 일입니다. 이 점은 법 제정자가 따져 볼 수 없는 사항이기 때문에 포기할 것입니다. 그래서 이런 문제에 관해서는 가능한 한도 내에서 다음과 같은 법이 제정되어야 합니다. 누구든지 유언을 하지 않고 딸만 남겨 놓고 죽었을 경우, 아버지의 남자 형제나 어머니 쪽의 할당분이 없는 남자 형제가 그 딸과 죽은 자의 할당분을 취해야 합니다. 만약 남자 형제가 죽어서 없으면 남자 형제의 아들과 죽은 자의 딸이 서로 결혼하기에 적당한 나이일 경우에, 마찬가지로 그가 그 딸과 죽은 자의 할당분을 취해야 합니다. 남자 형제도 없고 남자 형제의 아들도 없을 경우, 여자 형제의 아들이 있다면, 그 아들이 마찬가지로 그렇게 해야 합니다. 네 번째 서열은 죽은 자의 아버지의 남자 형제입니다. 다섯 번째는 그 남자 형제의 아들이고, 여섯 번째는 죽은 자의 아버지의 여자 형제의 아들입니다. 그런 식으로 언제나 친척은 가까운 순서를 따라가야 합니다. 만약 누군가가 여자아이들을 남
겨 놓았다면 말입니다. 형제들과 형제들의 자식들의 순서 925a
로 올라가되 같은 세대에서는 남자들이 먼저이고 여자들은 그다음 순서입니다. 이들의 결혼 시기의 적절함과 부적절함은 재판관이 살펴 판단해야 합니다. 이때 재판관은 남자들의 경우는 벗은 상태를, 여자들의 경우는 배꼽까지의 벗은 상태를 관찰해야 합니다. 형제의 손자에 이르기까지, 그리고 할아버지의 아들에 이르기까지 그 가문에 친척이 없는 경우에는 죽은 자의 딸이 후견인들의 도움을
받아 다른 시민들 가운데서 남자를 뽑고 그 남자가 죽은 b
자의 상속자가 되고 그 딸의 신랑이 되도록 해야 합니다.

이 일은 서로가 원하는 가운데 해야 합니다. 더욱이, 문제가 많으면 방책도 많아야 하는 법, 나라 자체에 그런 남자들이 부족한 경우가 있을 것입니다. 만약 자국 남자들 중에서 배우자를 찾지 못한 어떤 처녀가 어떤 이주지로 보내진 어떤 남자를 보고 마음으로 그가 아버지 재산의 상속인이 되었으면 한다면, 그가 그녀의 친척일 경우에는 법 규정에 따라 문제의 그 할당지로 들어가게 합니다. 만약 이 남자가 가문의 사람이 아니며 나라 안에 친척이 없
c 을 경우에는, 후견인들의 선택과 죽은 자의 딸의 선택에 따라 혼인을 한 뒤 고향으로 귀환한 후 유언을 남기지 않은 그 사람의 할당분을 취하게 해야 합니다.

유언을 남기지 않고 죽은 자에게 아들이든 딸이든 자식이 전혀 없을 경우에 그런 자에 대해서는 여타의 사안들은 앞에서 말한 법률에 따르도록 합니다. 하지만 각 경우마다 남자뿐만 아니라 여자도 그 가문 출신으로서 한 울타리를 이루게 하고 버려진 그 집에 들어가 할당분을 주관하도록 해야 합니다. 이 경우 상속 서열은 다음과 같습
d 니다. 첫 번째 서열은 죽은 자의 여자 형제, 두 번째는 남자 형제의 딸, 세 번째는 여자 형제의 딸, 네 번째는 아버지의 여자 형제, 그리고 다섯 번째는 아버지의 남자 형제의 딸, 여섯 번째는 아버지의 여자 형제의 딸이 되도록 해야 합니다.[26] 그리고 이 여자들을 친척관계의 거리에 따라서 그리고 우리가 앞에서 법으로 정했던 바[27]의 종교적

26) 남녀가 한 쌍을 이루어야 하는데, 남자 쪽의 순서는 이미 924e에서 밝혔기 때문에 여기서는 여자 쪽의 순서만 열거하는 것으로 보인다.
27) 5권 741a~e 참고.

규정에 따라서 저 남자 친척들과 가정을 꾸리도록 해야
합니다.

우리는 이러한 법률의 가혹함을 간과해서는 안 됩니다.
이 법률은 죽은 자의 가문 남자 친척에게 여자 친척과 결
혼하라고 엄하게 명령할 때가 있는데, 그런 명령은 세상
에는 그런 명령을 기꺼이 따르지 못하게 하는 무수한 방 e
해물들이 있다는 것을 살피지 않는 것처럼 보입니다. 결
혼을 지시받은 남자나 여자들 중 어떤 이들에게 육체나
마음의 질병 내지는 장애가 있을 때에는 무슨 일이 있어
도 그 명령은 따르지 않기로 작정한 것처럼 보인다는 점
을 살피지 못한다는 말입니다. 그래서 어떤 이들은 입법
가가 이런 문제들에 대해 전혀 주의를 기울이지 않는다고
생각할지 모르겠지만, 그건 잘못 생각하는 것입니다. 그
러니 법을 제정받는 사람을 위해서뿐만 아니라 입법가를
위해서도 말하자면 공동의 서곡이라 할 만한 것에 대해
언급해야 합니다. 이 서곡은, 입법가가 공적인 일을 돌보
면서 개개인에게 일어나는 사적인 불편한 일들을 동시에
관리할 수는 없다는 점을 양해해 줄 것을 법의 명령을 받
는 자들에게 요구하는 한편, 입법가가 사정을 모르고 지 926a
시한 지침은 법을 제정받는 사람들 입장에서 때때로 당연
히 완수되기 어렵다는 점을 입법가에게도 양해해 줄 것을
요구합니다.

클레이니아스: 그렇다면 손님, 그런 일들과 관련해서 어떻게 하는 것이 가장 합당한 것일까요?

아테네인: 그런 법들과 그 법을 제정받는 사람들을 위한 중재자를 뽑는 것이 필수적입니다.

926a

클레이니아스: 무슨 뜻이지요?

아테네인: 부자 아버지를 둔 조카는 자발적으로 삼촌의
b 딸을 아내로 취하려 하지 않을 경우가 있습니다. 그런 자
는 사치스러워서 더 거창한 결혼에 뜻을 두기 때문입니
다. 또 입법가가 내리는 명령이 큰 화근이 되기 때문에 부
득이 법을 따르지 않을 수밖에 없게 되는 경우도 있습니
다. 이를테면 정신병, 또는 그런 것을 갖고서는 도저히
살 수 없는 무서운 다른 불행을 육체나 마음에 가진 사람
과 혼인관계를 맺으라고 강요하는 경우 말입니다.

그러니 이 문제들에 관한 지금 우리의 이야기는 다음과
같이 입법되어야 합니다. 만약 어떤 자들이 유언과 관련
c 하여 제정된 다른 모든 법률에 대해서도 그렇지만, 특히
나 결혼에 관한 법률들에 대해 이의를 제기한다면, 그래
서 정말이지 입법가 자신이 살아 있어서 곁에 있다면 그
는 결코 그런 강요를, 즉 현재 각자가 하도록 강요받고 있
는 장가를 가라거나 시집을 가라는 강요를 하지 않을 것
이라고 어떤 사람들이 이의를 제기하는 한편, 친척들이나
후견인들 가운데 어떤 사람은 그렇게 하라고 말한다면,
우리는 입법가가 유자녀를 위해 법수호자들 중 15명을 중
재자이자 아버지로서의 역할을 하도록 남겨 놓았다고 말
d 해야 합니다. 그런 문제에 관해서 분쟁을 하는 사람들은
그들에게로 가서 판결을 받도록 하고, 그들의 판결이 구
속력을 갖도록 해야 합니다. 그러나 그렇게 하는 것은 법
수호자들에게 너무 많은 권한을 맡기는 것이라고 생각한
다면, 앞에서 말한 '선발된 재판관들'의 법정[28]으로 그들
을 데리고 가서 분쟁 사안에 대한 판결을 받도록 해야 합

니다. 패소한 사람에게는 지각 있는 자라면 많은 벌금보
다 더 무거운 벌로 여길 입법가의 비난과 불명예를 받게
해야 합니다.

모든 유자녀는 말하자면 두 번째 탄생을 겪을 수 있도록
해야 합니다. 첫 번째 탄생 이후 각자에게 필요한 양육과 e
교육에 관해서는 이야기한 바 있습니다. 아버지 없이 일어
난 두 번째 탄생 이후 우리가 해야 할 일은, 고아의 운명
을 겪게 된 아이들의 불행이 그리 큰 동정의 대상이 되지
않도록 하는 것입니다. 이를 위해서 우선 우리는 법수호자
들이 이 아이들을 위해 생부 못지않게 누군가가 아버지의
역할을 할 수 있도록 법으로 정해야 합니다. 특히 세 사람
의 법수호자들이 매년 돌아가며 그들을 친자식인 양 돌보
라고 우리는 명령합니다. 법수호자들과 후견인들을 위해
고아 양육에 관한 적합한 서곡을 붙임으로써 말이죠. 이런
맥락에서 내가 보기에 우리가 앞선 이야기를 상세히 했던 927a
것은[29] 시의적절했던 것 같습니다. 그건 죽은 자들의 혼
이 죽고 나서도 인간사를 돌볼 수 있는 힘을 가지고 있다
는 것이었지요. 이런 생각은 참되지만, 이것을 담고 있는
이야기들은 길지요. 하지만 우리는 이런 것에 관한 매우
많고 아주 오래된 전승들을 믿어야 합니다. 그리고 이런
것들이 사실이라는 입법가들의 말 또한 믿어야 합니다. 이
들이 완전히 정신 나간 사람이 아닌 게 분명하다면 말입니
다. 그래서 사실이 본래 이러하다면, 먼저 법수호자들은
유자녀들의 외로운 처지를 살피시는 높은 곳의 신들을 두 b

---

28) 6권 767c~d 참고.

29) 9권 865e 참고.

927b

려워해야 합니다. 그다음으로 법수호자들은, 자신들의 자
손을 각별히 배려하기 마련이며 그들을 귀히 여기는 자에
게는 호의적인 태도를, 귀히 여기지 않는 자에게는 적대적
인 태도를 보이기 마련인 고인이 되신 분들의 혼을 두려워
해야 합니다. 그다음으론 살아 계시지만 연로하신, 그러
나 큰 존경을 받는 분들의 혼을 두려워해야 합니다. 나라
가 좋은 법으로 다스려지고 행복을 누리고 있다면 이분들
의 손자들은 즐거운 마음으로 그분들을 공경하며 살지요.
그리고 그분들은 이 문제와 관련된 사안에 예의 경청하고
c 예의 주목하며, 이 문제와 관련하여 정의로운 사람들에게
는 호의적이지만, 부모를 잃고 홀로된 아이들에게 횡포를
부리는 사람에 대해서는 분개해 마지않으십니다. 그분들
은 유자녀들을 아주 중요하고 신성한 위탁물이라고 생각
하기 때문입니다. 조금이라도 지각이 있는 후견인과 관리
라면, 이 모든 것에 주의를 기울이고 유자녀의 양육과 교
육에 신경을 써서 자신과 자신의 가족들을 챙기듯이 가능
한 모든 방법을 다해 유자녀들에게 아낌없는 도움을 주어
야 합니다.

법률에 앞선 이런 이야기를 따르고 유자녀에게 횡포를
d 부리지 않는 자는 그런 잘못에 대한 입법가의 분노를 알
일이 확실히 없겠지요. 그러나 이를 따르지 않고 아버지
나 어머니가 없는 누군가에게 불의한 짓을 하는 자는 양
친이 살아 있는 사람에게 나쁜 짓을 한 사람보다 전체 해
악의 2배가 되는 대가를 지불해야 합니다.

고아에 대한 후견인 제도와 후견인 감독을 맡은 관리를
위한 추가적인 입법에 관해서는 아래와 같이 말할 수 있

습니다. 만약 후견인들 스스로 친자를 양육하고 본인의 재산을 돌봄으로 해서 갖게 된 자유인 아이의 양육에 대
한 전례를 갖고 있지 않다면, 더 나아가 바로 이 사안에 e
관한 법률을 적절한 수준에서 명확하게 말해 두지 않았다면, 아주 특별한 법으로서 후견인 법을 제정하는 것이 의미가 있을 수 있습니다. 특수한 제도를 통해 고아의 삶을 그렇지 않은 삶에 비해 유별나게 만드는 법 말입니다. 그러나 현재 그런 문제 전반에서 우리의 유자녀 정책은 아버지가 있는 가정과 크게 다르지 않습니다. 물론 명예와 불명예, 그리고 돌봄의 정도에서는 양쪽이 똑같지 않은
것이 보통입니다. 바로 이런 이유로 인해 고아에 관한 입 928a
법과 관련해 우리의 법이 열심히 권고하고 위협했던 것입니다. 나아가 다음과 같은 한 가지 위협이 아주 시의적절할 것입니다. 소녀 혹은 소년을 후견인으로서 보호하는 자는 그리고 후견인에 대한 감독과 관리를 맡도록 임명받은 법수호자는 고아의 운명을 겪게 된 아이에게 자신의 아이를 위한 애정만큼이나 큰 애정을 주어야 하며, 자신의 재산에 대해서 신경 쓰는 만큼 피보호자의 재산에 대해서도 신경을 써야 합니다. 그리고 이런 일의 수행에 열
의가 따르면 더 좋겠지요. 고아 보호의 임무를 가진 자는 b
오직 이 하나의 법만 따르면 됩니다. 그러나 만약 누군가가 이 사안과 관련해 이 법을 위반한다면, 후견인 감독관은 후견인을 처벌해야 합니다. 그리고 반대의 경우에는 후견인은 후견인 감독관을 재판관들의 법정으로 소환해 법정이 평가한 배상액의 2배의 벌금으로 처벌해야 합니다. 고아의 친척 혹은 임의의 시민이 볼 때 후견인이 고아

928b

보호를 게을리하거나 잘하지 못한다고 판단될 경우에도,
c 후견인은 동일한 법정으로 소환되어야 합니다. 이 법정에
서 후견인이 유죄 판결을 받을 경우 그는 피해액의 4배를
보상해야 하며, 그 반은 아이의 것, 나머지 반은 소송을
제기한 사람의 것이 되어야 합니다. 그리고 성장을 한 유
자녀가 지난날 후견인에 의해 잘못된 대우를 받았다고 생
각한다면 피보호 기간 종료 이후 5년 안에 후견인 역할에
대한 소송을 제기해야 합니다. 여기서 후견인이 유죄 판
결을 받을 경우 법정은 후견인이 얼마를 보상해야 할지
혹은 무슨 처벌을 받아야 할지를 정해야 합니다. 이 과정
에서 후견인 감독관도 유죄 판결을 받을 수도 있습니다.
후견인 감독관이 소홀히 하여 유자녀에게 잘못을 한 것으
로 판단될 경우 그가 유자녀에게 보상해야 할 피해액은
d 법정이 정해야 합니다. 후견인 감독관이 불의를 저질러
잘못을 한 것으로 판단될 경우 그는 배상액과 더불어 법
수호자의 자리를 내놓아야 합니다. 그리고 국가공동체는
국가와 나라를 위해 그 사람 대신에 다른 사람을 법수호
자로 임명하여 그 자리에 앉혀야 합니다.

자식과 아버지의 불화 및 부모와 불화가 정도 이상으로
커져 자신들이 원할 경우, 아버지는 자신의 아들을 법적으
e 로 더 이상 자신의 아들이 아니라고 모든 사람 앞에서 선
포할 수 있게 하는 법을 입법가가 제정해 주어야 한다고
생각하거나, 또 아들은 아들대로 아버지가 병과 노령으로
인해 수치스러운 상태에 놓였다고 해서 그 아버지를 정신
이상으로 기소할 수 있게 하는 법을 제정해 주어야 한다고
생각하는 경우도 있을 수 있습니다. 이러한 일은 나쁜 성

향의 사람들 사이에서는 실제로 곧잘 일어나는 일이지만,
한쪽만 나쁘다면, 이를테면 아버지는 나쁘지 않고 아들이
나쁘거나 그 반대의 경우라면, 심각한 적개심의 소산인 그
런 재앙이 생겨나지는 않을 것입니다. 그러므로 다른 정치
체제에서라면 의절당한 자식의 국적이 반드시 박탈되어야
하는 것은 아니지만, 다음과 같은 법률이 있게 될 이 정치
체제에서는 다른 땅으로 그 아비 없는 자식을 반드시 이주
시킬 수 있어야 합니다. 왜냐하면 5,040가구에 단 하나의 929a
가구라도 보태는 일은 있을 수 없기 때문입니다.[30] 바로
이런 이유로 해서 법적으로 이런 일을 당하게 될 사람은
아버지 한 사람에 의해서가 아니라, 가문 전체에 의해서
공표되어야 합니다. 그래서 그러한 사안에 대해서는 다음
과 같은 법에 따라 처리해야 합니다. 만약에 자신이 낳고
기른 자를 자신의 친족에서 쫓아내고자 하는 지극히 불행
한 격정이 누군가를 덮친다면, 그것이 정당하든 그렇지 않
든 간에, 너무 쉽게 허용하거나 즉석에서 그것을 하게 해 b
서는 안 되고, 우선 자신의 친족들을 사촌까지, 그리고 아
들의 어머니 쪽의 친척들도 같은 정도로 불러 모아 그들이
모두 참석한 가운데 그가 가문에서 축출되어 마땅하다는
것을 가르쳐 주고서 고발하도록 하는 한편, 그 아들에게도
같은 시간을 주어 자신이 결코 이런 일들을 당할 이유가
없다는 이야기를 할 수 있게 해야 합니다. 만약 그 아버지
가 설득에 성공하여 전체 친족들 절반 이상의 찬성표를 얻

30) 5권에서 어떤 신적인 질서 및 원리에 따라서 토지를 분배해 나누어 가지게 될 가구 수가 결정되었으며 이는 결코 변경되어서는 안 된다고 하였다(740b, 741b~c 참고).

929b

게 된다면, ―투표 당사자가 되는 아버지와 어머니 그리
c 고 추방되는 자 이외에 다른 친족 중 성년의 남녀에 의해
투표는 이루어져야 하지요―이러한 방식으로 그리고 바
로 이런 절차에 따라 아버지에게 그 아들을 파문하는 일이
허용되어야 하고, 다른 방식으로는 결코 이런 일이 이루어
지는 것을 허용해서는 안 됩니다.

한편 의절당한 자를 시민들 중 누군가가 아들로 삼기를
원한다면, 이를 어떤 법으로도 막아서는 안 됩니다. 젊은
사람들의 성향은 일생 계속해서 많은 변화를 겪기 마련이
기 때문입니다. 하지만 10년 동안 양아들로 삼기를 바라
d 는 사람이 없다면, 이주지로 보낼 과잉 출생자의 감독관
들이 이들도 돌봐 이들이 과잉출생자들과 조화를 이뤄 같
은 이주지에 참여할 수 있게 해야 합니다.

만약 대다수의 사람들의 경우보다 훨씬 심하게 어떤 질
병과 노령이나 고약한 성격 또는 이 모두에 의해 어떤 사
람이 정신이 나갔으나 이런 사정을 같이 사는 사람들만
알고 다른 사람들은 알아채지 못해, 그 사람은 자신의 재
산에 대해 권리가 있다고 생각하여 재산을 탕진하는데도
그 아들은 어찌할 방도를 모르면서도 정신이상에 대한 소
송을 제기하는 것을 망설이는 경우가 있을 수 있습니다.
e 이 경우의 아들을 위해 다음과 같은 법이 제정되어야 합
니다. 우선 그는 법수호자들 중 가장 연장자들에게 가서
아버지의 불행을 자세히 설명하는 한편, 그들은 사안을
충분히 살펴보고 그가 소송을 제기해야 하는지 말아야 하
는지에 대해 조언해 주어야 합니다. 소송을 하라고 조언
하는 경우에는 그들은 소송을 제기한 사람의 증인이자 변

호인[31]이 되어 주어야 합니다. 한편 패소한 자에 대해서
는 남은 삶 동안 자신의 것에 대한 권리를 박탈하고 아무
리 사소한 것이라도 자신이 처분할 수 없게 해야 합니다.

남편과 부인이 불행히도 성격의 차이로[32] 전혀 뜻이 맞
지 않는 경우, 법수호자들 가운데 중년의 남성 10명과 혼 930a
사를 담당하는 같은 연령대의 여성[33] 10명이 늘 이런 부
부들을 관리해야 합니다. 이들이 부부를 화해시킬 수 있
다면, 그들의 조치는 효력을 가져야 합니다. 그러나 그들
은, 부부의 마음이 너무도 격한 상태에 있을 경우엔, 최
선을 다해 이들 각자에게 어울릴 사람을 찾아 줘야 합니
다. 그런데 이 사람들[34]은 온순한 성향을 갖고 있을 것
같지 않습니다. 그러니 이들을 품성이 더 차분하고 더 온
순한 배우자와 짝을 지어 주려 해야 합니다. 그리고 자식
이 없거나 자식이 적은 부부가 갈등이 있는 경우는 각기
새 가정을 꾸려 아이를 출산해야 합니다. 자식이 충분히 b
있는 부부가 다투는 경우는 이혼하고는 재혼해서 함께 늙
고 서로 돌보며 살아야 합니다.

부인이 남자아이와 여자아이를 남기고 죽는다면, 제정
된 법은 남편이 계모를 들이지 않고 아이들을 양육하라고
권고하겠지만 강제하지는 않을 것입니다. 아이가 없다면,

---

31) 소송을 한 사람을 도와 법정에서 그가 자신을 변호할 때 도와야 한다는 뜻이지, 오늘날처럼 그의 변호를 전담하는 사람이 되어야 한다는 뜻은 아니다.

32) 직역하면 '불운한 성격(*tropōn atyxiai*) 때문에'로 번역할 수 있다.

33) 혼사담당관에 대해서는 6권 784a와 794b에서도 언급되었다.

34) 의견 대립을 보이는 부부와 같은 사람들을 가리킨다.

930b

남편은 가정과 나라를 위해 아이를 충분히 낳을 때까지는
c 반드시 재혼해야 합니다. 다른 한편 남편이 아이들을 충분
히 남기고 죽는다면, 아이 엄마는 집에 머물러 아이들을
양육해야 합니다. 하지만 그녀가 남편 없이 건강을 유지하
면서 살기에 너무 젊다고 여겨진다면, 친척들이 혼사를 관
장하는 여성들에게 알리고, 이러한 경우에 그들과 그 여성
들에게 좋다고 판단되는 조치를 취해야 합니다. 만일 자식
이 없다면 그들은 그녀가 아이들을 출산할 수 있도록 하기
위해서도 조치를 취해야 합니다. 충분한 자녀 수의 최소한
도는 법률상 딸과 아들 1명씩이어야 합니다.

d 태어난 아이가 어느 부모의 자식이라는 것에 이견이 없
지만, 그 아이가 누구에게 귀속되어야 하는가에 대해 판
별이 필요할 땐 다음과 같이 해야 합니다. 만일 노예 여성
이 노예나 자유인이나 해방된 노예와 관계를 갖는다면,
태어난 아이는 완전히 노예 여성의 주인에게 귀속되어야
합니다. 그런가 하면 자유인 여성이 노예와 관계를 한다
면 태어난 아이는 노예 남성의 주인에게 귀속되어야 합니
다. 만일 자유인 남성이 자신의 노예에게서 아이를 얻거
나 자유인 여성이 자신의 노예에게서 아이를 얻은 것이
분명한 사실이라면, 그 자유인 여성의 아이는 여자 관리
e 들[35]이 아이 아버지와 함께 다른 지역으로 보내고, 그 자
유인 남성의 아이는 법수호자들이 아이 엄마와 함께 다른
지역으로 보내야 합니다.

어떤 신도, 지각 있는 어떤 사람도 부모에 대한 보살핌

35) 930a에서부터 거론되는 혼사담당관을 가리킨다.

을 소홀히 하라고 권하는 일은 결코 없습니다. 신들의 섬김에 관한 다음 서곡은 부모에 대한 공경과 불손에도 제대로 적용될 수 있음을 알아야 합니다. 신에 관해서는 오래된 법이 모든 사람 사이에서 두 가지 방식으로 확립되어 있습니다. 일부의 신들은 우리가 눈으로 분명히 보 931a
고[36] 공경하는 한편, 일부의 신들은 우리가 숭배대상으로 모상들을 세워 놓고 공경합니다. 비록 이것들이 생명은 없을지라도 우리가 그것들을 숭배할 때 그로 인해서 살아 있는 실제의 신들이 우리에게 큰 선의와 호감을 갖는다고 우리는 믿습니다. 그러니 연로하여 나약해진 보물과 같은 분들인 아버지나 어머니, 혹은 이분들의 아버지나 어머니를 집에 모시고 있는 사람이라면 누구라도 자신의 집 안 화덕에 이처럼 살아 계신 상(像)을 모시고 있는 한[37] 이 상보다 더 효력이 있는 숭배대상이 있을 것이라고 생각해선 안 됩니다. 만일 이 상을 갖고 있는 사람이 적절하게 옳은 방식으로 섬긴다면 말입니다.

클레이니아스: 그 옳은 방식이란 뭘 말하는 건가요? b

아테네인: 말씀드리지요. 그것은 정말 들으실 만합니다.

클레이니아스: 말씀 좀 해주시죠.

아테네인: 우리가 이야기하듯이, 오이디푸스는 자식이 불손하게 굴었을 때 자식에게 저주가 내리길 빌었습니

36) 7권 821b에서 언급된 태양, 달 등의 천체들을 가리키는 것으로 보인다.

37) 불을 소중히 다루었던 고대 그리스에서는 집 안의 화덕(*hestia*)이 가정의 중심을 상징적으로 나타내는 것이기도 했다. 그러므로 집 안 화덕에 살아 있는 상, 즉 살아 있는 부모와 조부모를 모신다는 것은 그들을 가정의 중심으로 여기고 공경한다는 뜻이다.

다.[38] 신들이 듣고 이루어 주신다고 모든 이가 노래하는 그런 저주를 말입니다. 또 아뮌토르가 분노하여 자신의 아들 포이닉스에게 저주가 내리길 빌었고,[39] 테세우스는 히폴뤼토스에게,[40] 그리고 그 밖에 수많은 아버지가 수많은 아들에게 그렇게 했습니다. 이를 통해 볼 때 신들은 아이들에 대한 부모들의 저주의 기도를 들어준다는 게 분명
c 합니다. 부모가 자식을 저주하는 것은 다른 사람이 다른 사람을 저주하는 것과는 같지 않으며, 이는 아주 정당한 것이기 때문입니다. 그러니 누구든 아버지나 어머니에게 자식들이 심하게 불손하게 굴 때 신이 본래 그들의 기도를 들어준다고 생각해야 하고, 그들이 공경을 받고 대단히 기뻐서 자식들에게 좋은 일들이 있게 해달라고 신들에게 열심히 기도로 간청할 때도 신들은 똑같이 그 기도를 듣고 그것들을 우리에게 나누어 준다고 생각해야 하지 않
d 겠습니까? 그렇지 않다면 신들은 결코 좋은 것들의 정의로운 분배자가 아닐 것이며, 우리가 주장하는 바로는 이는 적어도 신들에게는 어울리지 않는 것입니다.

클레이니아스: 물론입니다.

아테네인: 그렇다면 조금 전에 우리가 말했듯이, 신들이 보기에는 우리가 갖고 있는 어떤 숭배대상도 늙어서 허약해진 아버지와 할아버지, 그리고 같은 처지에 있는 어머니들보다 더 존귀하지는 않을 것이고, 누구든 이분들을

38) 아이스퀼로스, 〈테베를 공격하는 일곱 장군〉(*Hepta epi Thēbas*) 785~790; 소포클레스, 〈콜로노스의 오이디푸스〉(*Oidipous epi Kōlonō*) 421~430.

39) 호메로스, 《일리아스》 9.430~480.

40) 3권 687e; 에우리피데스, 〈히폴뤼토스〉 884 이하.

공경하며 섬길 때 신이 기뻐한다고 생각해야 합니다. 그
렇지 않다면 신이 그들의 기도를 듣지 않을 테니까요. 선 e
조들[41]의 상은 생명 없는 상들보다 훨씬 더 우리에게 놀
라운 것이니 말입니다. 살아 있는 상들은 우리의 섬김을
받을 때는 언제나 축복 기도에 동참하는 반면, 자식이 불
손하게 굴 때는 반대로 저주의 기도를 합니다. 하지만 생
명 없는 상들은 어떤 것도 못합니다. 따라서 누구든 아버
지와 선조, 그리고 그런 분들을 올바로 모시고 있다면,
그는 자신이 신의 가호를 받는 데 그 어느 것보다도 가장
효력이 있는 숭배대상을 갖고 있는 셈이 될 것입니다.

클레이니아스: 아주 훌륭한 말입니다.

아테네인: 지각이 있는 사람이라면 모두 부모들의 기도
를 두려워하고 존중할 것입니다. 그 기도가 많은 경우에
빈번히 실현된다는 것을 알기 때문이지요. 이것들이 본래
이처럼 되어 있으므로, 나이 든 선조들은 삶의 마지막 순 932a
간까지 살아 있는 동안 좋은 사람에게 뜻하지 않은 행운의
선물이 되고, 죽으면 젊은 세대가[42] 몹시 그리워하는 존재
가 됩니다. 하지만 나쁜 사람들에게 이분들은 아주 두려운
존재입니다. 그러니까 모든 사람은 지금 한 말을 믿고 법
적으로 정해진 온갖 공경을 다해 자신의 부모를 모셔야 합
니다. 그러나 어떤 사람이 이러한 서곡에 대해 귀머거리라
는 어떤 평판이 나게 되면, 이들에게는 다음과 같이 제정
된 법률이 적용되는 것이 옳을 것입니다.

---

41) 논의의 맥락상 여기서 선조들(*progonoi*)이란 먼 대의 조상을 뜻하는 것이 아니라 살아 있는 부모나 조부모를 뜻하는 것이다.

42) ‘neoi’ 대신 ‘neois’로 읽었다.

932a

만일 누군가가 이 나라에서 부모를 마땅한 정도보다 덜
보살피고, 모든 면에서 자신의 아들이나 모든 자손이나
b 자기 자신보다도 더 많이 부모에게 관심을 기울이지도 않
고 부모의 소망을 더 많이 실현시켜 드리지도 않는다면,
이런 일을 겪은 부모는 자신이 직접 나서거나 다른 사람
을 보내서 그 사실을 가장 나이가 많은 법수호자 세 명과
혼사를 담당하는 여성 세 명에게 알려야 합니다. 이들이
이런 일을 관리하여, 불의를 저지른 자들이 아직 나이가
어리다면, 남자들의 경우에는 30세까지 매질과 구금의 벌
c 을 주고, 여자들의 경우는 40세까지 같은 벌을 주어야 합
니다. 만일 이 나이가 지난 사람들이 부모를 계속 보살피
지 않고, 일부는 해를 주기까지 한다면, 가장 나이가 많
은 101명의 시민들로 구성된 법정에 그들을 세워야 합니
다. 누구든 유죄 판결을 받으면, 법정은 그가 지불해야
할 벌금이나 받아야 할 벌을 정할 때, 사람이 받거나 지불
d 할 수 있는 그 어떤 처벌도 금하지 말아야 합니다. 만일
해를 입은 어떤 부모가 그 사실을 알릴 수가 없을 경우에
는 자유인들 가운데 그 사실을 들은 사람이 관리들에게
알려야 합니다. 그렇게 하지 않을 경우 그는 나쁜 시민으
로 간주되어야 하고, 누구든 원하는 사람에 의해 피해에
대한 고소를 당하도록 해야 합니다. 만일 노예가 그것을
알린다면, 그는 자유인이 되게 해야 합니다. 만일 그가
학대한 자들의 노예거나 학대받은 자들의 노예라면 해당
관청이 그를 자유롭게 해주어야 합니다. 만일 그가 시민
들 중 어떤 사람의 노예라면, 국고에서 그 노예에 대한 값
을 노예 소유자에게 지불해야 합니다. 그리고 관리들은

신고에 대한 보복으로 누군가가 그에게 해를 입히지 못하
도록 주의를 기울여야 합니다.

어떤 사람이 독을 가지고 다른 어떤 사람에게 끼치는 e
해들 가운데 치명적인 것들에 대해서는 이미 충분히 살펴
보았습니다.[43] 그러나 누군가가 자발적으로 그리고 계획
적으로 마실 것이나 먹을 것이나 고약(膏藥)을 가지고 초
래하는 그 밖의 해들은 어떤 것도 아직 충분히 논의하지
못했습니다. 인간이라는 종과 관련해서는 두 가지 독의
사용 방식이 있어서, 이 점이 논의를 제한시키기 때문입
니다. 그 한 방식은 우리가 방금 분명하게 말한 것으로
서,[44] 자연적인 과정에 따라 물질로 몸[45]에 해를 끼치는 933a
것입니다. 그리고 다른 한 방식은 주술과 주문과 이른바
마력을 이용함으로써, 해를 끼치려 드는 사람들에게는 그
들이 그렇게 할 수 있다고 설득하고, 다른 쪽 사람들에게
는 홀리는 능력을 가진 사람들에 의해서 그들이 분명 해
를 입는다고 설득하는 것입니다. 그런데 이것들과 이런
유의 모든 것에 관해서는 진실이 뭔지를 아는 것도 쉽지
않고, 누군가가 안다고 해도 다른 사람들에게 그것을 납
득시키는 것도 쉽지 않습니다. 그리고 이러한 것들에 대
해 서로 의심하는[46] 혼들을 지닌 사람들에 관한 한, 그들 b
이 밀랍으로 만든 상들을 문간이나 삼거리나 자신들의 부

---

43) 9권 869e 이하 참고.

44) 앞의 어느 대목을 말하는 것인지 불분명하다.

45) '물질'과 '몸'으로 따로 번역하긴 했지만 원어는 같은 'sōma'이다. 언어적 연관성을 통한 설명이 바탕에 깔려 있는 것이다.

46) 'dysōpoumenous' 대신 'dysōpoumenais'로 보았다.

933b

모들의 묘소에서 보는 경우에 그들을 설득하는 일은, 즉
그런 모든 것에 대해 주의를 기울이지 말라고—그들이
그것들에 대해 분명한 의견을 갖고 있는 것도 아니니까—
권고하는 일은 시도해 볼 만한 가치가 없습니다. 우리는
독을 사용하려는 시도가 이루어지는 방식에 따라 독의 사
c 용에 관한 법률을 둘로 나눌 것입니다. 첫째로 그런 일을
하려고 시도해서도 안 되고, 어린아이에게 하듯이 많은
사람이 놀라서 두려워하게 만들어서도 안 되며, 또한 입
법가와 재판관으로 하여금 그러한 사람들의 두려움을 치
료하도록 강요해서도 안 된다고 당부하고 권고하고 조언
을 해야 합니다. 우선 독을 사용하려 시도하는 자는 자신
이 무엇을 하는 건지 알지 못하기 때문입니다. 그가 의술
에 전문가가 아니라면 몸과 관련해 그걸 모르고, 혹은 그
가 예언가나 점술가가 아니라면 주술과 관련해서 그러합
d 니다. 그러니 다음 진술을 독의 사용에 관한 법률로 여겨
야 합니다.

어떤 사람에게 독을 써서 그에게나 그의 집에 속해 있
는 사람들에게 치명적이지는 않은 해를 주려고 하거나,
혹은 그의 가축들에나 그의 양봉 벌 떼에 치명적인 해나
그 밖의 해를 주려는 사람의 경우, 만일 그가 의사이고 독
의 사용으로 유죄 판결을 받으면, 그는 사형에 처해야 합
니다. 그러나 그가 문외한이라면 법정은 그에 대해 어떤
벌금형을 내릴지, 아니면 다른 어떤 형벌을 내릴지 형을
정해야 합니다. 그가 마력이나 마법이나 어떤 주문 혹은
e 이런 유의 독 사용들 중 어떤 것들에 의해서든 해를 주는
사람과 같은 것으로 보일 경우, 만일 그가 예언자나 점술

가라면 그는 사형에 처해야 합니다. 그러나 만일 그가 예
언술을 터득하지 못하고서 비방을 사용한 죄로 유죄 판결
을 받으면, 그에게는 앞의 문외한에게 적용된 것과 같은
절차가 주어져야 합니다. 즉, 법정은 이 사람에 대해 어
떤 형벌을 내려야 좋을지, 아니면 어떤 벌금형을 내려야
좋을지 정해야 합니다.

누군가가 도둑질을 하거나[47] 폭력을 행사해서 다른 사
람에게 끼치는 모든 해의 경우, 그 해가 크면 그는 피해자
에게 크게 배상해야 하는 반면, 그가 작게 해를 미쳤다면,
그는 작게 배상해야 합니다. 다만 누군가가 누군가에게 피
해를 입힌다면 어떤 경우에도 그는 무엇보다도 피해가 치
유될 만큼의 배상을 해야 합니다. 그리고 이에 더하여 각
자는 자신의 교화를 위해 각각의 나쁜 행위에 따른 처벌을 934a
받아야 합니다. 다른 사람의 어리석음 때문에 — 그의 젊
음으로 혹은 그러한 어떤 것으로 설득되어서 — 나쁜 짓을
한 사람은 더 가벼운 처벌을 받아야 합니다. 그런가 하면
저 자신의 어리석음 때문에 그리고 쾌락이나 고통에 대한
자신의 무절제 때문에 — 치료하기 힘든, 겁으로 인한 두
려움이나 어떤 욕구나 시기나 격정 속에서 — 나쁜 짓을 한
사람은 더 무거운 처벌을 받아야 합니다. 그리고 그가 처
벌을 받는 것은 해를 입혔기 때문이 아니라 — 일어난 일은
결코 일어나지 않은 일로 될 수 없으니까 — 그 자신과 그 b
가 처벌받는 것을 본 사람들이 장차 부정의를 전적으로 싫
어하게 하거나, 그와 같은 범죄에서 상당한 정도로 벗어나

47) 9권 857a 이하에서도 도둑질에 대한 여러 처벌 규정이 제시되었다.

934b

게 하기 위한 것입니다.[48] 이 모든 이유로 그리고 이런 모
든 것을 고려해서 법률은 뛰어난 궁사와도 같이 각각의 범
죄에 대해 처벌의 크기와 특히 그것의 적정량을 표적으로
삼아야 합니다. 재판관은 바로 이 일을 할 때 입법가를 보
좌해야 합니다. 유죄 판결 받은 자가 어떤 형벌을 받아야
할지, 아니면 어떤 벌금형을 받아야 할지를 정하는 일을
c 어떤 법률이 자신에게 맡길 때는 언제나 말입니다. 다른
한편 입법가는, 화가와도 같이, 문자로 쓰인 법에 합치하
는 모범적 행위들의 윤곽을 그려야 합니다. 메길로스와 클
레이니아스, 이 일은 지금 우리가 가능한 한 훌륭하게 최
선을 다해서 해야 할 일입니다. 우리는 온갖 도둑질과 폭
력에 대해 어떤 종류의 처벌들이 주어져야 하는지 이야기
해야 합니다. 신들과 신들의 자손들이 우리가 입법하는 것
을 허용하는 한 말입니다.

누군가가 미친 사람이라면, 그가 나라에서 눈에 띄게
해서는 안 됩니다. 그런 사람들은 친척들이 자신들이 알
고 있는 어떤 방법을 써서라도 늘 집에 가두어 놓아야 합
d 니다. 그렇지 않으면 벌금을 물어야 하는데, 노예인 자를
살피지 못했든 자유인인 자를 살피지 못했든, 최고 재산
등급의 사람은 100드라크메를 내야 하고, 둘째 등급의 사
람은 1므나의 4/5를, 셋째 등급의 사람은 3/5을, 넷째 등
급의 사람은 2/5를 내야 합니다. 그런데 여러 방식으로
많은 사람이 미칩니다. 우리가 지금 말하고 있는 사람들
의 경우는 질병으로 인한 것이지만, 격정[49]이 천성적으로

48) 9권 862d 이하에서도 처벌의 목적과 관련된 언급이 있다.

49) '격정'으로 옮긴 'thymos'는 '기개', '분노'로도 옮길 수 있는 말이다. 그런

잘못되어 있을뿐더러 그것의 훈육까지 잘못되어서 미친 사람들도 있습니다. 이런 사람들은 사소한 다툼이 생겨도 큰 소리를 내고 서로 헐뜯어 대며 말하는데, 그런 행동은 e
훌륭한 법을 가진 나라에서는 어떤 경우에든 어떤 식으로든 전혀 적절하지 못합니다. 모든 비방에 대해서는 다음과 같은 하나의 법률이 적용되어야 합니다. 누구든 그 누구에게도 비방을 해서는 안 됩니다. 어떤 논의에서 누군가와 논쟁하는 사람은 논쟁 상대와 참석자들을 비방하기를 전적으로 삼가고서 서로 가르치고 배워야 합니다. 왜냐하면 서로 저주함으로써, 그리고 욕을 하면서 수치스러 935a
운 말들로 서로에게 여성 투의 말들을 해댐으로써, 처음에는 말, 즉 가벼운 것에서 시작해서 실제로 증오와 가장 무거운 적대감들이 생겨나기 때문입니다. 말하는 사람이 우아하지 못한 것, 즉 격정을 만족시키고 자신의 분노를 고약한 잔치들로 배 불릴 경우, 그는 교육에 의해 온순해진 혼의 부분을 다시 거칠게 만들어 역정을 잘 내는 성격으로 살아감으로써 짐승처럼 됩니다. 격정에 대한 혹독한 대가를 받아서 말입니다. 게다가 그러한 상태에서는 모든 b
사람이 어쨌든 상대방에 대해 조소하는 말을 하는 쪽으로 종종 바뀌곤 합니다. 그 누구라도 그런 것에 익숙해지면, 진지한 성격에서 완벽하게 일탈하거나 관대함을 대부분 잃어버리지 않은 사람이 없습니다. 그래서 아무도 신전에서나 공적인 제사에서나 경연대회에서나 광장에서나 법정에서나 공공 집회에서나 결코 그런 말을 해선 안 됩니다.

데 935a에서는 '분노'를 뜻하는 용어로 'orgē'를 사용하기도 한다.

935b

이를 어기는 사람은 이 일들의 관리자 각자가 처벌해야 합
c 니다. —이렇게 해도 처벌받는 일은 없어야 합니다— 만
일 그가 처벌하지 않는다면, 그는 자신이 법률에 관심을
두지도 않고 입법가에 의해 지시된 것들을 이행하지도 않
는 사람이라고 스스로 판단하고 결코 우승상을 위해 겨루
는 일을 해서는 안 됩니다. 그리고 그 밖의 곳에서 누군가
가, 먼저 험담을 하든 방어를 위해 험담을 하든, 그러한
말들을 삼가지 않는다면, 연장자인 사람은 누구라도 법을
보호해야 합니다. 나쁜 동반자[50]인 격정에 빠져 있는 사
람들을 매질로 강제함으로써 말입니다. 그렇게 하지 않으
면 그는 정해진 벌금형을 받아야 합니다.
d 우리가 지금 말하는 것은 이런 것입니다. 즉, 욕설을
일삼는 사람은 논쟁을 할 때는 꼭 우스운 말을 하려 하는
데, 이 일[51]이 격정에 의해서 이루어질 때 우리는 비난을
합니다. 그러면 다음은 어떻습니까? 사람들에게 우스운
말을 하려고 하는 희극배우들의 열의를 우리는 받아들일
까요? 만일 그들이 격정 없이 우리의 시민들을 웃음거리
로 만들어 그런 말을 한다면 말입니다. 혹은 우리는 희극
을 놀이 삼아 하는 것과 그렇지 않은 것 둘로 나누고, 격
정 없이 누군가가 누군가에 대해 놀이 삼아 우스갯소리를
e 하는 것은 허용하되, 진지하게 그리고 우리가 말했듯이
격정을 갖고 그렇게 하는 것은 허용하지 말아야 할까요?
이것은 결코 미루어 두어서는 안 될 문제입니다. 우리는
그걸 누구에게는 허용하되 누구에게는 허용하지 말아야

50) 'heterōi' 대신 'hetairōi'로 보았다.
51) 우스운 말을 하려는 것을 가리킨다.

할지를 법으로 제정해 봅시다.

분명 희극이나 이암보스[52]의 곡이나 합창곡을 짓는 시
인에게는 말로든 흉내 내서든, 격정에 의해서든 격정 없
이든 결코 시민들 가운데 누군가를 웃음거리로 만드는 것
을 허용해서는 안 됩니다.[53] 만일 누군가가 복종하지 않
는다면, 경연 주관자가 그날로 그를 완전히 나라에서 추 936a
방하거나, 경연대회로 기리는 신에게 바칠 돈으로 3므나
의 벌금을 내게 해야 합니다. 하지만 누군가에 대해 그런
것[54]을 할 자격이 있다고 앞서 말한 사람들에게는[55] 서
로에게 격정 없이 놀이 삼아 그것을 하는 것은 허용하되,
격정에 의해 진지하게 그렇게 하는 것은 허용하지 말아야
합니다. 이것에 대한 판단은 젊은이들의 교육 전반의 감
독관에게 맡겨야 합니다. 이 사람이 인정하는 것은 무엇
이든 작가가 공개적으로 발표하는 걸 허용하되, 그가 인
정하지 않는 것은 무엇이든 작가 자신이 어떤 사람에게라
도 드러내서도 안 되고, 노예든 자유인이든 다른 사람에 b
게 가르치는 것으로 발각되는 일이 있어서도 안 됩니다.
그렇지 않을 경우 그는 나쁜 사람이며 법에 복종하지 않
는 자라는 평판을 받아야 합니다.

불쌍한 사람은 굶주린 사람이나 그런 어떤 것을 겪는
사람이 아니고, 절제나 어떤 덕 혹은 그것의 일부를 지니

52) 풍자적인 내용을 주로 다룬 풍자시의 운율 형식.

53) 아리스토텔레스의 《니코마코스 윤리학》 1128a20 이하와 《정치학》 1136b2 이하에서도 유사한 언급을 볼 수 있다.

54) 누군가를 웃음거리로 만드는 것을 가리킨다.

55) 8권 829c2~e5 참고.

936b

고 있되 그것과 더불어 어떤 불운을 가진 사람입니다. 그
러므로 적절하게 경영되고 있는 정치체제와 나라에서 노
예든 자유인이든 누군가가 그런 처지의 사람인데도 전혀
돌봄을 받지 못해서 완전 거지 신세가 될 정도라면, 그건
놀라운 일일 겁니다. 그러니까 입법가로서는 그러한 경우
들에 대비해 다음과 같은 법을 제정하는 것이 안전합니
c 다. 우리 나라에서는 아무도 거지가 되어서는 안 됩니다.
누군가가 끊임없이 간청을 해서 생계수단을 마련하는 식
으로 거지와 같은 짓을 하려 한다면, 시장 관리자들은 그
를 시장에서 추방하고, 도시 관리자들의 관청은 그를 도
시에서 추방하며, 농촌 관리자들은 그를 그 밖의 지역에
서 국경 너머로 내보내야 합니다. 그리하여 영토가 그러
한 동물에게서 전적으로 정화되도록 해야 합니다.

남자 노예나 여자 노예가 다른 사람의 소유물 중 어떤
d 것을 손상시키고, 피해자 자신은 경험이 없거나 그 밖에
부주의하게 사용한 것도 아니어서 그 손상에 공동 책임이
있는 게 아니라면, 가해자의 주인은 부족함이 없이 손해
를 배상하거나 가해자인 노예를 넘겨주어야 합니다. 하지
만 주인이 가해자와 피해자가 공동의 계략에 의해 노예를
빼앗으려고 소송을 제기한 것이라고 주장하며 맞소송을
제기할 경우, 그는 피해를 입었다고 공언하는 사람을 공
모죄로 기소해야 합니다. 그리고 그가 승소하면 그는 법
정이 산정해 주는 그 노예의 값어치의 2배를 받아야 합니
e 다. 하지만 그가 재판에 지면 손해배상을 하고 노예를 넘
겨주어야 합니다. 그리고 짐 나르는 짐승이나 말이나 개
나 다른 어떤 짐승이 이웃 소유의 어떤 것을 손상시킨다

면, 같은 방식으로 손해배상을 해야 합니다.

누군가가 자발적으로 증언하고자 하지 않는다면, 그의
증언이 필요한 사람이 그를 소환해야 하며, 소환된 사람
은 재판에 참석해야 합니다. 그리고 그가 알고 있으며 증
언하려고도 한다면 그가 증언을 하게 해야 합니다. 하지
만 그가 알고 있지 않다고 주장한다면, 그는 자신이 알지
못하노라고 제우스와 아폴론 및 테미스, 이들 세 신께 맹
세하고 법정을 떠나게 해야 합니다. 그리고 증언을 위해 937a
소환된 사람이 소환자와 함께 참석하지 않으면 그는 법에
따라 위해 행위로 재판에 회부되어야 합니다. 누군가가
재판관인 어떤 사람을 증인으로 부를 경우 이 사람은 증
언을 한 후 해당 재판에서 표결을 해서는 안 됩니다. 자
유인 여자가 40세가 넘었다면 그녀에게는 남을 위해 증언
을 하고 옹호하는 것을 허용하고, 또한 남편이 없다면 기
소하는 것도 허용해야 합니다. 그러나 남편이 살아 있다
면 증언하는 것만 허용해야 합니다. 다른 한편 여자 노예
나 남자 노예 혹은 아이들에게는 살인사건의 경우에만 남
을 위해 증언하고 변론을 돕는 것을 허용해야 합니다. 다 b
만 그들이 거짓 증언을 했다고 고소당할 경우엔 재판 때
까지 머물러 있을 것임을 보증해 줄 믿을 만한 보증인을
세우는 한에서 말입니다. 만일 소송의 쌍방 당사자들 가
운데 한쪽이 누군가가 거짓 증언을 했다고 본다면, 재판
의 판결이 나기 전에 그가 증언 전체나 부분에 이의를 제
기하는 것을 허용해야 합니다. 관리들은 이의제기 내용에
대해 양쪽의 봉인을 받은 후 그것을 보관하다가 거짓 증
언에 대한 재판에 제출해야 합니다. 누군가가 거짓 증언 c

으로 두 번 유죄 판결을 받으면 더 이상 어떤 법률도 그
가 증언을 하도록 강요해서는 안 되고, 세 번 유죄 판결
을 받으면 더 이상 그가 증언하는 것을 허용해서는 안 됩
니다. 하지만 그가 세 번이나 유죄 판결을 받고서도 감히
증언하려 든다면, 원하는 자는 누구든 그를 해당 관리에
게 신고하고, 관리는 그를 법정에 넘겨야 합니다. 그가
유죄 판결을 받으면 그는 사형에 처해야 합니다. 어떤 사
람들이 거짓된 증언을 해서 승소한 자에게 승리를 안겨
주었다고 판단되는데 실제로 그들의 증언들이 재판에서
d 잘못되었다는 판결이 날 경우에, 만일 그 증언들의 반 이
상이 잘못되었다는 판결이 난다면, 이 증언들에 따라 유
죄 판결이 내려진 재판은 일단 무효로 하고 그 증언들의
영향을 받아 판결이 내려졌는지 아닌지에 대한 논쟁과 판
결이 있어야 합니다. 그리고 어느 쪽으로 판결이 나든,
이에 의해 이전 재판에 대한 결론을 내려야 합니다.

사람들의 삶에는 많은 훌륭한 것이 있는데, 그것들의
대부분에는 그것들을 더럽히고 훼손하는 독소와 같은 것
이 들러붙어 있습니다. 특히 정의[56]는 모든 인간사를 순
e 화시키는 것으로서, 사람들 사이에 어찌 훌륭한 것이 아
니겠습니까? 그리고 그것이 훌륭한 것이라면, 소송을 돕
는 것도 어찌 우리에게 훌륭한 것이 아닐 수 있겠습니까?
그런데 이런 것들이 훌륭한 것임에도 불구하고, '기술'이
라는 훌륭한 이름으로 위장한 어떤 몹쓸 것[57]이 이런 것

56) 정의로 번역한 'dikē'에는 소송, 재판, 처벌의 뜻도 있음을 고려할 필요가 있다.

57) 소피스트들이 이용하는 수사술을 가리키는 것이다.

들에 대한 불신을 초래했습니다. 우선 그것이 주장하는
바에 의하면,[58] 소송의 기법이 있는데, 바로 자기[59] 가
소송을 제기하거나 다른 사람의 소송을 돕는 기법으로서
승리를 가져올 수 있다고 합니다. 각각의 소송과 관련해
서 행해지는 것들이 정의롭든 아니든 말입니다. 또한 누 938a
군가가 대가로 돈을 준다면, 그는 그 기술 자체와 그 기술
에 의해 구성된 진술을 선물로 얻을 수 있다고 말합니다.
이것이 기술이든 기술이 아닌 경험이나 숙련의 일종이
든,[60] 우리 나라에서는 그런 것이 가능한 한 생겨나는 일
이 없도록 해야 합니다. 입법가가 정의에 따르고 그것에
반하는 소리를 내지 말고 다른 나라로 떠나라고 요구할
때, 이에 복종하는 사람에게 법은 침묵하겠으나 불복종하
는 사람에게 법은 다음과 같이 공표할 것입니다.

누군가가 재판관들의 혼에 있는 정의로운 것들에 대한 b
판별력을 뒤집어 놓으려 하고, 시도 때도 없이 정의로운
것들에 맞서 소송을 일삼거나 다른 사람에게도 그렇게 하
도록 돕기까지 하는 것으로 생각된다면, 누구든 원하는
사람은 그를 그릇된 소송과 그릇된 소송 보조 혐의로 기
소해야 합니다. 그리고 그는 '선출된 재판관들'[61] 로 구성
된 법정에서 판결을 받게 해야 합니다. 그가 유죄라는 판
결이 나면 법정은 그가 금전욕으로 그런 짓을 한 것인지,

---

58) '그것'은 앞의 '몹쓸 것'을 의인화하여 가리키는 표현이다.

59) 몹쓸 것 자체를 의인화한 표현이다.

60) 기술(*technē*), 경험(*empeiria*), 숙련(*tribē*) 등의 개념 비교는 《고르기아스》 463b4; 《파이드로스》 270b5～6; 《필레보스》 55e6 등에서도 보인다.

61) 6권 767c～d 참고.

승부욕으로 그렇게 한 것인지를 판정해야 합니다. 만일 승부욕 때문이라면 법정은 그런 자가 어떤 사람을 상대로 해서든 소송을 제기해서도 소송을 도와서도 안 되는 기간
c 을 정해 줘야 합니다. 만약 금전욕 때문이라면, 외국인의 경우는 나라에서 떠나 결코 되돌아와서는 안 되며 그렇지 않으면 사형에 처해야 하고, 내국인의 경우는 그가 금전욕을 전적으로 귀하게 여긴다는 것이므로 사형에 처해야 합니다. 그리고 누군가가 승부욕 때문에 두 번이나 그런 짓을 한 것으로 판결이 나면 그는 사형에 처해야 합니다.

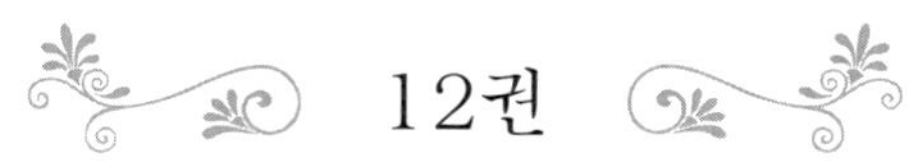

12권

12권에서는 연관성이 적어 보이는 여러 법조문들이 마지막으로 열거되고 야간위원회 논의로 끝난다. 11권 뒷부분(932e1)에서부터 열거되기 시작한 마지막 법조문들은 상호 연결 고리들이 아주 느슨한 채 병렬되어 있는데, 이렇게 된 데는 마무리 단계에서 아직 언급되지 않은 것들을 빼놓지 않으려는 아테네인의 의도가 크게 작용했을 것이다. 11권이 주로 사적인 사안의 논의였다면, 12권은 대체로 공적인 사안에 대한 담론으로 돌아가 있다.

처음(941a1~953e4)에 논의되는 사안들은 다음과 같다.

① 외교 담당자의 직무 유기 및 사칭, ② 공공재산 절도, ③ 군 복무와 무기 분실, ④ 사정관(司正官), ⑤ 선서, ⑥ 공공 분담금 미납, ⑦ 외국과의 교류와 참관자

이후(953e5~955b7) 사적인 성격의 사안들이 나온다.

⑧ 담보와 판매 중개, ⑨ 가택 수색,

⑩ 소유권 분쟁의 시한, ⑪ 재판이나 경연 참가 방해,
⑫ 장물 취득 및 도망자 보호

마지막(955b8~969d3)으로 논의되는 주제들은 다시 공적인 것들이다.

⑬ 사적인 전쟁과 평화, ⑭ 공직자의 뇌물 수수,
⑮ 국고에 대한 납세 의무, ⑯ 신들에 대한 봉헌,
⑰ 재판 절차, ⑱ 죽음과 장례, ⑲ 야간위원회

일정한 질서 없이, 주제의 경중에 대한 고려 없이 되는 대로 열거되는 듯 보이지만, 12권 논의를 잘 살펴보면 마지막 마무리에 들어가야 할 핵심 내용들이 적절히 배치되어 있다. 우선 ④번의 사정관 논의는 앞에서 이야기된 말(로고스)로 세우는 국가의 정치를 담당하는 관리들의 이야기를 매듭짓는 논의로서, 덕에 있어 뛰어난, 관리 중의 관리이면서 관리들 자신의 관리 이야기이다. ⑦번의 외국과의 교류와 참관자 논의는 국가의 순수성을 지키기 위해 외국과의 교류를 최소화하겠다는 앞서의 정책에 대한 보완으로서 외국의 좋고 나쁜 문화를 배울거리로 삼는 일도 게을리하지 않겠다는 정책을 표명하는 것이다. 게다가 그 참관자들이 결국 야간위원회와 긴밀히 연결되어 있다는 점에서 중요한 마무리 논의이다. ⑱번의 죽음과 장례 논의는 6권에서 인간 삶의 시작을 유발하는 결혼에 관한 내용으로 시작한 법조문들의 열거와 서술을, 이제 삶의 끝을 장식하는 장례에 관한 내용으로 마무리해 주는 역할을

수행한다. 플라톤은 대화편의 끝에서 신화로 죽음과 그 이후를 말하는 익숙한 방식 대신, 여기 《법률》의 끝에서는 비유로 인간과 국가의 계속 이어질 삶을 말하는 방식을 택하고 있다. 마지막 ⑲번의 야간위원회 논의는 12권만이 아니라 이 작품 전체에서 핵심적인 지위를 갖는다고 말할 수 있는 대목이다. 국가란 그저 생성되는 것으로 끝이 아니라 생성 당시의 목표가 안정적으로 성취되고 보존될 때 비로소 그 건립의 진정한 끝을 말할 수 있는 것이기에, 국가의 안정을 책임질 최고의 권위체인 야간위원회 이야기는 국가 건립 논의의 정점이자 마무리 역할을 한다.

야간위원회 논의 가운데서도 정점이라 할 수 있는 것은 위원회 구성원들이 받아야 할 '고등' 교육이며, 그 핵심 내용은 다음과 같다. 첫째, 덕의 단일성, 둘째, 아름다운 것과 좋은 것, 셋째, 신의 존재와 본성, 다시 말해 혼의 선차성과 만물을 질서 지우는 지성의 존재이다. 이렇게 플라톤은 법의 신적 기원을 물었던 1권의 문제의식으로 돌아가 "신적인 위원회"(969b2)를 법으로 구현하려 하면서 10권에서 다룬 신학의 문제를 그 위원회가 갖추어야 할 주요 지적 자원의 목록에 올려놓고, 총체적인 덕의 추구와 교육이 법의 목표임을 강조했던 1, 2권의 논의를 되살려 덕의 단일성 문제를 논구하면서 법이 그런 교육의 최고 교과서임을 역설하며, 작품 전체에서, 아니 플라톤의 철학 전체에서 문제시되고 있던 아름다운 것과 좋은 것의 관계 문제가 핵심적인 음미대상임을 마지막으로 상기한다. 이로써 국가 건립 논의는 교육에 관한 이야기로 끝나게 되는데, 플라톤은 이것이 이야기의 끝이 아니라 시작임을 천명한다. 야간위원회 구성원들의 교육 이야기가 "지금 다시 논의되기 시작했다"(969a2~3)는 아테네인의 선언을 끝으로 대화편은 대단원의 막을 내리게 된다. 새로 시작된 이야기는 결국 우리 독자들이 채워 가야 할 몫으로 남아 있다.

a 아테네인: 어떤 사람이 자기 국가의 사절이나 사자라고
거짓말을 하면서 어떤 다른 국가를 상대로 사절이나 사자
행세를 하거나, 아니면 실제로 사절이나 사자로 파견되었
더라도 가서 전하라는 실제의 전갈을 전달하지 않거나,
아니면 이번엔 역으로, 돌아와서 적국으로부터 받은 전갈
이나 심지어 우호국으로부터 받은 전갈까지도 사절이나
사자로서 제대로 보고하지 않았다는 게 밝혀지면, 이런
사람들에 대해서는 헤르메스와 제우스의 전갈과 명령에
대해 불경을 행함으로써 법을 위반했다는 이유로 고발이
이루어져야 합니다. 그리고 유죄 판결을 받게 되면 무슨
b 벌을 받아야 할지 혹은 얼마의 벌금을 물어야 할지 형량
이 정해져야 합니다.

재물의 절도는 자유인답지 못한 일이고 갈취는 수치스러운 일입니다. 제우스의 아들들 가운데 누구도 속이거나 강압하기를 즐기면서 이 둘 가운데 어느 것이든 일삼는 자는 없습니다. 그러니 이런 일들에 관해 잘못을 저지르는 어느 누구도 시인들이나 다른 신화 이야기꾼들의 말에 현혹되어 잘못 믿게 되는 일이 없도록 합시다. 도둑질이나 강도짓을 하면서 자기가 전혀 수치스러운 일을 하고 있는 게 아니라 신들 자신이 행하는 바로 그 일들을 하고

있는 것이라고 생각해서는 안 된다는 것이지요. 그건 참되지도 그럴 법하지도 않으며, 오히려 불법으로 이런 일을 행하는 자는 도대체가 신도 아니고 신들의 자식도 아니거든요. 이런 것들에 대해서는 시인들 전부보다도 입법 c
가가 더 잘 알기 마련입니다. 그러니 우리의 이 말을 따르는 사람은 복 받은 것이고 또 앞으로도 내내 복을 받게 되길 바랍니다. 하지만 따르지 않는 사람은 결국 다음과 같은 법과 맞서 싸워야 합니다.

누구든 공공재산을 훔치는 자는 그게 큰 물건이든 작은 물건이든 똑같은 대가를 치러야 합니다. 작은 물건을 훔치는 자는 똑같은 욕망을 가지고 있긴 하지만 다만 능력이 작아서 작은 물건을 훔친 것이고, 큰 물건을 자기가 놓 d
아 둔 것이 아닌데도 가져가는 자는 온전하게[1] 죄를 저지르는 것이니까요. 그러니까 한 사람이 다른 사람보다 더 작은 대가를 치러야 마땅하다고 법이 간주하는 것은 훔친 물건의 크기 때문이 아니라, 한 사람은 어쩌면 치유될 수도 있겠다는 가능성이 아직 있지만 다른 사람은 치유 불가능하다는 이유 때문입니다. 따라서 외국인이나 노예가 어떤 공공재산을 도둑질하다가 잡혀 법정에서 유죄가 확정되면, 그래도 치유될 여지가 있을 것이라고 생각해서 무슨 벌을 받아야 할지 혹은 얼마의 벌금을 물어야 할지 942a
에 대해 판결이 이루어져야 합니다. 하지만 시민이, 그러니까 시민으로서의 소양을 갖추도록 양육을 받은 사람이

1) '온전하게'(*holon*)는 '자기 욕망(*erōs*)을 온전히 실현하는 방식으로'라는 의미일 것이다(England, 2. 570). 능력 때문에 자기 욕망보다 작은 물건을 훔치는 사람과 달리 이 사람은 자기 욕망대로 큰 물건을 훔친다는 뜻이다.

942a
현행범으로든 아니든 간에 조국을 상대로 약탈이나 강도
짓을 하다가 잡혀 유죄 확정을 받으면, 사실상 치유 불가
능하다고 생각하여 죽음으로 처벌해야 합니다.
군사 조직에 관해서는 함께 숙고할 것이 많고 법률들도
많이 생겨나는 것이 적절한 일이지요. 그런데 가장 중요한
것은 남자든 여자든 어느 누구도 지휘관 없이 방치되어서
b 는 결코 안 되고, 아무도 그 혼이 진지하게든 놀이로든 혼
자 독자적으로 어떤 일을 하는 습관이 들게 해서는 안 되
며, 전쟁에서든 평화로울 때든 언제나 지휘관을 주목하고
그에게 복종하며, 아주 사소한 일들도 그의 지도를 받으며
살아야 한다는 것입니다. 예를 들어, 정지하거나 행진하
거나 훈련하거나 씻거나 식사하거나 밤중에 보초나 전령
의 임무를 수행하기 위해 깨어 있거나 하는 등의 일들 모
두 명령을 받아서 해야 하며, 심지어는 위험에 처한 상황
c 에서 적을 추격하거나 적으로부터 퇴각할 때에도 지휘관
들의 신호 없이 해서는 안 됩니다. 한마디로 말해서 다른
사람들과 떨어져서 어떤 일을 행한다는 것은 생각도 못하
고 아예 그렇게 할 줄도 모르도록 자기 혼을 습관으로 가
르쳐야 합니다. 그래서 가능한 한 모든 사람이 모든 사람
과 언제나 한 덩어리로 뭉쳐서 공유하는 삶을 살아야 합니
다. 전쟁에서 살아남고 승리하기 위해 이것보다 더 우수하
거나 좋은 혹은 효과적인 방법은 없으며 앞으로도 없을 테
니까요. 우리는 이것을 평화 시에 일찌감치 어린 시절부터
연습해야 합니다. 그건 다른 사람들을 다스리고 다른 사람
d 들에게 다스림을 받는 일이지요. 그리고 모든 사람의 삶
전체에서만이 아니라 사람들의 지배 아래 있는 짐승들의

삶 전체에서도 다스림 없는 상태를 없애 버려야 합니다.

게다가 모든 가무는 전쟁에서의 무용(武勇)을 목표로 삼고 행해야 하며, 같은 목적을 위해 온갖 종류의 유연함과 꿋꿋함을 연마해야 합니다. 또한 음식과 마실 것에 대해서, 또 추위와 그 반대, 그리고 딱딱한 침대도 잘 견딜 수 있도록 연마해야 합니다. 그리고 무엇보다도 중요하게는, 머리와 발에 제 것 아닌 보호물들을 두름으로써 자기 털모자와 발싸개가 자연스럽게 나고 자라는 것을 막아 머 e
리와 발의 자연스러운 능력을 망치는 일이 없도록 해야 합니다. 이 끝의 것들이 온전한 상태로 유지될 때 몸 전체의 능력을 최대로 유지시키며, 이것들이 반대 상태일 때는 그와 반대의 일이 일어나니까요. 몸 전체에 대해서 하
나는 가장 중요한 봉사자이고, 다른 하나는 자연적으로 943a
몸의 주요 감각들 전부를 가지고 있는 가장 중요한 통치자이지요.[2] 내가 보기에 바로 이것이 전사로서의 삶에 관해 젊은이가 귀를 기울여야 할 칭찬이며, 또 그가 귀를 기울여야 할 법은 다음과 같은 것들입니다.

병적에 올라 있거나 모종의 순번에 따라 근무하기로 정해져 있는 사람은 병역을 수행해야 합니다. 장군들이 허락하지 않는데도 모종의 비겁함 때문에 불참하는 사람이 있다면, 전장에서 돌아온 후에 전투 지휘관들 앞에서 병역 불이행에 대한 재판을 받아야 합니다. 병역을 수행한 사람들이 판결을 내리되 각 병과가 따로, 즉 중무장 보병

2) 감각을 갖고 있는 머리가 동물의 안전을 책임지는 통치자 역할을 한다는 점은 이후(961d 이하) 야간위원회에 대한 비유에서 특별한 조명을 받게 된다.

따로 기병 따로, 또 다른 전투 병과들도 각각 따로 모여
b 판결을 내려야 합니다. 그러니까 중무장 보병들은 중무장 보병들 앞에서, 기병들은 기병들 앞에서, 그리고 다른 병과 사람들도 마찬가지 방식으로 각각 자기 병과 사람들 앞에서 재판을 받아야 합니다.[3] 거기서 유죄 판결을 받게 되면 그 사람은 일체의 서훈에 대한 경합 후보가 될 수 없고 다른 사람을 병역 불이행으로 고발할 수도 없으며 이런 일들에 관련된 소송의 원고가 될 수도 없습니다. 게다가 법정은 그가 무슨 벌을 받아야 할지 혹은 얼마의 벌금을 물어야 할지를 산정해 주어야 합니다. 그다음으로 병역 불이행에 대한 송사가 완전히 결판이 나면 지휘관들은
c 이들 각 병과 사람들의 회합을 다시 열어, 서훈을 받고자 하는 사람이 자기 동료 집단 앞에서 판정을 받게 해야 합니다. 다만 그 사람이 제시하는 증거나 증인 진술이 예전의 전쟁에 관한 것이어서는 안 되고 그들이 직전에 참가했던 바로 그 출정에 관한 것이어야 합니다. 각 사람에게 주어질 상은 올리브 나뭇가지와 잎으로 만든 관입니다. 그 관을 받은 사람은 거기에 글자를 새겨 넣은 후 자기가 원하는 전쟁 신들의 신전에 바쳐야 합니다. 그렇게 바친 관은 그가 사는 동안 내내 자기가 최고 혹은 둘째 혹은 셋째 서훈 판정을 받았다는 증거가 되는 것이지요.

d 그런가 하면 병역을 수행하러 가긴 했지만 지휘관들이 철수 명령을 내리기도 전에 집으로 돌아와 버리는 사람이

3) 무단이탈에 대한 재판은 각 병과별로 해당 병사들이 배심원으로 심리하되 재판의 주재는 해당 병과의 지휘관이 담당하는 방식을 염두에 두고 있는 것으로 보인다.

있다면 탈영에 대한 재판을 받아야 하는데, 병역 불이행의 경우와 같은 곳에서 재판을 받게 되고, 거기서 유죄 판결을 받으면 앞에서[4] 정해졌던 것과 같은 처벌을 받아야 합니다.

물론 다른 사람에 대해 어떤 소송이든 제기하는 사람은 누구든지 고의로든 부지불식간에든 상관없이 가능한 한 다른 사람에게 잘못된 처벌을 가하게 되지 않도록 주의를 기울여야 합니다. 디케(정의)는 아이도스(염치)의 처녀 딸 e
이라고 말들을 할 뿐만 아니라 그 말들은 참된 것이기도 하거니와,[5] 거짓은 본래부터 아이도스와 디케의 분노를 사는 것이니까요. 그러니까 다른 일들에 관해서도 정의에 거스르지 않도록 조심해야 하겠지만, 특히나 전쟁에서 무기를 잃어버리는 일에 관해서는 더더욱 그래야 합니다. 어쩔 수 없이 무기를 잃어버렸는데 그걸 잘못 판단하여 수치스러운 일이라고 비난함으로써 억울한 사람에게 억울한 대가를 치르게 하지 않도록 말입니다. 이 둘을 서로 구별하기란 도대체가 쉽지 않지만, 법은 어떻게든 둘 사이 944a
를 구별하려 시도해야 합니다. 자, 이제 신화를 이용하여 함께 설명해 봅시다. 파트로클로스가 무기 없이 막사로 보내졌는데 살아나게 되었다고 해 봅시다. —실제로 그런 일은 수많은 사람에게 일어난 바 있지요. 그런데 앞서의 저 무기[6]는, 시인이 말하기로는, 펠레우스가 테티스와

4) 즉, 병역 불이행의 경우.

5) 헤시오도스의 《일과 날》 254 이하에 비슷한 이야기가 등장한다(England, 2. 574).

6) 'ta hopla'는 이 문맥에서 편의상 일관되게 '무기'로 번역했지만, 더 넓게

결혼할 때 지참금 조로 신들이 펠레우스에게 준 바 있고,
이걸 헥토르가 차지하고 있었지요—그랬다면 당시 사람
들 중에 못된 사람들은 무기를 잃어버렸다고 메노이티오
스의 아들[7]을 비난할 수도 있었을 겁니다. 이런 경우 말
b 고도 절벽에서 떨어지거나 바다에서, 혹은 폭풍우가 몰아
치는 와중에 갑자기 많은 물이 밀려오는 바람에 무기를
잃어버린 사람들도 있지요. 이 외에도 자칫 오해되기 십
상인 악[8]을 감싸 마음을 편하게 해줄 수 있는 이 비슷한
사례들을 수없이 언급할 수 있을 겁니다. 그러니까 우리
는 더 중대한, 더 비난받을 만한 악과 그 반대의 것을 구
분하는 데 최선을 다해야 합니다. 대개는 이런 일들에 대
해 비난을 할 때 우리가 갖다 붙이는 명칭으로 구분되지
요. '방패를 던져 버린 사람'이라고 부르는 게 모든 경우에
c 다 정당한 건 아니고 오히려 '무기를 잃어버린 사람'이라
고 해야 할 경우가 있으니까요. 상당한 폭력이 가해져 무
기를 탈취당하게 된 사람이 고의로 버린 사람과 똑같이
'방패를 던져 버린 사람'이 될 수는 없고 오히려 두 경우는
아주 큰 차이가 있으니까요. 그러니까 다음과 같은 것이
법으로 이야기되어야 합니다.

적들에게 추격당한 사람이 무기가 있는데도 불구하고

'무장'으로 이해될 수도 있는 말이다. 사실 원래 이야기에서는 넓은 의미의 '무장'으로 옮기는 게 더 적절하다(《일리아스》 16.130 이하 참고).

7) 파트로클로스.

8) 번역어의 통일성을 위하여 이 문맥에 나오는 'kakon'을 편의상 '악'으로 옮겼다. 도덕적인 악이 완전히 배제되지는 않지만, 그것이 핵심 의미는 아니라는 점에 유의할 필요가 있다. 이 문맥에서는 '재난'이나 '불행'쯤으로 옮겨도 좋을 만한 말이다.

몸을 돌려 자신을 방어하려 하지 않고, 용기 있게 아름답고 행복한 죽음을 얻으려 하기보다 오히려 비겁하게 수치스러운 삶을 얻으려고 고의로 무기를 버리거나 던진다면, 이런 식으로 무기를 던져 버려서 잃게 된 데 대한 대가를 d
치러야 합니다. 그렇지만 앞서 말한 식으로 무기를 잃게 되는 경우에는 재판관이 그 사정을 검토하는 데 소홀하지 말아야 합니다. 처벌은 언제나 못된 사람을 더 낫게 만들기 위해 행해야 하는 것이지, 운이 없는 사람을 처벌해서는 안 됩니다. 그건 아무 소용이 없는 일이니까요. 그렇다면 그와 반대되는 방식으로 그토록 힘 있는 방어 무기를 버린 사람에게는 과연 무슨 벌이 적당할까요? 언젠가 어떤 신이 테살리아 사람 카이네우스[9]를 여자에서 남자의 본성으로 변형시켰다고들 하는데, 그런 것과 반대의 일을 한다는 것이 사람에게는 가능하지 않거든요. 그런 변화와 정반대의 변화가, 그러니까 남자에서 여자로 변형시키는 변화가 방패를 던져 버린 사람에게 일어난다면, 어떤 면 e
에서 보면 그런 변화야말로 이런 일을 한 사람에게 무엇보다도 가장 알맞은 벌이 될 테니까 하는 말입니다. 이렇게 목숨을 사랑하는 일에 대해 현 상태에서 우리가 취할 수 있는 조치는 이런 일[10]에 최대한 가까운 처벌을 행하는 것입니다. 즉, 그 사람이 남은 생애 동안 위험한 일을 겪지 않게 하고 최대한 많은 시간 동안 못난 사람이라는 오명을 안고 살게 하는 일이지요. 그러기 위해 이 사람들

---

9) 여자 카이니스가 남자 카이네우스로 변형된 일에 관해서는 오비디우스 《변신 이야기》(*Metamorphoses*) 12. 189~209를 참고할 것.

10) 남자에서 여자로 변형되는 것을 가리키는 것 같다.

944e

에 대해 다음과 같은 법이 있게 합시다.
전쟁 무기를 수치스럽게 잃어버린 데 대해 유죄 판결을
945a 받게 되는 사람이 있다면, 장군이든 다른 전쟁 지휘관이든
그를 병사로 쓰지 말아야 하며, 그를 어떤 자리에든 배치
하면 안 됩니다. 그렇지 않을 경우 못난 사람에게 자리를
준 그 사람을 사정관(司正官)이 바로잡아야 하는데,[11] 그
가 가장 높은 재산 등급에 속한 사람이면 1천 드라크마를,
둘째 등급에 속한 사람이면 5므나를, 셋째 등급에 속한 사
람이면 3므나를, 넷째 등급에 속한 사람이면 1므나를 물어
야 합니다. 그리고 유죄 판결을 받은 그 병사는 그의 본성
에 맞게, 남자다운 사람들만 할 수 있는 모험에 참가할 기
회를 배제당할 뿐만 아니라 제 몫의 벌금을 물어야 합니
다. 그러니까 앞서 말한 지휘관들의 경우에 그랬던 것처
럼, 가장 높은 재산 등급에 속한 사람이면 1천 드라크마
b 를, 둘째 등급에 속한 사람이면 5므나를, 셋째 등급에 속
한 사람이면 3므나를, 넷째 등급에 속한 사람이면 1므나를
물어야 합니다.
자, 그러면 사정관에 관해서는 우리가 할 수 있는 적절
한 말이 무엇일까요? 관리[12]들 가운데 일부는 추첨의 요
행에 따라 뽑히고 1년 동안 일하게 되는 반면, 또 다른 일
부는 미리 뽑힌 예비후보들 가운데서 뽑히고 여러 해 동

11) '사정관'(*euthynos*' 혹은 나중에 나오는 '*euthyntēs*')과 '바로잡다'(*kateuthynein*)에는 모두 '곧게 만든다'(*euthynein*)는 말이 들어 있다. 바로 다음에 다룰 사정관 논의로 부드럽게 이행하기 위한 예비적 언급이라고 할 수 있다.
12) 지금까지 군사적인 문맥 때문에 '지휘관'으로 옮긴 'archōn'이 이제는 더 넓은 문맥으로 들어왔다고 보아 '관리'로 옮겼다.

안 일하게 되는데 말입니다. 바로 이런 사람들의 사정관으로 유능한 사람이 누구일까요? 그들 중 누군가가 그 관직의 버거움에 짓눌려서든 그 자신이 그 관직에 값할 만한 능력이 부족해서든 아무튼 뭔가 비뚤어진 일을 하게 될 때 사정을 맡을 만한 사람 말입니다.[13] 덕에서 관리들 c
을 능가하는, 관리들의 관리를 찾아내기란 결코 쉬운 일은 아니지만, 그래도 우리는 어떤 신적인 사정관들을 찾아내려 애써야 합니다. 실은 사정(事情)이 다음과 같습니다. 배나 어떤 동물의 경우가 그렇듯이 정치체제가 해체되는 데는 여러 결정적 계기들이 있습니다.[14] 그것들은 여러 곳에 퍼져 있어서 우리가 '버팀줄' 혹은 '힘줄', '선체를 조이는 밧줄' 혹은 '횡격막', '돛대를 받치는 밧줄' 혹은 '큰 힘줄' 등 여러 이름으로 부르지만 본성상으로는 하나이지요. 이 사정관이야말로 정치체제가 안정을 유지하느냐 아니면 해체되어 멸망하느냐를 결정짓는 유일한, 아주 중대한 관건입니다. 관리들을 사정하는 사람들이 관리들 d
보다 더 훌륭하고 또 이 일이 흠잡을 데 없는 정의를 통해 흠잡을 데 없는 방식으로 이루어진다면 그 땅과 나라 전체가 번성하고 행복해지지만, 관리들에 대한 사정이 그와 다른 방식으로 진행될 때는 모든 통치 행위를 하나로 묶어 주는 정의가 와해되고 그럼으로써 모든 관직이 산산조각이 나서 서로로부터 따로따로 떨어지게 되고 그것들이

13) 관직 수행에 대해 곧음과 굽음(비뚤어짐) 이미지가 계속 사용되고 있다.

14) 배와 동물 비유는 나중에 야간위원회를 언급하면서(961c 이하) 다시 상세히 다루어진다. 이런 평행성을 사정관 논의가 야간위원회 논의와 긴밀히 연결되어 있다는 암시로 읽어도 좋을 것이다.

e 더는 한 곳을 지향하지 않게 되며 하나였던 나라를 여럿으로 만들어 내전으로 가득 채움으로써 순식간에 멸망에 이르게 하니까요. 그렇기 때문에 무슨 일이 있어도 사정관들은 덕 전체에 있어서 괄목할 만한 인물이어야 합니다. 그러니 이제 그들이 다음과 같은 어떤 방식으로 생겨날 수 있게 일을 꾸며 봅시다.

매년 하지가 지난 후에 국가 전체가 헬리오스(태양)와
946a 아폴론의 공동 성역에 모여, 자신들 가운데서 세 사람을 세워 그 신에게 보여 주어야 합니다. 그들 각자가 모든 면에서 가장 훌륭하다고 생각하는 사람을 추천하되 자기 자신은 안 되며 적어도 50세는 된 사람이어야 합니다. 이 예비후보들 가운데 가장 많은 표를 얻은 사람들을 전체 예비후보 수의 절반이 될 때까지 계속 골라내야 합니다. 그 전체 수가 짝수라면 그렇다는 것이고, 홀수라면 가장 적은 표를 얻은 한 사람을 뺀 후에 그렇게 해야 합니다. 그리고 그 후보들의 나머지 절반은 득표수에 따라 제외해야 합니다.[15] 그런데 득표수가 같은 사람들이 있어 절반의 수를 초과할 경우에는 나이가 적은 순서로 제외하여
b 초과분을 없애야 합니다. 나머지 사람들을 목록에 남겨 놓고 다시 투표를 하되 득표수가 다른 세 사람이 남게 될 때까지 이 일을 계속해야 합니다. 하지만 그 세 사람 모두가 혹은 그중 두 사람이 득표수가 같을 때에는 행운과 요행에 맡겨 추첨으로 첫째, 둘째, 셋째를 구분한 후에 올리브 나뭇가지로 만든 관을 씌워 주고, 이렇게 서훈을 행

15) 'apokrinein'이 선발의 맥락에 쓰일 때는 '거부'의 의미로 고정되어 쓰인다는 손더스의 관찰을 받아들여 '제외하다'로 옮겼다(Saunders 1972, 118).

한 후에는 모든 사람에게 다음과 같이 공표해야 합니다. 신의 은총으로 다시 안정을 얻게 된 마그네시아 사람들의 국가가 자신에게 속한 가장 훌륭한 세 사람을 세워 헬리오스에게 보였으며, 이제 옛 법에 따라 정성스럽게 고른 c
첫 이삭을 이들이 재판을 수행하는 기간 동안 아폴론과 헬리오스 두 신에게 공통으로 돌아갈 헌물(獻物)로 바치노라고 말입니다. 첫해에는 이런 사정관 12명을 임명하여 75세가 될 때까지 일하게 해야 하며, 그 후로는 해마다 3명씩 계속 추가해야 합니다.[16)]

이 사람들은 모든 관직을 12개 부분으로 나누고, 자유인의 품위에 어울리는 모든 검정 방법을 동원하여 심사해야 합니다. 사정관으로 일하는 동안 그들은 자기들이 선출 d
된 바로 그곳, 즉 아폴론과 헬리오스의 성역에 살게 됩니다. 국가를 위해 관리로 일하다가 임기를 마친 사람들을 사안에 따라 각자가 개별적으로 심사하기도 하고 더불어 공동으로 심사하기도 하는데, 심사가 끝나면 그 내용을 시장에 글로 써 붙여 공표해야 합니다. 사정관들의 결정에 따라 각 관리가 무슨 벌을 받아야 하는지 혹은 얼마의 벌금을 물어야 하는지를 말입니다. 관리들 가운데 공정하게 심사를 받았다는 데 수긍하지 않는 사람은 그 사정관들을 소환해서 이런 일을 위해 선출된 재판관들[17)] 앞에 세워야

16) 첫해에 뽑힌 사정관 12명은 모두 50세 이상이며(946a), 거기에 매년 3명씩 추가되면서, 또 그 사이에 75세가 되는 사람은 물러나게 된다. 그러다 보면 마그네시아 건립 후 26년째부터는 사정관의 최대 인원이 75명이 된다.

17) 이 재판관들의 구성에 관해서는 6권 767c~d 참고.

946d

합니다. 그래서 자기에게 가해진 혐의를 벗게 되는 사람이
e 있다면, 그럴 의향이 있을 경우 그 사정관들 자신을 고발
하게 해야 합니다. 하지만 유죄 확정을 받게 되면, 사정관
들이 사형을 선고한 경우에는 어쩔 수 없이[18] 죽게 하지
만, 2배를 물릴 수 있는 다른 형량들의 경우에는 2배를 치
르게 해야 합니다.

그리고 우리는 이들 사정관들 자신에 대한 사정은 어떤
것들이며 어떤 방식으로 이루어질지에 대해 들어야 합니
다. 나라 전체가 주는 서훈을 받을 만하다고 간주된 이 사
947a 람들은 살아 있는 동안에는 모든 축제에서 맨 앞자리에 앉
아야 합니다. 게다가 그리스 사람들이 함께 제사를 드리거
나 구경을 하거나 다른 성스러운 일들을 함께하게 될 때,
파견되는 각 참관단[19]의 통솔자들을 바로 이 사람들 가운
데서 뽑아 보내야 합니다. 그리고 나라에 속한 사람들 가
운데 이 사람들에게만 머리에 월계관을 씌울 수 있습니다.
이들 모두가 아폴론과 헬리오스의 사제가 되는데, 대사제
는 해마다 한 사람이, 그러니까 그해에 사제가 된 사람들
b 가운데 첫째 순위로 선정된 사람이 맡아야 하며, 그해에
대해 기록할 때는 이 사람의 이름을 넣어 기록해야 합니
다.[20] 그 나라가 남아 있는 한 날짜를 계산하는 척도가 될

---

18) 2배로 가중 처벌할 도리가 없다는 뜻이다.

19) 이 참관단(參觀團, *theōria*) 혹은 참관자들(*theōroi*)에 관해서는 950e에서 다시 언급된다. 사정관 논의와 참관자 논의가 긴밀히 연결되어 있음을 짐작할 수 있는 대목이다.

20) 이와 유사한 연도 표기가 아기의 출생 등록에 관해 이야기하는 6권 785a에서 이미 언급된 바 있다.

수 있게 말입니다.

그런가 하면 사정관들이 죽은 후 그들을 위한 염습과 운구와 매장은 다른 시민들과 달라야 합니다. 복장은 모두 흰색이어야 하고, 만가(輓歌)와 애도가 금지되어야 하며, 15명의 소녀 합창단과 15명의 소년 합창단이 관 주위에 각각 둘러서서 일종의 성가 형태로 만들어진 그 사제들에 대 c
한 찬가를 차례로 불러야 합니다. 하루 종일 노래로 그들의 행복을 기리면서 말입니다. 다음 날 새벽이 되면 그 관 자체는 죽은 사람의 친척들이 선발한, 체육관에 다니는 젊은이[21] 100명이 무덤으로 호송해야 합니다. 그리고 행렬의 맨 앞에는 결혼하지 않은 젊은이들이 각자 자신의 전쟁 장비를 착용한 채로, 그러니까 기병들은 말과 함께, 중무장 보병들은 자기 무기를 들고, 또 다른 사람들도 그와 마찬가지 방식으로 자기 전쟁 장비를 지닌 채 행진해야 합니다. 또 그 관 자체 주위에는 소년들이 앞에서 국가(國歌)
를 부르며 가고 그 뒤를 소녀들이, 그리고 아이를 출산할 d
수 있는 연령을 벗어난 여인들이 따라가야 합니다. 그다음에는 남녀 사제들이 따라가야 합니다. 그 장례는 정결하다고 생각하면서 말입니다. 물론 사제들이 다른 장례에 참석하는 것은 금지되어 있지만, 퓌티아 여사제도 이와 같은 생각에[22] 동의한다면 그렇게 해야 합니다. 사정관들의 무덤으로는 물기를 잘 머금는, 찾을 수 있는 한 가장 내구성 있는 돌들로 직사각형 모양의 지하방을 만들고, 그 안에

21) 젊은이가 공공 체육 내지 교육 시설이라 할 수 있는 체육관(*gymnasion*)에 다닌다는 것은 교육을 받고 있다는 뜻일 것이다.

22) 즉, 그 장례는 정결하니 상관없다는 생각.

e 돌로 된 관을 나란히 놓아야 합니다. 바로 거기에 영면한 사람을 안치하고 흙으로 덮어 둥글게 봉분을 만든 후, 둘레에 나무숲을 조성하되 한쪽 면은 그냥 두어야 합니다. 매장을 하다가 추가로 봉분이 필요해질 때 무덤을 이 방향으로 계속 확장할 수 있게 말입니다. 그리고 사람들은 해마다 그들을 기리면서 음악, 체육, 승마 경연을 열게 될 겁니다. 사정을 통과한 사정관들에게는 이런 상들이 주어질 겁니다.

그러나 이들 가운데 자기가 선출되었다는 것을 과신한 나머지 선출된 이후에 못된 자가 되어 자기의 인간적인 본성을 드러내는 사람이 있다면,[23] 법은 원하는 자가 그를
948a 고발하도록 명해야 하며, 그 재판은 법정에서 다음과 같은 방식으로 열려야 합니다. 이 법정에는 우선 법수호자들이 앉아야 하고, 그다음으로는 이 사정관들[24] 자신 가운데 살아 있는 사람들이, 그리고 이들 외에도 이런 일을 위해 선출된 재판관들[25]이 앉아야 합니다. 고발하는 사람은 자기가 고발하는 그 사람이 그 서훈과 그 관직에 어울리지 않는다는 내용의 고발장을 써야 합니다. 그래서 피고가 유죄 확정을 받으면 그의 관직과 무덤과 그에게 주어진 다른 명예들을 빼앗아야 합니다. 반면에 원고가 투표수의 1/5
b 을 얻지 못할 경우에는 가장 높은 재산 등급에 속한 사람이면 12므나를, 둘째 등급에 속한 사람이면 8므나를, 셋

23) 945c에서 아테네인은 '신적인 사정관', 즉 '덕에서 관리들을 능가하는, 관리들의 관리'를 선출해야 한다고 강조한 바 있다.

24) 앞에서 언급한 '사정을 통과한 사정관들'을 가리킨다.

25) 6권 767c~d 참고.

째 등급에 속한 사람이면 6므나를, 넷째 등급에 속한 사람이면 2므나를 물게 해야 합니다.

라다만튀스는 송사들에 대해 그가 내렸다고 전해지는 판결로 경탄받을 만합니다. 그는 당시 사람들이 신들이 존재한다는 분명한 믿음을 갖고 있다는 걸 파악했기 때문입니다. 그런 믿음을 갖는 게 당연한 것이, 그 당시 많은 사람이 신들에게서 나온 자손들이었고, 적어도 이야기가 전해 주는 바에 따르면 그 자신도 그런 사람들 가운데 하나였기 때문이지요. 그는 사람들 가운데 그 누구에게도 재판관의 일을 맡겨서는 안 되고 그저 신들에게만 맡겨야 한다고 생각했던 것 같습니다. 그랬기 때문에 그는 간단하고도 빠른 판결을 내리게 되었던 것이지요. 그는 시비의 대상이 되고 있는 각 사안과 관련하여 시비를 벌이는 당사자들에게 선서를 시킴으로써 빠르고 안전하게 일을 처리했거든 c
요. 하지만 요즘에는, 우리가 말했던 대로,[26] 사람들 가운데 어떤 부류는 신들을 아예 믿지 않고, 또 어떤 사람들은 신들이 우리에게 신경을 쓰지 않는다고 생각하며, 또 가장 나쁘고 가장 수도 많은 사람들은 신들이 사소한 제물과 아첨을 받고도 그 대가로 많은 돈을 슬쩍할 수 있게 도와주며 자기들이 받아야 할 온갖 무거운 벌들을 면제해 준다는 의견을 갖고 있습니다. 그런 터라서 요즘 사람들 사이에서는 더 이상 라다만튀스의 기술이 재판에 사용되기 d
에 적절치 않을 겁니다. 그러니까 사람들 사이에서 신들에 관한 의견이 변했으므로 법률들 역시 변해야 합니다. 지성

26) 10권(특히 886d 이하나 891b 이하)에서 언급되었다.

948d

을 갖고 제정된 법률들이라면 당연히 고소 재판[27]에서 소
송 당사자들 양편 모두가 선서를 하지 못하도록 막아야 한
다는 겁니다. 즉, 누군가에게 어떤 소송이든 제기하는 사
람은 고소장은 쓰되 선서는 하지 말아야 하며, 같은 방식
으로 피고도 선서는 하지 않은 채 고소 내용을 부인하는
글을 써서 관리들에게 넘겨주어야 합니다. 나라에 송사가
e 많이 열리는 걸 감안하면, 시민들 가운데[28] 거의 절반은

27) 'lēxis dikōn'은 좁은 의미로는 고소장을 관리에게 내는 고소 재판의 첫 단계를 가리키며, 지금 이 문맥이 바로 그 단계에 관한 이야기이기도 하다. 그러나 넓은 의미로 고소를 가리키기도 하므로 여기서는 굳이 좁은 의미로 한정하지 않았다. 이 말을 좁은 의미로 보느냐 넓은 의미로 보느냐가 이 문맥에서는 문제 되지 않지만 949c에서는 문제가 된다. 그리고 여기에 쓰인 '디케'는 '그라페'(*graphē*)와 구별되는 좁은 의미가 아니라 넓은 의미로 받아들였다. 이런 사안들 전반에 관한 논의로는 손더스(1972, 120~121)를 참고. 아울러 '디케'와 '그라페'에 관해, 그리고 계속 언급되는 번역어 '고소', '고발'에 관해 오해를 피하기 위해 약간의 설명을 덧붙이고자 한다. 우선 '디케'를 번역하면서 특별한 경우가 아닌 한 대개는 '그라페'와의 구별을 의식하지 않고 넓은 의미로 새겼다. 그리고 '고소'나 '고발'이라는 말을 번역어로 사용할 때, 우리 법률 용어에 있는 고소/고발의 구분(즉, 소추 요구 주체가 피해자인지 고소권자인지 제3자인지의 구분)이 곧이곧대로 적용되는 것은 아니다. 그 구분은 사실 고대 희랍 사법체계에서는 그다지 의미 있는 구분이 아니다. 여기서는 다음과 같은 정도의 뉘앙스 구분을 위한 제한적인 목적으로만 두 말의 차이를 편의상 이용하겠다. 즉, 사적 이해관계가 주목되는 소송(디케)에 관련되거나 그 비슷한 뉘앙스가 두드러지는 맥락에서는 대체로 '고소'를, 공공의 이해관계가 주목되는 소송(그라페)에 관련되거나 그 비슷한 뉘앙스가 두드러지는 맥락에서는 대체로 '고발'을 번역어로 택한다. 그러나 각 사안이 디케에 해당하는지, 그라페에 해당하는지, 아니면 둘 다에 해당하는지는 별도로 판단되어야 할 사항이다.

28) 원문은 그냥 '그들 가운데'(*autōn*)로 되어 있다. '시민들' 대신 '소송 당사자들'로 보는 해석도 가능하다.

거짓 맹세를 한 사람들인데, 그러고도 버젓이 공동식사나
다른 공적인 회합이나 각자의 사적인 모임에서 서로 쉽게
어울린다는 걸 뻔히 알고 있다는 건 어쩌면 끔찍한 일일
테니까요.

따라서 다음과 같은 내용의 법이 정해져야 합니다. 재판
관은 재판에 임하게 될 때 선서를 해야 하고, 공직을 수행
할 관리들을 임명하는 사람들도 선서를 하고 투표를 하거 949a
나 투표용 조약돌을 성스러운 곳에서 가져와 투표를 하는
등 매번 그 비슷한 일을 해야 하며, 또 합창단이나 다른
모든 시가 경연의 심사자와 체육, 승마 경기 및 다른 모든
일들, 즉 인간적인 의견에 비추어 볼 때[29] 거짓 맹세하는
사람에게 이득이 돌아가지 않는 모든 일의 주관자들과 심
판들도 그래야 합니다. 반면에 강하게 부인하면서 맹세코
모른다고 하는 사람에게 큰 이득이 있음이 분명해 보이
는[30] 일들의 경우에는 서로를 비난하는 모든 사람이 선서
없는 재판을 통해 판결을 받아야 합니다.

그리고 일반적으로 재판이 열리는 동안 재판장들은 소 b
송 당사자들이 설득력을 높이려고 선서하며 말을 한다든
지, 자신이나 가족을 저주한다든지, 꼴사나운 탄원을 한
다든지, 여자들이 하듯 울며 애원한다든지 하는 일들을 허
용해서는 안 되며, 시종일관 신중한 언사를 유지하는 가운
데 정의로운 것을 가르치고 배우는 일만을 꾸준히 계속하

29) 이런 사안들에서 거짓 맹세가 이득일지 아닐지를 따지는 건 전적으로 인간적인 관점에서 일어나는 일이라는 말이다.

30) 생략되어 있기는 하지만, 위에 언급한 '인간적인 의견에 비추어 볼 때'라는 한정이 여기에도 적용된다.

도록 유도해야 합니다. 그렇게 하지 않을 경우 관리들은, 말하는 사람이 본론을 벗어날 때 그러는 것과 마찬가지로 해당 사안에 관한 논의로 다시 돌아와 이야기를 계속하도록 이끌어야 합니다.

그런데 외국인이 외국인을 상대로 하는 경우에는 지금
c 처럼, 그럴 의향이 있는 경우 서로에게 권위를 가진 선서를 주고받을 수 있게 해야 합니다. 그들이 그 나라에서 늙어 갈 것도 아니요, 대개는 그 나라에 둥지를 틀고 자기들과 같은 습성을 지닌 다른 사람들을 남겨 그 땅에 살 권리를 갖게 할 것도 아니거든요. 그리고 그들이 서로에 대해 벌이는 고소 재판과 관련하여 그들 모두에게도 똑같은 방식으로[31] 판결이 주어져야 합니다.

어떤 자유인이 나라에 복종하지 않는 경우, 그러니까 그것이 매를 맞거나 감옥에 가거나 사형을 당할 만한 중대 사안들이 아니라, 합창 공연이나 행렬이나 그 비슷한 다른 공
d 동 행사 또는 공적인 봉사에 일정 정도 참가하는 일들, 이를

---

31) 앞 948d에 나오는 같은 말에 대한 주석에서도 언급했듯이, '고소 재판'으로 옮긴 'lēxis dikōn'을 좁은 의미(고소장을 관리에게 내는 고소 재판의 첫 단계)로 보느냐 넓은 의미(고소 재판)로 보느냐에 따라 '똑같은 방식으로'에 대한 해석이 갈린다. 좁은 의미로 받아들이면 외국인 간의 고소장 제출의 경우에도 직전에 말한 '외국인 간의 고소 재판 일반(즉, 고소장 제출에 따라 벌어지게 되는 본 재판)과 똑같은 방식으로', 즉 '서로에게 권위를 가진 선서를 주고받을 수 있게' 해야 한다는 말이 된다. 잉글랜드가 아마도 이런 해석을 지지하는 듯하다(2.587). 반면에 지금 우리가 택한 것처럼 넓은 의미로 받아들이면 '선서를 받는 문제 말고는' 외국인 간의 고소 재판이 '시민들 간(혹은 시민과 외국인 간)의 고소 재판과 똑같은 방식으로' 진행되어야 한다는 말이 된다. 손더스가 이 해석을 지지한다(Saunders 1970, 499; 1972, 120~121).

테면 평화 시의 제사나 전쟁을 위한 세금에 관련된 일들에 관해서 나라에 복종하지 않는 경우, 이런 모든 일에 대해서 처음으로 해야 할 필수적인 일은 손실에 대한 치유입니다. 복종하지 않은 사람들은 나라와 법이 징수 임무를 수행하도록 임명한 사람들에게 담보물을 내야 합니다. 그러고도 그들이 계속 복종하지 않을 경우에는 그들의 담보물을 팔아 그 돈을 나라에 귀속시켜야 합니다. 더 큰 벌금이 요구될 경우에는 각 해당 관리들이 복종하지 않는 사람들에게 적정
한 벌금을 부과하고 법정에 소환해야 합니다. 그들이 명령 e
받은 걸 기꺼이 이행하겠다고 할 때까지 말입니다.

땅에서 나오는 돈벌이[32] 말고는 돈벌이를 하지 않고 무역도 하지 않는 나라는 자기 시민들의 타지로의 여행과 타지에서 오는 외국인들의 입국 허가에 관해 어떻게 해야 할지 이미 숙고가 되어 있어야 합니다. 그러니까 입법가는 이 일들에 관해 조언을 해주어야 하는데, 우선은 가능한 한 설득을 시도하면서 그렇게 해야 합니다.

나라들이 나라들과 서로 섞여 어울리게 되면 다양한 종
류의 품성들이 뒤섞이게 마련입니다. 서로 다른 나라 사람 950a
들이 상대방에게 새로운 것들을 자꾸 심어 줌으로써 그렇게 되지요. 바로 이것이 올바른 법을 통해 다스려지는 좋은 정치체제 아래 사는 사람들에게는 무엇보다도 가장 큰 해를 초래하겠지만, 대다수 나라들은 좋은 법으로 다스려지고 있는 게 전혀 아니기 때문에 자기들에게 오는 외국인들을 받아들이면서, 혹은 그들 중 누구든 때와 장소에 상

32) 5권 743d에서 말한 '농사(*geōrgia*)가 제공하고 산출하는 만큼'의 돈벌이를 가리킨다.

관없이, 그리고 젊든 아니면 심지어 나이 든 사람이든 상관없이, 외유하고픈 욕망이 생길 때마다 자기들이 다른 나라를 돌아다니면서 외국인들과 섞인다 해도 그들에게는 아무런 차이가 없습니다. 그런가 하면 타지 사람들을 받아들이지 않는다든지 자기들이 외유를 나가지 않는다든지
b 한다는 건 아예 실현 가능한 일이 아닌 데다 여타 세상 사람들에게는 야만스럽고 빡빡하다는 인상을 줄 수도 있을 것입니다. 그 이름도 가혹한 이른바 '외국인 몰아내기'[33] 정책을 구사하고 있으며 그 성격도 완고하고 가혹하다는 평판을 얻게 될 테니까 말입니다. 그런데 남들에게서 훌륭한 사람이라는 평판을 얻는지 그렇지 않은지를 가볍게 여겨서는 절대 안 됩니다. 많은 사람이 덕의 본질에 근접해 있지는 못하지만, 그렇다고 해서 남들 가운데 누가 악하고 누가 쓸 만한지에 대한 판단을 그르칠 정도로까지 그런 건 아니며, 오히려 나쁜 사람들에게조차도 신적인 어떤 직관
c 력이 들어가 있어서 대단히 나쁜 사람들 중에서도 대다수의 사람들이 연설과 판단에 있어 사람들 가운데 더 훌륭한 사람들과 더 못한 사람들을 잘 구별하거든요. 그렇기 때문에 많은 사람에게서 받는 좋은 평판을 귀중히 여기라는 권고가 많은 나라에게 아름다운 권고인 겁니다. 그런데 실로 가장 올바르고 가장 중요한 건 이것입니다. 적어도 완벽한 사람이 되려고 하는 사람은, 참으로 훌륭한 사람이 됨으로써 좋은 평판을 받는 삶을 추구해야지 다른 방식으로는 절

---

33) 외국인의 거주를 금하는 것은 뤼쿠르고스의 법을 따르는 스파르타의 관행이었다. 이 관행을 '외국인 몰아내기'(*xenēlasia*) 라고 비난하고 있는 것이다.

대 안 된다는 겁니다. 더욱이 크레타에 세워지고 있는 그 나라가 여타 세상 사람들로부터 덕에 있어서 가능한 한 가 d
장 아름답고 가장 좋은 평판을 얻는 게 적절할 겁니다. 그리고 당연한 얘기지만, 그 나라가 계획대로 생겨나게 되면 태양과 다른 신들이 내려다보는[34] 나라들과 땅들 가운데 좋은 법으로 다스려지는 몇 안 되는 곳 가운데 하나가 될 가망이 아주 높습니다.

따라서 다른 나라와 지역들로 외유하는 일과 외국인들의 입국을 허가하는 일에 관해서는 다음과 같이 해야 합니다. 우선 40세 미만인 사람은 어떤 상황에서도 어느 곳이든 외유할 수 없게 해야 합니다. 또 사적으로는 아무도 외유할 수 없고 공적으로만, 그러니까 사자나 사절이나 이런저런 종류의 참관자들만 외유할 수 있게 해야 합니
다. 물론 전쟁 시에 일어나는 군사적인 대외 원정은 이런 e
정치적인 대외 파견에 포함시켜 이야기할 만한 게 아니지요. 퓌토의 아폴론에게, 올림피아의 제우스에게, 네메아에, 이스트모스에 사람들을 보내서 이 신들에게 바치는 제사들과 경기들에 참여하게 해야 합니다.[35] 할 수 있는

34) 'autēn'을 'opsesthai'의 목적어로 보아 '태양과 다른 신들이 내려다보는'으로 옮겼다. 손더스처럼 주어로 보는 해석(Saunders 1970, 500)도 가능한데, 그 경우에는 '태양과 다른 신들을 바라보는'으로 옮길 수 있다. 목적어로 보는 해석은 호메로스(《일리아스》 5.120, 18.61, 18.442)에 대한 인유로, 주어로 보는 해석은 《국가》 5권 473e에 대한 인유로 이해할 수 있다. '다른 신들'은 아마도 아스트의 설명대로 달과 별들을 가리키는 듯하다(England, 2.590).

35) 범희랍 4대 제전/경기가 언급되고 있다. 가장 중요한 올림피아 제전은 펠로폰네소스 반도 서쪽 엘리스 지역에 있는 올림피아에서, 그다음으로 중요한 퓌티아 제전은 퓌토 지역에 있는 델포이에서, 이스트미아 제전은

950e

한 가장 많은 사람을 보내되, 이 성스러운 평화 시 모임들
951a 에서 이 나라가 좋은 평판을 받게 해줄, 그래서 전쟁에서 얻어지는 것들에 맞먹을 만큼 좋은 평판을 나라가 갖추게 해줄 가장 아름답고도 훌륭한 사람들을 보내야 합니다. 귀국한 후에 그들은 정치체제와 관련하여 남들이 가진 법 관행이 자신들의 것에 못 미친다는 것을 젊은이들에게 가르치게 될 겁니다.

이들 말고도 법수호자들의 허가를 받은 경우 파견해야 할 또 다른 종류의 어떤 참관자들이 있는데 다음과 같은 사람들입니다. 시민들 가운데 타지 사람들의 행동거지를 좀더 여유를 두고 관찰해 보고픈 욕망을 가진 사람들이
b 있다면 그 어떤 법도 이 사람들을 막아서는 안 됩니다. 나라가 남들과 교류가 없어서 나쁜 사람들과 훌륭한 사람들에 대한 경험이 없으면 충분히 세련되고 완벽한 상태가 될 수 없을뿐더러, 그저 습관으로 몸에 배어서가 아니라 통찰력을 갖고 자신의 법률들을 파악하지 않고는 그 법률들을 지켜낼 수 없거든요. 사실 많은 사람 속에 언제나 어떤 신적인 사람들이 많지는 않지만 있기 마련이고, 함께 교류할 가치가 아주 충분한 그런 사람들이 좋은 법으로 다스려지는 나라들에 못지않게 그렇지 못한 나라에서도 생겨나게 마련이지요. 좋은 법으로 다스려지는 나라에 사는 사람은, 타락하지 않을 만한 사람이라면 바다로든 육지로든 밖으로 나가서 바로 이런 사람들의 흔적을 탐색해
c 야 합니다. 자기 법 관행들 가운데 아름답게 제정된 것들

코린토스(이스트모스)에서, 네메아 제전은 희랍 동부에 있는 골짜기 네메아에서 개최되었다.

은 더욱 공고하게 하고 뭔가 부족한 것들은 교정해 가면서 말입니다. 이런 관찰과 탐색이 없으면 나라가 절대 완벽한 상태로 남아 있을 수 없을 테니까요. 그 관찰을 잘못 수행하는 경우에도 마찬가지고요.

클레이니아스: 그렇다면 어떻게 해야 그 둘 다[36]를 성취할 수 있을까요?

아테네인: 다음과 같이 하면 됩니다. 우선 우리를 위해 이런 일을 할 참관자는 50세가 넘은 사람이어야 합니다. 또한 그는 다른 일들에서도 그렇지만 특히나 전쟁에 있어서 좋은 평판을 가진 사람들 가운데 하나가 된 사람이어야 합니다. 법수호자들이 나라의 모범으로 삼아 다른 나라에 d
보낼 만한 사람이 되려면 말입니다. 그리고 60세가 넘으면 더 이상 참관자로 일하지 못합니다. 이렇게 10년 한도 내에서 원하는 기간만큼 참관자로 일하고 귀국하면 법률들에 관해 감독하는 사람들의 위원회에 가야 합니다.[37]

이 위원회는 젊은이들과 나이 든 사람들이 섞여 있어야 하며, 매일 동트기 직전부터 해가 떠오를 때까지 반드시

---

36) '둘 다'(*amphotera*)란 직전에 언급된, 참관단을 보내어 탐색하는 일과 그 탐색을 제대로 수행하는 일을 가리킨다고 볼 수 있다(England, 2. 592).

37) 7권 818a에서 아테네인은 산술, 기하학, 천문학을 엄밀하게 공부해야 할 '특정 소수의 사람들'(*tines oligoi*)이 있는데 이들이 누구인지는 논의 끝자락에 다시 이야기하겠다고 했다. 거기서 약속했던 그 소수 엘리트 그룹에 관한 개략적인 언급이 지금 시작되고 있으며(952b까지 이어지는 이 언급은 참관자를 다루던 중에 잠시 곁길로 나가 이루어지고 있다), '야간 위원회'(*nykterinos syllogos*)로 불리는 이 위원회의 조직과 기능에 관한 본격적인 상세 설명은 961a 이하에서 다시 이루어진다. 물론 이 위원회에 관해서는 10권의 두 곳(908a3~4, 909a3~4)에서 지나가며 언급된 바 있다.

모이도록 해야 합니다. 우선 서훈을 받은 사제들, 그다음
e 으로는 법수호자들 가운데 그때마다 가장 연장자인 10명
의 사람이 그 구성원입니다. 게다가 교육 전반에 관한 책
임자도 그 구성원인데, 최근에 임명된 사람만이 아니라
이 관직에 있다가 은퇴한 사람들까지도 포함됩니다. 이
사람들 각각은 혼자서가 아니라 30~40세의 자기 마음에
드는 젊은이를 하나씩 데리고 참석해야 합니다. 이 사람
952a 들이 함께 모여 진행하는 논의는 언제나 법률들에 관해
서, 그리고 그들 자신의 나라에 관해서 이루어지며, 이런
사안들과 관련하여 그들이 다른 곳에서 배워 알게 된 어
떤 중요한 사항이 있다면 그것도 다루어야 합니다. 특히
이런 탐구에 도움을 줄 것으로 보이는 배울거리들, 그러
니까 그걸 배운 사람들에게는 법률들에 관한 문제들이 더
분명해지지만 배우지 않은 사람들에게는 그 문제들이 더
흐릿하고 불분명하게 보이게 되는 그런 배울거리들에 관
해 다루어야 합니다. 젊은이들은 이 가운데서 나이 든 구
성원들이 인가하는 것들을 갖은 열성을 다해 배워야 합니
다. 그런데 초대받은 사람들 가운데 누군가가 자격 없는
사람이라는 평을 받는 경우에는 위원회 전체가 그를 초대
b 한 사람을 비난해야 합니다. 반면에 이 젊은이들 가운데
좋은 평판을 받는 사람들의 경우에는 나라의 나머지 구성
원들이 그들을 주시하고 특별히 돌봐주면서 잘 지켜 주어
야 하며, 그들이 올곧게 행할 경우엔 예우하되, 많은 사
람보다 열등하다는 게 드러나면 다른 사람들에게 하는 것
보다 더 큰 망신을 주어야 합니다.

그러니까[38] 여타 인간 세상의 법 관행을 관찰하고 온

사람은 도착하자마자 바로 이 위원회에 들어가야 합니다. 그가 법 제정, 교육, 양육에 관한, 누군가로부터 나왔을 모종의 정보를 들려줄 수 있는 이들을 만났다면, 혹은 아예 자신이 직접 어떤 것들을 알아내 돌아왔다면, 그것들을 위원회 전체와 공유해야 합니다. 그리고 그가 이전보 c
다 못하거나 나아진 것이 전혀 없는 채로 돌아왔다고 판명되더라도, 어쨌거나 그 대단한 열성에 대해 칭찬해 주어야 합니다. 훨씬 더 나아진 채로 돌아왔다고 판명되면, 살아생전에는 훨씬 더 많이 칭찬을 받아야 하며 죽어서도 위원회로 모이는 사람들의 권위가 부여하는 적절한 예우를 받아야 합니다. 반면에 타락한 채로 돌아왔다고 판명되면 지혜롭다고 자처하며 젊은이든 나이 든 사람이든 누구하고도 함께 사귀는 일이 없도록 해야 합니다. 그가 통치자[39] 들의 말에 복종하면 평범한 개인으로 살게 하지만,
그렇지 않으면, 즉 교육과 법률들에 관한 어떤 문제에 주 d
제넘게 개입한 데 대해 법정에서 유죄 확정을 받으면, 죽게 해야 합니다. 그런 일로 법정에 소환되어 마땅한 사람이 있는데 통치자들 가운데 아무도 그를 소환하지 않으면, 그 통치자들이 나중에 서훈을 둘러싸고 경합을 하게 될 때 하자로 작용하게 해야 합니다.

자, 외국에 나가는 사람은 이런 유의 사람이 이런 방식

---

38) 이 '그러니까'(*dē*)는 참관자가 귀국 후에 모종의 위원회에 참가해야 한다는 이야기를 빌미로 그 위원회에 대한 언급으로 넘어간 951d 이래의 곁길 논의를 접고 다시 참관자 이야기로 돌아간다는 표시이다.

39) 계속 '관리'로 옮기던 '아르콘'(*archōn*)을 여기서는 '통치자'로 옮겼다. 아래에서도 이 점은 계속 적용되어 문맥에 맞게 번역어를 달리할 것이다.

952d 으로 나가게 하기로 하고, 그다음으로 이루어져야 할 일은 외국에서 방문해 오는 사람을 친절하게 맞는 일입니다. 거론할 가치가 있는 외국인들은 네 부류입니다. 첫째
e 부류이자 늘 빼먹지 않고 오는 사람은 철새처럼 대개 여름철에 계속 드나듭니다. 이들 중 상당수는 돈벌이하러 다니느라고 한 해의 이맘때쯤 바다 건너 다른 나라로 그야말로 날개라도 단 것처럼 날아들지요. 이런 사람들을 위해 임명된 관리들이 이 사람을 나라 바깥에 있지만 나라에서 멀리 떨어져 있지 않은 시장, 항구, 공공건물에서
953a 맞아들이되, 이런 외국인들 가운데 누구든 조금이라도 새로운 변화를 유입시키는 사람이 없도록 지켜보아야 하고, 그들이 연루된 송사를 공정하게 처리해 주어야 하며, 이런 식으로 그들을 상대하는 일은 불가피한 경우에는 하지만 가능한 한 적게 해야 합니다.

둘째 부류는 말 그대로 눈으로 구경하는 사람[40] 입니다. 물론 뮤즈가 관련된 구경거리의 경우엔 귀로도 구경을 하지요. 바로 이런 사람들 전부에게는 인간 세상의 외국인 손님 환대 정신을 살려 각 신전 근처에 숙소를 마련해 주고, 사제들과 신전 관리자들이 그들에게 관심을 기울이며 보살펴야 합니다. 그들이 보고 들으러 온 그것들을 보고
b 들으며 적당한 시간을 머무르다가 아무런 해를 입히지도 겪지도 않은 채 떠나게 될 때까지 말입니다. 누군가가 그

40) '구경하는 사람'은 950d에서부터 계속 이야기해 온 '참관자'와 같은 '테오로스'(*theōros*)이다. '말 그대로' 혹은 '진짜'(*ontōs*)라는 것은 지금 이야기하는 '테오로스'가 그 말의 고유한 의미로 이야기되는 좁은 의미의 '공연 관람자'를 가리킨다는 뜻이다.

들 중 한 사람에게 해를 입히거나 그들 중 한 사람이 다른 누군가에게 해를 입히는 경우 액수가 50드라크마 이내라면 사제들이 그들의 재판관이 되어야 합니다. 하지만 청구액이 더 큰 액수라면 이런 사람들의 재판은 시장감독관 앞에서 열려야 합니다.

셋째 부류의 외국인은 다른 나라에서 어떤 공적인 일로 온 사람인데, 이 사람은 공적으로 맞아들여야 합니다. 이 부류의 사람을 맞아들이는 일은 장군들, 기병지휘관들, 보병지휘관들만 해야 하며, 이런 사람들을 보살피는 일은 그들 중 누군가에게 숙식을 제공하고 손님 접대를 하게 되는 사람만이 하되 평의회 운영위원회[41] 와의 협력하에서 해야 합니다. c

넷째 부류의 사람은 설사 어느 때고 오는 사람이 있다 해도 드뭅니다. 하지만 어쨌든 우리 쪽에 있는 참관자들과 짝을 이룰 만한 사람이 어느 때고 다른 나라에서 오게 된다면, 우선 그는 적어도 50세 이상이어야 하며, 그뿐만 아니라 아름다움에 있어서 다른 나라들에 있는 것들을 능가하는 어떤 아름다운 것을 보고자 하는, 혹은 다른 나라에 이와 같은 어떤 것을 보여 주고자 하는 기대를 표명하는 사람이어야 합니다. 자 이제, 이런 부류의 사람은 초대받지 않고서도 부유하면서 지혜로운 자들의 문간에 갈 수 있게 해야 합니다. 그 자신이 이런 사람들 가운데 하나니까요. 이 d

41) 360명으로 이루어진 평의회(*boulē*) 의원단을 12개 부분으로 나누어 한 해의 각 달에 배정하고, 각 부분이 돌아가며 한 달씩 평의회 운영을 맡게 되어 있다(6권 756b, 758b~d). 여기 '평의회 운영위원회'는 자기 순서가 되어 평의회 운영을 맡게 된 의원 그룹을 가리킨다.

953d

를테면 교육 전반을 보살피는 사람이나 덕으로 상을 받은
사람의 집에 가게 해야 합니다. 이런 주인에게 자기가 안
성맞춤의 손님이라는 확신을 가지고 말입니다.[42] 이런 사
람들과 함께 시간을 보내면서 어떤 건 가르쳐 주고 어떤 건
배우고 한 후에, 친구로서 친구들에게서 적절한 선물과 예
우를 받은 상태로 떠나게 해야 합니다. 바로 이런 법률들
e 에 따라서 다른 나라에서 오는 모든 외국인을, 남자만이
아니라 여자들까지 아우른 모든 외국인을 맞이하고 또 자
기 쪽 사람들을 내보내고 해야 합니다. 외국인을 보살피는
신 제우스께 존경을 표하면서, 그리고 요즘 나일의 자손들
이 그러는 것처럼 음식과 제사로 혹은 야만스러운 포고문
으로 외국인 몰아내기를 하지 않으면서 말입니다.[43]

누군가가 담보를 제공할 때는 명시적으로, 그러니까 합
의한 거래 내용 전부를 명문화된 계약서에 밝히면서 담보
를 제공해야 하는데, 액수가 1천 드라크마 이하일 땐 3명
954a 이상의 증인 앞에서, 1천 드라크마 이상일 땐 5명 이상의
증인 앞에서 해야 합니다. 무슨 물건에 대해서든 판매를
중개한 사람도 판매자가 소추될 수 없거나 지불 능력이
전혀 없는 경우[44] 그 판매자의 보증인이 되어야 하며, 물

42) '주인'과 '손님'으로 나누어 옮겼지만 원어로는 같은 말 '크세노스'이다. 이에 관해서는 1권 624a 해당 주 참고.

43) '나일의 자손들'(*thremmata Neilou*)은 좀더 직역하면 '나일(강)이 길러낸 자들'이다. '길러낸 자들'(*thremmata*)은 대개는 양이나 염소 등 가축에게(그리고 확장하여 가노에게도) 사용되었던 표현이므로, 이집트인들을 이렇게 지칭하는 것은 비난의 뉘앙스를 함축하고 있는 것으로 볼 수 있다. '음식과 제사로 … 외국인 몰아내기'는 외국인의 제전 참석을 금하는 관행에 대한 언급인 듯하다.

건을 넘긴 판매자처럼 판매 중개자도 똑같이 법적 책임을 져야 합니다.

도둑맞은 물건을 찾겠다고 어떤 사람의 집을 수색하고자 하는 사람이 있다면, 옷을 걸치지 않거나 아니면 짧은 속옷만 입되 띠는 두르지 않은 채로, 법이 정한 신들에게 그 물건을 정말 찾아낼 수 있을 거라고 확신한다는 맹세를 먼저 한 후에 수색해야 합니다. 그 상대방은 집을 수색하라고 내주되 봉인된 것들과 봉인되지 않은 것들 전부를
수색하게 해야 합니다. 그런데 누군가가 찾아보고 싶어 b
하는 사람에게 수색을 허용하지 않으면, 수색 요청을 거부당한 그 사람은 찾는 물건의 가치를 산정한 후 재판을 해야 합니다. 그래서 피고가 유죄 판결을 받게 되면 그 산정가액의 2배를 피해액으로 물어 주어야 합니다. 집주인이 출타 중이면 그 집에 사는 사람들이 봉인되지 않은 것들은 수색하게 내주어야 하며, 봉인된 것들의 경우에는 수색하는 사람이 거기에 추가 봉인을 한 후 자기가 원하는 사람을 시켜 5일 동안 지키게 해야 합니다. 출타 기간이 5일을 넘으면 도시감독관들을 불러온 상태에서 수색을
해야 합니다. 봉인된 것들까지도 열어 보고, 그다음에는 c
다시 집안사람들과 도시감독관들이 입회한 상태에서 똑같은 방식으로 봉인해야 합니다.

소유권 분쟁에는 시간의 한계가 있어서, 그 기간 동안 누군가가 소유하고 있었다면 그 후로는 더 이상 그의 소유권을 놓고 다툴 수 없습니다. 이 나라에서 토지와 집에

44) 잉글랜드는 이 부분을 '판매자가 적법한 소유자가 아니거나 실질적 점유자도 아닌 경우'로 이해한다(England, 2.598).

954c

대해서는 소유권 분쟁이 있을 수 없지만, 다른 것들에 대
해서는 그것이 무엇이든 누군가가 획득해서 시내, 시장,
신전에서 공공연하게 사용하는데도 소유권을 주장하는 사
람이 아무도 없다가, 이 기간 동안 그걸 찾아다녔다고 누
군가가 주장하고 나섰는데 소유하던 그 사람은 감추고 있
d 지 않았던 게 분명하다면, 이런 식으로 1년 동안 한 사람
은 무언가를 소유했고 다른 사람은 계속 찾아다녔다면, 1
년이 지난 후엔 아무도 이런 소유물에 소유권을 주장할
수 없습니다. 시내나 시장에서 사용한 것이 아니고 들판
에서 드러내 놓고 사용했는데 누군가가 5년 안에 문제 삼
고 나서지 않으면, 5년이 지난 뒤에는 이 사람이 더 이상
이런 물건에 대해 소유권을 주장할 수 없습니다. 시내에
있는 집 안에서 사용했다면 청구 기한은 3년이어야 하고,
e 들판에서 드러나지 않게 소유했다면 10년 이내여야 하며,
다른 나라에서 사용했다면 그것을 어딘가에서 발견하기만
하면 될 뿐 얼마의 시간이 걸리든 소유권 청구에 정해진
기한은 전혀 없습니다.

누군가가 강압을 써서 재판 당사자든 증인이든 누군가
를 재판에 참석하지 못하게 막으면, 참석 못하게 된 사람
이 참석을 막은 사람 자신의 노예이든 다른 사람의 노예
이든 아무튼 노예라면 그 재판은 미결이자 무효가 되어야
955a 하며, 자유인이라면 재판이 무효가 되는 것만이 아니라
막은 사람이 1년 동안 구금되어야 하고 자원하는 사람이
그를 납치 혐의로 고발할 수 있게 해야 합니다.

그리고 누군가가 강압으로 체육이나 시가 혹은 다른 어
떤 것의 경연에 참석하지 못하게 방해하면, 자원하는 사

람이 경연 주관자들에게 이를 알리게 하고, 이들은 경연
을 벌이고자 하는 사람이 자유롭게 경연장에 들어갈 수
있게 해야 합니다. 그들이 그렇게 할 수 없다면, 그런데
그 막은 사람이 경연에서 승리하게 되면, 그 상은 참가를
방해받은 사람에게 주고 그가 원하는 신전에 승자로 이름 b
을 새겨 주어야 하며, 방해한 사람은 이런 종류의 경연에
관련된 그 어떤 봉헌이나 새김도 할 수 없고 경연에서 지
든 이기든 피해에 대한 법적 책임을 져야 합니다.

누군가가 어떤 것이든 훔친 물건이라는 걸 알고서 받으
면 그걸 훔친 사람과 똑같은 대가를 치러야 합니다.

그리고 도망자를 받아들이는 일에 대한 처벌은 죽음이
어야 합니다.

모든 사람은 나라가 친구나 적으로 생각하는 바로 그
사람을 자신의 친구나 적으로 생각해야 하며, 누군가가 c
공적인 합의 없이 어떤 사람들과 사적으로 평화나 전쟁
관계를 맺으면 이 사람에게도 처벌은 죽음이어야 합니다.
또 나라의 일부가 스스로의 이득을 위해 어떤 사람들과
평화나 전쟁 관계를 맺으면 장군들이 이 행위의 책임자들
을 법정으로 소환해야 하며 유죄 판결을 받은 사람에게
주어지는 대가는 죽음이어야 합니다.

조국에 봉사하는 사람들은 선물 받는 일 없이 봉사해야
합니다. 거기엔 어떤 변명도 있을 수 없으며, '좋은 일엔
선물을 받되 나쁜 일엔 받지 말아야 한다'는 말이 칭찬받
는 말이 되어서도 안 됩니다.[45] 알아내는 일과 알아낸 후 d

45) 이 문장을 다음과 같이 옮길 수도 있다. "'좋은 일엔 선물을 받되 나쁜 일엔 받지 말아야 한다'고 말하는 게 전혀 변명이 되지 않으며, 칭찬 받

955d

에 꿋꿋하게 지키는 일은 쉬운 일이 아니며,[46] '절대 선물을 받고 봉사하지 말라'는 법에 귀를 기울이면서 따르는 것이 가장 안전하니까요. 따르지 않는 사람은 재판에서 유죄 확정을 받으면 가차 없이 죽여야 합니다.

공공재정에 세금을 내는 일에 관해서 이야기하자면, 여러 가지 쓰임새를 고려하여 각 사람의 재산을 산정해야 하지만 부족별로도 매년 수확을 글로 기록하여 지방감독관들에게 제출해야 합니다. 그렇게 하면, 조세가 두 종류가
e 있는데, 공공재정은 두 종류의 조세 가운데 어느 쪽을 채택하는 게 좋을지 매해마다 숙의를 거쳐 채택할 수 있게 됩니다. 재산 산정가액 전체에서 일부를 받을지 아니면 매번 그해에 생긴 수입에서 일부를 받을지를 말입니다. 이때 공동식사를 위해 내는 액수는 제외하고 계산해야 합니다.

그런가 하면 신들에게 바치는 헌물들은 절도 있는 사람이 봉헌하되 도를 넘지 않는 헌물들을 바쳐야 합니다. 그런데 모든 사람에게 땅과 화덕은 모든 신의 보호 아래 있는 성물입니다. 그러니까 아무도 신들에게 바치는 성물이라고 재차 축성(祝聖)하면 안 됩니다. 금과 은은 다른 나
956a 라들에서는 사적으로도 소유되고 각 신전에도 있는, 부러움을 사는 소유물입니다. 상아는 혼이 떠나 버린 육체에

을 말이 되지도 않습니다."

46) 매 사안이 대두될 때마다 관련 사안이 좋은 일인지 아닌지 혹은 선물을 받아도 되는 경우에 해당하는 일인지 아닌지를 결정하는 일이 우선 쉽지 않을뿐더러 설사 제대로 된 결정에 도달했다 하더라도 그 결정대로 실행에 옮기는 일이 쉽지 않다는 뜻이다. 공직자 개인의 소신과 양심, 판단력에 맡겨 부패의 가능성을 용인하기보다는 일률적인 통제가 필요한 상황임을 설득하려는 말이다.

서 나온 것으로서 정결하지 않은 헌물입니다. 철과 청동
은 전쟁 도구입니다. 나무는 바치고자 하는 사람이 있으
면 통짜로 된 나무로 만든 것을 바치고 돌도 그와 같은 방
식으로 하되, 공공신전에 바쳐야 합니다. 직물은 여인 한
사람이 한 달 걸려 만들 수 있는 것을 넘어서면 안 됩니
다. 색깔은 다른 경우에도 그렇지만 특히 직물의 경우에
흰 색이 신들에게 어울릴 것이고, 염색은 전쟁용 장식에
하는 것 말고는 해서는 안 됩니다. 신들에게 가장 어울리 b
는 선물은 새와 그림인데, 화가 한 사람이 하루에 완성할
수 있는 만큼만 해야 합니다. 다른 헌물들도 이런 것들을
본떠서 해야 합니다.

나라 전체의 부분들에 대해 어떤 것들이 얼마만큼 있어
야 하는지 이미 상세히 이야기했고, 거래에 관한 법률들에
대해서도 할 수 있는 한 가장 중요한 모든 거래에 대해 이
야기했으니, 이제 남은 건 재판 절차가 생기도록 하는 일
이어야겠지요.[47] 법정들 가운데 첫째 것은 선택된 재판관
들로 이루어질 겁니다. 피고와 원고가 함께 고르는 중재자 c
들이지만, '재판관들'이라는 이름이 더 적절한 이름이지요.
둘째 재판관들은 마을 사람들과 부족 사람들로 이루어질
것인데, 12개 부분으로 나뉘어 있지요. 첫째 재판관들 앞
에서 결판을 내지 못하면 이 둘째 재판관들에게 가서 시비
를 가리게 되는데, 걸려 있는 처벌은 더 커집니다. 피고가

47) 6권 768c에서 전체 논의의 끝부분으로 미루어 놓은 이야깃거리가 이제 비로소 다시 다루어지고 있다. 8권 846a~c에도 재판 절차에 대한 간략한 언급이 이루어진 후에 세부 내용은 젊은 입법가들의 몫으로 남기는 대목이 나온다.

956c

이 둘째 재판에서 지면 기록된 벌금 산정가액의 1/5을 추
가로 물어야 합니다. 누군가가 그 재판관들을 비난하면
d 서[48] 셋째로 시비를 가리고 싶으면 선출된 재판관들에게
송사를 가져가야 하는데, 거기서도 다시 지면 산정가액의
1.5배를 물어야 합니다. 한편 원고가 첫째 재판관들 앞에
서 졌는데 승복하지 못하겠으면 둘째 재판관들에게 가는
데, 이기면 물론 1/5을 추가로 배상받지만, 지면 벌금의
같은 부분을 물어야 합니다. 그들이 이전 재판들에 승복하
지 않고 셋째 법정에 갈 경우, 피고가 지면 이미 말했듯이
1.5배를 무는 반면 원고의 경우에는 산정된 벌금액의 절반
e 을 물어야 합니다.

법정 구성을 위한 추첨과 충원, 각 관직들에 필요한 보
조자 임명, 각각의 일들이 이루어져야 하는 시한, 투표방
법,[49] 휴정, 그리고 재판에 관련된 그 비슷한 다른 모든
필수적인 사항들, 즉 먼저 할 것들과 나중에 할 것들을 정
하는 추첨, 답변과 참석의 강제, 그리고 이 비슷한 모든
것에 대해서는 앞에서도 이미 말한 바 있지만 적어도 옳은
957a 것에 관한 한은 두 번이고 세 번이고 반복하는 것이 아름
다운 일입니다. 그런데 어쨌든 이런 모든 사소하고 발견
이 쉬운 법 절차들을 나이 든 입법가가 그냥 빼놓고 지나
가면 젊은 입법가가 채워 넣어야 합니다.[50] 사적인 법정
들은 이런 어떤 방식으로 이루어지면 적절할 겁니다. 하

48) '비난하다'로 옮긴 '*enkalein*'은 '고소/고발하다'로 쓰이는 말임에 유의할 필요가 있다.

49) 9권 855d~856a 참고.

50) 8권 846c; 9권 855d 참고.

지만 공적인 공동의 법정들과, 관리들이 각 관직들에 알맞은 일들을 수행하기 위해 이용해야 하는 법정들에 대해서는 여러 나라들에 유능한 사람들이 만들어 놓은 제법 근사한 모양새를 가진 법령들이 꽤 많이 있습니다.[51] 법수호자들은 그것들을 이용하여 지금 생겨나고 있는 정치체 b
제에 적절한 것들을 마련해 주어야 합니다. 그것들을 모아 추론과 교정을 수행하는데, 경험을 통해 철저히 검증해 가면서 하되 그것들 각각이 충분한 상태라는 결론이 날 때까지 계속해야 합니다. 그런 결론이 났을 때는 일을 마무리 짓고 그야말로 움직일 수 없는 것들이라고 날인한 후에 살아가는 동안 내내 준용하도록 해야 합니다. 재판관들의 침묵과 신중한 발언 및 그 반대의 것들, 그리고 다른 나라들에서 정의롭고 훌륭하고 아름답다고 여겨지는 많은 것과는 차이를 보이는 다른 모든 것에 관해서 일부는 이미 c
이야기했지만[52] 일부는 마무리할 무렵에 더 이야기하게 될 겁니다. 정의에 따르는 공평한 재판관이 되려는 사람은 그런 모든 것에 주목해야 하며 그것들에 관한 저술들을 갖추어 놓고 배워야 합니다. 모든 배울거리 가운데 법률들에 관한 것들이야말로 올바르게 체계를 갖춘 것들이기만 하다면, 배우는 사람을 더 훌륭하게 만드는 데 가장 강력한 효과를 가질 테니까요. 그게 아니라면 우리의 신적이고 경탄할 만한 법이 지성에 어울리는 이름을 가지고 있는 게 공연한 일이 될 겁니다.[53] 게다가 다른 담론들에

51) 사적인 법정과 공적인 법정(및 공직자의 필요에 부응하는 법정)의 구분은 평행 구절인 6권 767b와 비교하면서 이해할 필요가 있다.

52) 949a~b.

d 대한 — 그러니까 어떤 사람들에 관해 칭찬이나 비난이 이
루어진다고 할 때 시로 할 수도 있고 산문으로 할 수도 있
으며, 산문으로 하는 경우에도 문자로 써서 할 수도 있고
다른 방식의 일상적인 교제를 나누면서 할 수도 있으며,
문자가 아닌 일상적 교제로 하는 경우에도 승부욕 때문에
서로 논쟁을 벌일 수도 있고 때로는 아주 공허하게 동의할
수도 있는데, 이 모든 담론에 대한 — 분명한 시금석이 될
것은 입법가의 저술들입니다.[54] 훌륭한 재판관은 이 저술
들을 마치 다른 담론들을 막기 위한 해독제처럼 자기 속에
e 갖추어 놓고 자신과 나라를 바로 세워야[55] 합니다. 훌륭
한 사람들에게는 정의로운 것들이 계속 머무르면서 자라
가도록 해주고, 못된 사람들에게는 무지와 방종, 비겁으
로부터, 한 마디로 말해 온갖 부정의로부터 할 수 있는 한
변화가 일어나게 해주면서 말입니다. 못된 사람들 가운데
치유 가능한 의견들을 가진 사람들을 이야기하고 있는 겁
니다. 반면에 그야말로 운명적으로 고정된 의견들을 가진
958a 사람들의 경우에는 그런 성향을 가진 혼들에게 죽음을 치
료제로 준다면, 이 말은 여러 번 이야기하는 게 마땅할 것
인데요, 그런 재판관들과 재판관들의 지도자들은 나라 전
체의 찬사를 받을 만하게 될 겁니다.

한 해의 재판들이 다 처결되어 마무리되고 나면,[56] 그

53) '법'과 '지성'의 밀접한 관계에 대해서는 4권 714a 참고.

54) 7권 811c~812a 참고.

55) 사실 해독제만이 아니라 '바로 세운다'(*orthoun*)는 말도 지금 도입되고 있는 의학적 비유에 잘 어울리는 용어이다. '똑바로 일으켜 세운다'라는 뜻에서 발전하여 '건강이나 행복을 회복시킨다'는 의미로 사용되기도 한다.

처결 사항들의 집행을 위해 다음과 같은 법률들이 갖추어져야 합니다. 우선, 재판을 맡고 있는 관리는 유죄 판결을 받은 사람의 재물 전부를, 꼭 가지고 있어야 하는 필수 부분은 빼고[57] 이긴 사람에게 할당해 주어야 합니다. 이 b
건 각 사안마다 투표가 이루어진 직후에, 재판관들이 듣고 있는 상태에서 행해지는 포고자의 선포에 의해 이루어져야 합니다. 재판이 열리는 달들에 이어지는 달이 지났는데도 진 사람이 이긴 사람 마음에 들 수 있게끔 알아서 일을 해결하지 않고 있다면, 재판을 맡았던 관리는 이긴 사람의 요청에 따라 유죄 판결을 받은 사람의 재물을 그에게 넘겨주어야 합니다. 그렇게 할 방도가 없는데 부족한 양이 1드라크마 이상이면 이긴 사람에게 빚진 것 전부를 다 지불하기 전까지 이 사람은 다른 사람을 상대로 소송을 걸 수 없습니다. 물론 다른 사람들이 이 사람을 상대 c
로 소송을 거는 건 유효하지요. 누군가가 유죄 판결을 받고서 유죄 판결을 내린 그 관리들의 집행을 방해하면 부당하게 방해받은 사람들이 그를 법수호자들의 법정으로 소환해야 하며, 누군가가 이런 재판에서 유죄 판결을 받으면 나라 전체와 법률들을 파멸시키고 있다는 이유에서 죽음으로 처벌받아야 합니다.

그다음으로는, 사람이 태어나서 양육받고 또 아이들을

---

56) 아래에서 분명해지지만, 지금 이 말을 한다고 해서 아래의 집행 사항들이 모두 한 해의 재판 종결 후에 이루어져야 한다는 의미는 아니다. 다만 한 해의 재판은 그다음 해로 넘기지 말아야 한다는 데 강조점이 있는 것으로 보아야 할 것이다.

57) 9권 855a~b에 나오는 언급에 따르면 벌금으로 징수할 수 없는 필수 부분은 그 피고가 분배받았던 할당분이다.

d 낳아 양육하고 적당히 거래 관계를 — 누군가에게 피해를 준 경우엔 대가를 치르기도 하고 또 반대의 경우엔 다른 사람에게서 대가를 받기도 하면서 — 맺고, 법률들과 더불어 늙어 간 후에는 운명에 따라 자연히 삶의 끝이 그에게 찾아올 겁니다. 남자든 여자든 삶을 마친 사람들에 관해서는, 지하의 신들과 이 세상 신들에 대해 수행되어야 마땅한 성스러운 의식 절차들에 관한 문제는 해석자들이 권위를 갖고 지시하게 해야 합니다. 하지만 무덤들은 봉분
e 이 크든 작든 상관없이 경작할 수 있는 지역 가운데 어디든 있어서는 안 되며, 다만 다음과 같은 지역에, 그러니까 그 땅이 바로 이 일을 위해서만 알맞은 본성을 갖고 있는, 즉 살아 있는 사람들에게 가장 고통을 덜 주는 방식으로, 죽은 사람들의 육체를 받아들여 숨길 수 있는 본성을 갖고 있는 그런 지역에 채워져야 합니다. 어머니인 땅(의 여신)이 본성적으로 사람들을 위해 양식을 산출하고 싶어 하게끔 되어 있는 지역은 살아 있는 사람이든 죽은 사람이든 어느 누구도 우리네 살아 있는 사람에게서 빼앗아 가면 안 됩니다. 봉분은 다섯 사람이 닷새 안에 일을 완성할 수 있는 것보다 더 높게 쌓으면 안 됩니다. 돌 기념물은 영웅적인 시행 4줄 이내로 죽은 사람의 삶에 대한 찬양을 담을 수 있는 크기를 넘어서지 않게 만들어야 합
959a 니다. 염습은 우선 그 사람이 그저 의식을 잃었을 뿐만 아니라 실제로 죽었다는 것을 보여 주는 데 필요한 시간보다 더 길지 않은 시간 동안 집 안에서 해야 하는데, 사람의 경우에는 대개 사흘째에 무덤으로 운구하는 게 적당할 겁니다.

입법가가 무슨 말을 하든 그를 믿고 따라야 마땅하지만 다음과 같은 말을 할 때는 더더욱 그래야 합니다. 혼은 육체보다 월등히 뛰어납니다. 살아 있는 바로 그 동안에도 우리 각자를 바로 그 사람이게끔 만들어 주는 것은 다름 아닌 혼인 반면, 육체는 우리 각자를 따라다니는 유사물 b 일 뿐입니다. 또 시신을 이루고 있는 육체가 죽은 사람들의 환영(幻影)인 반면 참으로 우리 각자인 것, 즉 '불사의 혼'이라고 불리는 것은 조상 대대로 내려오는 법이 말해 주는 것처럼 다른 신들[58] 곁으로 떠나가서 자기 이야기를 신들에게 하게 된다고 하는 말은 아름다운 말입니다. 이것이 훌륭한 사람에게는 담대하게 맞이할 만한 일이지만, 못된 사람에게는 몹시 두려운 일입니다. 그가 이미 죽었다면 그에게는 어떤 큰 도움도 있을 수 없습니다. 그의 모든 친척은 그가 살아 있을 때 도움을 주었어야 했던 것이지요. 그랬더라면 살아 있을 때도 가능한 한 정의롭고 경 c 건하게 살 수 있었을 것이고, 죽은 후에도 이승의 삶 다음의 삶 동안 못된 잘못들에 대한 처벌을 받지 않을 수 있겠지요. 실상이 이러하므로 묻히고 있는 이 살덩어리가 특별히 자기 사람의 것이라는 생각으로 가산을 허투루 낭비해서는 절대 안 됩니다.[59] 우리는 아들 혹은 형제를, 혹은 그 누군가를 애석해 하면서 묻고 있는 거라고 철석같

58) '다른 신들'(*alloi theoi*)은 지하 세계의 신들(*chthonioi theoi*)을 가리키며, 《파이돈》 63b에도 같은 표현이 나온다. 해석하기에 따라서는 959d1에 언급되는 '지하 세계에 있는 이들'(*chthonioi*)이 이 신들을 가리키는 것으로 볼 수도 있다.

59) 소크라테스 자신과 소크라테스의 몸을 구분하는 논의가 담긴 《파이돈》 말미(115c~e) 참고.

이 믿고 있지만, 바로 그 사람은 오히려 자기 운명을 성취하고 완성하기 위해 떠난 거라고, 곁에 가지고 있는 것을
d 잘 활용해서[60] 이를테면 지하 세계에 있는 이들의 혼 없는 제단쯤으로 여기고 적당한 액수의 돈만을 지출해야 한다고 생각해야 합니다.[61] '적당한 액수'가 어떤 것인지는 입법가가 아주 적절하게 육감으로 판단해 줄 겁니다. 그러니 이제 다음과 같은 법이 있게 합시다.

가장 높은 재산 등급에 속한 사람의 경우에는 장례 전체에 지출되는 돈이 5므나를, 둘째 등급에 속한 사람은 3므나를, 셋째 등급에 속한 사람은 2므나를, 넷째 등급에 속한 사람은 1므나를 넘지 않는 것이 지출의 적정선일 겁니다.

법수호자들이 다른 많은 것을 행하고 많은 일을 보살펴
e 야 하지만, 아이들과 어른들을 비롯한 모든 연령의 사람들을 보살피며 사는 것이 무엇보다도 이들이 해야 할 일입니다. 특히 누구든 삶의 끝을 맞게 되는 경우에 죽은 사

60) 흔히 '주어진 것을 선용하라'로 번역되는 격언이다. 《고르기아스》 499c5에도 같은 격언이 인용되어 있다.

61) 많은 학자가 '지하 세계에 있는 이들'을 지하 세계의 신들로 이해하지만, 죽은 사람들로 이해할 수도 있다(Taylor, 353). 귀중히 여기고 존중해야 할, 각 사람의 참된 자아요 실체인 혼이 빠져나간 뒤에 남는 '혼 없는' 시신은 하나의 '살덩어리'(959c4~5)에 불과한 것이요, '혼이 있는', 즉 살아 있는 희생 제물보다 값어치가 덜한 셈이 된다. 그러니 시신을 일정한 방식으로 대우한다고 할 때, 지하 세계에 있는 이들의 제단쯤으로 '재활용'(?)되는 것이 온당하며, 이 경우 보통의 희생 제물을 마련할 때 드는 돈보다 덜 지출해야 한다는 말이다. 이 대목에서 우리는 유사한, 그러나 더 극단적인 태도를 보인 헤라클레이토스의 발언을 떠올릴 만하다. "시신들은 똥보다 더 내다 버릴 만하다."(단편 96)

람의 친척들이 법수호자 한 사람을 감독자로 초빙해야 하고, 누가 됐든 그 법수호자는 죽은 사람을 맡아 관리해 주어야 합니다. 죽은 사람에 관련된 일들이 아름답고 적절하게 이루어지면 아름다움이 이 사람에게 돌아가지만, 아름답게 이루어지지 않으면 추함이 돌아가게 됩니다. 염습과 나머지 일들은 그런 일들에 관한 관행에 따라 진행되어야 하지만, 다음과 같은 일들은 입법을 하는 정치가에게 넘겨주어야 합니다.

죽은 사람을 위해 울라 혹은 울지 말라고 명하는 건 모 960a
양새가 좋지 않지만, 만가(輓歌)를 부르거나 우는 소리가 집 밖까지 들리게 하는 건 금해야 하며, 시신을 길 한복판에 내어놓는 것과 길에서 행진하면서 소리 내어 우는 것도 못하게 해야 하며, 이들은 날이 밝기 전에 나라 밖으로 나가 있어야 합니다. 자, 이것들이 이런 일들에 관한 법규가 되어야 하며, 따르는 사람은 처벌을 면하게 하지만 법수호자들 가운데 한 사람[62]에게 복종하지 않는 사람은
그들 모두에게서, 그러니까 그들 모두가 함께 결정하는 b
벌로, 처벌받아야 합니다. 죽은 사람들에 관련되어 이루어지는 여타의 장례 절차들과 매장 자격이 박탈되는 행위들, 즉 부친 살해범이나 신전 절도범, 혹은 그 비슷한 모든 사람에 관련된 행위들은 이미 앞에서 이야기되어 법으로 마련되어 있으니까[63] 우리의 입법은 거의 끝에 다다랐

62) 이 '한 사람'(*heis*)은 일차적으로 위 959e에 언급된 그 '한 사람', 즉 친지들에 의해 장례 감독자로 초빙된 법수호자 한 사람을 가리키는 것으로 보인다(Saunders 1972, 124).

63) 이제까지 장례에 관한 법규가 언급된 곳은 4권 717d, 719d; 7권 800e; 9

960b

다고 할 수 있겠습니다.

하지만 무슨 일에 있어서든지 매번, 어떤 것을 행했다거나 획득했다거나 정착시켰다고 해서 곧바로 그 일의 끝이 되는 것은 아닙니다. 산출해 낸 것을 위해 완벽하고 영속적으로 안정을 유지할 수 있는 수단을 찾아내 주었을 때, 그때 비로소 행해야 했던 것 전부를 이미 행한 것이라
c 고 생각해야 하며, 그러기 전까지는 그 일 전체가 미완성이라고 생각해야 합니다.

클레이니아스: 아름다운 말입니다, 손님. 그런데 방금 말한 건 또 무엇을 염두에 두고 한 말인지 좀더 분명히 지적해 주시죠.

아테네인: 클레이니아스, 옛말들 가운데 아름답게 노래로 불린 게 많지만 아마도 모이라(운명의 여신)들에게 붙은 이름들이 특히 그렇지 않나 싶네요.

클레이니아스: 어떤 이름들 말입니까?

아테네인: 첫째는 라케시스, 둘째는 클로토이며, 제비뽑기로 나누어진 것들의 끝맺음을 해주는 셋째 구원자는
d 아트로포스인데, 자아진 실 뭉치에 되돌릴 수 없는 힘을 만들어 주는 여인에 비유된 바 있지요.[64] 바로 그런 힘을

권 873b~d; 10권 909c; 947b~e 등이다(England, 2.614).

64) 원문에 대한 이견이 분분한 대목이다. 베리처럼 '제비뽑기로 나누어진 것들의'에 해당하는 대목을 아예 빼고 읽자는 제안을 하는 사람도 있다. 필사본들에는 모두 'lechthentōn'(말해진 것들의)으로 되어 있다. 여기서는 긴 모음으로 바꾼 베커의 추정 'lēchthentōn'을 받아들여 '제비뽑기로 나누어진 것들의'로 새겼다. 문맥상 세 여신에게 붙은 이름의 어원 설명이 빠짐없이 등장하는 것이 훨씬 자연스럽다. 라케시스(Lachesis)는 제비뽑기로 제 몫의 운명을 얻는다는 뜻의 '라케인'(*lachein*), 클로토(Klōthō)는 실을 잣는

가진 상태를 우리는 나라에도 정치체제에[65] 도 갖추어 주어야 합니다. 즉, 신체에 건강과 안정을 갖추어 주는 일만이 아니라 혼 안에 좋은 법이 다스리는 상태를 갖추어 주는 일도, 아니 보다 중요하게는 법률들의 안정성을 갖추어 주는 일도 해야 합니다. 그런데 내가 보기에 우리의 법률들에는 아직 이것이 빠져 있는 게 분명합니다. 그것들 속에 되돌릴 수 없는 힘이 자연스럽게 생겨나도록 하려면 어떻게 해야 할까 하는 것 말입니다.

클레이니아스: 말하고 계신 것은 작은 문제가 아니군요. 어떻게 해야 모두에게 그런 어떤 소유물이 생겨날 수 있을지 알아내는 것이 불가능하다고 하면 말입니다.

아테네인: 아니, 물론 가능합니다. 적어도 지금 내게는 e
아주 분명히 그렇게 보입니다.

클레이니아스: 그렇다면 우리가 이야기한 법률들을 위해 바로 이걸 손에 넣게 될 때까지 어떤 식으로도 물러서지

다는 뜻의 '클로테인'(*klōthein*), 아트로포스(Atropos)는 되돌릴 수 없다는 뜻의 '아트로포스'(*atropos*)가 어원이다. 인간에게 주어진 삶 혹은 운명을 실에 비유하여 클로토가 그것을 잣고 라케시스가 각자에게 주어질 분량을 재어 나눈 후에 아트로포스가 잘라서 마무리하는 것으로 표상된다. 아트로포스의 일은 다른 두 자매의 일을 완결하면서 되돌릴 수 없는 것으로 만들기에 '셋째 구원자'로 명명된다(그 당시 사람들에게도 '셋째'라는 말은 어떤 일의 완결을 가리키는 데 흔히 사용되었다). 비슷한 이야기가 등장하는 《국가》 10권 620e를 참고할 것. 그리고 의미가 잘 통하지 않는 'tōi pyri'(불에)와 'apergazomenōn'(만들어 주는 자들의)은 각각 베이터(Baiter)와 아스트의 제안을 따라 'tolypēi'(뭉치에)와 'apergazomenēi'(만들어 주는 여인에)로 바꿔 읽었다.

65) 사본의 'politeiāi'(정치체제에)를 'politais'(시민들에게)로 고쳐 읽는 사람들도 있다. 이렇게 읽으면 다음에 나오는 신체와 혼에 더 부드럽게 연결되는 장점이 있다.

960e 맙시다. 어떤 것이든 그 기초를 튼튼히 놓지 못해서 결국 그간 들였던 수고를 헛되게 하는 건 우스운 일이니까요.

아테네인: 올바른 권고입니다. 나도 그렇게 하고자 하는 또 다른 한 사람이라는 것을 아시게 될 겁니다.

클레이니아스: 정말 아름다운 말입니다. 자, 그렇다면 우리 정치체제와 법률들에 무슨 안정 유지 수단이 어떤 방식으로 생겨나게 될 거라고 주장합니까?

961a **아테네인**: 우리 나라에 다음과 같은 어떤 위원회가 생겨야 한다고 우리가 말하지 않았나요?[66] 법수호자들 가운데 그때그때 가장 연장자인 열 사람이, 그리고 서훈을 받은 모든 사람[67]이 같은 장소에 이들과 함께 모여야 한다고 말입니다. 그 외에 어딘가에서 법 수호와 관련하여 뭔가 시의적절한 것을 단 하나라도 들을 수 있으리라는 기대를 갖고 탐색을 하러 외국에 갔다가 안전하게 귀국한 사람들은 바로 이 사람들[68]에게 철저히 검증을 받아서 위원회에 참가할 자격이 있다는 판단을 받아야 합니다. 이 사람들 말고도 각자가 30세 이상의 젊은이들 가운데 한 사람씩을
b 데려와야 하는데, 우선 자신이 해당 젊은이가 본성과 양육에 있어서 자격이 있다는 판정을 내리고 난 후에 비로소 다른 사람들에게 소개해야 하며, 다른 사람들도 좋다

66) 951d5~952d4.

67) 951d7~8에서는 '서훈을 받은 사제들'이라고 언급된 바 있다. 그 언급의 정신을 따른다면 여기 '서훈을 받은 모든 사람'을 문자 그대로 받아들이기보다는, 서훈을 받은 사람들 가운데 아폴론과 태양신의 사제가 되는 사정관들(945e4~947b3)만 가리키는 것으로 보아야 할 것이다.

68) '바로 이 사람들'은 야간위원회의 기존 구성원들을 가리키는 것으로 보인다.

고 판단하면 받아들이지만 그렇지 않으면 앞서 내렸던 판정을 다른 사람들에게는 물론이거니와 무엇보다도 배제 판정을 받은 당사자에게 비밀로 해야 합니다. 그 위원회는 새벽에 열려야 합니다.[69] 누구에게나 사적이든 공적이든 다른 모든 활동으로부터 벗어나 어떤 식으로든 가장
여유로운 때죠. 대략 이 비슷한 어떤 것이 앞서 우리가 했 c
던 논의들 속에 들어 있지 않았나요?

클레이니아스: 물론 그랬지요.

아테네인: 그러니까 나는 바로 이 위원회에 관한 이야기로 다시 화제를 돌려 다음과 같은 말을 하고자 합니다. 누군가가 이 위원회를 마치 나라 전체의 닻처럼 내려놓으면, 그런데 그 닻이 자신에게 알맞은 모든 것을 갖추고 있다고 한다면 우리가 원하는 모든 것을 안전하게 지켜 줄 수 있을 거라고 난 주장합니다.

클레이니아스: 아니, 어떻게 그렇죠?

아테네인: 바야흐로 우리가 그다음 것을 제대로 설명하는 데 전력을 기울여야 할 때가 무르익은 것 같군요.

클레이니아스: 정말 아름다운 말이군요. 마음에 두고 있는 대로 실행하시죠.

아테네인: 자 이제, 클레이니아스, 우리는 무엇에 관해서 d
든 그것이 각각의 기능[70]을 수행할 때 그것에 적절한 구원자가 무엇인지 알아보아야 합니다. 예컨대 동물에서는 그 무엇보다도 혼과 머리가 그런 일을 하게 되어 있습니다.

---

69) 새벽에 열리는데도 '야간위원회'로 번역한 이유에 대해서는 10권 908a 해당 주 참고.

70) '에르곤'(*ergon*)은 '기능' 대신 '일'이나 '활동'으로 옮길 수도 있다.

클레이니아스: 그건 또 어떻게 그렇다는 거죠?

아테네인: 이 둘의 덕[71]이야말로 분명 무슨 동물에게든 안전[72]을 가져다주지요.

클레이니아스: 어떻게요?

아테네인: 혼에는 다른 것들에 더해 지성이 들어 있고, 그런가 하면 머리에는 다른 것들에 더해 시각과 청각이 들어 있으니까요. 한 마디로 말해 지성이 가장 아름다운[73] 감각들과 섞여 하나가 될 때, 그것을 각각의 것의 안전이라고 부르면 아주 정당할 겁니다.

클레이니아스: 어쨌든 그럴듯합니다.

e **아테네인**: 정말 그럴듯합니다. 그건 그렇다 해도 무엇에 관한 지성이 감각들과 섞일 때 적어도 폭풍우 속에서 또 좋은 날씨에도 배가 안전할까요? 배에서 조타수와 선원들이 함께 감각들을 조종에 관한 지성[74]과 섞을 때[75] 자신

---

71) 일관성을 위해 '덕'으로 옮긴 'aretē'는 '훌륭함' 혹은 '탁월하게 제 기능을 수행함'이라는 뜻으로 새길 수 있는 말이다.

72) 960b에서부터 이제까지 '안정', '안정성', '안정 유지 수단' 등으로 옮겨 온 '소테리아'(*sōtēria*)를 '안전'으로 옮겼다. '구원자'로 옮겨 온 '소테르'(*sōtēr*), '안전하게 지키다'로 옮겨 온 '소제인'(*sōizein*) 등이 모두 어원을 함께한다는 점은 지금 다루는 야간위원회 관련 논의의 맥락을 이해하고 음미하는 데 있어 유념할 만한 사항이다.

73) 플라톤과 당시 화자들이 우리보다 더 폭넓게 더 자주 사용하는 '아름답다'(*kalos*)라는 말에는 흔히 '높이 평가할 만하다', '칭찬/찬양할 만하다'라는 뉘앙스가 들어 있다. 방금 화제가 바뀐 후 클레이니아스는 아테네인의 발언에 대해 세 번이나 이 평가어를 반복하여 사용한 바 있다. 이번에는 아테네인이 감각에 대해 이 말을 사용한다. 시각과 청각이 '가장 아름다운' 감각이라고 말하는 까닭이 무엇인지 따져 볼 만한 일이다.

74) 번역의 일관성을 위해 계속 '지성'으로 옮기고 있지만, 지금 문맥에 나오는 'nous'는 '지혜'로 옮겨도 좋은 말이다. 사실 이 책에서 이미 이 말은

들과 배 주변의 모든 것을 안전하게 지키는 게 아닌가요?

클레이니아스: 물론입니다.

아테네인: 이런 것들에 관해 예를 많이 들 필요는 전혀 없겠지요. 다만 군대에 관해서 알아봅시다. 무슨 목표를 설정해 놓았을 때 장군들이 혹은 의사들의 봉사활동 전체가 안전을 제대로 겨냥하고 있다고 할 수 있을까요? 전자 962a
의 경우에는 승리와 적을 압도하는 일이고, 의사들과 그 보조자들의 경우에는 신체에 건강을 마련해 주는 일 아닐까요?

클레이니아스: 어떻게 아닐 수가 있겠습니까?

아테네인: 자, 그럼 의사가 우리가 방금 건강이라고 부른 신체 상태를 모른다면, 혹은 장군이 승리나 우리가 쭉 이야기했던 다른 것들을 모른다면, 이런 것들 가운데 뭔가에 관해 분명히 지성을 가지고 있다고 할 수 있을까요?

클레이니아스: 도대체 어떻게 그럴 수 있겠습니까?

아테네인: 그럼 나라에 관해서는 어떤가요? 누군가가 정치가가 주목해야 할 목표를 모르는 게 분명하다면 우선,

이른바 네 주요 덕(지혜, 용기, 절제, 정의) 중 첫째 것인 '지혜'의 대용어로 종종 쓰이고 있다. 예컨대 네 주요 덕을 처음 언급하는 1권의 중요한 대목에 속하는 631c~d에서 첫째 덕을 가리키는 말은 가장 일반적인 용어인 '소피아'(*sophia*)가 아니라 '프로네시스'로 나오며, 곧이어 '누스'가 그것과 교환 가능한 용어로 등장한다. 1권의 그 논의를 이어가면서 끝맺음을 하는 바로 아래 논의에서도 '소피아' 대신 '누스'와 '프로네시스'가 등장한다(963a8, 963c9 등). 결국에는 지성과 분별 작용(*phronein*)의 연결을 명시적으로, 의식적으로 보여 주는 구절도 나온다(965a1~2).

75) 조타수는 조종에 관한 지성/지혜를, 선원들은 감각들을 구현한다고 할 수 있다(England, 2.618). 사실 '조종에 관한'(*kybernētikos*)은 '조타수의'로 옮길 수도 있는 말이다.

b 통치자라고 불리는 게 정당할까요? 그다음으로, 자기가 그것의 목표를 아예 알지도 못하는 것을 안전하게 지킬 수 있을까요?

클레이니아스: 도대체 어떻게 그럴 수 있겠습니까?

아테네인: 그럼 지금도 우리의 나라 건립이 끝맺음을 보려면 다음과 같은 것을 아는 무언가[76]가 그 안에 있어야 할 것 같습니다. 우선 우리가 말하고 있는 이것, 즉 정치가로서 우리가 가진 목표가 무엇인지를 알고, 그다음으로는 어떤 방식으로 이 목표에 관여해야 하는지, 또 우선은 법률들 자체 가운데서 그다음으로 사람들 가운데서 누가 아름답게 조언을 하고 누가 그렇지 않은지를 아는 무언가
c 가 있어야 할 것 같다는 말입니다. 어떤 나라가 이런 무언가를 결여하고 있기라도 하다면 지성이 없고 감각이 없는 상태에서 각각의 행위를 할 때마다 매번 되는 대로 행하게 될 것이라 해도 전혀 이상할 게 없습니다.

클레이니아스: 맞는 말입니다.

아테네인: 그렇다면 이제 우리 나라의 부분들이나 관행들 가운데 도대체 어디에 이 비슷한 어떤 보호장치가 적절하게 갖추어져 있습니까? 우리가 지적할 수 있을까요?

클레이니아스: 정말이지, 못합니다, 손님. 적어도 분명하게는 말입니다. 하지만 어쨌든 추측이라도 해 보아야 한다

---

76) 여기 세 번 나오는 '무언가'를 요즘 식으로 풀어 '주체'나 '인자'(因子), '구성요소', '부분', '실행장치' 등으로 새길 수도 물론 있겠다. 그러나 우리는, 마음만 먹으면 얼마든지 더 구체적인 용어를 구사할 수 있었던 저자가 이렇게 흐릿하게 이야기하는 의도가 무엇인가를 오히려 물어야 하지 않을까? 이어지는 아테네인의 발언에는 '부분'(*meros*), '관행/제도장치'(*epitēdeuma*) 등 보다 구체화된 용어들이 나온다.

면, 이 논의가 당신이 방금 전에 밤에 모여야 한다고 말한 그 위원회[77]를 향해 다가가고 있는 것으로 내겐 보입니다.

아테네인: 아주 아름다운 대답입니다, 클레이니아스. 그리고 실로 이 위원회는, 방금 우리에게 떠오른 논의[78]가 보여 주듯이 덕 전체를 가지고 있어야 합니다. 그 덕의 요체는 여럿을 겨냥하면서 헤매는 것이 아니라 하나에 주목하면서 이를테면 자기의 모든 화살을 늘 이것을 향해 쏘는 일입니다. d

클레이니아스: 그야 물론입니다.

아테네인: 그럼 이제 우리는 알게 될 겁니다. 나라들이 가진 법규들이 헤매고 있다는 것은 전혀 이상하지 않다는 것을 말입니다. 각 나라에서 이루어지는 입법들이 매번 저마다 서로 다른 것에 주목하기 때문이지요. 또 정의로운 것인지 아닌지를 가르는 표준을 이야기할 때 대체로 다음과 같은 실정이라는 것은 전혀 이상하지 않습니다. 어떤 사람들은 특정의 사람들이 더 훌륭한 사람들이든 더 못된 사람들이든 상관없이 나라 안에서 지배할 수 있게 되는 것이 정의라고 여기는 반면, 어떤 사람들은 그러다가 누군가의 노예가 되든 말든 상관없이 부자가 될 수 있는 것이 정의라고 여기며, 어떤 사람들은 그야말로 '자유로운' 삶 쪽으로 열정을 쏟고 있다는 것 말입니다. 그런가 하면 어떤 사람들은 둘을 묶어 자유로울 뿐만 아니라 다른 나라들의 주인이 되는 것 둘 다에 주목하면서 입법을 하고,[79] 또 개 e

77) 961b.

78) 특히 961d5와 962a9~b2.

79) 적절한 정도의 노예 상태와 자유를 유지하던 퀴로스 시대 페르시아인들

962e

중에 가장 지혜로운 (자기들이 그렇게 생각하는) 사람들은 이것만이 아니라 이 비슷한 모든 것을 다 싸잡아 주목하고 있는데, 자기들이 보기에 다른 것들이 모두 주목해야[80] 하는, 특별히 가치 있다고 자기들이 평가한 것 하나를 도무지 적시할 수가 없어서 그렇지요.

963a **클레이니아스**: 그렇다면, 손님, 적어도 우리가 한참 전에[81] 세우고 있던 입장만큼은 올바로 제시된 것 아닐까요? 우리는 우리 법률들에 속하는 모든 것이 늘 하나에 주목해야 한다고 말하고 있었는데, 이건 덕이라고 하는 것이 아주 옳은 말이라고 우리가 아마 동의한 것 같습니다.

아테네인: 그렇습니다.

클레이니아스: 그런데 그 덕을 우리가 넷으로 놓았지요, 아마.

아테네인: 확실히 그랬지요.

클레이니아스: 그런데 지성이 이것들 모두를 이끄는 우두머리였지요. 다른 모든 것도 당연히 그렇겠지만 아무튼 이 나머지 셋이 바로 그것에 주목해야 하는 그런 우두머리 말입니다.[82]

이 먼저 스스로 '자유롭게' 되고 그다음에 '다른 많은 사람의 주인이' 되었다는 3권 694a3~5 구절이 유사한 표현과 내용을 담고 있다(England, 2.619).

80) 통일성에 주목하여 '주목하다'로 옮긴 'blepein'은 사물이 주어일 경우 '지향하다'나 '목표로 삼다', '의존하다', '기여하다' 등으로 새기는 것이 더 자연스럽게 보일 수 있다. 다소 의인화가 개입된 표현이라고 이해하면 좋을 것이다. 무엇보다도 저자 자신이 조금 후(963b)에 이런 의인화를 보다 의식적이고 직접적으로 활용하게 된다.

81) 1권 서두, 특히 630c1 이하.

아테네인: 더없이 아름답게 따라오고 있군요, 클레이니아스. 이제 나머지 것들도 마저 따라와 보십시오. 바로 지성이, 그러니까 조타수와 의사와 장군의 지성이, 주목 b
해야 하는 저 하나의 것에 주목하고 있다고 우리가 말했고, 지금 여기서 우리는 정치가의 지성을 검토하고 있는데 마치 사람인 것처럼 여기고 질문을 던지며 이렇게 말할 수 있을 겁니다. "경이로운 이여, 당신은 어디를 주시하고 있습니까? 저 하나의 것이 도대체 뭡니까? 그러니까 의사의 지성은 그것을 분명히 적시할 수 있는데, 당신은 분별 있는 모든 이 가운데 그야말로 월등한 (스스로 그렇게 주장할) 분이니까 그걸 말해줄 수 있지 않을까요? 아니면 당신이, 메길로스, 그리고 클레이니아스, 당신들 두 분이 그를 대신해서 뚜렷하게 구분 지어가며 이게 도대체 무엇이라고 주장하는지 내게 적시해 줄 수 있나요? 내가 c
다른 많은 이들을 대신해서 당신들에게 정의를 내려 준 것처럼 말입니다.

클레이니아스: 전혀 못하겠습니다, 손님.

아테네인: 그럼 이건 어떤가요? 그것 자체만이 아니라 안에 그걸 담고 있는 것들[83] 까지도 파악하려고 열심을 다해야 한다고 말하면 어떨까요?

클레이니아스: 안에 그걸 담고 있는 것들이란 이를테면

82) 1권 631b6~d1.

83) '안에 그걸 담고 있는 것들'(*en hois*)이란 현대적 표현으로 옮기면 '그것(즉, 덕)이 x 안에 있다(혹은 x 안에서 드러난다)고 할 때의 그 x들'이다. 서양 번역자들은 대개 추상적 용어를 골라 (덕의) '맥락들'(*contexts*, 손더스), '형태들'(*forms*, 베리), '드러나는 모습들'(*manifestations*, 잉글랜드와 테일러) 등으로 옮겼다.

어떤 걸 말하는 겁니까?

아테네인: 이를테면 덕의 종류[84]가 넷이라고 우리가 말했을 때 그것들이 적어도 넷인 한은 그것들 각각이 하나라고 말할 수밖에 없다는 건 분명합니다.

클레이니아스: 물론입니다.

아테네인: 그런데 또 우리는 이것들 전부를 싸잡아 하나로 부릅니다. 용기가 덕이고 분별이 덕이며, 나머지 둘도
d 실제로는 여럿이 아니라 이것 하나뿐이라고 생각해서 덕이라고 말하니까요.

클레이니아스: 확실히 그렇습니다.

아테네인: 그렇다면 어떤 점에서 이 둘이 서로 달라서 이름도 둘을 가지며 나머지 것들도 그런지를 말하는 건 전혀 어려운 일이 아닙니다. 하지만 어떤 점에서 우리가 둘 다에 (그리고 나머지 것들에도) 덕이라는 하나의 이름을 붙인 것인지를 말하는 건 더 이상 쉬운 일이 아닙니다.

클레이니아스: 무슨 말을 하려는 것인가요?

아테네인: 내가 무슨 말을 하려는 것인지를 보여 주는 건 전혀 어려운 일이 아닙니다. 그럼 질문과 대답을 서로 나누어 해 봅시다.

클레이니아스: 이번엔 또 어떻게 보여 주겠다는 건가요?

e 아테네인: 나에게 물어봐 주십시오. 도대체 왜 둘 다를 하나로, 즉 덕이라고 부르면서, 또 그것들을 둘이라고, 하

---

84) '종류'로 옮긴 '에이도스들'(*eidē*)은 '형태'나 '유형'으로 옮길 수도 있다. 무거운 형이상학의 맥락에 들어가면 '형상'으로 옮겨지기도 하는 말이다. 《국가》 등에서 쓰였던 그런 의미의 '형상'을 이 단어에서 읽을 수 있는지는 논란이 된다.

나는 용기요 다른 하나는 분별이라고 말하는가 하고 말입니다. 그럼 나는 그 까닭을 당신에게 말할 겁니다. 하나는 두려움에 관한 것, 즉 용기로서 아주 어린 아이들의 (다른 건 몰라도 적어도) 습성이 그걸 나누어 갖고 있을 뿐만 아니라 동물들조차도 그걸 나누어 갖고 있다고 말입니다. 용기 있는 혼은 추론 없이도 자연히 생겨나니까요. 그런가 하면 분별 있고 지성을 가진 혼은 추론 없이는 어느 때고 생겨난 적도 없으며 지금 있지도 않고 앞으로도 언제고 생겨나지 않을 겁니다. 이건 다른 것이니까요.

클레이니아스: 옳은 말입니다.

아테네인: 그럼 이제 어떤 점에서 그 둘이 서로 다르며 964a
둘인지에 대해서는 당신이 나에게서 설명을 받아낸 겁니다. 그러니 이번에는 어떤 점에서 하나이며 똑같은지에 대해서 당신이 나에게 설명을 돌려주십시오. 당신은 어떻게 그것들이 넷이면서도 하나인지를 또한 말하게 되리라는 걸 유념하십시오. 당신이 어떻게 하나인지 보여 준 후에는 나에게도 다시, 어떻게 넷인지 보여 달라고 요구하십시오. 그리고 그다음으로 살펴봅시다. 이름이 있는가 하면 정의[85]도 있는 그 어떤 것들에 관해서든 충분히 아는 사람이 이름만 알면 되고 정의는 몰라도 되는지, 아니면 적어도 한 인물 한다고 하는 사람이라면 크기와 아름다움에 있어서 뛰어난 것들에 관해서조차도 이런 것들 전 b
부를 모른다는 건 수치스러운 일인지를 말입니다.

클레이니아스: 어쨌든 후자일 것 같습니다.

---

85) 바로 위에 '설명'으로 옮긴 'logos'를 여기서는 편의상 '정의'로 옮겼다.

아테네인: 입법가와 법수호자, 그리고 덕에 있어서 모든 사람을 뛰어넘는다고 생각하며 바로 이것들에 대한 상을 받은 사람에게, 지금 우리가 이야기하고 있는 것들, 즉 용기, 절제, 정의, 분별보다 더 중요한 게 있나요?

클레이니아스: 도대체 어떻게 그럴 수 있겠습니까?

아테네인: 그럼 이것들에 관해서 해석자들,[86] 선생들,
c 입법가들, 즉 다른 사람들의 수호자들은, 배우고 이해할 필요가 있는 사람이나 잘못을 저질러서 벌과 꾸중이 필요한 사람에게 악덕과 덕이 어떤 힘을 가지는지를 가르치고 완벽하게 보여 주는 데 있어서 확실히 다른 사람들보다 뛰어나야 하지 않나요? 그게 아니면, 이 나라에 들어온 어떤 시인이나 젊은이들의 교육자를 자처하는 사람이 덕 전체에 대해 상을 받은 사람보다 더 훌륭한 게 분명하다고 해야 하는 것입니까? 그렇다면 덕에 관해 충분히 알고 있는, 말에 있어서도 행동에 있어서도 유능한 수호자들이
d 없는 이런 나라에서 하나도 이상할 게 없는 일 아닌가요? 수호되고 있지 않은 이런 나라가 오늘날 많은 나라가 겪고 있는 일들을 겪게 된다는 게 말입니다.

클레이니아스: 하나도 이상할 게 없을 것 같습니다.

아테네인: 자, 그럼 어떤가요? 지금 이야기하고 있는 걸 우리가 해야 합니까, 아니면 달리 어떻게 합니까? 수호자들이 덕에 관해 말에 있어서도 행동에 있어서도 대중들보다 더 빈틈없는 사람들이 되도록 꾸려야 합니까? 아니면

---

86) 6권 759c 이하 참고. 한편 잉글랜드는 이 구절을 759c와 연결할 것이 아니라 넓은 의미로, 즉 야간위원회의 기능에 대한 일반적인 서술로 이해할 것을 제안하고 있다(England, 2.624).

이 비슷한 어떤 수호를 자기 안에 확보하고 있다고 한다면 우리의 이 나라가 달리 어떤 방식으로 분별 있는 사람들의 머리와 감각들을 닮게 될 수 있습니까?

클레이니아스: 손님, 우리가 그걸 이런 뭔가에 비유하면서 말한다는 게 도대체 무슨 뜻의 말을 어떤 방식으로 하는 것인가요?

아테네인: 분명히 나라 자체는 몸통이요, 수호자들 가운데 젊은이들은 혼 전체에 예민함을 갖춘 가장 좋은 본성을 가진 사람들로 선발되어 이를테면 머리 꼭대기에서 나라 전체를 두루 둘러보고 있으며, 그렇게 지켜보다가 가지게 되는 감각들을 기억들에 넘겨주면서 나라 안에서 일어나는 일들 전부를 나이 든 사람들에게 보고합니다. 그런가 하면 언급할 가치가 있는 많은 것을 유별나게 잘 분별한다는 점에서 지성에 비유된 사람들, 즉 노인들은 젊은이들을 보조자로 쓰고 조언도 구하면서 숙의를 합니다. 바로 이렇게 양쪽 사람들이 공동으로 나라 전체를 참으로 안전하게 지킵니다. 우리, 이런 식으로 꾸려야 한다고 말할까요? 아니면 뭔가 다른 방식으로 꾸려야 한다고 말할까요? 엄밀한 검토하에 양육되고 교육받은 어떤 사람들을 갖는 게 아니라 모든 사람을 비슷한 상태로 갖는 방식은 설마 아니겠지요?

e

965a

클레이니아스: 웬걸요, 경이로운 분이여, 그럴 수는 없습니다.

아테네인: 그렇다면 앞서의 것보다 더 엄밀한 교육의 방향으로 갑시다. b

클레이니아스: 아마 그래야겠지요.

아테네인: 그런데 방금 전[87]에 우리가 건드리려다 만 바로 그 교육이 마침 우리가 필요로 하는 교육일까요?

클레이니아스: 확실히 그렇습니다.

아테네인: 각각의 것에 대해 적어도 일급의 장인(匠人)이고 수호자인 사람은 많은 것에 주목하는 능력이 있어야 할 뿐만 아니라 하나를 향해 일로매진하여 알아내고 또 알아낸 다음에는 그것에 온 시선을 집중하면서 모든 것을 배치하기도 해야 한다고 우리는 말하지 않았습니까?[88]

클레이니아스: 옳습니다.

c **아테네인**: 그런데 비슷하지 않은 많은 것을 헤쳐 나와 하나의 형상[89]에 주목할 수 있게 되는 것보다 더 엄밀하게 어떤 것에 관해서든 주시하고 바라보게 된다는 것이 그 누구에게든 있을 수 있는 일일까요?

클레이니아스: 아마도 있을 수 없겠지요.

아테네인: 아마도가 아니라 참으로 그렇습니다. 신적인 분이여, 이보다 더 분명한 방법이 인간들 가운데 그 누구에게도 없다는 게 말입니다.

클레이니아스: 당신을 신뢰하면서, 손님, 동의하는 바입니다. 그러니 이런 방향으로 논의를 계속 진행해 갑시다.

아테네인: 그렇다면 우리의 신적인 정치체제의 수호자
d 들도 우선 그 넷 모두를 관통하는 동일한 것, 즉 용기와 절제와 정의와 분별 속에 하나로 있는 것으로서 하나의 이름으로 덕이라고 부르는 게 정당할 것이라고 우리가 주

87) 덕의 단일성을 논의한 대목(963a1~964b2)을 가리키는 것 같다.

88) 961e1~962d6.

89) 원어로 'idea'. 963c5의 '종류'(*eidē*)와 비교해 볼 만한 용어이다.

장하는 바로 그것이 도대체 무엇인지를 정확히 보도록 강제해야 할 것 같습니다. 친구들이여, 우리가 원하면 지금 이것을 이를테면 끈덕지게 붙잡고 늘어져서, 우리가 주목해야 할 그것이 도대체 무엇인지를, 그러니까 그것이 본래 하나로 있는지 전체로 있는지 둘 다인지, 아니면 도대체 어떤 식으로 있는지를 적절하게 말하기까지는 놓아주지 맙시다. 아니면 이것이 우리를 피해 달아나더라도, 그 e
러니까 덕이 여럿인지 넷인지 하나로 있는지를 우리가 밝힐 능력이 없다는 것이 드러나더라도, 덕에 관련된 것들에 있어서 도대체 만족할 만한 상태에 있게 될 것이라고 우리가 생각하는 것입니까? 아닙니다. 적어도 우리가 조언자인 우리 자신들을 따른다면 말입니다. 그때는 다른 어떤 방식으로든 이것이 우리 나라에 생겨나게 할 방안을 우리는 강구해야 할 겁니다. 물론 그 일을 아예 내버려 두는 게 좋다고 우리가 결정한다면 그냥 내버려 두어야겠지요.[90]

클레이니아스: 절대로 안 됩니다, 손님, 손님들을 지켜 주는 신[91]의 이름으로 말하건대, 이런 일을 그냥 내버려 두면 절대 안 됩니다. 당신이 아주 옳은 말을 하고 있는

90) 손상된 텍스트에 대해 이견이 있다. 'ean' 뒤에 'horan'이 있다고 본 OCT판의 수정을 받아들이지 않고, 'ean' 뒤에 다시 'ean'이 겹쳐 나온다고 본 베이터 등의 수정을 받아들였다. OCT판대로 읽으면 '그 일을 아예 내버려 두는 게 좋다고 우리가 생각하는가 하는 것은 물론 살펴보아야 할 문제겠지요'로 옮길 수 있다.

91) 제우스를 가리키는 장식적 형용어 'xenios'를 맥락을 존중하여 '손님들을 지켜 주는 (신)'으로 새겼다. 같은 말을 앞 953e2에서는 '외국인을 보살피는 (신)'으로 새긴 바 있다.

965e

걸로 우리에겐 보이니 말입니다. 그건 그렇다 치고 그럼 어떻게 이것을 강구할 수 있습니까?

966a **아테네인**: 아직은 우리가 어떻게 강구할 것인지를 이야기하지 맙시다. 그래야 하는지 아닌지부터 우선 서로 합의를 통해 확고히 합시다.

클레이니아스: 아니, 가능하기만 하다면야 당연히 해야 합니다.

아테네인: 그럼 이건 어떻습니까? 아름다운 것과 좋은 것에 관해서도 바로 이 똑같은 생각을 우리가 갖고 있습니까? 우리의 수호자들은 이것들 각각이 여럿이라는 것만 알아야 하는 건가요, 아니면 어떻게 그리고 어떤 점에서 하나인지도 알아야 하는 건가요?

클레이니아스: 어떻게 하나인지에 대해서도 생각을 갖고 있어야 한다는 게 거의 필연적일 것 같네요.

b **아테네인**: 그럼 이건 어떤가요? 이해는 갖고 있는데, 말로 논증을 제시할 수는 없어도 되는 건가요?

클레이니아스: 도대체 어떻게 그럴 수 있겠습니까? 당신이 말하고 있는 것은 모종의 노예 상태입니다.

아테네인: 그럼 이건 어떻습니까? 모든 진지한 사안들에 관해서 우리의 이 논의가 똑같이 적용되는 것입니까? 법률들의 진짜[92] 수호자가 되려는 사람들은 그런 일들의 진상에 관련된 사항들을, 즉 아름답게 행해지는 것들과 그렇지 못한 것들을 본성에 따라 판가름하면서 진짜로 알고 있어야 하며, 말로 풀어 설명하는 것만이 아니라 실행으로써

---

92) '진짜'(*ontōs*) 법수호자란 '법수호자'로 공식 임명되는 37명의 관리 그룹과 구별하기 위한 호칭이라 할 수 있다.

따르는 데도 충분한 능력이 있어야 한다는 것 말입니다.

클레이니아스: 어떻게 아닐 수가 있겠습니까?

아테네인: 그런데 가장 아름다운 것들 가운데 하나가 바로 우리가 진지하게 개진한 바 있는 신들에 관한 문제 아닙니까?[93] 신들이 존재한다는 것만이 아니라 그들이 분명 얼마나 큰 힘을 행사하는 주재자들인지를 인간이 알아낼 수 있는 한도 내에서 아는 것은 대단히 중요합니다. 나라에 속한 대다수 사람은 법률들이 선언하는 것에 따르기만 해도 양해해 줄 수 있습니다. 하지만 수호에 관여하게 될 사람이 신들에 관한 증명들 전체를 파악하기 위해 열심히 연구하지 않을 경우에는 그에게 아예 그런 일을 맡을 기회조차 주지 않는 것이 중요합니다. 다시 말해서, 그런 일들[94]에 대해 신적[95]이지 않거나 열심히 연구하지 않은 사람은 절대 법수호자들의 일원으로 선발될 수 없으며, 또 덕과 관련하여 승인받은 사람이 될 수도 없다는 것입니다. c d

클레이니아스: 어쨌든 당신 말마따나 그런 일들에 관해 게으르거나 무능력한 사람이 아름다운 것들 근처에 가지 못하도록 배제된다는 건 정의로운 일이지요.

아테네인: 그런데 앞에서 논의한 것들 가운데 신들에 관한 믿음[96]으로 이끄는 두 가지가 있다는 걸 우리는 알고

93) 10권에서 논의한 내용을 가리킨다. 지금 아테네인은 위원회 구성원이 받아야 할 최고 교육의 셋째 항목을 언급하고 있다. 앞의 둘은 덕의 단일성(963c3~966a4), 아름다운 것들과 좋은 것들(966a5~b9)이었다.

94) '그런 일들'(*auta*)은 문맥상 '신적인 일들'을 가리킨다.

95) '신적'(*theios*)이라는 말은 재능을 타고났다는 뜻일 것이다.

96) 바로 위 966c에서 '증명'으로 옮긴 'pistis'를 여기서는 편의상 '믿음'으로 옮겼다.

966d

있지요?

클레이니아스: 어떤 것들 말인가요?

아테네인: 하나는 혼에 관해 우리가 말한 것, 그러니까
e 모든 것, 즉 그것들의 운동이 생성을 받아들여 그것들에
게 지속적으로 흐르는 존재를 확보해 주는 그런 모든 것
가운데서 혼이 어떻게 가장 오래된 것이면서 가장 신적인
것인가 하는 것입니다.[97] 다른 하나는 움직임[98]에 관한
것, 그러니까 별들의, 그리고 온 세상을 질서 지운 지성
의 통제를 받는 다른 모든 것의 움직임이 어떤 질서를 갖
고 있는가 하는 것입니다. 굳이 형편없고 서투르게 보려
고 하지 않는 한은 사람들 가운데 어느 누구도 이것들을
보고서 대중들이 예상하는 것과 정반대의 일을 겪지 않을
967a 정도로 그렇게 무신론적이지는 않기 마련입니다. 대중들
이 생각하기로는 천문학이나 그것과 필연적으로 연관된
다른 기술들을 통해 그런 것들에 발을 들여놓는 사람들은
관찰 가능한 한 많은 일이 좋은 것들을 이루고자 하는 바
람에서 나온 계획에 의해서가 아니라 필연에 의해 일어난
다는 것을 관찰하고 무신론자가 된다는 것입니다.

클레이니아스: 그럼 실제로는 어떤 상태입니까?

아테네인: 내가 말했다시피 지금 상황은 그것들[99]에 대
해 생각을 하던 사람들이 그것들을 혼이 없는 것으로 생
b 각하던 때와는 완전히 정반대 상황입니다. 그런데 그때도

97) 이 문장을 다음과 같이 옮길 수도 있다. '… 모든 것 가운데서 혼이 가장 오래된 것이면서 가장 신적인 것이라는 점입니다.'

98) 앞에 언급된 '운동'은 'kinēsis'이고, 지금 나온 '움직임'은 'phora'이다.

99) '그것들'(*auta*)은 문맥상 '천체들'을 가리킨다.

그것들에 관한 경탄이 슬그머니 비집고 들어와서, 지금은 실제로 받아들인 견해에 대한 짐작이 어렴풋이나마 이루어지기도 했습니다. 그것들을 엄밀하게 다루던 사람들에 의해서 말입니다. 그것들이 혼이 없다면, 그래서 지성을 갖고 있지 않다면, 도대체 그토록 경탄할 만하게 엄밀한 계산들을 해낼 수는 없었을 것이라는 견해 말입니다. 그리고 그때도 바로 이런 주장을 과감히 내놓는 사람들이 간혹 있었지요. 하늘에 있는 모든 것을 질서 지운 자가 지성이라고 말하면서 말입니다. 하지만 똑같은 이 사람들[100]이 이제 혼의 본성에 대해서는, 혼이 물체보다 더 오래된 것이라는 점을 제대로 짚지 못하고 대신 더 나중 c
의 것이라고 생각함으로써 말하자면 모든 것을 다시 뒤집어 놓았습니다. 물론 자기 자신들을 뒤집어 놓은 것에 비하면 이건 아무것도 아니지만요.[101] 눈앞에 펼쳐진 것을 토대로 판단하는 그들에게는 하늘에서 움직이며 다니는 모든 것이 돌들과 흙과 다른 많은 혼 없는 물체들로 가득 차 있고, 그 물체들이 전 우주의 원인을 제공하는 것으로 보였습니다. 바로 이것들 때문에 당시에 이런 사람들에게 무신론이라는 비난과 적대가 숱하게 가해졌습니다. 한술 더 떠 시인들도 비난을 하기 시작했고요. 다른 몰지각한 말들도 했지만 특히나 철학을 하는 사람들을 공연히 짖어 d
대는 암캐에 비유하면서 말입니다. 그런데 지금은 이미 말했던 것처럼 완전히 정반대 상황입니다.

---

100) 아낙사고라스 등을 가리키는 듯하다.

101) '자기 자신들을 뒤집는다'라는 말은 '자기 자신들이 세웠던 이론의 근간을 뒤집는다'는 뜻이다.

클레이니아스: 어떻게 그렇습니까?

아테네인: 죽을 수밖에 없는 인간들 가운데 누구도 지금 이야기되고 있는 이 둘을 파악하지 못하면 도무지 흔들림 없이 신을 경외하게 될 수 없습니다. 하나는 혼인데, 그것이 어떻게 생성을 나눠 가진 모든 것 가운데 가장 오래된 것이고 불사적인 것이며 모든 물체를 지배하는가 하는 것입니다.[102] 그리고 이것들에 더해 파악해야 할 다른 하
e 나는 이미 여러 번 이야기된 것으로서 별들 가운데 있다고 이야기된, 존재하는 것들의 지성[103] 입니다. 또한 그는 이것들에 앞서는 필수적인 배울거리들[104] 도 파악해야 하고, 상관되는 이것들과 더불어 뮤즈에 속한 배울거리들도 함께 조망해서[105] 관습적인 실행들과 규칙들에 조화롭게

102) 이 문장을 다음과 같이 옮길 수도 있다. '하나는 혼이 생성을 나눠 가진 모든 것 가운데 가장 오래된 것이고 불사적인 것이며 모든 물체를 지배한다는 것입니다.'

103) 텍스트를 수정하여 '별들 가운데 있다고 이야기된, 존재하는 것들의 지성' 대신 '별들 가운데 있는, 존재하는 것들을 이끄는 지성'으로 읽으려는 이들도 적지 않다.

104) 요즘 식으로 교양 필수 교과목이라 할 수 있는 이 배울거리들(*mathēmata*)에 관해서는 7권 817e~818a 전후를 참고할 것.

105) '뮤즈에 속한 배울거리들'(*ta kata tēn Mousan*)을 문자적 의미의 음악에 가까운 것으로 보는가, 아니면 전성된 의미로 읽어 덜 분과적인 종합적 성찰로서의 철학에 가까운 것으로 보는가, 혹은 둘 다인가에 따라 이 구절의 해석이 많이 달라질 수 있다. 이와 연동되는 문제로, '상관되는 이것들'이 바로 앞의 필수 교과목을 가리키는 것인지, 아니면 애초에 말한 '이 둘'을 가리키는 것인지도 열려 있으므로 여러 해석의 여지가 있다. 필수 교과목 상호 간의 상관성, 그것들과 음악/철학과의 상관성, 애초의 둘의 상관성, 그 둘과 음악/철학과의 상관성 등 여러 가지 상관관계 중 어떤 것이 논의의 초점인지도 열려 있고, '함께 조망한다'(*syntheasthai*)는 것의

적용해야 하며, 근거를 가진 것이라면 어떤 것이든 그것 a
들의 근거를 댈 능력이 있어야 합니다. 대중적인 덕들에 더해 이것들을 소유하지 못하는 사람은 짐작건대 나라 전체를 다스릴 유능한 통치자는 결코 될 수 없을 것이고, 다만 통치자들의 보조자는 될 수 있을 겁니다. 그럼 이제, 클레이니아스와 메길로스, 우리가 이미 이야기한 모든 법률에다가 이 법도 추가할지를 살펴보아야 할 때가 되었습니다. 통치자들의 야간위원회가 우리가 쭉 이야기한 교육 일체에 참여한 후에 법에 따라 안전을 지키기 위한 수호
자가 될 것이라는 법 말입니다. 아니면 우리가 어떻게 해 b
야 할까요?

클레이니아스: 아니, 훌륭한 분이여, 어떻게 우리가 이 법을 추가하지 않을 수 있겠습니까? 우리가 어떻게든 조금이라도 그렇게 할 수만 있다면 말입니다.

아테네인: 그럼 실로 우리 모두가 앞다투어 그런 것[106]을 향해 노력을 기울여 봅시다. 적어도 이것에 관한 한 나도 기꺼이 당신들의 조력자가 될 테니까요. 내게는 아주 긴 시간 동안 이루어 놓은 그런 것들에 관한 경험과 숙고

내용과 성격도 이런 문제들과 복잡하게 얽혀 있다.

106) '그런 것'(*to toiouton*)이라고 단수로 지칭하고 있는데, 지금 아테네인의 말과 다음 번 아테네인의 말에 수만 복수로 바꾼 비슷한 방식의 '그런 것들'(*ta toiauta*)이라는 지칭이 세 번 더 나오게 된다(b8, c3~4, c6: 두 번째 것에 대해서는 남성으로 보는 길이 열려 있다). 그 지칭대상이 무엇이냐 하는 문제는 그 지칭 두 개를 포함하고 있는 구절이면서 난해한 구절인 다음 번 아테네인의 말(c3~7)의 해석과 긴밀히 연결되어 있다. 네 번 나오는 '그런 것(들)'이 모두 위원회 구성원들이 받아야 할 교육을 적절히 조직하는 일이라고 보면 전후 문맥에 비교적 어울리지 않을까 싶다.

968b

가 있으니까 말입니다. 또 어쩌면 나만이 아니라 도움을 줄 다른 사람들도 찾아 줄 수 있을 겁니다.

클레이니아스: 아니 물론, 손님, 신이 우리를 인도하고 있는 방향이기도 한 바로 이 방향으로 우리가 무엇보다도
c 틀림없이 가야겠지요. 하지만 무슨 방법이 우리에게 생겨나야 올바르게 될 것인지, 바로 이걸 지금 우리가 논의하면서 탐색해 봅시다.

아테네인: 아직은, 메길로스와 클레이니아스, 그런 것들에 관해 법률들을 입법할 수 없습니다. 그것이 질서 있게 편제를 갖추게 될 때까지 말입니다. 그때가 되면 그들 자신이 권위를 가져야 할 그것들에 대해 권위를 갖고 입법을 해야 할 겁니다.[107] 다만 오랜 시간을 함께 보내면서 가르치는 일이 올바로 이루어질 때 비로소 그런 것들이 제 모습을 갖추게 될 겁니다.

클레이니아스: 어떻게 말입니까? 이건 또 무슨 뜻으로 한 말이라고 우리가 말해야 합니까?

d **아테네인**: 틀림없이 우선은 나이와 학습 능력과 기질적 품성과 습관이 수호의 본성에 적격일 것 같은 모든 사람의 명부를 작성해야 할 것입니다. 그런 다음에는 그들이 어떤 것들을 배워야 하는지가 문제가 되는데, 그걸 알아

---

107) 이 상황은, 이 위원회 구성원들 모두 혹은 최소한 상당수가 지금 아테네인이 염두에 두고 있는 정도의 앎을 가지고 있게 되리라는 보장이 없는 상황이다. 마그네시아 최고 엘리트들이 당장 클레이니아스가 이 대화편에서 보여 주는 지적 수준 정도를 훨씬 넘어서 있으리라는 보장은 없다. 그런데도 그들에게 '나라를 넘겨주어야'(969b3) 하기에 바로 그런 지적 조건을 만들어 낼 방안이 무엇일까 하는 것이 아테네인의 문제의식 또는 고민이다.

내는 것도 쉽지 않을뿐더러 이미 알아낸 다른 사람의 제자가 되는 것 역시 쉽지 않습니다. 그리고 이것들 말고도 각 내용을 어떤 순서로 얼마만큼의 시간 동안 전수받아야 하는지도 문제인데, 이것들을 일일이 문자로 써서 말해 주려고 하는 것은 헛수고입니다. 배우는 사람들 자신에게 조차도 각자의 혼 속 어딘가에 배울거리에 대한 앎이 생 e
겨나게 될 때까지는 어째서 그 특정 시점에 그 특정의 것을 배우는 게 적절한 것인지가 분명치 않을 테니까요. 그래서 이것들에 관한 사항들 전부를 '말할 수 없는 것들'이라고 말하는 건 올바른 말이 아닐지는 몰라도, '앞서 말할 수 없는 것들'이라고는 말할 수 있을 겁니다. 앞서 말해봐야 그것들이 논의되고 있는 것들 가운데 아무것도 밝혀주지 못하기 때문이지요.

클레이이니아스: 그럼, 손님. 상황이 그렇다면 어떻게 해야 할까요?

아테네인: 우리는, 친구들이여, 시쳇말로 '복불복'(福不福)인 상황입니다. 그러니 만약 우리가 정치체제 전체를 두고, 사람들이 말하듯 셋 다 6이 나오든 아니면 셋 다 1
이 나오든[108] 던져서 모험을 감행할 용의가 있다면 그렇 969a
게 해야 합니다. 나 자신도 당신들과 함께 위험 부담을 떠안겠습니다. 지금 다시 논의되기 시작한 교육과 양육에 관해 내가 가지고 있는 의견만큼은 밝히고 상세히 설명해 줌으로써 말입니다. 하지만 그 위험은 작은 것이 아니며 다른 어떤 것들에 견줄 만하지도 않을 것입니다. 그러니

108) 주사위 게임에서 주사위 세 개를 던져 나오는 숫자를 이야기하고 있다. 우리 식으로 번안하면 '모가 나오든 도가 나오든'쯤이 되겠다.

당신에게, 클레이니아스, 바로 이 일에 마음을 쏟을 것을 권고합니다. 당신이 마그네시아인들의 나라를 (혹은 신이 그 나라의 이름을 다른 무엇에서 따서 붙여 주든 그 나라를) 세워 주는 일을 올바르게 해낸다면, 당신이 몸소 최대의
b 영광을 얻게 되거나 아니면 적어도 장차 태어날 사람들 가운데서 가장 용감한 사람이라는 평판만큼은 어느 때고 당신을 떠날 날이 없게 될 테니까요. 이제 실로 우리의 이 신적인 위원회가 생겨나게 되면, 친애하는 동료들이여, 이 위원회에 나라를 넘겨주어야 하며, 오늘날 입법가들 가운데 사실상 누구도 이것에 대해 왈가왈부할 일이 없습니다. 그러면 방금 전에[109] 우리가 말로 다뤘던 그것, 그러니까 머리와 지성의 결합에 대한 어떤 모상을 어떤 방식으로 섞어 가며 우리가 그걸 말로 다룰 때는 꿈 같았던 그것이 실제로, 말하자면 생시에 이루어지게 될 겁니다.
c 우리의 이 사람들[110]이 엄정하게 선발되고 적절하게 교육받고 교육을 다 받은 후엔 그 나라의 아크로폴리스에 거주하면서 결국 수호자가 되면, 그러니까 안전을 지키는 덕과 관련해서 우리들 자신이 이제까지 살아오면서 유례

---

109) 961d에서 이 비유가 시작되었다.

110) '인간들'을 가리키는 'anthrōpoi'가 아니라 '남자들'로 좁혀 읽을 수도 있는 'andres'가 사용되었다. 사실 여자가 관직에 들어갈 수 있는 나이는 40세 이상(6권 785b5)이어서 30~40세로 한정된, 야간위원회의 차세대 구성원이 될 가능성이 원천적으로 차단된 것 아닌가, 그렇다면 결국 야간위원회에는 남자만 남게 되지 않겠는가 하는 의문이 제기될 수 있다. 물론 이 사안의 경우에는, 차세대 구성원이 공공연하게 선출되지 않고 기성 구성원들에 의해 은밀한 방식으로 선발, 구성되기 때문에 6권의 나이 제한을 피해갈 수 있다는 방식으로 해소할 길이 열려 있는 듯하다.

를 본 적이 없을 만큼 훌륭한 수호자들이 되면 말입니다.

메길로스: 친애하는 클레이니아스, 방금 우리가 말한 것들 전부를 갖고 판단컨대, 이 나라 건립을 그냥 포기하든가, 아니면 이 손님을 가지 못하게 붙잡아 놓고서 간청을 하거나 다른 무슨 수단이든 동원해서 이 나라 건립에 참여하게 하든가 둘 중 하나를 해야 합니다.

클레이니아스: 정말 꼭 맞는 말입니다, 메길로스. 나도 d
그렇게 이 일들을 할 테니 당신도 몸소 나서서 도와주십시오.

메길로스: 돕겠습니다.

옮긴이 해제

김남두

1. 저술의 개관과 연구의 역사

《법률》 편은 플라톤의 저술 가운데 가장 길고도 방대한 작품이며 또한 생애 마지막 작품이기도 하다. 《법률》 편은 고전기 그리스의 정치적 저술들이 제시했던 정치제도의 제안 가운데 가장 체계적이고도 상세한 내용을 담고 있다. 이 저술은 법을 토대로 국가의 체계가 어떻게 구성되어야 하고, 그 근거가 무엇인지에 관한 이성적 논의를 시도한 서양세계에서의 첫 작업이라 할 수 있으며, 이에 따라 구체적인 세부에 이르기까지 대단히 자세하게 국가의 토대와 그 법적 구성에 관한 여러 층위의 논의들을 담고 있다. 저술의 주제를 논의하며 이 저술은 나아가 정치, 철학, 역사, 종교, 과학의 주제들에 대한 폭넓은 분석을 시도하고 있기도 하다. 이 책이 제시하는 이 같은 새로움과 여러 갈래의 논의 때문에 이 저술을 읽어 가는 것이나, 논의 내용의 얼개를 파악하고 세부 논의를 추적하는 일이 쉬운 작업은 아니다. 이런 이유로 고

대로부터 이 책을 읽는 일반 독자들이나 전문적인 해석자들 모두 여러 측면의 어려움을 만나고, 상이한 종류의 문제들에 봉착해 왔다. 이 책이 최근에 주목을 받기 이전, 상당 기간 본격적 논의의 대상이 되지 못했던 것은 이런 어려움과 관련되어 있다. 그러나 이 책이 당대의 작품들 가운데 작품이 만들어지던 시대의 사회적·정치적 상황과 문제점들 그리고 그리스 폴리스의 내적 전제와 외적 구성을 비교적 가장 잘 드러내는 작품이라는 점은 부인하기 어렵다. 아울러 실제 서양 정치철학의 역사적 진행과정에서《법률》편은 플라톤 정치철학의 주 저술인《국가》편보다도 실제적으로는 더 큰 영향을 주었다는 평가까지도 가능하며, 이런 점에서 최근 활발한 논의의 대상이 되고 있다.

지난 두 세기에 걸친 플라톤 연구, 특히 그의 정치철학의 연구에서 중심을 차지했던 것이《국가》편이라는 점은 부인할 수 없다. 그러나 동시에 이야기할 수 있는 것 하나는《국가》편이 어떻게 해석되고 수용되어야 하는가의 물음이《법률》편에 대한 평가와 뗄 수 없이 연관되어 있다는 점이다.《법률》편이 어떻게 해석되고 수용되어야 하는지의 물음은《국가》편이 어떻게 해석되고 어떤 위치를 차지하는가 하는 물음과 밀접히 연관돼 진행되었으며, 또한 역으로《국가》편이 그 정치철학적 함의에서 어떻게 해석되고 이해되어야 하는가에 대한 물음도《법률》편의 해석과 연관 아래 논의되어 왔다.《법률》편이 지난 두 세기 사이에 어떻게 받아들여지고 연구되었는지를 간략히 살펴본다면 우리는 이 저술이 플라톤 철학에서, 그리고 서양 정치철학사의 맥락에서 어떤 위치를 차지하고 있는지에 관한 얼마간의 조망을 얻을 수 있다.

19세기 독일의 고전학자 아스트(D. F. Ast)는《법률》편이 이전의 작품들과는 전연 다른 입장을 드러낸다는 생각으로 이 저술이 플라톤의 저술이라는 점을 부인했다. 《희랍철학사》라는 기념비적인 저술로 우리에게 잘 알려진 첼러(E. Zeller)는 이 같은 아스트의 주장이 참이라는 것을 입증하기 위해 광범위한 연구를 수행하였으나 그와는 상이한 결론에 이르렀다. 그는 이 작품이 플라톤의 이전 작품들과는 전연 다른 정신을 드러내는 작품임에는 틀림없으나 플라톤의 작품에 속한다는 판단이었으며, 그의 이런 결론은 이후 이 작품의 수용사에 결정적인 영향을 미치게 된다. 20세기에 들어서면서 학자들의 연구는 이 마지막 저술이 플라톤의 저술이 아니라는 점을 밝히는 일이 아니라 이 작품이 그의 《국가》 편과 어떻게 다른지를 설명하는 데 초점을 두고 진행되었다. 쇼리(P. Shorey)나 뮐러(G. Mueller) 같이 여전히 《법률》 편이 플라톤의 저술이 아니라는 상당히 숙고된 입장이 없었던 것은 아니나, 《법률》 편이 플라톤의 저술에 속한다는 것을 인정하면서 둘의 차이를 비교하는 연구가 이 저술에 관한 이후 연구의 대세를 이루었다. 이런 가운데 새로운 가설이 등장하는데 이는 《법률》 편이 《국가》 편과 《정치가》 편의 이론적 원리를 실제적으로 적용하는 시도라는 주장이다. 이미 19세기 중반의 슈탈바움(Stalbaum)에까지 소급될 수 있는 이 주장은 단순히 두 저술이 보이는 차이점만을 드러내는 것이 아니라, 두 저술의 차이가 플라톤 사상의 변화과정에서 어떻게 연관되는지에 관한 적극적인 연결 시도를 하고 있다는 점에서 이전의 비교 논문들과 차이가 있으며 이후 상당한 지지를 받게 된다.

《법률》 편을 이해하기 위해서는 이 저술에서 플라톤이 세우고자 했던 나라의 실질적 성격을 파악하는 것이 중요하다. 클레이니아스에게 아테네에서 온 손님이 제시하는 국가는 《국가》 편에서 소크라테스가 플라톤의 실제 형들이었던 글라우콘, 아데이만토스와 논의 중에 그린 국가와는 여러 면에서 다르다. 이러한 변화를 플라톤의 생각의 변화결과라고 읽는 것은 자연스러운 가정일 것이다. 20세기 초반 뮐렌도르프(U. von Wilamowitz-Moellendorff)는 플라톤이 3차례 시라쿠사 여행에서의 정치적 실패로 가지게 된 체념을 보여 준다고 했다. 무엇보다도 《국가》 편에서 소크라테스가 그렸던 철인통치에 대한 생각을 접고 법의 지배에 대한 생각을 표명하고 있는 점이 뮐렌도르프뿐 아니라 오늘날 모로우(G. Morrow)를 비롯한 많은 사람이 이런 가정을 견지하는 이유이기도 하다. 제2차 세계대전 이후 플라톤 정치철학이 지니는 전체주의적 성격에 관한 논쟁이 있으면서 아도르노(T. Adorno), 손더스(T. J. Saunders), 헨츠케(A. Neschke-Hentschke) 등의 학자들은 《국가》 편이 단지 이론적인 모델로만 그려진 것이지 구체적인 현실정치의 실현을 위한 정책으로 제시된 것이 아니며 이런 견해를 뒷받침하기 위해 《법률》 편과 대비해 제시했다. 그러나 《법률》 편과 《국가》 편의 차이가 반드시 단절의 관점에서만 읽힐 수 있는 것이 아니라 연속성을 보여 주는 측면이 적지 않다는 지적 또한 꾸준히 제기되었다. 리시(F. Lisi)를 비롯한 여러 학자들이 이런 입장에서 《법률》 편에도 《국가》 편 수준은 아니더라도 나름대로 성찰적 수준의 규범적 논의를 포함하고 있으며, 《국가》 편 또한 단순한 이론적 사변이 아니라 일단의 조건이 충족된다면 도시국가체제에서 가능한 최선의 조건을 제시한 것이라는 해석의 입장을 취하고 있다.

《법률》 편에 그려진 국가의 성격과 이 국가가 《국가》 편에 그려진 좋은 나라와 어떤 관계를 가지는가 하는 물음과는 무관하게 《법률》 편에는 광범위하고 복잡한 법률과 국가제도가 그려져 있다는 점은 부인할 수 없다. 그리고 이 법률과 제도들은 다소 차이는 있으나 당시 아테네와 그리스의 여러 도시국가들의 제도에 그 뿌리를 둔 것이다. 마그네시아(Magnesia)와 관련된 연구는 이미 19세기 중반 헤르만(C. F. Hermann)에 의해 시작되었으며, 20세기에도 모로우와 제르네(L. Gernet)의 심화된 연구가 있다. 이 연구들의 결과는 마그네시아의 국가체제에 특히 아테네의 법률과 제도가 중심역할을 한다는 것을 보여 준다.

역사적 영향에 관해 우리가 《법률》 편의 영향사를 검토하면, 실제 역사에서 확인할 수 있는 측면에서 《법률》 편의 경우가 실제 역사에서 좀더 분명하게 추적될 수 있다는 사실을 확인한다. 《법률》 편의 출판 연도는 기원 전 3세기로 늦은 편이다. 그러나 아리스토텔레스의 《정치학》 2권이 보여 주듯, 당시 아카데미의 멤버들이 이미 이 저술을 읽고 논의했다는 것을 우리는 확인할 수 있다. 아리스토텔레스의 요약은 그가 이 책을 쓸 때 직접 우리가 확인할 수 있는 원 텍스트를 가지고 있지 않았으며, 자신이 가지고 있던 거친 요약에 의존했음을 보여 주고 있다. 우리는 아리스토텔레스가 혼합정체론, 법의 지배, 교육의 역할의 중요성, 구전과 관습으로 전하는 불문율의 중요성 등에 관한 생각을 플라톤의 《법률》 편으로부터 물려받고 있음을 확인한다. 아리스토텔레스의 저술과 키케로의 저작들은 플라톤의 《법률》 편이 로마와 중세 시대에 강력한 영향력을 행사했음을 보여 준다. 비잔틴 제국에서는 플라톤의 수고본이 아주 세밀하게 읽혔음을 현존하는 첫 중세 수고본〔*Parisianus Graecus*(1807), Vaticanus Graecus〕에서 확인할 수 있다. 근대 초기 서양에서 플라톤의 저술이 널리 읽히는 데 결정적인 역할을 한 미스트라크(Mistrag) 학파 덕택에 《법률》 편은 이 시기 가장 널리 읽힌 텍스트 중 하나였다.

《법률》 편에 명시된 여러 원칙들 가운데 법의 지배의 원칙은 근대에 영향을 미친 가장 근본적인 것이었다. 또한 정치체제는 권위와 자유를 적절히 혼합해야 하며, 국가를 구성하는 상이한 요소 간에 균형을 이루게 하는 원칙이 있어야 한다는 《법률》 편의 생각은 오늘날의 민주주의에도 현존하는 아이디어라 할 수 있다. 플라톤의 법 개념과 근대 법 개념 사이에는 분명한 차이들이 있다. 일반적으로 그리스에서의 법 개념이 근대의 그것보다 훨씬 광범위하게 쓰이고 있으며, 좁은 의미의 성문화된 법률체계를 넘어 사회적으로 사람들의 삶을 규제하는 관습 등을 포함하여 삶의 방식 일반을 가리킨다는 것은 잘 알려져 있다. 법 개념의 이러한 차이에도 불구하고 법이 국가의 모든 종류의 정치권력보다 상위에 있다는 생각이 처음으로 체계화되어 명시적으로 표현된 것은 《법률》 편에서이다. 《법률》 편에 개진된 생각의 정도와 범위가 오늘날 우리의 시각에서는 미약한 것일지라도, 이런 생각은 비교적 독립된 사법권과 이에 보편적으로 호소할 수 있다는 것이 제도화됨으로써 비로소 가능하게 된다. 행정관의 신뢰성과 그들에 대한 통제는 아테네에서 이미 발견될 수 있는 것이었지만 플라톤의 제안은 행정관들의 모든 조치와 영역에 이런 통제를 확대하자는 것이었다. 알려진 바대로 플라톤은 민주주의자는 아니었다. 그러나 그가 반대했던 아테네의 민주주의 또한 우리의 민주주의와는 다른 것이었으며, 오늘날 우리의 민주주의는 아테네 민주주의 못지않게 《법률》 편이 제시하는 법의 지배와 혼합정체론에 근거한 것이기도 하다.

플라톤의 가장 방대한, 그리고 최후의 작품인 《법률》 편은 정치철학의 맥락에서뿐 아니라 플라톤 철학 일반에서 중요성을 지닌다. 플라톤의 다른 작품들과 비교하여 우리가 《법률》 편에서 발견할 수 있는 놀라운 점 중 하나는 이 작품이 인간 행위에서 신의 중요성을 대단히 강조한다는 점이다. 《유티프론》, 《심포지

온》, 《파이드로스》, 《국가》 편에서도 경건함이 논의되고 강조되지만 《법률》 편에서처럼 중심적 위치를 차지하지는 않는다. 법이 곧 신적인 이성의 표현이라는 생각은 이 책이 단지 진정으로 본격적인 정치철학서라는 점을 넘어 최초의 신학적·정치적 저술이라는 평가를 가능하게 한다. 이런 이론적 폭과 깊이에도 불구하고 《법률》 편은 정치철학의 역사에서 충분한 주목을 받지 못하고 플라톤의 《국가》 편에 비해 무시된 측면이 있다. 이는 첫째로 저술의 형식과 작품으로서의 완성도에서 《국가》 편보다 매력적이지 못하며, 둘째로 정치철학의 논의 역사에서 《국가》 및 이와 관련된 중기 저술들에서의 입장을 플라톤의 중심 입장으로 간주하는 오랜 전통 때문이다. 《법률》 편은 정치에 관해 《국가》 편과는 전연 다른 접근방식을 보인다. 이른바 그의 이데아에 관해서는 《법률》 편에서 어떤 언급도 없으며 그 이외의 많은 점에서도 세부적으로 《국가》 편과는 다른 입장을 취한다. 이렇게 보면 《국가》 편에서 플라톤의 입장을 그의 유일한 의미 있는 입장으로 보는 사람들에게 《법률》 편이 큰 주목의 대상이 되지 않은 것은 당연한 일일지도 모른다. 그러나 지난 한 세대 사이에 그 사정이 많이 달라졌다. 특히 2001년의 국제 플라톤 학회가 《법률》 편을 심포지엄 과제도서로 삼기를 전후하여 새로운 업적들이 발표되면서[1] 《법률》 편에 대한 전면적 재해석 및 재평가 작업이 이루어졌으며 이런 추세는 계속되고 있다. 이러한 작업은 상당히 근본적인 것으로 《법률》 편을 재해석할 뿐 아니라 플라톤 정치철학의 주 저서를 《국가》 편이 아니라 《법률》 편으로 보아야 한다는 주장에 이르고 있다.

---

1) 락스(A. Laks)와 보보니치(C. Bobonich) 등의 학자들이 대표적이다.

2. 저술의 체제

1) 등장인물과 저술 형식

플라톤의 많은 다른 저술들처럼 《법률》 편도 대화의 형식을 취하고 있다. 크레타[2] 사람인 클레이니아스, 스파르타 사람인 메길로스 그리고 대화 중 손님으로 불리는 아테네인 세 인물이 주 대화자로 이야기를 이끌어 가며, 세 사람은 모두 노년으로 그려져 있다.[3] 대화 내내 이름이 알려지지 않는 아테네인은 시종 대화의 중심 역할을 하며, 키케로 이래로 플라톤의 입장을 대변하는 인물로 여겨져 왔다. 세 사람의 고향인 스파르타, 크레타 그리고 아테네는 모두 뤼쿠르고스, 미노스 그리고 솔론이라는 걸출한 법 제정가가 있었다는 명성을 가진 나라들로 고대 그리스 정치체제의 형성과 변천과정에 의미 있는 유산을 남긴 나라들이다. 그리고 이 점은 이 저술의 주제에 의미 있는 배경이 된다. 이 저술은 디오게네스 라에르티오스(Diogenēs Laertios)에 의해 '법 제정에 관하여'(*peri nomothesias*)라는 부제가 붙여져 전해진다. 저술 내에도 "정치체제와 법률에 관하여"(*peri politeias kai nomon*, 625a6~7)라는 구절이 등장하는데, 이는 저술 전체의 주제를 잘 드러내고 있다.

저술은 바로 대화의 주제에 관한 논의로 들어간다. 예컨대 《국가》 편처럼 도입과정에 관한 언급[4] 없이 바로 대화자들이 주

---

2) 대화 내에서 크레타는 스파르타의 식민지로 그려진다.

3) 《법률》 편은 이어지는 《에피노미스》(*Epinomis*)와 함께 소크라테스가 등장하지 않는 드문 플라톤의 작품이다.

4) 주제 논의가 성립되기까지의 과정을 보여 주는 대화가 전체 내용이 되는 대화의 틀을 이룬다는 점에서 흔히 액자식 구성이라고 지칭된다. 《파이

제에 관한 논의를 시작하는 형식이다. 세 사람의 대화자는 한 여름날 크레타의 크노소스로부터 이다(Ida)산에 있는 제우스의 신전으로 산보를 나선다. 세 사람 모두 스스로 나이가 들었다고 이야기하고 있으나 대화를 나누며 오랜 시간에 걸쳐 산책하는 데 큰 어려움이 없을 만큼 충분한 기력이 있다. 제우스의 신전이 있는 이다산의 동굴로 향하는 그들의 산책은 이 저술의 주제와 두 가지 점에서 연결해 이해될 수 있다. 첫째, 그들이 산책로로 택한 길은 크레타의 전설적 입법자였던 미노스가 나라의 법과 정치체제에 관해 제우스의 가르침을 받기 위해 9년마다 그의 신전을 찾을 때 걸었던 길로 전해진다. 세 대화자가 이 길을 걸으며 나누는 대화는 제우스에 조언을 구하러 갔던 것으로 전해지는 미노스의 신화적 역사에 연결되어 있다. 다시 말해, 미노스 왕이 제우스의 조언을 구하기 위해 걸었다는 전설적인 그 도정을 이 저술의 세 대화자가 다시 걷고 있는 셈이다. 둘째, 대화 배경의 이런 극적인 설정은, 대화의 서두에서 대화자들이 크레타에 세우는 새로운 도시에서 법의 근원이 신이라는 점을 언명한다는 사실과 연결된다. 이런 점에서 세 대화자의 이다산으로의 산책과 국가 건립에 관한 대화는 법의 신적인 기원이라는 내용에서도 연관성을 찾을 수 있다. 종합해 보면, 제우스의 성소를 향한 세 사람의 산책은 그들 대화의 주제인 법과 정체의 토대 및 근원을 찾아가는《법률》편 내의 작업을 상징하는 걸음이라 말할 수 있다. 또한 제우스의 성소를 향한 노년의 세 대화자들의 긴 산책은 잠시나마 일상의 잡사로부터 자유로운 상태에서 그들의 나이에 합당한 주제(685, 769)에 관해 상호 대화를 나누며 해답을 찾아가는 여유의

돈》 같은 저술이 대표적이다.

공간을 상징한다고도 볼 수 있겠다.[5]

2) 저술의 시기

《법률》 편은 40편이 넘는 플라톤의 저술 가운데 가장 방대한 저술이자 그의 생애 마지막 저술이라 전해진다. 《법률》 편이 플라톤의 마지막 저작이라는 데 대해서는 저술 내의 증거와 저술 밖의 증거가 함께 존재한다. 저술 밖의 증거로는 디오게네스 라에르티오스의 다음 구절이 흔히 언급된다.

> 어떤 이들은 오푸스의 필리포스가 왁스 판(板) 상태에 있는 그의 《법률》 편을 옮겨 적었다고 말한다. 그들은 또한 《에피노미스》가 그(필리포스)에게 속한다고 말한다.[6]

이 구절은 두 가지 점을 전하고 있다. 기원전 347년 플라톤이 사망했을 때 《법률》 편이 왁스 판의 초고 형태로 남겨져 있었으며, 이를 플라톤의 제자인 오푸스의 필리포스가 옮겨 적었다는 점, 그리고 《에피노미스》는 오푸스의 필리포스 자신의 저술이라는 점이다. 《법률》 편의 저술시기에 관한 《법률》 편 내부의 증거로는 638b가 언급된다. 이 구절은 356년 로크리스가 시라쿠사에 패배한 것을 지적하는 것으로 해석된다. 이 구절에 대한 앞의 해석이 맞다면 《법률》 편은 많은 부분이 플라톤이 죽기 전 마지막 8년 사이에 쓰인 것으로 추정될 수 있다. 내용상으로 판단하건대 플라톤의 마지막 시라쿠사 여행이 있었던 360년 이후, 《법률》 편

---

5) Laks, A. 2000, 259 참고.

6) *Diogenes Laertios*, 3. 37.

의 많은 부분이 집필되었으리라 추정된다. 저술 내에서 노년의 미덕에 대해 자주 언급되고 있는 점 또한 이 저술이 저자의 노년 저작이라는 것을 추정하게 하는 근거가 된다.

《법률》 편이 플라톤 노년의 작품이라는 가장 분명한 징표를 우리는 무엇보다도 저술의 스타일과 구성방식에서 비교적 분명히 인식할 수 있다. 적어도 표면적으로 《법률》 편은 체계가 잘 잡혔다고 하기는 어렵다. 장황하고도 난삽한 구절들을 대단히 많이 포함한 이 저술은 그 구성 또한 균형 잡혀 있지 못하다. 1~2권에 걸쳐 본 주제에서 벗어나 제시되는 주연(酒宴)에 관한 대단히 긴 논의는 이런 경우의 좋은 예가 될 것이다. 저자의 긴 문장은 적지 않은 곳에서 문법의 구조를 밝히기가 쉽지 않으며, 동일한 사안에 관해 저술의 전후에서 상이한 언급을 하고 있는 것도[7] 저자의 나이가 젊지 않다는 추정에 힘을 부여한다. 인물들의 특징이 초·중기 저술에서처럼 선명하게 그려지지 못하며, 5권에서는 대화형식이 사라져 버린다. 11권에서 12권 초반의 부분은 연결 없는 단편들을 모아 놓은 듯한 인상을 준다. 위작에 관한 논의가 20세기 초반까지 있었으나 이즈음에는 플라톤의 마지막 작품이라는 데 연구자들의 의견이 거의 일치하고 있다. 마지막 11~12권은 정리되지 않은 부분들로 플라톤 자신에 의해 마무리되어 출판되지 못했을 것이라는 점에도 대체로 의견이 모아진다. 이러한 여러 근거들을 바탕으로 《법률》 편이 플라톤의 최후 저술이라는 점에 관해서는 오늘날 학자들 사이에 큰 이견이 없다.[8]

---

7) 예컨대 제3코러스에 관해 2권 664d와 7권 812b~c, 남자의 결혼 연령에 관해 4권 721b와 6권 772d~e, 785b 등.

8) 이에 관해서는 뒷부분의 연구사에 관한 논의 부분에서 좀더 상세히 논의된다.

3. 저술의 주요 내용

1) 전체의 개요

책은 12권으로 구성되어 있다. 전체적으로 1~3권은 이론적 도입부의 성격을 지니며, 충실한 법이라면 갖추어야 할 기본 원칙을 다룬다. 4~12권에서는 대화자들에 의해 실제 법 제정의 작업이 이루어진다. 4권과 5권은 법률 제정을 위한 다양한 예비조건들을 다루며 나머지 6권부터 12권까지는 상당히 자세하게 공법과 사법의 여러 영역에 걸친 구체적인 법적 규정들에 관한 논의가 제시된다. 앞에서 언급되었듯이 플라톤이 이해하는 노모스 개념이 우리가 이해하는 법 개념보다 훨씬 넓었던 만큼, 이 책도 우리가 생각하는 것보다 훨씬 광범위한 주제를 다룬다. 도입부에서 대화자들은 도리아족 나라들의 정치체제, 역사, 교육과 예술 등 폴리스 내 삶의 거의 모든 분야에 관해 대화를 진행한다. 정치 및 법철학의 근본 물음들을 다룰 뿐 아니라 법의 영역에 공적이고 사적인, 삶의 거의 모든 측면을 포함하며 논의주제는 《법률》이라는 제목이 시사하는 것보다 더 다양하고 넓은 범위에 걸쳐 있다. 교육의 목적과 방법에 관한 논의를 자세히 다루며, 신의 존재에 관한 섬세한 증명을 시도하고, 행위의 책임과 처벌에 관한 체계적인 논의를 진행하기도 한다. 이 책에 제시된 정치공동체의 도덕적 토대에 관한 논의는 덕의 본성, 쾌락의 성격과 역할 등 플라톤이 생애 내내 관심을 기울였던 주제에 관한 그의 마지막 시기의 견해를 보여 준다.

도리아인들의 법의 기원에 관한 물음, 즉 그들의 법이 신에게서 비롯되었는지 혹은 인간에게서 비롯되었는지를 묻는 아테네인의 질문과 함께 대화가 시작된다. 스파르타와 크레타는 도리아인에 속한다. 이 부분은 법의 목적은 무엇이며, 그 법이 권위를 가지기 위한 조건은 무엇인가라는 법 제정의 기본 원칙에 관한 두 가지 물음을 제기한다. 입법의 기원이 신이며, 입법 업무를 신의 지도하에 둔다는 점을 명확히 하는 초반부의 이야기에 이어 도입부의 나머지 부분에서는 크레타 법의 도리아적 전통에 대한 비판적 검토 작업이 진행된다. 법이란 군사적 덕으로서의 용기만을 위한 도구가 아니라 전체 덕을 위한 도구가 되어야 한다(624~632). 도입부에서 법의 목적에 관해 2개의 설명이 제시된다. 먼저 631에서 법이 가치의 올바른 척도를 확립하는 역할을 하도록 제정되어야 한다는 점이 명시된다. 신적인 가치가 있는 것, 즉 지혜나 여타의 덕들은 건강이나 번영과 같은 인간적 가치의 조건이 된다. 법의 제정에서 입법가들이 목표로 삼아야 하는 것은 공동체 구성원들이 가치 있는 모든 것을 귀하게 여기고, 인간적 가치보다 신적인 가치를 더 높이 평가하도록 하는 것이다. 입법의 목적은 공동체를 자유롭고, 지혜로우며 공동체 구성원들이 스스로 좋아할 만한 것으로 만드는 데 있다(627, 693). 한 공동체가 올바른 가치의 기준을 확립하지 않는다면 어떠한 질서도 가능하지 않으며, 공동체 구성원들의 충성도 기대할 수 없다는 것이 대화자들의 생각이다. 이러한 대화를 통해 우리는 플라톤이 아테네의 정치에서는 아무것도 이룰 수 없다고 판단했을 이유와 근거를 추측해 볼 수 있다. 아테네에서 그 시민들에게 기대하기 어렵다고 생각하는 것들이 플라톤에 의해 《법률》 편에서 그려지는 것이다. 또한 대화자들은 이런 목표가 입법을 통해 실현되어야 한다고 말한다(627). 잘 설계된 법에 의해 시민들이 올바른 것을 높이 평가하고 귀히 여기며 행동하도록 교육되어야 한다는 것이 플라톤의 생각이었다. 이런 이끎의 조건이 되는 것은 자기 통제이다. 플라톤이 자유를 언급하며 말하려 했던 것은, 근대적 자유 논의에서와 달리 바로 이 자기 통제에 초점을 맞춘 것이라고 할 수 있다.

3권에서 아르고스, 메세네, 그리고 스파르타의 예에 비추어 권력의 분할과 혼합정체만이 법의 권위를 확립할 수 있다는 점이 이야기된다.[9] 이어지는 부분들에는 종교, 교육, 음악, 축제, 공동체 전체의 공동식사, 신에 대한 경배 등 다양한 분야에 관한 논의를 담고 있다. 대화는 크레타 사람이 마그네시아의 식민도시 건설을 감독하도록 크노소스시(市)에 의해 위촉된 것이 계기가 된다. 법의 토대에 관한 서론적이고 긴 논의 뒤에 아테네인이 제안된 식민도시를 위해 입법을 진행해 간다. 입법의 목적은 두 가지이다. 먼저 정치체제를 특정화하고 구체화해야 한다. 이는 행정관직의 제정과 그들의 권한 범위를 규정하는 일과 관계된다. 나아가 입법은 이 행정관들에게 그들이 집행해야 할 의무를 법령으로 부여한다(715, 735). 입법이 하나의 앎(*techne*)인 한에서 그것이 가장 잘 실행될 수 있는 선행 조건이 있으며 따라서 입법은 법률들을 논의하기 전에 이런 조건을 논의할 수 있다. 이 같은 조건들에 대한 검토가 4~5권에 걸쳐 진행되며 본격적인 법률의 제정작업은 6권 이후에 이루어진다.

전체 저술의 이 같은 구분은 《법률》 편의 논의에서 두 층위를 구분해야 할 필요가 있음을 함축한다. 특정 국가가 아닌 국가 일반에 타당할 보다 일반적인 논의와 마그네시아라는 특정 국가에 한정되어 타당성을 가지는 논의이다. 서론적 논의에서 제시된 전제들은 국가 일반에 타당하지만 마그네시아를 위해 제안된 것들은 특정 조

9) 스파르타가 혼합정체를 택하여 폭군정을 피할 수 있었던 데 대해, 메세네와 아르고스는 그렇지 못했다는 것이 대화 중에 이야기된다(3권 682e~693d).

건이 전제된 도시에 일차적으로 적용되는 것으로 반드시 일반화될 수 있는 것은 아니다. 세 대화자 가운데 아테네인은 그리스인들의 삶의 자유롭고 지적인 측면을 대변하고, 스파르타인과 크레타인은 전통주의적이고 군사적인 측면을 대변한다. 이 양 측면이 서로의 장점에 주목해 상호 보완해야 한다는 점이 플라톤이 이 저술에서 지속적으로 지적하려는 것이라고 할 수 있을 것이다. 이런 점에서 《법률》 편은 혼합정체에 관한 서양 정치철학 최초의 본격적인 논의를 담고 있는 저술이라는 점이 지적될 필요가 있다.

아테네인은 일단 토지가 시민들에게 동등하게 배분된다는 내용을 담은 법률을 논의한다. 아울러 시민들이 지나치게 부유하거나 빈곤해지는 것을 방지하는 여러 법적 장치를 마련한다. 건강한 사회는 정의로운 경제적 토대 없이는 가능하지 않다는 플라톤의 신념을 다시금 확인할 수 있다. 올바른 경제 질서를 위해 돈벌이는 불법으로 금지되며, 강력한 정부가 필요한 것도 이를 시행하기 위한 것이다. 여러 제도가 완전히 평등주의적인 것은 아니다. 각 시민은 동일하게 할당된 토지를 소유한다. 그러나 그들은 여타의 사유재산을 가질 수 있으며 시민들 간의 불평등은 이 부분에서 성립한다. 그러나 누구도 할당된 것의 4배 이상의 토지를 소유할 수 없으며, 이 범위 내에서 부의 양에 의해 결정되는 네 계층이 존재한다. 각 시민의 정치적 권리는 그가 속한 계층에 의해 차이가 난다. 계층이 높을수록 누리는 권한도 많다. 플라톤은 이것을 진정한 그리고 기하학적인 평등이라고 이야기한다.

산술적이기보다는 기하학적 평등이 지배하는 이 사회에는 여러 종류의 관리가 있다. 장군, 사제, 치안관, 교육관 등이다. 덜 중요한 관직은 지원자들 중에서 투표로 선정된 인원들 가운데 추첨에 따라 채워져 그 직이 수행된다. 예컨대 교육관은 관료들에 의해 선정된다. 도시는 민회, 사법기관을 가지며, 대중투표로 선발되는 원로원을 가진다. 또한 도시는 법을 지키는 자들인 37인의 호법관을 가진다. 이들은 임기 20년 동안 법이 지켜질 수 있도록 감독하고 경험에 비추어 법률을 수정하는 일을 한다. 아테네인이 제시하는 포괄적인 법령은 일부는 법률이고 일부는 포고이다. 법률은 강제로 시행되지만, 포고령은 설득으로 시행된다. 이런 포고령의 한 예가 교육관과 호법관의 음악과 춤에 관한 것이다. 그들은 어떤 춤과 음악이 허용되는지를 정해 삶의 방식에 뿌리내리게 한다. 《국가》 편과 마찬가지로 《법률》 편도 음악과 춤에서의 일탈이 갈등과 무질서의 근원이 된다는 생각에 기초한다.

앞의 논의에서 확립된 또 한 가지 점은 이러한 질서 있는 공동체라는 목표를 포괄하기 위해서는 너무 강하고 제어되지 않는 권력이 존재해서는 안 된다는 점이다(693). 이런 경우 지나친 자유와 지나친 종속의 위험이 따른다. 이 두 위험을 넘어서는 것은 올바른 교육과 국가에 상이한 두 종류의 권위를 확립함으로써 가능하다. 국가 내에서 권위는 부모, 혈통 귀족, 연장자, 주인, 강자, 현인, 선출된 자 등 여러 층위에서 행사될 수 있다. 이 상이한 자연적 권위 원천들의 갈등은 나라에 위험이 될 수 있으며 잘 숙고된 정치체제는 이 상이한 권위들이 상호 견제하도록 질서를 갖추어야 한다. 목표는 올바른 것이 평가받는 질서 있는 사회이며, 이를 이루기 위해서는 균형 잡힌 정치체제가 갖추어져야 한다. 아테네인은 개방적이고 상업적인 항구도시에서는 질서가 잘 잡힌 폴리스가 이루어질 수 없다는 점을 분명히 한다. 또한 성공적인 입법작업은 지혜로운 입법자뿐 아니라 이를 시행, 관철하기 위한 강제를 필요로 한다고 말한다. 대화편 내에서 마그네시아의 모국인 크노소스가 이를 시행하는 강제자의 역할을 수행한다. 대화자들이 검토하는 이 도시에서는 그 누구도 최고 권력자가 아니며 이런 점에서 이 도시는 인간 가운데 그 누구도 지배자가 아니고 법이 가장 큰 힘을 가졌던 시기, 신이 인간 사회를 지배하던 황금기를 모방하고 있다(710~715).

이 황금기에는 인간이 아니라 법이 지배한다. 법의 지배에 관한 《법률》 편의 생각은 플라톤의 다른 저술 《정치가》 편과는 상반되는 주장이다. 《법률》 편의 입장은 《정치가》 편의 다음 입장과 정면으로 대치한다. 역사적 조건에 비추어 본다면 《정치가》 편에서 황금기에 일어났던 일은 현재 어디에도 실현되어 있지 않다. 그리고 자신의 일에 관해 무엇을 해야 할지에 관한 앎을 가진 인간 지배자는 법에 종속될 필요가 없다. 아테네인이 참주라는 말에 큰 부정적 뜻을 부여하지 않고 사용하고 있는 점도(710) 두 저술의 차이라 할 수 있다. 그는 좋은 법률이 왕정체제(*basilike politeia*) 보다 덕이 있는 참주정에 의해 제정될 가능성이 더 크다고 말하고 있다. 여기서 왕정(*basilike*) 이라는 말은 바로 《정치가》 편에서 쓰인 말로 바실레우스(*basileus*) 는 이상적 정치가를 나타내는 말이었다. 《정치가》 편에서 플라톤은 정치 이론이 좀더 보편적인 도덕적 고려에 종속되어야 한다는 것을 강조하고 있으며, 도덕적 진리를 알고 있는 완전한 통치자가 자신을 정치적 원칙에 종속시킬 필요가 없다는 점을 분명히 하고 있다. 《법률》 편에서는 좋은 법률이 어떻게 실제로 구현될 수 있는지에 더 깊은 관심을 두고 있다. 이런 맥락에서 볼 때 플라톤은 생애의 마지막 단계에 현명한 정치체제를 법제화할 참주의 출현 가능성이 훌륭한 통치자가 끊이지 않고 이어지는 것보다 더 개연적일 수 있다고 생각했다는 추측이 가능하다. 훌륭한 통치자가 있다면 법률은 필요 없다. 그런데 그 같은 통치자가 없으므로, 우연에 기대는 것일지라도 어떤 참주가 좋은 정체를 법제화할 가능성이 더 크다고 생각했다. 아테네인이 법의 지배를 이성과 연결시켰다는 점에서, 훌륭한 법의 지배 효과가 완전히 왕의 지배 효력과 같을 수 있다고 생각했을 것이라 가정할 수 있다.

세 사람이 논의하고 있는 마그네시아는 크레타의 식민도시 형태를 취하고 있다. 이 도시는 크레타의 옛 이민자들이 남겨 두었던 해안으로부터 15킬로미터가량 떨어진 빈터에 세워졌다. 교역의 큰 필요 없이 자급자족하도록 도시가 세워졌고, 해양상업 활동은 금전에 대한 탐욕을 조장하고 교육받지 못한 사람들과의 접촉이 가져올 혼란을 야기하는 것으로 권장되지 않는다. 마그네시아는 여러모로 흔히 그려지는 공동체는 아니다. 마그네시아의 주민들은 선발된 사람들로서 나쁜 사람들이 포함되지 않은 것으로 그려지고 있다. 그들의 경제적 조건은 출발부터 공평한 조건에서 시작되었으며 그들의 법은 시작 단계에 이미 주어졌다. 이런 점에서 이 나라는 다른 역사적 그리스 공동체와 구분된다.

《법률》 편에 그려진 공동체에 근거하여 우리는 다음과 같이 말할 수 있을 것이다. 경제적·문화적 토대가 건강한 공동체에 관해 이 공동체의 모든 것이 체제의 정신을 보전하는 일단의 기구들로 감독될 경우, 플라톤은 권력의 분점과 투표제도 그리고 견제와 균형의 기제를 갖춘 체제를 권장할 것이다.

《법률》 편은 정치와 법률체계에 관한 중심주제 이외에 신학과 천문학 교육과 예술 등 여러 주제에 관한 광범위한 내용을 포함하고 있다. 또한 《법률》 편은 정치적 원리들의 서술임과 동시에 실제 입법의 논의를 담고 있다. 이 책에서 처음 명시적으로 언표되고 이후 영향을 미친 많은 정치 이론들 가운데 아마도 가장 대표적인 것은 혼합정체론, 법에 의한 통치, 그리고 법의 설득적 요소로서의 법 전문에 관한 생각이라 할 수 있을 것이다. 마그네시아의 정치체제를 특징짓는 혼합정체, 법 전문에 의한 설득의 이념, 그리고 야간위원회를 간략히 서술하며 글을 마무리하도록 하자.

2-1) 법의 지배와 혼합정체

그리스어 노모스(*nomos*)는 우리말의 법, 법률보다는 넓은 의미를 가진다. 이 말은 좁은 의미의 법률을 넘어 한 사회가 실제 받아들이고 있는 관습이나 예의도 포함하여 종교적 믿음이나 유교에서 예(禮)로 표현되는 것도 포괄하는 개념이다. 플라톤이 《법률》 편에서 다루고 있는 노모스는 이런 넓은 의미로 쓰여, 좁은 범위의 법에 포괄되지 않는 여러 종류의 사회 규범을 포괄한다. 국가체제의 기본 원칙부터 절도나 살인을 금지하는 형법, 농업이나 상업활동을 규율하는 내용, 종교의식에의 규범, 아동들의 교육 방식, 성생활의 풍속 등 다양한 내용들이 이 저술에서 다루어진다. 이 가운데 어떤 것들은 성문법에 따라 법정에서 판결될 성격의 것이 아니라는 점을 플라톤도 알고 있었으나 그것이 노모스의 범위를 벗어나는 것으로 생각지 않았다.

왕정, 소수정, 귀족정, 민주정의 네 정체는 기원전 4세기 아테네에서 이미 큰 의미가 부여되지 않아, 변화되고 퇴색된 상태였다. 플라톤은 이 정체들에 대해 큰 의미를 두지 않고 《국가》 편에서는 철인 통치체제를 제안한다. 앎이 소수에게 가능하다는 전제 아래 그는 다수의 지배형태보다는 자격을 갖춘 소수정이 타당하다고 생각했다. 그러나 전통적 소수정이나 귀족정 등에서 요구한 혈통이나 금력 등에 플라톤은 기준으로서의 자격을 부인했으며 이들과는 전연 다른 새로운 기준으로서 앎이라는 기준을 제시한다. 《정치가》 편에서 플라톤은 문제를 당시 논의의 맥락과 좀

더 연결시켜 제시한다. 먼저 지배자의 수에 따라 1인정, 소수정, 다수정을 구분하고 이어 각각이 법에 따른 것인지, 무법적인 것인지를 구분해 5~6개의 정체를 나눈다. 1인정에서 왕정과 폭군정이 구분되고 소수정에서 귀족정과 소수정이 나뉘고 다수정인 민주정에서도 법을 갖춘 경우와 무법적인 경우를 구분한다. 3쌍의 정체에서 좋은 것은 법에 따르는 정체이다. 플라톤은 지배자나 피지배자가 모두 법 아래 귀속되어 법의 지배를 받는 법치체제가 좋은 정체라고 말한다. 그러나 모든 나라 가운데 가장 좋은 나라는 왕의 앎(*basilike episteme*)을 가지는 왕정이라고 하며, 이 나라의 법은 이상 정체의 법을 모방한다. 이 정체는 앞서 언급된 5~6개 정체를 넘어선 것으로 플라톤은 여전히 왕의 앎이라 표현된 철인정치 이념을 고수한다. 그러나 《정치가》 편의 신화는 그 같은 정치가 현세에는 가능하지 않다는 것을 시사하며 법의 통치가 그것을 대신하는 선택이 된다.

《법률》 편에서는 법의 통치가 다시 확인된다. 그러나 이 저술에서는 법의 지배 이외에 혼합정체라는 또 다른 원칙이 제시된다. 이 정체는 왕정과 민주정의 중항(中項)이며 권위와 자유의 중항이다. 이 양자는 다른 어떤 단일정체에서도 가능하지 않은 방식으로 나라 전체의 안정이 유지되도록 혼합되어 있다. 이 생각은 처음에는 스파르타가 다른 도리아족의 폴리스들이 모두 멸망한 후에도 왜 그렇게 오랜 기간 지속될 수 있었던가 하는 물음의 형태로 간접적으로 논의된다. 플라톤은 그 비밀을 국가의 권력이 여러 기구로 분할되어 있다는 점에서 찾는다. 2명의 왕이 통치하는 쌍왕제(雙王制), 귀족들의 원로원, 시민들이 뽑은 감독관 등으로 스파르타의 권력이 분립되어 있었다. 자유의 과잉으로 멸망하게 된 아테네와 1인 폭압 정체로 몰락한 페르시아 등이 자유와 권위 사이에 적절한 균형이 필요함을 각자의 방식으로 보여준다. 756e에서 이 나라의 정체가 왕정과 민주정의 혼합형태임이 명시적으로 언급된다. 혼합정체는 정체의 이름에 합당한 유일한 정체이며 여타의 혼합되지 않은 단일정체는 나라 안에서 우세하게 된 한 부분의 이름을 가지게 된 내분 상태의 나라이다. 법의 지배 또한 한 부분이 다른 부분을 지배하며 억압하는 데 대해 안전판이 되지 못한다.

2-2) 법 전문의 필요성

이성적 성격의 법이 지니는 최고의 위치에 합당하게 아테네인은 법의 이성적 성격에 합당한 저술의 한 주요주제를 언명한다. 즉, 정부는 명령할 뿐만 아니라 설득해야 할 의무도 있다는 것이다. 그의 언명 자체가 일종의 설득이며 그 과정에서 그는 모든 법률이 법률의 도덕적 필요성을 설명하는 서문을 가져야 한다는 원칙을 천명한다. 법이란 단순한 의미에서 그것을 어길 경우 처벌이 따른다는 위협을 수반하는 명령이라고 할 수 있다. 법 제정에서의 전문가는 이런 처벌의 위협을 넘어서 다른 형태의 입법적 언어를 가진다. 이러한 다른 형태는 위협이 아닌 설득이며 이런 설득의 언어가 개진되는 곳이 바로 법의 전문, 즉 서곡이다. 사실 《법률》 편에서 법률 제정가의 일은 법률의 제정이기보다는 교육이라고 할 수 있다(857e). 《법률》 편의 전 체제가 플라톤의 이런 의도를 보여 준다. 어떤 점에서 《법률》 편에서의 작업이 법률에 대한 비판작업이라고까지 말할 수 있다.[10] 법의 토대가 신에 있다는 대화자들의

10) Laks, 286.

언급도 바로 이런 맥락에서 이해될 수 있다. 플라톤적 입법가의 임무는 덕과 악덕에 관련하여 아름다운 것, 올바른 것과 같은 훌륭함에 관해 우리가 해야 하는 바를 적시하는 것이다(890b~c). 이는 인간 삶의 전 영역이 법률 제정의 관심 영역이 될 수 있음을 뜻한다. 인간의 훌륭함이란 대단히 깨지기 쉬운 것이라는 플라톤의 생각으로 법률 제정작업에서 그가 관심을 쏟는 인간 행동의 범위는 놀라울 만큼 광범위하다. 법률에 관한 논의의 세밀함이 통상적으로 법률에서 이루어지는 것을 넘어서는 것처럼 보이는 이유가 바로 여기에 있다. 플라톤의 법률 제정에서 법 전문의 중요성이 강조되는 소이가 이런 배경에서 이해될 수 있다.

2-3) 야간위원회

대화편의 종반부에 야간위원회로 알려진 최고위 회의체에 관한 언급이 등장한다. 이른 새벽에 소집되기 때문에 새벽회의라고도 불릴 수 있는 이 최고위 회의체는 《국가》 편에서 철인왕이 하는 바의 역할을 수행한다. 좋은 평판을 가진 노(老)관리들과 함께 호선된 30~40세의 젊은 멤버로 구성된 이 위원회는 공동체 내에서 일종의 감각기관과 지능기관의 역할을 하도록 되어 있다. 젊은이들이 감각기관의 역할을 하며 노년의 멤버들은 지능기관의 역할을 수행한다. 이들의 역할은 일반 법수호자들보다 더욱 철저하게 공동체가 그 위에 기반을 둔 원칙들을 이해하고 수호하는 일이다. 《국가》에서와 달리 이들은 해외의 입법사례에 대한 경험적 연구에 기초하여 법률들을 항시적으로 개선하고 완성하는 임무도 맡는다. 이를 위해 이들은 《국가》에서 철인통치자들이 받는 바와 유사한 교육과 훈련을 받는다. 그들은 신의 존재에 관한 증명을 배우며, 진정한 경건함의 토대가 되는 천문학 교육을 받는다. 또한 수학 교과들, 그리고 이 교과들과 음악의 관계에 관해서도 배운다. 그들은 이 모든 것을 인간의 행위와 법률의 근거를 이해하고 설명하기 위해 교육받는다. 961~963에서 플라톤이 이야기하듯 이들의 기능은 공동체의 감각과 지능의 역할을 수행함으로써 공동체를 보전하는 일이다. 야간위원회가 지적으로 이해해야 할 것은 인간 공동체의 목적이며, 이는 곧 인간이 공동체를 통해 추구하는 좋음에 대한 이해가 될 것이다.

저술의 내용에 관한 다음의 개요가 《법률》 편의 전체 구조와 논의 진행을 파악하는 데 도움이 될 것이다.

4. 저술 전체의 내용적 개관

1) 도입부: 입법의 목표(1~3권)

(1) 입법의 목표로서의 네 항목의 전체적인 덕의 검토(624a~632d)

① 전사로서의 용기만을 목표로 하는 스파르타와 크레타 법제의 비판(624a~630d)

② 전체 덕의 함양을 목표로 하는 모범적 입법(630d~632d)

(2) 개별 덕의 검토(632d~650b)

① 용기: 도리아 국가들의 비판, 용기의 절반을 이루는 쾌락에 대한 저항을 논의하지 않는 법률 비판(632d~635e)

② 절제: 스파르타에서 쾌락을 멸시하고 연회를 금지하는 것이 정당한가? 물음에 답하기 위해 포도주 음주에 대한 시험이

요구됨(635e~650b)

(3) 술 취함(포도주)의 교육적 함의(643a~674c)

① 절제의 시험도구로서의 포도주, 교육의 정의(643a~644b), 인형의 비유(644c~645c)

② 음악 교육에서 포도주의 역할

가. 음악의 교육적 역할, 판정의 기준, 정의로운 자의 행복에 대한 시인의 입장(652a~664b)

나. 이 이론의 매개자로서 합창의 세 종류, 디오니소스 합창과 음악 교육(664b~667a)

다. 연회주제로의 귀환: 포도주의 가격과 음주에 관한 법령(671a~674c)

(4) 국가의 기원, 유지와 몰락(677a~702b)

① 선사시대와 입법의 기원(677a~682e)

② 펠로폰네소스 반도의 도리아인의 국가
아르고스와 메세네의 패배 이유: 왕들의 무절제
스파르타의 국가보전 이유: 혼합정체를 통한 왕 권력의 제한(682e~693d)

③ 혼합정체의 대표적 예로서 페르시아와 아테네:
왕정과 민주정의 극단적 형태의 위험(693d~701d)

④ 1~3권의 요약: 입법의 목표로서의 지혜, 자유, 우정(701d~702b)

(5) 지금까지 논의의 시금석으로서 기능할
크레타에 건립예정인 식민도시(702b~702e)

2) 본론: 모범적 입법의 기획(4~12권)

(1) 새로운 국가 건립의 조건들(704a~715e)

① 외적인 여건: 입지 및 거주민의 기원(704a~708d)

② 최선의 국가 실현을 위한 유리한 조건들:
입법자와 교육적인 참주의 협력(708d~712b)

③ 최선의 정체: 법의 지배(712b~715e)

(2) 전체 법체제의 서곡(715e~734e)

① 주민에의 요구 1(715e~718a)

가. 만물의 척도로서 신의 절제와 사랑(715e~716d)

나. 신적인 힘에 대한 경외(716d~717b)

다. 부모와 조상에 대한 경외(717d~718a)

② 법 전문의 필요성(718a~724b)

③ 주민에의 요구 2(726a~734e)

가. 영혼, 신체, 외적인 재화에 대한 예절(726a~729b)

나. 아이와 이웃에 대한 의무(729b~730a)

다. 행복한 삶에 요구되는 개인적 특성들(730a~732d)

라. 덕 있는 삶과 쾌락(732d~734e)

(3) 입법(734e~960b)

① 주거와 토지 분배: 네 재산계층의 도입과 국토의 구획
(735a~747e)

② 관리(751a~768e)

③ 법률(769a~960b)

서론: 후속 입법자들의 과제

가. 축제의 조직(771a~772d)

나. 혼례법, 가계법, 출산법(772d~785b)

다. 교육제도

ㄱ. 태교와 유아 교육(788a~793d)

ㄴ. 3~6세 아동 교육(793~794c)

ㄷ. 6세 이후 소년기 교육(794c~808c)

ㄹ. 초등학교 교과: 읽기와 쓰기, 음악, 춤과 체육, 희극과 비극, 수학, 기하, 입체기하, 천문, 무리수(809d~822e)

ㅁ. 사냥(822d~824a)

라. 종교제례, 군사훈련, 운동 경기(828a~835b)

마. 성교육(835b~842a)

바. 국가의 경제기구(842b~850d)

사. 형법(850d~910d)

아. 재산법(913a~915d)

자. 상법(915d~922a)

차. 가족법(922a~932d)

카. 기타 법령들(932e~958c)

(4) 법의 수호(960b~969d)

① 법의 수호를 위한 야간위원회(961a~961d)

② 법 수호의 조건들(961e~965d)

③ 야간위원회 구성원의 교육: 변증과 신학(965b~968b)

④ 야간위원회의(968b~969d)

옮긴이 참고문헌

1. 《법률》 텍스트, 번역, 주석서

최민홍(역) (1983), 《法律》, 상서각.

Burnet, J. (1907), *Platonis Opera*, Tomus V (Oxford Classical Text), Oxford University Press.

Bury, R. G. (1926), *Laws*, 2 Vols. (Loeb Classical Text), Harvard University Press.

Des Places, E. and Diès, A. (1951), *Platon, Oeuvres Complètes*, Vol. 11 (Budé Text), Paris: Les Belles Lettres.

______ (1956), *Platon, Oeuvres Complètes*, Vol. 12 (Budé Text), Paris: Les Belles Lettres.

England, E. B. (1921), *The Laws of Plato*, 2 Vols., Manchester University Press.

Mayhew, R. (2008), *Plato: Laws 10, Translated with an Introduction and Commentary*, Oxford Clarendon Press.

Meyer, S. S. (2015), *Plato: Laws 1 & 2*, Oxford: Clarendon Press

Pangle, T. L. (1988), *The Laws of Plato*, The University of Chicago Press.

Saunders, T. J. (1970), *Plato: The Laws*, Penguin Books.

______(1972), *Notes on the Laws of Plato*, Bulletin of the Institute of Classical Studies Suppl. No. 28, University of London.

Schofield, M. (ed.), Griffith, T. (tr.) (2016), *Plato: The Laws*, Cambridge University Press.

Schöpsdau, K. (1994), *Platon: Nomoi (Gesetze), Buch I～III*, Göttingen: Vandenhoeck & Ruprecht.

______(2003), *Platon: Nomoi (Gesetze), Buch IV～VII*, Göttingen: Vandenhoeck & Ruprecht.

Taylor, A. E. (tr.) (1934), "Laws", in E. Hamilton and H. Cairns (eds.) (1963), *Plato: The Collected Dialogues*, Princeton University Press, pp. 1225～1513.

2. 《법률》에 대한 이차 문헌

김상규(1990), 〈플라톤의 *Politeia*, *Politikos* 및 *Nomoi*에 있어서의 통치자 개념〉, 《한국정치학회보》, 24(1): 175～199.

서중현(1995), 〈《법률》 편에 나타난 플라톤 국가관의 변화〉, 《철학연구》, 55: 87～104, 대한철학회.

여인성(2003), 〈체육철학: 플라톤의 《법률》 편에 나타난 체육내용 및 방법론에 관한 연구〉, 《움직임의 철학》, 11(2): 171～189, 한국체육철학회, 최민홍 번역만 참조.

이영환(2001), 〈플라톤의 체육사상: 《법률》(*Nomoi*)을 중심으로〉, 《움직임의 철학》, 9(1): 103～113, 한국체육철학회.

임태평(1996), 〈플라톤의 *Laws*에 있어서 교육의 재고찰〉, 《교육철학》, 14: 167～185.

피에르 그리말(2003), *Dictionnaire de la mythologie grecque et romaine*,

최애리 외 역, 《그리스 로마 신화 사전》, 열린책들.

Annas, J. (1999), *Platonic Ethics, Old and New*, Cornell University Press.

______(2012), "Law in Plato's political thought", *The Journal of Greco-Roman Studies, 47*: 129~149.

Bambrough, R. (1967), *Plato, Popper and Politics*, Cambridge University Press.

Barker, E. (1960), *Greek Political Theory: Plato and His Predecessors*, Methuen.

Becker, W. G. (1932), *Platons Gesetze und das griechische Familienrecht: Eine rechtsvergleichende Untersuchung*, München: Beck.

Benardete, S. (2000), *Plato's Laws: The Discovery of Being*, The University of Chicago Press.

Bobonich, C. (1991), "Persuasion, compulsion and freedom in Plato's Laws", *Classical Quarterly, 41*(2): 365~388.

______(1996), "Reading the Laws", in C. Gill and M. M. McCabe (eds.), *Forms and Argument in Late Plato*, Oxford University Press, pp. 249 ~282.

______(2002), *Plato's Utopia Recast: His Later Ethics and Politics*, Oxford Clarendon Press.

Brisson, L. (2001), "Le Collège de veille (nukterinos sullogos)", in F. Lisi (ed.), *Plato's Laws and Its Historical Significance*, pp. 161~177.

Bury, R. G. (1937), "The theory of education in Plato's Laws", *Revue des Etudes Grecques, 50*(236): 304~320.

Cairns, H. (1942), "Plato's theory of Law", *Harvard Law Review, 56*(3): 359~387.

Cohen, D. (1987), "The legal status and political role of women in Plato's Laws", *Revue Internationale des Droits de l'Antiquité, 34*: 27~40.

Curren, R. (1994), "Justice, instruction and the good: The case for public education in Aristotle and Plato's Laws", *Studies in Philosophy and Education, 13*: 1~31.

Edmonds, J. M. (ed. and tr.) (1931), *Elegy and Iambus*, Vol. 1 (Loeb Classical Library), Harvard University Press.

Fine, G. (1999), *Plato 2: Ethics, Politics, Religion and the Soul*, Oxford University Press.

Friedländer, P. (1975), *Platon*, Bd. 3, Berlin/New York: de Gruyter & Co.

Golding, M. P. and Golding, N. H. (1975), "Population policy in Plato and Aristotle: Some value issues", *Arethusa*, *8* (2): 345~358.

Görgemanns, H. (1960), *Beiträge zur Interpretation von Platons Nomoi*, München: Beck.

Guthrie, W. K. C. (1987), *A History of Greek Philosophy*, Vol. 4, Cambridge University Press.

Hacforth, R. (1936), "Plato's theism", *Classical Quarterly*, *30* (1): 4~9.

Irwin, T. (1990), "The good of political activity", in G. Patzig (ed.), *Aristoteles' Politik: Akten des XI. Symposium Aristotelicum Friedrichshafen/Bodensee* 25, Vandenhoeck and Ruprecht, pp. 73~98.

______(1995), *Plato's Ethics*, Oxford University Press.

Kamtekar, R. (1998), "Imperfect virtue", *Ancient Philosophy*, *18* (2): 315~339.

Klosko, G. (1986), *The Development of Plato's Political Theory*, Methuen.

______(1988), "The Nocturnal Council in Plato's Laws", *Political Studies*, *36* (1): 74~88.

Knoch, W. (1960), *Die Strafbestimmungen in Platons Nomoi*, Wiesbaden.

Kraut, R. (1973), "Reason and justice in Plato's *Republic*", in E. N. Lee, A. P. D. Mourelatos, and R. Rorty (eds.), *Exegesis and Argument*, Humanities Press, pp. 207~224.

_____ (1992), *The Cambridge Companion to Plato*, Cambridge University Press.

Laks, A. (1990), "Legislation and Demiurgy: On the relationship between Plato's *Republic* and *Laws*", *Classical Antiquity*, *9* (2): 209~229.

_____ (1991), "L'Utopie Législative de Platon", *Revue philosophique de la France et de l'étranger*, N° 4, pp. 416~428.

_____ (2000), "The Laws", in C. Rowe and M. Schofield (eds.), *The Cambridge History of Greek and Roman Political Thought*, pp. 258~292.

_____ (2001), "In what sense is the city of the Laws a second best one?", in F. Lisi (ed.), *Plato's Laws and Its Historical Significance*, pp. 107~114.

Lisi, F. (2001), *Plato's Laws and Its Historical Significance*, Academia Verlag.

Maguire, J. P. (1947), "Plato's theory of Natural Law", *Yale Classical Studies*, *10*: 151~178.

Mahieu, de, W. (1963), "La Doctrine des Athées au Xe Livre des Lois Platon", *Revue Belge de Philologie et d'Histoire*, *41* (1): 5~24.

Martin, V. (1951), "Sur la Condemnation des Athées par Platon au Xe Livre des Lois", *Studia Philosophica*, *11*: 103~154.

Menn, S. (1995), *Plato on God as Nous*, Southern Illinois University Press.

Morrow, G. (1939), *Plato's Law of Slavery in Its Relation to Greek Law*, Urbana: University of Illinois Press.

_____ (1941), "Plato and the Rule of Law", *Philosophical Review*, *50*: 105~126.

_____ (1993), *Plato's Cretan City: A Historical Interpretation of the*

Laws, Princeton University Press.

Müller, G. (1968), *Studien zu den Platonischen Nomoi*, 2nd ed., Beck.

Nightingale, A. (1993), "Writing/Reading a sacred text: A literary interpretation of Plato's Laws", Classical Philology, *88*: 279~300.

Okin, S. (1979), *Women in Western Political Thought*, Princeton University Press.

Pangle, T. (1976), "The political psychology of religion in Plato's Laws", *The American Political Science Review*, *70*: 1059~1077.

______(1987), *The Roots of Political Philosophy: Ten Forgotten Socratic Dialogues*, Cornell University Press.

Post, L. A. (1929), "The preludes to Plato's Laws", *Transactions and Proceedings of the American Philological Association*, *60*: 5~24.

Rowe, C. J. and Schofield, M. (2000), *The Cambridge History of Greek and Roman Political Thought*, Cambridge University Press.

Sargeaunt, G. M. (1922), "Two studies in Plato's Laws", *Hibbert Journal*, *21*: 493~502.

Saunders, T. J. (1961), "The property classes and the value of the KLEROS in Plato's Laws", *Eranos*, *59*: 29~39.

______(1962), "The structure of the soul and the state in Plato's Laws", *Eranos*, *60*: 37~55.

______(1968), "The Socratic paradoxes in Plato's Laws", *Hermes*, *96*(3): 421~434.

______(1970), "The alleged double version in the sixth book of the Laws", *Classical Quarterly*, *20*(2): 230~236.

______(1991), *Plato's Penal Code*, Oxford University Press.

______(1995), "Plato on women in the Laws", in A. Powell(ed.), *The Greek World*, Routledge & Kegan Paul, pp. 591~609.

Schaerer, R. (1953), "L'Itinéraire Dialectique des Lois de Platon et sa Signification Philosophique", *Revue Philosophique de France et de l'Étranger*, *143*: 379~412.

Schipper, E. W. (1963), "Mimesis in the arts in Plato's Laws", *The Journal of Aesthetics and Art Criticism*, *22*(2): 199~202.

Schuchman, P. (1963), "Comments on the criminal code of Plato's Laws", *Journal of the History of Ideas*, *24*(1): 25~40.

Stalley, R. (1983), *An Introduction to Plato's Laws*, Hackett.

______(1994), "Persuasion in Plato's Laws", *History of Political Thought*, *15*(2): 157~177.

Strauss, L. (1975), *The Argument and the Action of Plato's Laws*, The University of Chicago Press.

Van Harten, A. (2003), "Creating happiness: The moral of the myth of Kronos", in S. Scolnicov and L. Brisson(eds.), *Plato's Laws: From Theory into Practice*, Proceedings of the VI Symposium Platonicum: selected papers, Academia Verlag, pp. 128~138.

Vanhoutte, M. (1954), *La philosophie politique de Platon dans les Lois*, Louvain.

Zuckert, C. H. (2004), "Plato's Laws: Postlude or prelude to Socratic political philosophy?", *The Journal of Politics*, *66*(2): 374~395.

— 찾아보기 —

일러두기

1. 동일한 그리스어에 대한 여러 번역어들에는 각 용례가 등장한 자리를 따로 표시하였다. 다만 의미상의 차이가 거의 없고 표현상의 차이일 뿐인 번역어는 같은 항목에 묶어 표제어를 맨 앞에 두고 다른 번역어들을 열거하였다.
2. 용례의 자리표기는 OCT판의 스테파누스 페이지를 따랐다. 그러나 번역과 편집의 과정에서 약간씩 바뀌었을 수 있으므로 표시된 자리에 없을 경우, 앞뒤 자리도 확인해 보아야 한다.
3. 이 찾아보기에 사용된 기호는 다음과 같은 뜻을 가진다.
   ☞ : 그 항목으로 가면 해당 단어에 대한 상세한 정보를 알 수 있다.
   cf. : 긴밀히 연결되어 있어 참고할 만한 단어를 가리킨다.
   ( ) : 괄호 속 말을 넣어 번역한 경우와 빼고 번역한 경우를 합쳐 나타낼 때, 혹은 거의 같은 의미의 다른 표현을 나열할 때 사용한다.
   (*) : 의미상 중요하지 않아서 모든 번역어와 용례를 표시하지 않은 단어를 가리킨다.
   * : 해당 위치에 관련된 주석이 있음을 표시한다. 예) 951d*
   \- : 통일이 필요한 용어를 나타낸다.

찾아보기(일반)

ㄱ ~ ㄴ

가격 *plēgē* ☞ 매질
가격을 부르다 *timan* ☞ 명예를 주다
가구 *hestia* ☞ 화덕
가구 *oikēsis* ☞ 집
가구 *oikos* 740e, 877d~e, 929a
-가정 716b, 796d, 890b, 930c
-집 856e, 923d, 925c
가까운 *oikeios* ☞ 친(親)
가까운 *syngenēs* ☞ 친척인
가내 노예 *oikētēs* ☞ 가노
가노(家奴), 가내 노예 *oikētēs* 720c, 760e, 763a, 776b, 776d, 777a, 777d~778a, 794b, 807e, 844b, 846d~e, 848a, 849d, 853d, 909c
가락 *melos* ☞ 노래
가르침 *didachē* 788a, 880d, 968c
가무(歌舞) *choreia* 654b, 655b, 655d, 657b, 665a, 672b, 672e, 673b, 673d, 772b, 790e, 796b, 799b, 800a, 802c, 804b, 809b, 815b, 816d, 817e, 831b, 835a, 942d, 949c
가무(단) *choros* 641b, 654a, 656c, 664b~d, 665b, 665e, 666d, 667a, 671a, 764e, 765a, 765b, 772a, 796b, 800c, 817d, 828c, 830d, 834e, 835a, 835e, 947b, 949a
가무공연 *choreumata* 655c
가문 *genos* ☞ 종류
가문 *hestia* ☞ 화덕
가문 *oikeios* ☞ 친(親)
가문 *syngeneia* ☞ 친척
가사(家事) *oikeios* ☞ 친(親)
가사(歌詞) *rhēma* 669b, 669e, 812e, 839b
-경구 838b, 840c
-이름 906c
-표현 627d, 693c, 706c
-시어(詩語) 656c
-구절 660a
-말 669c, 797c, 800d, 801c
-용어 783c
가사 돌보기 *oikēsis* ☞ 집
가정 *hestia* ☞ 화덕
가정 *oikēsis* ☞ 집

가정 *oikia* ☞ 집
가정 *oikos* ☞ 가구
가정경영 *oikonomia* 747b, 809c, 819c
-집안 관리 694c
가족 *genos* ☞ 종류
가족 *oikeios* ☞ 친(親)
가족 *oikēsis* ☞ 집
가족 *oikia* ☞ 집
가족 *syngeneia* ☞ 친척
가족 *synoikos* 696b
가해 행위 *praxis* ☞ 행위
간부 *taxis* ☞ 질서
갈망 *pothos* ☞ 그리움
감각 *aisthēsis* 645e, 653a, 653e, 654a, 661b, 664e, 672c, 673d 898e, 943a, 961d~e, 964d~e
-살핌 927b
-지각 894a, 901d, 902c
감각되지 않는 *anaisthētos* 843a, 898e, 962c
감금(형) *desmos* 847a, 855b~c, 857b, 864e, 890c, 908a, 909a, 949c
-구금 764b, 920a, 932b
-끈 793b cf. 정치체제의 끈 793b
-징역 908e
감독관 *ephoros* 692a, 712d
감독관 *epimelētēs* 640d, 755d, 758e, 760e, 764e, 765d, 766b, 772a, 801d, 809c, 813c, 847c, 848e, 929d, 936a, 951e
감독청 *archē* ☞ 관리
감독하다 *epimeleisthai* ☞ 보살피다
감독하다 *epopteuein* 951d*
감정 *pathēma* ☞ 겪음
감정 *pathos* ☞ 상태
값, 값어치 *timē* ☞ 명예
값을 매기다 *timan* ☞ 명예를 주다
강압 *bia* ☞ 강제
강압적인 *biaios* ☞ 폭력적인
강요하다 *anankazein* ☞ 강제하다
강제 *anankasis* 826d
강제 *anankē* ☞ 필연
강제, 강압 *bia* 711c, 722c, 941b, 954e~955a
-폭력 884a, 885a, 944c
강제적인 *anankaios* ☞ 필연적인
강제적인 *epanankēs* 756c, 765a, 765c
-반드시 764a, 848a, 877c, 878e
강제하다, 강요하다 *anankazein* 634a, 660a, 661c, 662c, 709a, 711c, 736c, 743e, 765a, 773c, 773e, 779c, 780a, 781c, 789e, 795b, 798a, 811e, 823a, 834d, 841c~d, 847b, 871c, 873c, 887e, 903a, 918e, 920d, 926b~c, 930b, 933c, 935c, 937c, 965d cf. 설득하다
같은 *koinos* ☞ 공동의
같은 나라의 *oikeios* ☞ 친(親)
같은 모습 *homoiotēs* ☞ 닮음
같은 정도 *isotēs* ☞ 동등함
같은 종류의 *oikeios* ☞ 친(親)
같이 *koinos* ☞ 공동의
같이(함께) 하다 *koinōnein* ☞ 공유하다
개선(改善) *agathos* ☞ 좋은 (것)

835a, 935e, 955a
-심판 764d~e, 765c
경연대회 *hamilla* ☞ 경합
경연을 벌이다, (법정에서) 시비를 가리다 *agōnizesthai* 955a, 956c
경연장 *agōn* ☞ 경기
경외감을 갖다 *sebeisthai* ☞ 외경하다
경외감을 갖다 *aidesthai* ☞ 경외하다
경외하는 마음을 갖다 *eulambeisthai* ☞ 조심하다
경외하다, 경외감을 갖다 *aidesthai* 813c, 837c, 917a~b, 921a
-공경하다 879c
-두렵다 886a
-용서하다 877a
경외하다 *sebeisthai* ☞ 외경하다
경작지 *geōrgia* ☞ 농업
경주 *dromos* ☞ 달리기
경주로 *dromos* ☞ 달리기
경합 *hamilla* 833d, 834e
계기 *kairos* ☞ 시의적절함
계산 *logismos* ☞ 산술
계약 *symbolaion* 649e, 729e, 738a, 913a, 922a, 956b, 958d
계층 *ethnos* ☞ 민족
계층 *timēma* ☞ 등급
계획 *dianoia* 828d, 967a
계획 *logos* ☞ 말
고난 *ponos* ☞ 운동
고난(고초)을 겪다 *paschein* ☞ 겪다
고된 일 *ponos* ☞ 운동
고르게 하다 *diakosmein* ☞ 질서 지우다
고발 *dikē* ☞ 정의
고발 *enklēma* ☞ 고소
고발(장) *graphē* 941a, 948a cf. *dikē*; *dikōn lēxis*
고발될 수 있다 *hypodikos* ☞ 법적 책임을 지다
고발하다 *graphesthai* 943b, 947e, 948a cf. *katēgorein*
고발하다 *katēgorein* ☞ 비난하다
고소, 고발, 고소장 *enklēma* 767e, 915c, 916a, 948d
-분란 737b
-질책, 비난 685c, 910b
-피해청구(액), 청구액 846a~b, 953b
고소장 *enklēma* ☞ 고소
고아 *orphanos* 922a, 924b, 926e, 927d, 927e, 928a, 928b
고약(膏藥) *pharmakon* ☞ 약
고역 *ponos* ☞ 운동
고역 *timōria* ☞ 처벌
고유한 *oikeios* ☞ 친(親)
고의로 *hekōn* ☞ 자발적인
고장 *chōra* ☞ 나라
고찰 *skepsis* ☞ 탐구
고향의 *oikeios* ☞ 친(親)
곡조 *melos* ☞ 노래
곡조에 맞지 않는 *plēmelēs* 816a
-어긋나는 793c
-어설픈 795b
-엉뚱한 859e
-잘못, 잘못을 저지르는 731d, 941b
-조화롭지 못한 689b

공유의 *koinos* ☞ 공동의
공유의, 공유하는 *koinōnos* 708c, 730e, 868d, 868e
-공동으로 같이하는, 함께 나누는 699d, 783e, 891b
-참여하는, 관여하는 755c, 810c, 921c, 968b, 969c
공유하는 *koinōnos* ☞ 공유의
공유하다, 함께 나누다 *koinōnein* 640b, 686a, 736e, 752c, 844b~c, 845b~c, 868e, 881e, 884a, 889d
-같이(함께) 하다 806a, 947a
-결합하다 801e
-관계하다, 관계를 갖다, 결부되다, 관여하다 639c, 645d, 722d, 836c
-동참하다 753a
-방문하다 909a
-참여하다 667b, 753b, 768a~b, 784e, 805d, 806b, 834d, 856b, 859e, 950e
공적인 *dēmosios* 626a, 626d, 647b, 713e, 763a, 766c, 780a, 800a, 800c, 865a, 873e, 877d, 890b, 899e, 915c, 921d, 950d, 953b, 957a
-공공, 나라 전체 767b, 767e, 784c, 864e, 884a, 909d, 910c, 952e
-공공재산, 공공재정, 국고, 국유화 742b, 754e, 774d, 855a, 857b, 932d, 941c~d, 955d
-대중적인 968a
공적인 (일) *koinos* ☞ 공동의
공적인 합의 *koinos* ☞ 공동의
공정하게 *orthos* ☞ 옳은
공정한 *dikaios* ☞ 정의
공정함 *dikaios* ☞ 정의
공정함(*) *epieikes* 757e
공중의 의견, 전승, 전설, 말, 세평, 평판, 선언(宣言), 신성한 원리, 신탁소, 지침, 정보 *phēmē* 624b, 664d, 672b, 738c, 771d, 838c~d, 870a, 871b, 878a, 906c, 916d, 927a, 932a, 935a, 952b, 966c
공통적 *koinos* ☞ 공동의
공포 *deima* 865e
-두려움 790e, 791b~c, 830e
공포(감) *phobos* ☞ 두려움
과도한 행위 *hybris* ☞ 오만
과두정 *oligarchia* 710e, 712c, 714a, 832c
과업 *epitēdeuma* ☞ 관행
과잉출생자 *epigonos* 929d
관계 *koinōnia* ☞ 모임
관계를 갖다, 관계하다 *koinōnein* ☞ 공유하다
관노(官奴) *oiketēs poleōs* 794b
관대 *syngnōmon* ☞ 관용
관례 *nomima* ☞ 법규
관리(官吏) (*) *archē* 681c, 740d, 741d, 744b~c, 751a~d, 752c~e, 754c, 755b, 758d, 762d, 764c, 766b, 767c, 768a, 768d~e, 772c~d, 779b, 782a, 785a, 800c, 817d, 828b, 842e, 856c, 866d, 871e, 873b, 907e, 932d, 937b~c,

945b, 945d, 946d, 948e, 949d, 957a, 958a~c
-관직, 자리 689d, 698b, 715a~b, 735a, 738e, 755a~b, 760c, 765d~e, 766c, 767d, 768c, 785b, 917a, 928d, 946c, 948a, 951e, 956e, 957a
-관할 기관, 감독청 914c, 918a
-권력, 왕국, 왕권 693b, 695b~c
-(최초의) 출발점, 근원, 기원 626d, 672c, 894a, 895a
-통치, 집권 713b, 714d
관리(官吏), 통치자, 통솔자 *archōn* 634e, 671e, 674a, 681d, 715c~d, 730d, 740d, 742b, 744e~745a, 751a~b, 751d, 752c~d, 753b~e, 754d, 755b, 756e, 758a, 758d, 759a~b, 760c, 761e, 726b~d, 763c, 763e~764a, 764c~765a, 765d, 766b~c, 767a, 767c, 767e~768a, 768e, 772c~d, 779c, 784a~c, 785a, 795c~d, 800c, 806e~807a, 808b~c, 813a, 817d, 828a, 829b, 836a, 842e, 843e, 844d, 846a~b, 850c, 855c, 856c, 866d, 867e, 871e, 873b, 881e, 882b, 907e, 914a, 914d, 915b~c, 917d, 927c~d, 930d, 932d, 937b~c, 943a, 945b~d, 946d, 947a, 948d~e, 949b, 949d, 952c~e, 957a, 958a~c, 962a, 968a cf. *stratēgos*
-지휘관 942b~c
관리를 맡다 *diakosmein* ☞ 질서 지우다
관습 *nomima* ☞ 법규
관습화되다 *ethizein* ☞ 습관화하다
관심 *epimeleia* ☞ 보살피는 일
관심을 갖다 *epimeleisthai* ☞ 보살피다
관여하는 *koinōnos* ☞ 공유의
관여하다 *koinōnein* ☞ 공유하다
관용, 관대 *syngnōmon* 757e, 921a
-눈감아 줌 906d
-동의 770c
관장하는 *kyrios* ☞ 효력이 있는
관중지배 *theatrokratia* 701a
관직 *archē* ☞ 관리
관찰 *theōria* ☞ 구경
관찰하다, 참관자로 일하다 *theōrein* 951a, 951d
관할 기관 *archē* ☞ 관리
관할하다 *epimeleisthai* ☞ 보살피다
관행 *epitēdeuma* 626b, 632e, 634a, 636b, 637d~638c, 640e, 645c, 646a, 646d, 653a, 673e, 674a, 706d, 747b~c, 772b, 780c, 781b, 782a, 793d, 808a, 817c, 917b, 962c
-실행 967e
-일, 과업, 업무, 직업 711d, 732d, 742c, 763b, 770d, 771a, 831c~d, 846d, 858e, 918a, 919c, 919e, 920b
-제도 781a, 798c, 839c, 927e
-치료법 636a
-훈육, 훈련, 함양 711b, 790c,

기부금 모금 *eranos* 915e, 927c('챙기다'로 의역)
기소 *dikē* ☞ 정의
기소 *eisagōgē* 855d
기소당하다 *katēgorein* ☞ 비난하다
기숙생활 *oikēsis* ☞ 집
기술, 전문 지식, 기법 *technê* 632d, 639b, 647d, 650b, 657a, 667c, 669a, 673c, 677b~c, 678a, 678c~e, 679b, 679d, 695a, 709c~d, 719c, 720b, 747b, 769c, 796a, 799a, 806b, 806d, 816a, 831d, 837e, 838e, 839b, 840a, 846d, 847a, 847c, 850b, 875a~b, 888e, 889a~d, 890a~d, 892b, 902e, 919e, 920e, 921b, 936d, 937e, 967a
-인위적 *technēi* 889e
기술자 *dēmiourgos* ☞ 장인
기원 *archē* ☞ 관리
기원 *genesis* ☞ 생성
기질 *tropos* ☞ 성격
기회 *misthos* ☞ 임금
기회 *kairos* ☞ 시의적절함
길든 *hēmeros* ☞ 온순한
길들다 *ethizein* ☞ 습관화하다
깨끗한 *katharos* ☞ 죄가 없는
꼭(반드시) 필요한 *anankaios* ☞ 필연적인
꾸짖다 *kolazein* ☞ 처벌하다
끈 *desmos* ☞ 감금(형)
나눔 *nomē* ☞ 분배
나라 *politeia* ☞ 정체
나라, 국(國) *chōra* 633c, 637a, 662b, 704c, 705a, 705c, 707d, 830e, 867e, 872d, 873b, 936a, 938a, 938c, 945d, 949c, 949e, 953b, 953c, 962b, 969c cf. *polis*; *gē*; *chōrion*; *topos*; *politei*
-고장 871d
-공간 893c
-들, 시골 823e, 908a
-땅, 지(地) 625c, 777b, 864e, 866a, 881b, 945d, 949c, 949e, 950d, 958e
-영토 662b, 695d, 817a, 854d, 855a, 855c, 936c
-장소 904c
-지방 759b, 760b~761a, 763a~c, 778e, 873e, 874b, 881c~d, 914a
-지역 695a, 706b, 708a, 848e, 930d
나라가 아닌 *apolis* ☞ 국적이 박탈되는
나라를 다스리는, 나라의 통치에 관계하는 *politikos* ☞ 정치적인
나라 전체 *dēmosios* ☞ 공적인
나쁨 *mochthēria* ☞ 악덕
나은 *kalos* ☞ 아름다운
나은 *agathos* ☞ 좋은 (것)
남 *genesis* ☞ 생성
(목록에) 남기다 *enkrinein* ☞ 인가하다
남보다 많이 차지하는 것 *pleonexia* ☞ 탐욕
남자다운 *andreios* ☞ 용기 있는

남자사제 *hiereus* ☞ 사제
납치, 유괴 *andrapodismos* 879a, 955a
내국인 *astos* ☞ 시민
내다 *proballein* ☞ 추천하다
내분 *stasis* ☞ 내전
내전 *stasis* 628b, 628c, 629d, 630b, 636b, 678e, 679d, 690d, 708b, 856b, 869c, 945e
-내분 757d
-반란 890a
-반목 729a
-분쟁 744d, 757a
-서기(기립) 855c
-폭동 682d
노고 *ponos* ☞ 운동
노골적인 *biaios* ☞ 폭력적인
노동 *ponos* ☞ 운동
노래 *melos* 657a, 657b, 669c, 799a, 800a, 801c, 802e, 809b, 812c~e, 840c, 947c
-가락 654e, 655a, 655b, 656a, 656c~d, 660a, 669b, 669d~e, 670b~d, 673a, 673d, 700c
-곡조 696d
노력 *ponos* ☞ 운동
노예 *doulos* 838d, 845a~b, 847a, 848b~c, 849b~d, 853d, 854d, 857c, 865c~d, 868a~c, 869d, 872b~c, 875c, 879a, 881c, 882a, 941d, 954e
노예 *andrapodēs* 966b
노예적인 *aneleutheros* ☞ 자유인답지 못한
논리 *logos* ☞ 말
논변 *logos* ☞ 말
논의 *logos* ☞ 말
논의주제 *logos* ☞ 말
논쟁 *amphisbhētēsis* ☞ 이의제기
논쟁을 벌이다 *amphisbētein* ☞ 시비를 벌이다
논증 *logos* ☞ 말
논증을 제시하다 *endeiknysthai* 966b
놀이 *paidia* 617e, 635b, 643c, 647d, 649d, 650a, 656b~c, 657c~d, 659e, 666b, 667e, 673c~e, 685a, 732d, 761d, 764e, 769a, 771e, 789b, 793e~794a, 795d, 796b, 796d, 797a, 798b~c, 803c~d, 819b~c, 820d, 829b, 830e, 832d, 834c~d, 844d, 887d, 889d, 936a, 942a cf. 진지한 놀이 769a
농사(일) *geōrgia* ☞ 농업
농업, 농사(일) *geōrgia* 743d, 806d, 853a
-농장, 경작지 680e, 762a
농장 *geōrgia* ☞ 농업
놓치다 *blaptein* ☞ 해를 끼치다(주다, 입다)
눈감아 줌 *syngnōmon* ☞ 관용
느낌 *pathos* ☞ 상태
느낌을 갖다 *paschein* ☞ 겪다
능력 *physis* ☞ 본성
능력, 힘, 권위, 권한 *dynamis* 840c, 889b~e, 926d, 941c, 942d, 942e, 952c, 960d, 966c, 968a
능욕을 당하다 *hybrizein*

ㄷ ~ ㄹ

730d, 731a~b, 734d~e, 739b, 739d, 744b, 744e, 745d, 757c, 770d, 773a, 776d, 777e, 781b, 782d, 791c, 801d, 807c, 812c, 816e, 822e, 836d, 837a, 837d, 845d, 847a, 853b, 870b, 890b, 897b, 898c, 899b, 900d~901a, 904a~b, 904d, 906b, 913b, 914a, 919e, 936b, 945c, 945e, 950b, 953d, 961d, 962d, 963a, 963c~e, 964b~d, 965d~e, 966d, 968a, 969c, 969d cf. 덕의 승리 904b
도량이 큰 *megaloprepēs* 709e
도를 넘지 않는 *emmetros*
☞ 적도에 맞는
도리에 맞는 *nomimos* ☞ 법규
도망 *phygē* ☞ 추방
도망치다 *pheugein* ☞ 달아나다
도시, 도심, 시내 *asty* 637a, 678b, 677b, 746a, 763c, 779c, 848e, 881d, 954c~d
도시감독관 *astynomos* 667a, 759a, 760b, 764c, 779c, 844c, 845e, 847a~b, 849a, 881c, 913d, 954b, 954d
도심 *asty* ☞ 도시
독(毒) *pharmakon* ☞ 약
독재 *tyrannis* ☞ 참주정
독창 *monōidia* 764d, 765a~b
돈 *chrēmata* 644a, 695d, 697b, 716a, 728e, 741e, 743d, 743e, 744b, 746a, 759e, 774c, 774d, 847b, 870a, 918d, 921c, 938a, 948c, 955d cf. *nomisma*
-금전 774b, 909b, 913b
-물(物), 물건, 물품 716c, 849c, 849e, 874b, 913a, 914a, 914c, 915d
-벌금 721b, 847a, 855c, 862d, 926d
-재물 727e, 773e, 868b, 915c, 918b, 941b, 958a~b
-재산 739c, 745b, 773c, 775a, 805e, 830d, 855a~b, 923a, 923d, 927d, 928a
돈 *nomisma* 949d cf. *chrēmata*
-재산 742e
-주화 742a~c
-화폐, 화(貨) 705b, 746e, 764b, 849e, 916d, 918b
돈벌이 *chrēmatismos* 741e, 743d, 847d, 949e, 952e
돈벌이하다 *chrēmatizesthai* 741e, 743d, 744e, 949e
돌려주다 *apodidonai* ☞ 할당
돌보는 것 *epimeleia* ☞ 보살피는 일
돌보다 *epimeleisthai* ☞ 보살피다
돌봄 *epimeleia* ☞ 보살피는 일
동등한 *isos* 829e, 848b
동등함 *isotēs* 741a, 757a~c, 758a, 773e, 848d
-같은 정도 733b
-대등함 667d
-동일함 668a
-평등 684d, 694a, 695c, 744b(기

회평등)
동료집단 *ethnos* ☞ 민족
동의 *syngnōmon* ☞ 관용
동의하다(*), 이견이 없다, 수긍하다 *homologein* 627c, 629e, 644a, 665b, 665c, 770c, 860a, 896c, 896d, 899b, 900e, 901d, 901e, 903a, 924a, 930d, 946d
-인정하다 914c
-일관되다 746c
-(의견이) 일치하다 741a, 836d, 859c cf. 자신과 의견이 일치하다 859c
-합의하다 668b~c, 723e, 797b, 854a, 920d, 921c
동일함 *isotēs* ☞ 동등함
동참하다 *koinōnein* ☞ 공유하다
돛대를 받치는 밧줄 *epitonoi* 945c cf. *entonoi*; *hypozōmata*
되기 *genesis* ☞ 생성
두려움, 공포(감) *phobos* 632a, 633c, 635b~c, 640a, 644a, 646e~647c, 647e~648b, 648d, 649a~c, 671d, 682d, 698b, 698e, 699c, 752b, 783a, 790e~791c, 792b, 806b, 808c, 818e, 830e~831a, 835e, 839c, 840c, 863e, 864b, 865e, 870c, 872c, 874e, 887a, 897a, 904d, 910a, 933c, 934a, 963e
두렵다 *aidesthai* ☞ 경외하다
드라크메 *drachmē* 764a~b, 766d, 774a, 774d
들 *chōra* ☞ 나라
들려주다 *phrazein* ☞ 설명하다
등급, 계층 *timēma* 698b, 744b~d, 754d, 756c~e, 760a, 763d~764a, 765c, 774a, 774d, 775b, 880d, 882a, 915b, 934d, 945a, 948b
-산정(가)액 955e, 956c, 956d
-배상금 845e, 928b, 928d
-처벌 수준, 형량 907e, 941a, 946e
디티람보스 *dithyrambos* 700d
(믿고) 따르다 *peithesthai* ☞ 설득하다
따르지 않다 *apeithein* ☞ 복종하지 않다
땅 *chōra* ☞ 나라
땅, 땅의 여신 *gē* 949e, 955e, 958e cf. *chōra*; *chōrion*
땅의 여신 *gē* ☞ 땅
때 *kairos* ☞ 시의적절함
때리기 *plēgē* ☞ 매질
떼 *genos* ☞ 종류
똑같은 종류의 *syngenēs* ☞ 친척인
똑같이 *koinos* ☞ 공동의
똑똑한 *sophos* ☞ 지혜로운
똑바로 *orthos* ☞ 옳은
뛰어난 *agathos* ☞ 좋은 (것)
뜻 *nous* ☞ 지성
레슬링 *palē* 644b, 657d, 677e, 693a, 693e, 739c, 795b, 795e~796a, 814c, 821e, 833d~e, 840b, 848d, 879d, 890b, 919b, 922e, 963a
리듬 *rhythmos* 653e, 655a, 656c, 660a, 661c, 665a, 669b~e, 670b,

670d~e, 672c, 672e, 673d, 798d, 800d, 802e, 810b, 812c, 812e, 835a
-척도 728e
리라 *lyra* 677d

ㅁ ~ ㅂ

마디 *logos* ☞ 말
마땅한 *prosēkein* ☞ 적절한
마땅한 *dikaios* ☞ 정의
마력(魔力) *katadēsis* 933a, 933d
마련 *kataskeuē* ☞ 체제
마음 *dogma* ☞ 판결
마음 *nous* ☞ 지성
마음 상태 *pathos* ☞ 상태
마음대로 말함 *parrēsia* ☞ 표현의 자유
마음에 두다, 생각을 갖다, 생각하다 *dianoeisthai* 961c, 966a, 967a, 967c
마음에 드는 *philos* ☞ 친구
마음에 들게 *akōn* ☞ 비자발적
마지못해서 *akōn* ☞ 비자발적
만가(輓歌), 애가 *thrēnos* 700b, 947b
만가(輓歌)를 부르다 *thrēnein* 960a
만듦 *genesis* ☞ 생성
만족감 *charis* ☞ 매력
말 *logos* 625b, 627d, 635e, 647d, 656c, 662d, 664a, 667e, 669c, 669d, 677e, 679d, 686d, 691a, 702d, 702e, 712b, 714a, 717d, 719e, 722d, 727a, 728b, 736b, 745e, 754a, 757a, 769b, 769e, 773c, 778a, 778b, 793b, 796a, 812b, 814c, 816a, 818b, 823a, 824a, 834b, 857d, 862d, 866e, 870b, 872d, 872e, 885b, 886e, 888a, 890c, 898c~d, 899b, 903b, 905b, 906b, 906c, 906d, 906e, 907b, 907e, 908c, 916e, 917d, 922e, 932a, 935a, 935c, 935e, 941c, 945b, 955c, 964c, 964d, 969b
-가사(歌詞) 669e, 835a
-견해 663a~b
-계획 898a, 950d
-구절 716c
-근거 901b, 967e~968a
-논리 709c
-논변 646a, 663c, 836c, 899d
-논의 626d, 626e, 627b, 628e~629a, 630b, 631a, 633a, 633d, 637d, 638b, 638c~d, 641d~642b, 643a, 643e~644a, 644e, 645c, 652a, 654e, 659c, 663d, 664e, 665b, 667a, 670a, 671a, 672d, 673e, 678a, 682e~683b, 683e, 687c, 688b, 688c~e, 693c, 693e, 701c, 702a~b, 713b, 715e, 719a, 722a, 723d~e, 733a, 735c, 741a, 746b, 772e, 781d, 783b, 796d, 797d, 799c~d, 800b, 805b, 809c, 810e, 811c~812a, 812e, 829e, 832b~d, 835d, 837e, 844a, 854a, 864b, 880e, 887b, 887c~d, 890e~891c,

망신을 당하게 하다(주다) *atimazein* ☞ 불명예(를 주다)스럽게 하다
맞는 *emmelēs* ☞ 적합한
맞이하다 *hypodechesthai* ☞ 받다
맞추천 *antiprobolē* 755e~756a
맡다 *epimeleisthai* ☞ 보살피다
매력(*) *charis* 795d, 796a, 796b cf. 카리스 Charis
-자비로운 844d
-만족감 667b~668a
-호감, 호의 702d, 729d, 740c, 771d, 840d, 877a, 931a
매 맞기 *plēgē* ☞ 매질
매질, 때리기, 타격, 가격, 태형, 매 맞기 *plēgē* 633b, 762c, 764b, 784d, 815a, 824a, 830b, 845a, 845b, 845c, 855c, 865a, 866e, 868c, 877b, 879d, 881a, 881c, 881d, 890c, 914b, 917e, 932b, 935c, 949c
매질하다 *mastigein* 854d
먹을 것, 먹을거리, 먹이 *trophē* ☞ 키움
멀리하다 *pheugein* ☞ 달아나다
멀쩡한 *emphrōn* ☞ 분별 있는
멋지게 *kalos* ☞ 아름다운
면죄 *aphesis* 869d
면책특권을 가진 *anypeuthynos* 834d, 835c, 875b
명성 *kleos* 855a
명예(로운 일) *timē* 632b, 632c, 634a, 648c, 687b, 696a, 696b, 696d, 696e, 697b, 697c, 707a, 707b, 716a, 717a, 717b, 721d, 727a, 727b, 727c, 727d, 728a, 728c, 728d, 729c, 730d, 730e, 738e, 740d, 743e, 744c, 744e, 757a, 757b, 757c, 774b, 775e, 784d, 809d, 831a, 835c, 862d, 879c, 900a, 916b, 921e, 927e, 948a, 952b, 953d
-값어치 914b
-공경 848d, 886c, 930e, 931d, 932a
-귀한 것 732a
-대가 845a
-명예로움 *timion* 728a
-몸값, 물건값, 값 914a, 914c, 915d~e, 916c~d, 917b, 917d, 921a~b, 932d cf. 가치 *axia*
-숭배 723e
-자격 810a
-존경 647a, 802a, 823d, 899d, 927b
-존중 837c
-평가 744b
명예롭게 *kalos* ☞ 아름다운
명예롭게 하다 *timan* ☞ 명예를 주다
명예를 받지 않는 *atimos* ☞ 불명예(를 주는)스러운
명예를 주다(부여하다, 받다, 얻다) *timan* 631e, 648c, 657e, 696d~e, 711c, 721d, 728d, 730d, 774b, 775e, 845a, 862d
-가격을 부르다 917c
-값을 매기다 921b

☞ 조타수의
배당 *dianomē* ☞ 분배
배려하다 *epimeleisthai* ☞ 보살피다
배분 *nomē* ☞ 분배
배상금 *timēma* ☞ 등급
배상받다, 받아 내다 *apolambanein* 956d cf. *apotinein*; *apodidonai*
배울거리 *mathēma* ☞ 배움
배움, 배울거리, 학습 *mathēma* 846d, 952a, 957c, 967e, 968d, 968e
배제 판정을 하다 *apokrinein* ☞ 제외하다
배치 *strateia* ☞ 군복무
배치 *taxis* ☞ 질서
백병전 *syistasis* 833a
백성 *dēmos* ☞ 민중
버릇없는 *akolastos* ☞ 무절제한
버릇없이 구는 일 *tryphē* ☞ 사치
버릇을 들이다, 버릇이 있다 *ethizein* ☞ 습관화하다
번갈아 배정하다 *diakosmein* ☞ 질서 지우다
번영하다 *eu prattein* ☞ 잘 지내다
벌 *zēmia* ☞ 벌금(형)
벌 *timōria* ☞ 처벌
벌금 *ektisma* 868a
벌금(형) *zēmia* 742b, 756c, 756d, 756e, 767e, 774e, 843e, 847b, 855a, 855b, 862d, 878c, 882a, 926d, 934c, 934d, 935c, 941d, 944d, 948c cf. *dikē*; *timōria*
-벌, 형(刑) 662b, 857b, 960b
-손실, 손해, 손해배상 835b, 846a, 846b, 949d
-처벌 648c, 717d, 719e, 790a, 823a, 823c, 860e, 869c, 876c, 877b~c, 877e, 955b~c, 956c, 960a
-해악, 해 797c, 819a
벌금을 물다(부과하다) *zēmioun* ☞ 벌을 주다
벌금형 *ektisis* 855c
벌금형에 처하다 *zēmioun* ☞ 벌을 주다
벌을 받다 *zēmioun* ☞ 벌을 주다
벌을 주다 *kolazein* ☞ 처벌하다
벌을 주다, 처벌하다, 벌을 받다, 대가를 치르다 *zēmioun* 700c, 721b, 779c, 789e, 857b, 866c, 871d, 881d, 909a, 910c, 914a, 915c, 928b, 933d, 933e, 937c, 938c, 941d, 942a, 958c, 960a cf. *kolazein*
-벌금을 물다(부과하다), 벌금형에 처하다 721d, 756c, 756d, 756e, 762d, 764a, 764c, 766d, 774a, 774b, 843e, 845a, 855b, 876a, 880d, 910d, 936a, 942a
-손해를 끼치다, 피해를 끼치다(입다) 846a, 916e
범법자 *paranomos* 856c, 920a
-법을 위반하는(어기는) 810a, 866c
-불법 941b
-불법적인, 불법에 의한 838a, 881e
법 관행 *nomima* ☞ 법규
법 수호 *nomophylakia* 961a

변혁, 변화 *metabasis* 676c, 736d, 737a, 894a
변형되다 *metaschēmatizein* ☞ 형태를 변화시키다
변호인 *syndikos* 929e
변화 *genesis* ☞ 생성
변화 *metabasis* ☞ 변혁
변화, 운동(*) *metabolē* 676b, 676c, 681d, 711a, 775c, 782b, 797b, 797d, 816a, 892a, 894c, 895a, 895b, 896b, 903d, 904c, 929c, 957e
변화 *pathēma* ☞ 겪음
병역 불이행 *astrateia* 878d, 943a~b, 943d
보모 *trophos* 789e, 790a, 790d, 791e, 794a, 794e, 808e, 887d, 918e
보병지휘관 *taxiarchos* 755c, 755d, 755e, 880d, 953b
보살피는 일, 보살핌(*) *epimeleia* 754b, 892b, 896d
-관심 743e
-돌봄, 돌보는 것 717c, 717e, 720d, 807c, 818c, 831c, 849a, 900d, 903e, 922a, 927d, 927e, 930b, 953b 847a cf. 덕의 돌봄, 탁월함의 돌봄 807c, 847a
보살피다, 돌보다 *epimeleisthai* 631e, 752d, 754c, 831c, 849a, 877c, 897a, 897c, 898c, 901b, 901c, 902a, 902c, 902d, 902e, 903a, 903b, 904a, 905d, 909c~d, 924c, 925e, 926e, 927a, 929d, 929e, 930c, 932b, 953a, 953d, 959d, 959e
-감독하다, 관할하다, 담당하다 702c, 713e, 761a, 761e, 762d, 763c~d, 764b, 766a, 779c, 794a, 812e, 813a, 813c, 846e, 927d, 928a
-맡다 760a
-신경 쓰다, 관심을 갖다, 배려하다 806c, 809a, 923c
-익히다 814c
보살핌 *epimeleia* ☞ 보살피는 일
보상 *apoina* 862c
보수 *misthos* ☞ 임금
보전하다 *sōzein* ☞ 존속하다
보조 기술들 *synerithoi technai* 889d
보조자 *hypēretēs* 645a, 715c, 720a, 774a, 873b, 962a, 965a, 968a
보존하다 *sōzein* ☞ 존속하다
보증 *engyē* ☞ 담보
보증서다 *enguasthai* 855b
보증인 *engyētēs* 953e
보호장치 *phylaktērion* 962c
보호하다 *eulambeisthai* ☞ 조심하다
보호하다 *sōzein* ☞ 존속하다
복 받다 *eutychein* 941c
-안녕하다 754d
-운이 좋다 811c
-행운이 있다 736c
복된 *agathos* ☞ 좋은 (것)
복된, 축복받은 *makarios* 660e, 662e, 694d, 711e, 713c, 718b, 730c, 733e, 803c

봉헌하다 *kathieroun*
☞ 축성(祝聖)하다
부권(父權)지배, 권력을 가진 자, 지배권 *dynasteia* 680b, 681d, 711d, 777e
부끄러운, 창피한 *aischros* 626e, 649d, 662a, 663a, 663d, 729c, 754e, 808a, 814b, 819d, 820b, 845c, 853b~c, 858e, 860b, 918d, 928e, 941b
-수치, 수치스러운 635c~635d, 655e, 663b, 692d, 706c, 728a, 779a, 814b, 818a, 860a, 860b, 879c, 934e, 943e, 944c, 944e, 964b
-추한(추함) 654c, 655b, 657a, 679c, 743a, 743d, 814b, 816d, 831d, 836d, 838c, 841b, 859d, 860b, 896d, 900e, 959e
부끄러움 *aischynē* ☞ 수치(심)
부끄러움을 느끼다, 부끄러워하다 *aischynesthai* 656b, 665e, 666c, 667b, 729b, 819d, 820b
-수치스러워하다, 수치심을 느끼다 656a~b
부끄러워하지 않다 *anaischyntein*
☞ 몰염치하다
부당한 *adikos* ☞ 불의한
부당한 행위를 하다 *adikein*
☞ 불의를 저지르다
부드러운 *hēmeros* ☞ 온순한
부류 *genos* ☞ 종류
부분 *meros* 863a, 873d, 962c
부분 *moira* ☞ 운명
부정, 부정의한 행위, 불의 *adikēma* 731b, 762a, 846b, 859b, 860e, 861b~c, 862a~c, 906c
-악행 854b
부정의 *adikia* ☞ 불의
부정의한 *adikia* ☞ 불의
부정의를 행하다(저지르다) *adikein*
☞ 불의를 저지르다
부정의한 행위 *adikēma* ☞ 부정
부조화 *lēmmeleia* 691a
부족 *ethnos* ☞ 민족
부족 *genos* ☞ 종류
부족 *phylē* 745e, 753c, 755e, 759d, 760b, 768b, 771b, 771d, 755c, 794b, 828c, 921d
부족지휘관, 지휘관 *phylarchos* 755c, 756a, 760a, 834c, 880d
부지불식간에 *akōn* ☞ 비자발적
부추기다 *parakeleuein* ☞ 권고하다
분노, 화 *orgē* 632a, 731d, 793e, 867a, 867b, 867c, 868a, 868d, 869a, 878b, 879a, 879c, 922d, 927d, 935a
-성깔 908e
분노 *thymos* ☞ 기개
분란 *enklēma* ☞ 고소
분리 *diakrisis* ☞ 판정
분배 *dianomē* 714a, 737b, 738d, 745d, 755a, 756b, 757b, 819b, 847e
-배당 744b
-분할 692e, 737c, 738a, 746d,

불명예스러운 *eponeidistos*
☞ 질책받을 만한
불명예스럽게 여기다 *atimazein*
☞ 불명예(를 주다)스럽게 하다
불법 *paranomos* ☞ 범법자
불법 *paranomia* 700d
불법으로 *paranomōs* 941b
불법적인, 불법에 의한 *paranomos*
☞ 범법자
불손 *atimia* ☞ 불명예
불손하게 굴다 *atimazein*
☞ 불명예(를 주다)스럽게 하다
불운 *tychē* ☞ 운
불의 *adikēma* ☞ 부정
불의, 부정의 *adikia* 649e, 661e, 679c, 691c, 713c, 728c, 730d, 743d, 775d, 854e, 860d, 861e, 862a, 862b, 862c, 862d, 863a, 864a, 869e, 906a, 906c, 908b, 910b, 928d, 934b, 957e
불의를 저지르다(행하다, 당하다), 정의롭지 못하다, 부당한 행위를 하다, 부정의를 행하다(저지르다), 죄를 저지르다(짓다) *adikein* 647d, 663a, 679d, 684b, 714d, 730d, 731c, 737d, 761e, 762a, 764b, 764c, 777d, 829a, 855a, 860d, 860e, 862d, 862e, 879e, 905d, 906d, 921b, 927d, 932b, 941d
cf. *blaptein*
-(피)해를 끼치다(입히다, 입다, 주다), 위해를 끼치다, 위해 행위를 하다, 손해를 끼치다, 해악을 저지르다, 못된 짓을 하다 685b, 759a, 761e, 762b, 764b, 767b~c, 768a, 846b, 847b, 849a, 854e, 862a, 862c, 876a, 932d, 953b, 958d
-잘못하다 717d, 794b, 872c
불의한, 부정의한, 부정의, 정의롭지 못한, 부당한 *adikos* 627b, 627c, 630b, 660e, 661a, 661b, 661d, 662a, 663c, 663d, 689a, 696c, 714b, 716d, 731a, 731c, 743a, 743b, 762a, 767e, 777d, 846b, 860d, 860e, 861e, 862b, 863e, 870c, 871a, 872d, 873c, 879e, 885d, 896d, 899e, 904c, 906b, 906c, 907a, 910c, 919a, 920d, 958c
비(非)그리스인 *barbaroi* ☞ 이민족
비굴함 *aneleutheros*
☞ 자유인답지 못한
비극 *tragōidia* 658b, 658d, 817a~b
비난 *enklēma* ☞ 고소
비난 *oneidos* 742b, 762a, 773e, 847a, 856c, 918d, 926d, 943e, 944b
-망신 808e
-오명 944e
-치욕 762c
-하자(瑕疵) 952d
비난을 살 만한 *eponeidistos*
☞ 질책받을 만한
비난하다 *enkalein* ☞ 반대하다
비난하다 *epikalein* 949a
비난하다 *katēgorein* 636d, 692e
-고발하다 929b, 946e

-소송하다, 기소당하다 767e, 886e
비례(율) *logos* ☞ 말
비슷한 방식으로 하다 *mimeisthai* ☞ 모방하다
비자발적 *akōn* 734b, 779c, 832c, 860d~e, 861b, 861d~862a, 864a, 864e, 865b, 865d, 866d, 867a~b, 869e, 874d~e, 878b, 879b, 914b
-마음에 들게, 알아서 958b
-마지못해서 632b, 838a
-본의 아니게 700e, 920d
-부지불식간에 943d
-의지에 반해 846a
비자발적인 *akousios* 831a, 860d, 860e, 861b, 861c, 861d, 861e, 862a, 863a, 864a, 865a, 867a, 867b, 869a, 869e, 874d, 874e, 878b
-기꺼워하지 않는 733d
-의도 없이 730c
비정치체제 *ou politeia* 832b
비중 *moira* ☞ 운명
빈 *katharos* ☞ 죄가 없는
빠져 나오다 *pheugein* ☞ 달아나다
뻔뻔스러움 *anaischyntia* ☞ 파렴치
뻔뻔하다 *anaischyntein* ☞ 몰염치하다

ㅅ ~ ㅇ

사건 *dikē* ☞ 정의
사건 *praxis* ☞ 행위
사건 *tychē* ☞ 운
사고력 *nous* ☞ 지성
사냥 *thēra* 633b, 636b, 669c, 681a, 710a, 759a, 763b, 777a, 789b, 808d, 814b, 822d, 823b, 823c, 823d, 823e, 824a, 836c, 840d, 840e, 875a, 942d
사랑 *erōs* 632a, 643d, 645d, 649d, 688b, 711d, 734a, 782e, 783a, 823d, 831c, 836a~b, 837a~b, 837d, 870a, 941c cf. *epithymein*
사랑하는, 사랑받는 *philos* ☞ 친구
사려 깊은 *emphrōn* ☞ 분별 있는
사례 *paradeigma* ☞ 본
사망 *thanatos* ☞ 사형
사실 *alētheia* ☞ 진실
사악함 *panourgia* 747c
사악함 *mochtēria* ☞ 악덕
사육 *trophē* ☞ 키움
사인(私人), 평범한 개인 *idiotēs* 628d, 636e, 641b, 645b, 667a, 714a, 742a, 742b, 757c, 767b, 767c, 779c, 801d, 844a, 848a, 864a, 909b, 919d, 952c
-문외한 916b~c, 921b, 933d
사자, 포고자, 호명관 *kēryx* 833a, 917e, 928d, 941a, 950d, 958b cf. *presbeutēs*
사적인 *idios* 957a
사절 *presbeia* 742a, 941a, 950d cf. *kēryx*
사정(司正) *euthyna* 945d, 946e
사정(司正) 담당관 *euthytēs* 945b, 945c
사정(司正) 담당관 *euthynos* 945a,

945b
사제, 남자사제 *hiereus* 741c, 759a, 759b, 759e, 799b, 800b, 828b, 872e, 877d, 885d, 909d, 947a, 951d, 953a, 953b
사제, 여(자)사제 *hiereia* 741c, 759a, 759b, 759d, 799b, 800b, 828b, 909d, 947c, 947d
사제직 *hierōsynē* 759d
사치, 호화스러움 *tryphē* 637e, 691a, 791d, 806c, 919b, 926b
-방만함 900e, 901c, 901e
-버릇없이 구는 일 793e, 794a
-유약함 695b
사형 *thanatos* 735e, 778d, 854e, 855c, 856c, 856d, 863a, 866c, 869c, 871d, 877a, 877b, 877c, 881a, 881d, 908e, 909a, 910d, 914a, 915c, 933d, 937c, 938c, 946e, 949c
-살인 870d
-죽음, 죽는 것, 사망 682e, 698c, 838c, 854c, 869b, 872a, 874c~e, 877e, 904e, 942a, 944c, 955b~c, 958a, 958c
산술 *logismos* 809c, 819b
-계산, 셈 817e, 967b
-수 697e
-추론 805a, 896c
-헤아림 644d, 645a, 813d
산정 *timēsis* ☞ 평가
산정(가)액 *timēma* ☞ 등급
산정관 *timētēs* 843d
산정하다 *prostiman* 943b cf. *timan*
살아 있는 *empsychos* ☞ 혼을 가진
살아 있지 않은 *apsychos* ☞ 혼이 없는
살육 *phonos* ☞ 살인(죄)
살인 *thanatos* ☞ 사형
살인(죄) *phonos* 759c, 778d, 831a, 864e, 865a, 865d, 866b, 866e, 867b, 867d, 869a, 869d, 869e, 870c, 871c, 872a, 872b, 872c, 872d, 873a, 873b, 873e, 874a, 874b, 874e, 877a, 877b, 877e, 937a
-살육 629e, 661a
살핌 *aisthēsis* ☞ 감각
상(賞) *nikētēria* ☞ 우승상
상관관계 *koinōnia* ☞ 모임
상기 *anamnēsis* 732c
상서로운 *katharos* ☞ 죄가 없는
상서로운 말 *euphēmia* ☞ 신중한 발언
상세히 설명하다 *exēgeisthai* 969a
상속재산 *klēros* ☞ 할당분(할당지)
상태 *diathesis* ☞ 태도
상태 *hexis* 631c, 645e, 650b, 666a, 778e, 966b
상태(*) *pathos* 644d, 682c, 790e, 791a, 859e, 860a, 863b, 876d, 888c, 893d, 895c
-감정 811c
-겪음 691b, 699e, 728c, 741c, 801b, 811c, 865e, 866b, 876b, 879b, 894a, 900b

943b, 951d, 952d, 961a
-우수상 829c
섞는 일 *meixis* ☞ 성교
섞임 *krasis* ☞ 결합방식
선(한) *agathos* ☞ 좋은 (것)
선거 *hairesis* ☞ 선출
선고하다 *timan* ☞ 명예를 주다
선물 *dōron* 716e, 727a, 728a, 771b, 782b, 796e, 862d, 885d, 905d, 906d, 907a, 953d, 955c, 955d, 956b
선법 *harmonia* 653e, 655a, 660a, 661c, 665a, 669e, 670b, 670d~e, 672c, 672e, 800d, 802e, 810b, 812c, 835a
선생 *didaskalos* ☞ 교사
선서 *horkos* 948c, 948d
선언(宣言) *phēmē* ☞ 공중의 의견
선율 *nomos* ☞ 본곡
선의 *eunoia* 635b
선체를 조이는 밧줄 *hypozōmata* 945c cf. *entonoi*; *epitonoi*
선출 *hairesis* 751b, 751c, 753b, 755b, 755d, 756a, 756e, 760a, 763c, 763e, 768e
-선거 765c
-선택(권) 681b, 733c, 734c, 739b, 768a, 858a, 924b, 925c
선택(권) *hairesis* ☞ 선출
설득 *peithō* 711c, 722b, 720a, 720d, 721d, 722b~c, 736c, 863b, 885e, 887c, 890c cf. 강제
설득하다, (믿고) 따르다(*peithesthai*) *peithein* 634a, 646a, 660a, 661c, 661e, 662c, 663c, 663e, 664c, 711c, 718b~c, 720d, 723a, 738c, 753a, 773d, 783d, 798e, 801b, 804e, 835c, 836d, 837e, 850c, 857a, 882a, 885d, 890d, 903b, 905c, 906b, 907c, 909b, 917c, 923b, 929b, 933b, 934a, 949e cf. 강제하다
-따르다 941c, 955d, 959a, 960a, 965e cf. *apistein*; *apeithein*
설명 *logos* ☞ 말
설명하다, 지적하다, 적시하다, 밝히다, 들려주다 *phrazein* 952b, 960c, 961c, 962c, 962e, 963b
섭리 *moira* ☞ 운명
섭생 *diaita* ☞ 중재재판
성가 *hymnos* ☞ 찬가
성격 *genos* ☞ 종류
성격 *ēthos* ☞ 성품
성격, 기질, 방법, 생활방식, 성향, 습성, 성품 *tropos* 638d, 655d, 658b, 666b, 738e, 797d, 798d, 803a~b, 804b, 836b, 841c, 862b, 896c, 907d, 924d~e, 929d, 935b, 950b, 968b cf. *ēthos*
-역할 803c
성교 *meixis* 836c
-섞는 일 773d
성급한 성격 *thymos* ☞ 기개
성깔 *orgē* ☞ 분노
성립 *genesis* ☞ 생성
성문화(成文化) 되는 *graphēi* 871a

성문화(成文化) 되지 않은 *agraphos* 793b, 838b, 841b
성역 *temenos* 945e
성욕 *aphrodisia* 636b
성적 교섭 *synousia* ☞ 교제
성품, 성향, 습관, 습성, 관습, 품성, 성격 *ēthos* 636d, 655d, 656b, 659c, 664d, 666b, 669c, 679b, 670e, 704d~705b, 708d, 711b, 718b, 735c, 741e, 751c, 757c, 764c, 770d, 773c, 775d, 776a, 788b, 790a~b, 791d, 792e, 793e, 797c, 798d, 832b, 836d, 837c, 855a, 859d, 862b, 896c, 903d, 904d, 907c, 908b, 908e, 909e, 919d, 922c, 924d, 928d, 929c, 930a, 949e, 963e, 967e, 968d cf. *ethos*; *tropos*
성품 *physis* ☞ 본성
성품 *tropos* ☞ 성격
성향 *ēthos* ☞ 성품
성향 *tropos* ☞ 성격
세계주기 *periodos* 680a
세금, 조세 *eisphora* 738a, 744b, 949d, 955d
세금 내다 *telein* 847b
세련된 *hēmeros* ☞ 온순한
세평 *phēmē* ☞ 공중의 의견
셈 *logismos* ☞ 산술
소관사항 *ergon* ☞ 행동
소득 *ktasthai* ☞ 소유하다
소득 *ktēma* ☞ 소유(물)
소망 *boulēsis* ☞ 바람
소매(업), 소매거래 *kapēleia* 643e, 705a, 847d, 849c~d, 918a, 918d~e, 919e, 920b~c
소송 *dikē* ☞ 정의
소송당사자, 소송의 쌍방 당사자 *antidikos* 766d, 855e, 937b
소송하다 *katēgorein* ☞ 비난하다
소유(권), 재산, 획득, 소득, 수입 *ktēsis* 632b, 684d, 705b, 724d, 728e, 745a, 770d, 776d, 777a, 812c, 870a, 877b~c
소유(물) *ktēma* 639a, 661b, 667a, 686d, 726a, 727e, 728d~e, 731a, 735c, 747c, 760e, 831c, 863b, 902b, 906a, 913b, 954d, 956a, 960d
-물건 914c cf. 소유권 *ktēsis*; 돈 *chrēmata*
-소득 743b
-장비 847d
-재산 742e, 755a, 776b, 776e, 777b, 828b, 846a
소유권 분쟁 *amphisbētēsimos* 948b, 948c, 954c
소유권 청구 *epilēpsis* 954e
소유권을 놓고 다투다 *amphisbētein* ☞ 시비를 벌이다
소유권을 주장하다 *epilambanesthai* 954c, 954d
소유물 *ktasthai* ☞ 소유하다
소유주(자) *ktasthai* ☞ 소유하다
소유하다, 갖다(*) *ktasthai* 629b, 631c, 644c, 660e, 661b, 661c,

661d, 672c, 686e, 688b, 693e, 696c, 697e, 699c, 704d, 705a, 706b, 717b, 719e, 730e, 731c, 738a, 742a, 744a, 744b, 744e, 745a, 746e, 747c, 776b, 776d, 777c, 829a, 840a, 841b, 842e, 845b, 846d, 850b, 877e, 902c, 910b, 910c, 926b, 926d, 927d, 927e, 931a, 931d, 931e, 954c, 954d, 957c, 957d, 958a, 965a, 967b, 968a
-소유물 *kektēmenon* 661b, 666e, 727e, 731a
-소유주(자) *kektēmenos* 868a, 879a, 882b, 932d, 954e,
-재산 736d, 754e, 774a, 774d, 776e, 884a
소추될 수 있는 *endikos* 954a
소홀함 *ameleia* 900e, 901c, 903a, 905b, 928c cf. 신의 소홀함 903a
-보살피지 않음 932c
소환 *proklēsis* 846b, 855d
소환의 증인 *klētēr* 846b
손님 *xenos* ☞ 외국인
손님들을 지켜 주는, 손님들을 위한 *xenios* ☞ 외국인들을 지켜 주는
손님을 접대하다 *xenoun* 953c
손상시키다 *blaptein* ☞ 해를 끼치다 (주다, 입다)
손해 *ponēria* ☞ 악
손해, 손실 *zēmia* ☞ 벌금(형)
손해(피해)를 끼치다(입다) *blaptein* ☞ 해를 끼치다(주다, 입다)
손해를 끼치다 *zēmioun* ☞ 벌을 주다
손해를 끼치다 *adikein* ☞ 불의를 저지르다
손해배상 *zēmia* ☞ 벌금(형)
솔직하게 말로 표현 *parrēsia* ☞ 표현의 자유
솜씨 좋은 *sophos* ☞ 지혜로운
송사 *dikē* ☞ 정의
수고 *ponos* ☞ 운동
수공(手工)일 *banausia* 741e, 743d
수긍하다 *homologein* ☞ 동의하다
수로 *taphreuma* 762b
수원(水原) *namata* 761b～c
-하천 844a～b
수입 *ktēsis* ☞ 소유(권)
수치(심), 부끄러움, 치욕 *aischynē* 647a～b, 648d, 671d～e, 732b, 841b, 873c, 878c, 919e
수치스러워하다 *aischynesthai* ☞ 부끄러워하다
수치심 *aidōs* ☞ 염치(심)
수치심을 느끼다 *aischynesthai* ☞ 부끄러워하다
수행하다 *epitēdeuein* ☞ 연마하다
수호 *phylakē* 964d, 966c, 968a, 968d
수호신 *daimōn* ☞ 신령
수호자 *phylax* 626a, 632c, 640c, 730a, 745a, 754d, 758c, 906b, 906d, 907a, 920a, 928a, 954b, 964b～964e, 965b～c, 966a～b, 969c
수호지휘관 *phrourarchos* 760b～e,

843d
숙고 *skepsis* ☞ 탐구
숙달 *koinōnia* ☞ 모임
숙의하다 *bouleuesthai* 965a
순위 *logos* ☞ 말
순차적인 질서 *diakosmein*
☞ 질서 지우다
술 취함 *methē* 637d, 640c, 642a
숨결 *epipnoia* ☞ 영감
숭배 *timē* ☞ 명예
숭배하다 *timan* ☞ 명예를 주다
스스로 한 *oikeios* ☞ 친(親)
스승 *didaskalos* ☞ 교사
습관 *ēthos* ☞ 성품
습관, 습성 *ethos* 632d, 653b, 663c, 681a, 706d, 707a, 741d, 792e, 795d, 807d, 834d, 841b, 942c, 951b, 968d cf. *ēthos*
습관화되다 *ethizein* ☞ 습관화하다
습관화하다, 습관화되다, 관습화되다, 익숙해지다, 길들다, 버릇을 들이다, 버릇이 있다 *ethizein* 653b, 659d, 660a, 673d, 681b, 706c, 706d, 707a, 717d, 781c, 788b, 791b, 793b, 935b, 942a
습성 *ethos* ☞ 습관
습성 *ēthos* ☞ 성품
습성 *synētheia* 655e
습성 *tropos* ☞ 성격
승마 경기 *monippos* 834c
승복하지 않다 *apeithein*
☞ 복종하지 않다
승부욕 *philonikia* 677b, 769a, 834c, 840a, 907b, 938b~c, 957d
-경쟁의식 860d
시(詩) *poiēma* 629b, 629e, 657b, 668b~c, 680c, 700e, 719d, 802a~b, 811d~e, 829d~e, 859e, 894c, 957c
시 *poiēsis* ☞ 시를 짓는 일
시가 *mousa* 829c
시가(술) *mousikē* 642a, 654c, 655a, 655c, 656e~657c, 658a, 658e, 660b~c, 660e, 668a, 668b, 669a~b, 672c, 673a~b, 677d, 682e, 700a, 700e, 701a, 702a, 729a, 764c~e, 795d, 798d, 801a, 801d, 802a~b, 804d, 806a, 812e, 813b~c, 816b, 816c, 828c, 829d, 834e, 835a, 889d, 890e, 949a, 955a
-음악 947e
시간 있음 *scholē* ☞ 여유
시간을 함께 보내기 *synousia* ☞ 교제
시골 *chōra* ☞ 나라
시금석 *basanos* ☞ 검증
시기심 *phthonos* ☞ 질투
시내 *asty* ☞ 도시
시도 때도 없이 *kairos* ☞ 시의적절함
시를 짓는 일 *poiēsis* 800d, 801c, 802b, 811c, 829e
-시 656c
-시의 창작 829c
-작품 817a
시민, 내국인 *astos* 666e, 849a~b,

801e, 804a, 818c, 828b, 848d, 877a, 906a, 909e, 914b
신성한 *hosios* ☞ 경건한
신성한 것으로 여겨지게 하다, 신성시되다 *kathieroun* ☞ 축성(祝聖)하다
신성한 원리 *phēmē* ☞ 공중의 의견
신실한 *hosios* ☞ 경건한
신에게 바치다 *kathieroun* ☞ 축성(祝聖)하다
신적인 *theios* 631b, 631c, 631d, 642c, 642d, 644d, 657a, 658a, 664d, 666d, 671d, 682a, 689c, 691e, 696b, 704d, 709c, 711d, 713d, 716a, 720b, 726a, 727a, 728b, 732e, 747b, 747e, 759c, 759d, 766a, 780e, 792d, 798a, 809c, 817a, 818b, 818c, 824a, 854b, 871c, 875c, 886d, 899d, 904d, 908b, 926b, 945c, 950b, 951b, 956b, 957c, 958d, 965c, 966d, 966e, 969b cf. 신적인 섭리 642c, 875c; 신적인 덕 904d
신적인 존재 *daimōn* ☞ 신령
신전 관리자 *neōkoros* 759a~b, 953a
신전 약탈 *hierosylia* 854a, 869b, 885a
신전 약탈 *hierosylos* 832a, 853d, 853e, 854b, 856c, 857a, 860b, 960b
신중한 발언 *euphēmia* 957b
-공경의 말 717c
-상서로운 말 800e, 801a
-신중한 언사 949b
-완곡한 표현 736a
신중한 언사 *euphēmia* ☞ 신중한 발언
신체 *sōma* ☞ 육체
신탁, 예언 *manteia* 642d, 694c, 772d, 792d, 800c, 828a, 914a
신탁소 *phēmē* ☞ 공중의 의견
신화 *mythologēma* 663e
신화 *mythologia* 680d
신화, 신화 이야기, 옛이야기, 원칙 *mythos* 636c~d, 645b, 664a, 680d, 682a, 683d, 699e, 712a, 713a, 713c, 719c, 752a, 771c, 790c, 804e, 812a, 840c, 841c, 865d, 872e, 887d, 927c, 944a
-이야기 903b
실제, 실상 *alētheia* ☞ 진실
실제 행위 *ergon* ☞ 행동
실제로 *ontōs* ☞ 말 그대로
실천 *praxis* ☞ 행위
실천하다 *epitēdeuein* ☞ 연마하다
실행 *epitēdeuma* ☞ 관행
실행 *praxis* ☞ 행위
심문 *basanos* ☞ 검증
심문기회 *anakrisis* ☞ 예비심문
심문하다 *anankrinein* 766e, 855e, 856a, 879e
심사 *dokimasia* 753e, 759d, 760a, 765b, 765d, 767d
심사관, 심사자 *kritēs* 659a, 659b, 659c, 845d, 949a
-검열관 801d
-재판관 767c
-판관 876d
-판단 888b

-판별자 669a
-판정(관) 765a, 765c, 721e
심사숙고하다 *synnoein* 835e
심사자 *kritēs* ☞ 심사관
심사하다 *dokimazein* 754d, 755d, 756e, 759c~d, 763e, 765b~c, 766b, 767d, 876c
심사하다 *elenchein* ☞ 검토하다
심판 *dikē* ☞ 정의
심판 *athlothetēs* ☞ 경연 주관자
심판관 *dikastēs* 843d
싸움 *agōn* ☞ 경기
씨족 *phratria* 785a~b
아름다운 *kalos* 625a, 630c, 635a, 636a, 637e, 638a, 654b~655c, 655e~656a, 656d, 657a, 658e, 660a, 661e, 663e, 664b, 665d~667c, 667d, 668b, 669a, 670e~671a, 671c~d, 678b, 679c, 682b, 687e, 697b, 701a, 716d, 728a, 728d, 731e, 741b, 743a, 743c, 744b, 746b, 754c, 754e, 763b, 769b, 769c, 778d, 788c, 788d, 793b~c, 801d, 802a, 803c, 807a, 811a, 811b, 814d, 814e, 815b, 816b, 816d, 817b, 818d, 820b, 823a, 829b, 829c, 829d, 831d, 831e, 832b, 836d, 838a, 840b, 840c, 841b, 841c, 844a, 854c, 858d, 858e, 859c~860c, 870b, 886a, 887c, 889a, 890b, 896d, 898b, 900e, 918c, 944c, 950d, 950e, 953c, 956e, 957b, 959b, 959e, 962b, 966a~d
cf. 수치스러운 *aischros*
-나은 685b
-다행히 905c
-멋지게 658d
-명예롭게 682d
-물론 646d
-반가운 960e, 961c
-올바른 721a
-옳은 653a, 770c, 792a, 824a
-잘 642c, 656c, 672d, 680a, 686d, 686e, 689b, 689d, 692c, 692d, 699e, 722a, 723c, 765e, 766b, 772e, 773d, 774d, 808c, 832a, 833e~834a, 875b
-잘생긴 696b
-적절한 719a, 832b
-제대로 696d, 838e
-좋은 660d, 676a, 680d, 701d, 753e~754a, 766a, 783d, 886c, 902d
-최상의 644b
-훌륭한(훌륭하게) 626b, 627d, 632b, 633a, 634d~e, 635b, 636e, 637a, 638b, 639a, 641c, 645a, 646e, 648d, 649c, 653c, 660e, 663a, 667e, 674c, 683b, 684e, 685d, 686c, 689a, 693e, 694d, 698a, 702e, 705d, 706a, 706d, 707a, 714c, 717d, 728c, 729e, 730b, 732e, 733e, 744b, 762e, 769a, 772c, 780e, 783d~e, 793a, 801e, 802d, 821a, 832c~d, 837d,

856e, 859b, 861a~c, 862c, 876c, 888b, 888d~e, 889e, 895a, 897e, 898c, 905d, 907a, 907c, 913c, 917b, 921e, 922d, 931e, 934c, 937d~e, 950c, 951c, 960c, 961d, 962d, 963a cf. 수치스러운 *aischros*
아름다움 *kallos* 631c, 649d, 661a, 669a, 727d, 734d, 789d, 795e, 964b
-훌륭한 수준 810b
아름다움 *kallonē* 953c
아름답게 꾸밈 *kosmos* ☞ 우주
아울로스 *aulos* 669e, 670a~b, 700d, 765b
아이를 돌보는 노예 *paidagōgos* 700d
-교복(校僕) 808d~e
아크로폴리스 *akropholis* 745b, 969c
악, 악덕 *kakia* 637d, 644e, 645b, 653a, 655b~c, 676a, 678b, 688c, 890c, 900d~e, 904a, 904b, 904d, 914a, 964c cf. 악덕의 패배 904b
악(*) *kakos* 647b, 663c, 676a, 678b, 705b, 714a, 731d~e, 797c, 819a, 831b, 854b, 854e, 855a, 856c, 867b, 880e, 884a, 886d, 908c, 921a, 944b
-못된 944d
악, 손해 *ponēria* 678a, 705b, 708c, 714a, 718e, 767e
악덕 *kakia* ☞ 악
악덕(*) *mochtēria* 656c, 734d, 853b
-나쁨 734d
-사악함 655c
악행 *kakourgia* 728b
-부정 행위 917e
안녕하다 *eutychein* ☞ 복 받다
안전(하다) *sōzein* ☞ 존속하다
안전하게 지키다 *sōizein*
☞ 온전한 상태로 유지시키다
안정을 유지하다 *sōizesthai* 945c
알맞게 *moira* ☞ 운명
알맞은 *metrios* ☞ 적도
알맞은 *prosēkein* ☞ 적절한
알맞은 *prosphoros* ☞ 적당한
알맞은 *sophrōn* ☞ 절제 있는
알아서 *akōn* ☞ 비자발적
앎 *epistēmē* 875c, 968e
암행근무자 *kryptos* 763b
애가(哀歌) *thrēnoi* ☞ 만가
애도 *odyrmos* 947b
애씀 *ponos* ☞ 운동
액막이 *apodiopompēsis* 854b
야간위원회 *hoi nyktôr syllegomenoi*, *nykterinos syllogos* 908a, 909a, 968a
약 *pharmakon* 647e, 649a, 672d, 735e, 836b, 919b
-고약(膏藥) 932e
-독(毒) 933d
-치유책 666b
양순한 *hēmeros* ☞ 온순한
양식 *trophē* ☞ 키움
양육 *trophē* ☞ 키움
어긋나는 *plēmelēs*
☞ 곡조에 맞지 않는
어리석은 짓 *amathia* ☞ 무지
어리석음 *anoia* ☞ 무지

어설픈 *plēmelēs*
☞ 곡조에 맞지 않는
어울리는 *emmelēs* ☞ 적합한
어울리는 *prosēkein* ☞ 적절한
어울리다 *prepein* ☞ 적절하다
어쩔 수 없는 *anankaios* ☞ 필연적인
억압 *doulōsis* 791d
언(어) *logos* ☞ 말
언급 *logos* ☞ 말
언급하다 *epaeidein* ☞ 주문을 걸다
엄밀함 *akribeia* 967b
업무 *epitēdeuma* ☞ 관행
엉뚱한 *plēmelēs*
☞ 곡조에 맞지 않는
여(자)사제 *hiereia* ☞ 사제
여가 *scholē* ☞ 여유
여왕 *basilea* 698b, 698e, 761e
여유, 한가로움 *scholē* 832d, 858c, 951a, 961b
-여가, 짬, 시간 있음 738b, 771c, 781e, 813c, 820c, 828d, 855d
-거의 *scholēi* 668c, 686b
연대감 *koinōnia* ☞ 모임
연마하다 *epitēdeuein* 814d, 831b, 942d
-관행을 따르다 637e
-수행하다 742c, 805a
-실천하다 728a
-일삼다 941b
-종사하다 763b~c, 846d, 847a, 920b
-추구하다 732d
염두 *nous* ☞ 지성
염습 *prothesis* 947b, 959a, 959e
염치(심) *aidōs* 649c, 671d, 672d, 713e, 729b cf. 아이도스
-수치심 647a, 772a
-외경심 698b, 699c
-용서 867e
영감(靈感), 숨결 *epipnoia* 738c, 747e, 811c
영구추방 *aeiphygia* 871d, 877c, 877e, 881b, 881d
영령 *daimōn* ☞ 신령
영면한 *makarios* ☞ 복된
영사(領事) *proxenos* 642b
영양분 *trophē* ☞ 키움
영양섭취 *trophē* ☞ 키움
영웅 *hērōs* 717b, 738d, 801e, 818c, 853c
영토 *chōra* ☞ 나라
영향이 큰 *kyrios* ☞ 효력이 있는
예 *paradeigma* ☞ 본
예감하다 *manteuesthai*
☞ 육감으로 판단하다
예기치 않은 일 *tychē* ☞ 운
예비심문 *anakrisis* 766d
-심문기회 855e
예비후보 *prokritos* 945b, 946a
예언 *manteia* ☞ 신탁
예언자(가) *mantis* 634e, 686a, 828b, 871c, 885d, 908d, 913b, 933c, 933e
예언하다 *manteuesthai*
☞ 육감으로 판단하다
예우 *timē* ☞ 명예

예우하다 *timan* ☞ 명예를 주다
옛이야기 *mythos* ☞ 신화
오르페우스적 *orphikos* 782c
오만 *akolasia* 794a, 884a, 957e
-방종 794a, 957e
오만, 오만방자, 욕정, 과도한 행위, 횡포 *hybris* 637a, 641c, 649d, 661e, 679c, 691c, 713c, 716a, 774c, 775d, 777d, 783a, 793e, 835e, 837c, 849a, 906a
-방자함 884a, 885a
오만방자한 *hybristēs* 630b
오염 *miasma* 866b, 871b
오명 *oneidos* ☞ 비난
오염되지 않은 *katharos* ☞ 죄가 없는
온순한 *hēmeros* 713d, 718d, 765e, 766a
-길든 761a
-부드러운 709b, 885e
-세련된 951b
-양순한 867d
온전한 상태로 유지시키다, 안전하게 지키다 *sōizein* 942e, 961c, 961e, 965a
온화한 *hilaos* 792a, 792b, 792d, 792e, 803e, 923b
-유쾌한 649a cf. 쾌락을 좇지도 고통을 전적으로 회피하지도 않는 상태, 신의 상태 792d
-자비로운, 자비를 베푸는, 친절한 664c, 712b
-호의를 받는, 호감을 받는, 736c, 747e, 910b, 924a
-화목한 924a
올바로, 올바르게 *orthos* ☞ 옳은
올바른 *dikaios* ☞ 정의
올바른 *kalos* ☞ 아름다운
올바른 *orthos* ☞ 옳은
옳게 *orthotēs* ☞ 옳음
옳기 *orthos* ☞ 옳은
옳은 *dikaios* ☞ 정의
옳은 *kalos* ☞ 아름다운
옳은, 옳기, 옳음(*) *orthos* 625a, 626c, 626d, 627a, 627b, 628e, 630d, 631a, 631b, 634c, 634d, 636e, 637c, 638e, 639c, 640a, 640b, 640e, 641a, 646d, 648d, 652a, 653a, 653c, 654e, 655a, 655b, 655e, 657c, 658a, 658d, 658e, 659b, 659d, 660a, 660e, 661a, 662d, 664c, 667c, 667d, 668b, 668d, 669b, 670b, 670c, 671e, 673a, 690a, 690e, 692e, 693d, 696d, 699d, 700e, 705b, 709e, 710c, 717a, 723b, 723c, 727a, 731e, 733a, 734b, 737a, 737c, 739a, 739d, 743c, 744a, 744d, 757a, 771c, 776c, 777e, 779e, 780a, 781a, 781d, 781e, 788a, 790c, 791c, 795c, 797c, 799b, 801c, 801e, 803b, 814e, 815a, 815c, 817a, 821a, 822a, 830a, 832d, 833c, 836c, 837a, 837b, 838d, 839d, 841e, 842a, 857c, 857e, 858b, 858e, 874e, 875d, 876e, 888b, 896b, 896e,

897a, 899e, 907d, 914a, 919b, 931a, 932a, 956e, 963a, 965b, 965e
-올바른, 올바르게, 올바로, 바르게 640d, 641b, 643d, 644a, 653b~c, 660a, 674b, 683a, 686d, 694c, 696c, 696e, 697b, 701e, 705e, 707b, 709d, 713c, 715b, 751d, 757e, 766a, 771b, 777d, 782d, 788c, 788d, 790b, 792c, 793a, 803b, 810c, 810e, 815b, 818a, 818d, 822b, 823a, 831a, 832c, 834d, 848b, 853b, 853d, 859e, 861c~d, 862a, 869a, 871c, 876a, 876c, 888e, 890a, 890d, 891e, 897b, 931e, 950a, 950c, 957c, 960e, 961c, 962a, 963a, 968c, 968e, 969a
-적절한, 적합한 722b, 768c, 774a, 812b, 901a
-정당한, 공정하게 917c, 953a
-제대로, 잘, 똑바로 628d, 631e, 632a, 639d~e, 641d, 654d, 665e, 696d, 698a, 713b, 737c, 738e, 742c, 742e, 743e, 752c, 780c, 794e, 796a, 810c, 815b, 816b, 892b~c, 899c, 903b, 909e, 921c, 925e, 930e, 941a
옳은 방식 *orthotēs* ☞ 옳음
옳음, 옳게, 옳은 방식 *orthotēs* 627d, 667b~d, 668b, 670b, 700e, 733a, 734d, 847e, 931b
-올바름, 올바른 방법, 올바른 642a, 721a, 803e, 841b, 853b
옳음 *orthos* ☞ 옳은
와해 *katalysis* 856b
완곡한 표현 *euphēmia* ☞ 신중한 발언
완력 *biaios* ☞ 폭력적인
왈가왈부 *amphisbhētēsis* ☞ 이의제기
왕 *basileus* 681d, 683d, 684b, 685c, 686a, 688c, 690d~e, 691a, 691d, 692a, 694b, 695c, 696a, 698e, 713c, 761e, 904a
왕국, 왕권 *archē* ☞ 관리
왕정 *basileia* 681d, 683e, 684a, 710e, 712c, 712e
외경심 *aidōs* ☞ 염치(심)
외경하다, 경외하다, 경외감을 갖다 *sebeisthai* 647a, 813d, 837c, 877a, 917b
-존경하다 798b
-존귀하게 여기다 729c
외국에 나가다 *ekdēmein* 952d
외국에서 방문해 오다 *eisepidēmein* 952d
외국인(*) *xenos* 729e, 730a, 764b, 804d, 816e, 842a, 842e, 845a, 845b, 845c, 847a, 848a, 848b, 849a, 849b, 849c, 849d, 850a, 853d, 854d, 865e, 866b, 866c, 868a, 869d, 872a, 879d, 879e, 880c, 882a, 915b, 920a, 938c, 941d, 949b, 949e, 950a, 950d, 952d, 953a, 953b, 953d, 953e
-손님 710a, 806c, 817b, 969c

외국인들을 지켜 주는(보살피는, 돌보는), 손님들을 지켜 주는, 손님들을 위한 *xenios* 730a, 919a, 953e, 965e cf. 제우스
-외국인에 대한 호의 845b
외국인 몰아내기 *xenēlasia* 950b, 953e
외국인 손님 환대 정신 *philoxenia* 953a
외상 주다 *proiēnai* 849e
요행 *tychē* ☞ 운
욕구 *boulēsis* ☞ 바람
욕구 *epithymia* 631e, 643c, 647d, 688b, 714a, 721b~c, 732e, 734a, 770d, 782d, 782e, 788b, 802c, 823d, 835c, 835e, 836a, 837a, 837c, 838b, 838d, 841c, 842a, 854a, 863e, 864b, 869e, 870a, 886b, 918d, 922b, 934a
욕구 *zētēsis* ☞ 탐색
욕망 *pothos* ☞ 그리움
욕망을 갖다 *epithymein* 950a, 951a cf. *erōs*
욕정 *hybris* ☞ 오만
용감한 *andreios* ☞ 용기 있는
용감함 *andreios* ☞ 용기 있는
용기 *andreia* 630b, 631c, 632d, 633c, 635e, 649c, 696b, 944c, 963c, 963e, 964b, 965d
용기 *andreios* ☞ 용기 있는
용기 있는, 용기 *andreios* 630b, 631c, 631d, 632e, 633c, 634a, 634b, 635e, 647d, 648c, 649c, 659a, 661e, 667a, 679e, 696b, 733e, 734c~d, 752b, 802e, 808c, 824a, 837c, 900e, 944c, 963c, 963e, 964b, 965d
-남자다운 945a
-용감한, 용감함 635d, 640a, 648a~b, 655a~b, 660a, 709e, 710c, 791b, 802e, 807b, 815e, 831e, 832c, 836d, 840a, 855a, 905c, 922a, 969a
용서 *aidōs* ☞ 염치(심)
용서받지 못했음 *anaideia* ☞ 몰염치
용서하다 *aidesthai* ☞ 경외하다
용어 *rhēma* ☞ 가사
우두머리 *hēgemōn* ☞ 쾌락
우리 편 *philos* ☞ 친구
우물 *krēnē* 704a, 719c, 758e, 761b, 763d, 764b
우발 *aproboulia* 867b
우수상 *aristeia* ☞ 서훈
우수한 *agathos* ☞ 좋은 (것)
우승상 *agathos* ☞ 좋은 (것)
우승상, 상 *nikētēria* 829c, 832e, 833c, 964b
우애, 우정 *philia* 628b, 693c, 693d, 694b, 695d, 697c, 698c, 699c, 708c, 759b, 776a, 836e, 837b, 843a, 862c, 957d
우애 (있는), 우애로운 *philos* ☞ 친구
우연 *tychē* ☞ 운
우의 *philophrosynē* 628c
우정 *philia* ☞ 우애
우주 *kosmos* 821a, 897c, 967c

원리 *logos* ☞ 말
원리적으로 *technēi* 875b
원인 *aitia* 624a, 672d, 676c, 688c, 692b, 693a, 694a, 695e, 697c, 713c, 727b, 731e, 737b, 776c, 790e, 821a, 831b~832c, 838c, 856e, 862a, 863c~d, 870a, 872a, 875a, 886a~b, 886d, 887d, 891e, 896b, 896d, 899b, 900a, 904c, 908a~b, 936d, 955c, 963e, 967c
cf. 성격 형성의 원인 904c
(해외) 원정 *strateia* ☞ 군복무
원칙 *mythos* ☞ 신화
원칙 *logos* ☞ 말
원하는 *hekousios* ☞ 자발적인
원하는 것 *boulēsis* ☞ 바람
원하는 자(사람) *ho boulomenos* 634c, 693c, 704b, 706a, 745a, 755a, 764a, 806c, 843b, 844c, 862a, 866b, 866c, 868b, 880e, 914e, 919e, 937c, 938b
위원회 *syllogos* ☞ 회합장소
위치 *thesis* ☞ 제정
위해를 끼치다 *adikein*
☞ 불의를 저지르다
위해 행위 *blabē* ☞ 피해
위해 행위를 하다 *adikein*
☞ 불의를 저지르다
위해 행위를 하다 *blaptein*
☞ 해를 끼치다(주다, 입다)
유(類) *genos* ☞ 종류
유괴 *andrapodismos* ☞ 납치
유대 *oikeiotēs* 771d
유대감 *koinos* ☞ 공동의
유대관계 *koinōnia* ☞ 모임
유사한 *syngenēs* ☞ 친척인
유약함 *tryphē* ☞ 사치
유언 *diathesis* ☞ 태도
(안정을) 유지하다 *sōzein*
☞ 존속하다
유죄 판결을 내리다 *katadikazein* 958c
유죄 판결을 받다, 판정을 받다
ophliskanein 745a, 755a, 845e, 856d, 857a, 857b, 866b, 871d, 872a, 872b, 873b, 873e, 874a, 874b, 876c, 877c, 877e, 878c, 878e, 880b, 881d, 907e, 909b, 909d, 915c, 928b, 928c, 932c, 933d, 933e, 937c, 938b, 941b, 943b, 943d, 944e, 945a, 954b, 955c, 958a, 958b, 958c
-사다 778e, 790a
-패소하다, 재판(소송)에 지다
754e, 767e, 843b, 844d, 916b~c, 929e
유죄 확정을 받다 *haliskesthai* 915a, 937c, 937d, 942a, 946e, 948a, 952d, 955d cf. 유죄 판결을 받다
ophliskanei
-걸려들다 758a
-적발되다 754e
유쾌한 *hilaos* ☞ 온화한
유형 *typos* ☞ 윤곽
유효한 *kyrios* ☞ 효력이 있는
육감으로 판단하다 *manteuesthai* 959d
-예감하다 800a

-예언하다 677e
-추측하다, 짐작하다 694c
육상 경기 *agōn gymnikos* 832d
육체, 신체, 몸, 몸체 *sōma* 628d, 631c, 636a, 646b, 646c, 646d, 653d, 654c, 654d, 655b, 656a, 659e, 664e, 666a, 668d, 672d, 672e, 673a, 684c, 691c, 697b, 716a, 717c, 724a, 727d, 728d, 734d, 735b, 735c, 743d, 743e, 744c, 747e, 761d, 775c, 775d, 788c, 788d, 789a, 789c, 789d, 790c, 795d, 795e, 796d, 797b, 797d, 797e, 801e, 802a, 807c, 807d, 808b, 813a, 813d, 814c, 814e, 815a, 815b, 815e, 816a, 816d, 824a, 828d, 832e, 837c, 839e, 840b, 841a, 841c, 857d, 859d, 865a, 865b, 865c, 870b, 873a, 874d, 898d, 898e, 903d, 904a, 904d, 905e, 906c, 908a, 916a, 925e, 926b, 933a, 933c, 942e, 956a, 959a, 959b, 960d, 962a
-물질, 물체 889b, 892a~c, 893a, 896b, 896c, 896d, 897a, 899a~b, 933a, 967b~d
윤곽 *perigraphē* ☞ 밑그림
윤곽 *typos* 778c, 803e, 816c, 876e, 905c
-견본 718c, 801c~d
-유형 809b
음악 *mousikē* ☞ 시가
음유시인 *rhapsōdos* ☞ 서사시 낭송가
응보 *tisis* 870d
응징 *dikē* ☞ 정의
의견 *dianoēma* ☞ 생각
의견 *dogma* ☞ 판결
의견, 견해 *doxa* 632c, 653a, 649b, 701b, 770d, 864b, 876b, 891c, 892b, 907b, 949a cf. 참된 의견 632c, 653a, 864b
-믿음 888b~c, 908c
-생각 644c
-판단 645e, 688b, 689a~b, 864a, 896d
-평판 646e, 914a, 950c, 951a
-확신 863c
의견 *phēmē* ☞ 공중의 의견
의도 *boulēsis* ☞ 바람
의도 없이 *akousios* ☞ 비자발적인
의도적 *hekousios* ☞ 자발적인
의도적으로 *hekōn* ☞ 자발적인
의무 *anankē* ☞ 필연
의무 *taxis* ☞ 질서
의미 *logos* ☞ 말
의사의 *iatrikos* 961e, 963a, 963b
의식 절차 *nomima* ☞ 법규
의지에 반해 *akōn* ☞ 비자발적
의학적 *iatrikos* 628d
이견이 없다 *homologein* ☞ 동의하다
이론 *logos* ☞ 말
이론적인 지식 *logos* ☞ 말
이름 *onoma* 624b, 626a, 644a, 644c, 653e, 654a, 665a, 682e, 695e, 700b, 704a, 713a, 715d, 736a,

744c, 753c, 755c, 756e, 816b, 816c, 823b, 837a, 842e, 856e, 864a, 873d, 895d, 895e, 896a, 896e, 904d, 917b, 935a, 937e, 944b, 945c, 947b, 950b, 956c, 957c, 963d, 964a, 965d cf. 존재의 이름 895d
이름 *rhēma* ☞ 가사
이민족 *barbaroi* 635b, 654e, 680b, 685b, 687b, 692e, 693a, 814a, 840e, 870a
-비(非) 그리스인 887e
이성 *logos* ☞ 말
이성 *nous* ☞ 지성
이성적 판단 *logos* ☞ 말
이야기 *mythos* ☞ 신화
이웃 *geitōn* 696b, 704c, 737d, 761d, 762a, 766e, 768c, 842e, 843b~c, 843e, 844b~c, 844e, 846a, 874a, 877b, 915c, 920d
이유 *logos* ☞ 말
이의를 제기하다 *enkalein* ☞ 반대하다
이의제기 *amphisbhētēsis* 714b, 756b
-(소유권) 분쟁 784b, 954c
-왈가왈부, 논쟁 937d, 969b
-쟁점 766e
이익 *kerdos* 862c
이자 *tokos* 742c, 743d, 842d
이주(지) *apoikia* 702c, 736a, 736c, 744b, 753a, 754c, 776b, 923d, 925b, 929d
이치 *logos* ☞ 말
이해력 *dianoēma* ☞ 생각
이행하지 않은 *atelēs* ☞ 미완성의
익숙해지다 *ethizein* ☞ 습관화하다
인가하다, (목록에) 남기다 *enkrinein* 946b, 952a cf. *apokrinein*
인내(심) *karterēsis* 633b, 637b
인정하다 *homologein* ☞ 동의하다
인척관계 *koinōnia* ☞ 모임
일 *praxis* ☞ 행위
일 *epitēdeuma* ☞ 관행
일관되다 *homologein* ☞ 동의하다
일리 *logos* ☞ 말
일리 *nous* ☞ 지성
일반 *genos* ☞ 종류
일반적인 *koinos* ☞ 공동의
일부러 *hekōn* ☞ 자발적인
일삼다 *epitēdeuein* ☞ 연마하다
일상 *diaita* ☞ 중재재판
일어나다 *paschein* ☞ 겪다
일인 지배 (정체) *monarchia* 693d
일치(상태) *symphōnia* 653b, 662b, 689d, 691a
일치된 *koinos* ☞ 공동의
(의견이) 일치하다 *homologein* ☞ 동의하다
읽기 및 쓰기 *grammata* ☞ 글
읽기 및 쓰기 교사 *grammatistēs* 812a~b
읽기 및 쓰기 교재 *grammata* ☞ 글
임금(賃金) *misthos* 804d, 847b
-기회 945a
-대가 650a
-대금 921c
-보수 742a, 813e, 921e

입교의식 *teletē* 666b, 738c, 815c, 870d
-밀교 모임 908c
입국 허가, 받아들임 *hypodochē* 949e, 950d, 955b cf. *apodēmia*
(피해를) 입다 *paschein* ☞ 겪다
입법, 법전 *nomothesia* 657a, 681c, 683c, 684e, 699d～e, 705e, 720e, 723c, 737d, 746b～c, 790c, 810c, 834b, 834d, 860e, 927d, 928a, 960b, 962d
입법가, 입법자 *nomothetēs* 625e, 626a, 628a, 628c～d, 630c～d, 631a, 631d, 632a～b, 633a～b, 635a～c, 636e, 637d, 647a～b, 649a, 660a, 662b, 662e～663b, 663d, 664a, 667a, 671c, 680a, 681d, 684c～e, 688a～b, 688e, 690d, 691b, 691d, 692b, 693a～c, 696a, 697a～b, 701d, 704d, 708d～e, 709c～e, 710c～e, 718b～d, 719a～d, 720a, 720e, 722b, 723a～d, 727c, 728a, 728d, 729b, 735c～d, 736a, 736c, 738c, 739a, 741b, 742d, 744a, 744d～e, 745b, 746a, 746c, 746e, 747c, 747e, 757b, 766a, 769d～e, 770a, 770c, 772b～c, 779c, 781a, 781c, 788b, 798b, 801d, 802c, 805b, 806c, 807e, 809d, 810c, 816c, 822d, 823a, 823c, 828b, 829e, 830d, 831a, 835a～b, 836d, 838d, 840e, 842c～d, 843e, 846c, 853c, 855e, 858b～d, 861b, 862b, 862e, 863c, 873a, 876a, 880e, 888c, 890b, 891b, 907d, 910b, 913d, 916e, 919b, 922a, 922c, 922e～923a, 925e～926d, 927a, 927d, 928d, 933c, 934b～c, 935c, 936b, 941c, 949e, 957a, 957d, 959a, 959d, 964b, 969b
입법하다 *nomothetein* 684b, 684d, 737e, 828a, 835b, 836d, 843e, 846c, 853b～d, 855d, 858b, 860e, 876b, 934c, 959e, 962e, 968c
입증하다 *elenchein* ☞ 검토하다
(일이) 있다 *paschein* ☞ 겪다

ㅈ ～ ㅊ

자격 *axiōma* 690a, 690d, 714d
자격 *timē* ☞ 명예
자격을 박탈하는 *atimos*
☞ 불명예(를 주는)스러운
자격이 있는 *epaxios* 961b
자격이 있는 *kyrios* ☞ 효력이 있는
자국인 *epichōrios* 846d, 847a, 881c
자기 자신을 이기는 것 *to nikan auton hauton* 626e, 628d
자기애 *hē hautou philia* 731e
자기의 (것) *oikeios* ☞ 친(親)
자기편의 *oikeios* ☞ 친(親)
자리 *archē* ☞ 관리
자발적인 *hekousios* 860d, 860e, 861a, 861b, 861d, 861e, 862a, 863a, 867a, 867b, 869e, 870c, 872d,

873a, 874d, 874e, 877e, 878b
-기꺼워하는, 원하는 733d, 925b
-의도적 730c
자발적인 *hekōn* 627e, 663b, 663e, 684c, 690c, 714d, 730e, 731c, 734b, 741a, 762b, 832c, 838a, 860d~861b, 861d~e, 866a, 867a~b, 869a, 869e, 872d, 885b, 914b, 919d, 921d, 923b, 924a, 926b, 932e, 936e
-기꺼이, 자진해서 632b, 646b, 646c, 670c, 700a, 737b, 762a, 775d, 799b
-의도적으로, 일부러, 고의로 721c, 752a, 767e, 774a, 845e, 846a, 881e, 943d, 944c
-자의적으로 772c
자비로운 *charis* ☞ 매력
자비로운, 자비를 베푸는 *hilaos* ☞ 온화한
자신과 친밀한 *oikeios* ☞ 친(親)
자신에게 적당한 방식으로 *oikeios* ☞ 친(親)
자신의 *oikeios* ☞ 친(親)
자신이 자기 자신에게 지는 것 *to hēttasthai auton hyph'heauton* 626e
자양분 *trophē* ☞ 키움
자연 *physis* ☞ 본성
자연스럽게, 자연히, 본성에 따라 *kata physin* 958d, 960d, 966b
자유 *eleutheria* 649b, 693c~d, 694a~b, 697c, 698b, 699e, 701a~b, 701e, 806d, 907c
자유로운 *eleutheros* ☞ 자유인
자유로운, 자유를 누리는 *eleutherios* ☞ 자유인
자유민 *eleutherios* ☞ 자유인
자유인, 자유로운, 자유인에게 어울리는, 자유인다움 *eleutheros* 644a, 665c, 688d, 693e~694a, 699c, 700a, 701a, 701d~e, 720a, 720c~d, 741e, 761e, 777b, 777e, 790b, 792d, 794a, 795e, 796d, 807d~e, 808e, 817e, 819b, 823e, 832d, 838d, 841d, 842d, 845b~c, 848c, 857c, 865d, 866d, 867c, 868c, 869d, 872b, 874c, 875d, 879a, 880a, 881d, 882a~b, 909c, 914a, 914c, 919e, 921b, 927d, 930d~e, 932d, 934d, 936b, 937a, 946c, 949c, 954e, 955a, 962e
자유인, 자유민, 자유인(의 품위)에 어울리는, 자유로운, 자유를 누리는 *eleutherios* 635d, 669c, 688d, 693b, 823e
자유인다움 *eleutheros* ☞ 자유인
자유인답지 못한, 자유인에 어울리지 않는, 자유가 없는 *aneleutheros* 644a, 669c, 741e, 791d, 802d, 843d, 880a, 914c, 919e, 941b
-노예적인 723a
-비굴함 728e, 774c, 919d
자유인답지 못함 *aneleutheria* 747b, 743c, 843d
자유인에게 어울리는 *eleutheros* ☞ 자유인

자의적으로 *hekōn* ☞ 자발적인
자제력의 결핍 *krateia* 734b
자진해서 *hekōn* ☞ 자발적인
자질 *physis* ☞ 본성
작가 *poiētēs* ☞ 시인
작용 *praxis* ☞ 행위
작전훈련 *strateia* ☞ 군복무
작품 *poiēsis* ☞ 시를 짓는 일
잘 *kalos* ☞ 아름다운
잘 *orthos* ☞ 옳은
잘 지내다 *eu prattein* 657c
-번영하다 710d
-평안한 상태에 있다 816b
잘못 *hamartēma* 727b, 729e~730a, 731e~732a, 801c, 805b, 820c, 855c, 860e, 863a, 863c~d, 876d, 877e, 906c, 959c
잘못, 잘못된 일 *hamartia* 660c, 668c, 784c, 838c
-그름 627d
잘못 *plēmelēs* ☞ 곡조에 맞지 않는
잘못된 일 *hamartia* ☞ 잘못
잘못을 저지르는 *plēmelēs* ☞ 곡조에 맞지 않는
잘생긴 *kalos* ☞ 아름다운
잘하는 *agathos* ☞ 좋은 (것)
장 *agora* ☞ 광장
장군 *stratēgos* 640b, 755b~756a, 760a, 847d, 880d, 902d, 921d, 943a, 944e, 953b, 961e, 962a cf. *archōn*
-(군대) 지휘관 694a, 694c, 906e, 908d
-통솔자 671d
장난감 *paignion* 644d, 796b, 797b, 803c, 816e cf. 신의 장난감 803c
장례(절차) *taphē* 959d, 960b
장비 *ktēma* ☞ 소유(물)
장소 *topos* ☞ 지역
장소 *chōra* ☞ 나라
장식 *kosmos* ☞ 우주
장인(匠人) *dēmiourgos* 689c, 742a, 746d, 829d, 846d, 848a, 848e, 849d, 850c, 898b, 920d, 920e, 921a, 921b, 921c, 921d, 965b
-기술자 902e, 903c, 916b
재난 *pathēma* ☞ 겪음
재난 *tychē* ☞ 운
재물 *chrēmata* ☞ 돈
재산 *ktēsis* ☞ 소유(권)
재산 *nomimos* ☞ 법규
재산 *ousia* 684d, 717c, 719e, 724a, 729a, 736e, 737b, 741b, 744c, 745d, 754d, 775a, 776b, 850a~b, 856d, 857a, 866c, 877c, 913b, 915b, 918b, 918c, 923a~b, 955d
-본성 891e
-본질 668c, 950b
-존재 895d, 896a, 903c, 966e
재산등기부 *apographē* 850c, 855b
-기록 745d
재산등록 *anagraphē* 850a
재판 *diakrisis* ☞ 판정
재판 *dikē* ☞ 정의
재판(소송)에 지다 *ophiskanein* ☞ 유죄 판결을 받다

재판관 *dikastēs* 627d, 853a, 854c, 854e, 855b~c, 855e, 856a, 856c, 864d, 865c, 867e, 871d~e, 873b, 874a, 876c~d, 877b, 878e~879a, 880c
재판관 *dikaiosynē* ☞ 법정
재판관 *kritēs* ☞ 심사관
재판부 *archē* ☞ 관리
재판소 *dikaiosynē* ☞ 법정
재판절차 *dikē* ☞ 정의
쟁점 *amphisbhētēsis* ☞ 이의제기
저술 *grammata* ☞ 글
적 *polemion* 626d
적당하다 *metron echein* ☞ 적절하다
적당한 *metrios* ☞ 적도
적당한, 알맞은 *prosphoros* 944d, 961c
적도 *metriotēs* 701e, 736e
적도, 적당한, 절도 있는, 적절한, 적도에 맞는, 알맞은, 합당한, 충분한, 제대로 된, 적도를 지키는, 적합한, 정당하게 *metrios* 634d, 666a, 666c, 690e, 691c, 691d, 691e, 692c, 693e, 694a, 696d, 716c, 718a, 719b, 719d, 719e, 741b, 746a, 753a, 757c, 758d, 772b, 773d, 775a, 789c, 806d, 807c, 809e, 810a, 811d, 816b, 829e, 836a, 839e, 842d, 863a, 866a, 869e, 885e, 887a, 918d, 920c, 953a, 955e, 958c, 959d
적도, 적정선, 단위, 척도, 운율, 치수 *metron* 669d, 692a, 698b, 716c, 719e, 744e, 745a, 756b, 757a, 757b, 809b, 810b, 810e, 836a, 843e, 846c, 848c, 858d, 886c, 918d, 947b, 957a, 959a, 959d
적도를 유지하다 *metriazein* 692c
적도를 지키는 *metrios* ☞ 적도
적도에 맞는 *metriōs* ☞ 적도
적도에 맞는, 합당한, 도를 넘지 않는 *emmetros* 649e, 674c, 716c, 746e, 814e, 823d, 828c, 926a, 955e
적발되다 *haliskesthai* ☞ 유죄 확정을 받다
적법한 *kyrios* ☞ 유효한
적법한 것 *nomimos* ☞ 법규
적시하다 *phrazein* ☞ 설명하다
적절하게 *kairos* ☞ 시의적절함
적절하다, 적당하다 *metron echein* 957a, 959a
적절하다, 어울리다 *prepein* 948d, 950c, 953d, 956a, 956c, 957b
적절한 *eikōs* 961d
적절한 *emmelēs* ☞ 적합한
적절한 *kalos* ☞ 아름다운
적절한 *kata tropon* 942a
적절한 *metrios* ☞ 적도
적절한 *orthos* ☞ 옳은
적절한 때 *kairos* ☞ 시의적절함
적절한, 적합한, 어울리는, 알맞은, 마땅한, 합당한(*) *prosēkein* 653b, 666e, 667e, 668e, 670c~e, 672c, 688c, 699d, 713c, 724b, 735b, 735c, 736e, 738e, 744d, 746c, 751b, 759a, 770d, 783c, 795e,

803b, 807a, 807d, 809d, 811d, 812b, 822a, 828c, 835b, 864c, 867c, 901b, 902c, 903d, 909c, 913a, 952c, 957a, 957c, 958d
-친척 766c, 866b, 868b~c, 871b, 873e, 874a, 930c, 934c, 947c, 959b
적정선 *metron* ☞ 적도
적정한 *emmelēs* ☞ 적합한
적합한 *metrios* ☞ 적도
적합한 *oikeios* ☞ 친(親)
적합한 *orthos* ☞ 옳은
적합한 *prosēkein* ☞ 적절한
적합한, 적절한, 적정한 *emmelēs* 713a, 753a, 757a, 760a, 776b, 816a, 842b, 899e, 923a, 926e, 929d
-곡조에 맞게 816a cf. 곡조에 맞지 않는
-어울리는, 맞는 805b, 876d
전(戰) *polemos* ☞ 전쟁
전례 *paradeigma* ☞ 본
전문 *prooimion* ☞ 서곡
전문지식 *technê* ☞ 기술
전복 *metastasis* 856c
전설 *phēmē* ☞ 공중의 의견
전승 *phēmē* ☞ 공중의 의견
전쟁, 군(軍), 전(戰), 군사(軍事) *polemos* 625d~e, 626a~c, 626e, 628a, 628d, 629b~630b, 630d, 632a, 633a, 636a, 640b, 641a, 641c, 678e, 685c, 686b, 688a, 688c, 692e, 694e, 697e, 698e, 702d, 705d, 706e, 708b, 709a, 714b, 738a, 740e, 753b, 755c~d, 780b, 795b, 796a, 796c~d, 803d, 804d, 806a, 809c, 813d, 814c, 814e, 823b, 829a~b, 831e, 832b, 832e~843a, 847d, 865a, 906a, 920e, 921d~e, 942b~d, 943c, 943e, 944e, 950e, 951a, 951c, 955c, 956a
전쟁술 *polemikē* 679d
전쟁의 춤 *polemikē orchēsis* 815a, 815c~d, 816b cf. 평화의 춤
전제군주 *despotēs* ☞ 주인
전제군주 *tyrannos* ☞ 참주
전제군주정 *tyrannis* ☞ 참주정
전제권력 *to despotikon* 697c
전제권력 *tyrannis* ☞ 참주정
전제정치 *despoteia* 698a
전체 *to holon* 903c
-우주 전체 903e
전체 *to pan* 771b, 902a, 902d, 903c, 903d
-우주 902a, 903b, 903c, 904a, 905c
-우주 전체 904b
전투, 다짐(싸움) *machē* 633b, 638a, 692d, 698e, 706d, 707c, 789b, 813e, 814d, 829b, 829c, 833a, 833e, 834a, 869c, 906a, 919b
전투대열 갖추기 *thesis* ☞ 제정
절대권력자 *autokratōr* 875b
-절대적인 통치권 713c
절대적인 통치권 *autokratōr*

-처벌 843a, 865c, 871c, 872c, 880a, 908b, 909a, 910d, 934a~b
-판결 738e, 762a, 767d, 778c, 857a~b, 872e, 904e~905a, 909c, 909d, 933e, 944e, 945a
정의(正義) *dikaiosynē* 630b~c, 631c, 632c, 660e, 661c, 859d~e, 906a, 964b, 965d
정의(定義) *logos* ☞ 말
정의(正義), 정의로운 것, 정의로운 *dikaios* 624b, 627a~c, 632b, 660e, 661b, 661d, 662c~663e, 679e, 680e, 687e, 696a, 700d, 705b, 711d, 714b~d, 715b, 728c, 731e, 732a, 743a~c, 757c~e, 757e, 766d, 801c, 807a, 807c, 808c, 854c, 856a, 858d, 859c~860c, 861a, 862b, 862d, 863e, 864a, 869b, 870c, 885d, 889e~890b, 896d, 907a~b, 908b, 913b, 921e, 927c, 931c, 931d, 937e, 938b, 949b, 957b, 957e, 959b, 962d, 966d
-공정한, 공정함 946d
-마땅한 689d, 695d, 696c, 699d, 778e, 910b, 915a, 920e, 958a
-온당한 630d, 921d
-올바른 746b, 840d
-옳은 712c, 833e, 857c
-정당한 624a, 658c, 659b, 667d, 689a, 690c, 820e, 839a, 867a, 923b, 944c, 961d, 962b, 965d
정의(定義)하다 *dihorizein* 963c
정의로운 *dikaios* ☞ 정의
정의로운 것 *dikaios* ☞ 정의
정의롭지 못하다 *adikein* ☞ 불의를 저지르다
정의롭지 못한 *adikos* ☞ 불의한
정착 *katoikisis* ☞ 건립
정착지 *oikēsis* ☞ 집
정체 *ousia* ☞ 본질
정치(술) *politikē* 650b, 657a, 677c, 736b, 737a, 768d, 808b, 875a, 889d
정치가 *politikos* ☞ 정치적인
정치적인, 정치가 *politikos* 628d, 657a, 688a, 693a, 697c, 736e, 737a, 742d, 757c, 768d, 808b, 815d, 902d, 950e, 959e, 962a, 962b, 963b
-공동체에 적합한
-나라를 다스리는, 나라의 통치에 관계하는 722e, 917a
-시민적 권리 885a
정치체제(정체), 나라, 국가 *politeia* 625a, 632c, 634d, 636a, 641d, 666e, 676a~c, 678a, 680a~d, 681d, 683a, 684b, 685a, 686c, 693d, 697c, 698a~b, 701e, 707b, 707d, 708c, 709a, 710b, 710e, 712a~e, 714b~d, 715b, 734e, 735d, 739b, 739e, 743e, 747b, 751a, 751c, 753a~b, 757a, 762c, 769d, 770e, 781d, 793b, 796c, 802a, 805b, 814b, 817b, 820e, 822e, 832c, 835c, 855b, 856b,

858a, 864d, 886c, 875a, 876c, 921c, 928d~e, 936b, 945c, 951a, 957b, 960d, 965c, 968e
(산)정하다 timan ☞ 명예를 주다
정해진 청구 기한 prothesmia 954d, 954e
정화 diakatharsis 735d
정화(의식) katharmos 735b~e, 815c, 865c~d, 866c, 868e, 869e, 873d
정화되는 katharos ☞ 죄가 없는
정화방법 katharis 872a
정화의식을 거치다 kathairein 831a, 865b, 868a, 868c, 868e, 869e, 877e
정화의식을 치르지 않은 akatharmos 866a
정화한 katharos ☞ 죄가 없는
정확한 akribēs ☞ 빈틈없는
제대로 kalos ☞ 아름다운
제대로 orthos ☞ 옳은
제대로 된 metrios ☞ 적도
제도 epitēdeuma ☞ 관행
제물 thyma ☞ 제사
제물 thysia ☞ 제사
제비 뽑다 lankanein ☞ 추첨하다
제비로 뽑다 apoklēroun 756e, 763e
제비뽑기 klēros ☞ 할당분(할당지)
제사 thyma 741c, 799a, 835b, 953e
-제물 782c, 888c, 909e, 948c
제사, 제사의식 thysia 738d, 772b, 784b, 804a, 828a, 829b, 835e, 885b, 908c, 935b, 947a, 949d, 950e
-제물, 희생제물 642d, 909b, 909e, 910b
-제의 738c, 799b, 800b, 809d, 816c, 871c, 887d
-집회 771d
제사의식 thysia ☞ 제사
제안 logos ☞ 말
제안하다 proballein ☞ 추천하다
제외하다, 배제 판정을 하다 apokrinein 946a, 961b, 966d
cf. enkrinein
제의 thysia ☞ 제사
제작하다 dēmiourgein 656e
-수공업을 하다 846e
제정 diathesis ☞ 태도
제정 thesis 684d, 690d, 718c, 768c, 768e, 790b, 797a, 820e, 837e, 857c, 864c, 889e, 908e, 952b
-위치 668e
-전투대열 갖추기 814a
제정신인 emphrōn ☞ 분별 있는
조사관 epignōmōn 828b, 843d, 846a, 847c, 867e
조세 eisphora ☞ 세금
조심하다, 주의하다 eulambeisthai 666a, 775d, 843c, 854a~b, 943e
-경외하는 마음을 갖다 879e
-대비책을 마련하다 691b, 691d
-보호하다 905e
-신경을 쓰다 927c
-충고하다 729b
조언 logos ☞ 말
조언 symboulē ☞ 권고

-정화되는, 정화한 864e, 865b, 869a, 872a, 936c
죄를 저지르다(짓다) *adikein* ☞ 불의를 저지르다
주거 *oikia* ☞ 집
주거지 *oikēsis* ☞ 집
주관하는 *kyrios* ☞ 효력이 있는
주목 *nous* ☞ 지성
주목하다, 목표로 삼다 *blepein* 942d, 962a, 962d, 962e, 963a, 963b
주문(呪文) *epōdē* 659e, 671a, 887d, 903b, 906b, 909b, 933a, 933d
주문을 걸다(외다, 이용하다) *epaeidein* 664b, 665c, 666c, 773d, 837e
-언급하다 944b
-주술을 걸다 812c
주민 *dēmos* ☞ 민중
주술을 거다 *epaeidein* ☞ 주문을 걸다
주연 *symposion* 637a, 639d~e, 641b, 671c
주요한 *kyrios* ☞ 효력이 있는
주의 *nous* ☞ 지성
주의하는 *sophrōn* ☞ 절제 있는
주의하다 *eulambeisthai* ☞ 조심하다
주인 노릇을 하는 *kyrios* ☞ 효력이 있는
주인, 전제군주 *despotēs* 694a, 777e, 859a, 962e
주장 *logos* ☞ 말
주재하는 *kyrios* ☞ 효력이 있는
주제넘게 개입하다 *polypragmonein* 952d
주화 *nomimos* ☞ 법규
죽을 수밖에 없는 *thnētos* 967d
죽음, 죽는 것 *thanatos* ☞ 사형
중무장보병 *hoplitēs* 663e, 706c, 707a, 755e, 833b~c, 943a, 943b, 947c
중무장싸움 *hoplomachia* 833e
중재자 *diatētēs* 920d, 926a, 926c, 956c
중재재판(*) *diaita* 766d
-생활방식, 섭생, 일상, 생활 674c, 762c, 762e, 780b, 797d, 798a, 806c
즐거운 마음 *hēdonē* ☞ 쾌락
즐거움 *hēdonē* ☞ 쾌락
증거 *martys* ☞ 증인
증거 *tekmērion* 821e, 856a, 885d, 943c
-증명 886d
증명, 확신 *pistis* 966c, 966d
증명 *tekmērion* ☞ 증거
증명하다 *elenchein* ☞ 검토하다
증상 *pathos* ☞ 상태
증언, 증언자 *martys* ☞ 증인
증언하다 *martyrein* 680d, 936e, 937a, 937b, 937c, 943c
증오 *echthra* 729a
증인, 증언, 증언자, 증거 *martys* 630a, 638d, 664c, 730a, 823a, 836c, 843a, 856a, 929e, 937a, 943c, 953e, 954e
지(地) *chōra* ☞ 나라
지각 *aisthēsis* ☞ 감각
지각 *nous* ☞ 지성

지각 있는 *emphrōn* ☞ 분별 있는
지각 있다 *phrazein* ☞ 설명하다
지도자, 우두머리 *hēgemōn* 958a, 963a
지도적 역할을 하는 *kyrios* ☞ 효력이 있는
지방 *chōra* ☞ 나라
지방감독관 *agronomos* 955d
지방감독관 *argonomos* 760b, 761e, 843d, 844b～c, 848e, 873e, 881c～d
지배권 *dynasteia* ☞ 부권지배
지성 *nous* 631c～d, 632c, 644a, 687e, 688b, 694b, 701d, 713e, 742d, 875c, 889c, 890d, 892b, 897b～898b, 898e, 900d, 948d, 957c, 961d, 961e, 963a, 963b, 963e, 966e, 967b, 969b
-뜻 702d, 712c
-마음 638e, 768e, 772d, 783e, 823e, 901b, 925b
-분별 781c
-사고력 672c
-생각 909d
-염두 836e
-이성 713a
-일리 686e
-(온전한) 정신 776e, 777a, 802c, 858d, 887e, 905d
-주목 809e
-주의 628c～d, 652a, 736b, 747e, 783e, 801a, 927c
-지각 674b, 737b, 738b, 829b, 834b, 859a, 913a, 921a, 926d, 930e
지성에 의해서만 인식 가능한 *noētos* 898e
지성이 없는 *anous* 962c
지시하다 *parakeleuein* ☞ 권고하다
지역 *chōra* ☞ 나라
지역, 토지 *chōrion* 954c, 958d, 958e cf. *chōra*; *gē*
지역 *topos* 844b, 846a, 848e, 849e, 864e, 865e, 903d, 904b, 904d, 904e, 905b, 908a, 915e, 919a, 935c, 950d cf. *chōra*
-장소 893d, 897e
지적하다 *phrazein* ☞ 설명하다
지점(*) *herda* 855c, 893c, 904b
-자리 849e
지참금 *proix* 742c, 774c, 944a
-무상(無償) 921a
지침 *phēmē* ☞ 공중의 의견
지침 *prostagmata* 755b, 891a, 926a
(안전하게) 지키다 *sōzein* ☞ 존속하다
지하 세계에 있는, 지하의 *chthonios* 717b, 828c, 959d cf. 지하의 신 717a, 828c; 천상의 신
지혜 있는 *phronimos* ☞ 분별 있는(있음)
지혜로운 *sophos* 629c, 640d, 649b, 657e, 689d, 691b, 692c, 696c, 752c, 902e, 952c, 953d, 962e
-똑똑한, 현명한 690c, 718e, 776e, 886d, 888e, 890a cf. 현명한 자들

886d, 888e, 890a
-솜씨 좋은 761d
-훌륭한 811a
지휘(관), 최고 지휘관 *kosmētēs* 755c, 772a, 844a
지휘관 *archōn* ☞ 관리
지휘관 *phylarchos* ☞ 부족지휘관
(군대) 지휘관 *stratēgos* ☞ 장군
직업 *epitēdeuma* ☞ 관행
진리, 진상 *alētheia* ☞ 진실
진술 *logos* ☞ 말
진실, 진리, 진상, 실제, 실상, 현실, 사실 *alētheia* 663c, 663e, 664c, 667c, 667d, 677a, 682a, 684a, 709c, 713e, 730c, 731c, 731e, 743a, 804b, 885e, 889d, 890a, 899e, 966b
진짜(로) *ontōs* ☞ 말 그대로
질서 *kosmos* ☞ 우주
질서, 의무, 간부, 배치, 규정 *taxis* 632d, 758e, 843d, 875d, 878d, 904c, 966e
질서 있게 편제를 갖추게 하다 *kosmein* 968c
질서 지우다 *diakosmein* 864a, 966e, 967b
-고르게 하다 804c
-관리를 맡다 758d
-번갈아 배정하다 626a
-순차적인 질서 886a
-질서를 확립하다(갖추다) 677c, 685b, 733c, 742e
-통솔하다 687a
-편제되다 686a
질서를 확립하다(갖추다) *diakosmein* ☞ 질서 지우다
질의 동일함 *homoiotēs* ☞ 닮음
질책 *enklēma* ☞ 고소
질책받을 만한 *eponeidistos* 880a
-비난을 살 만한 633e
-창피스러운, 불명예스러운 741e, 878c
질투, 시기심 *phthonos* 635a, 679c
짐작하다 *manteuesthai* ☞ 육감으로 판단하다
집 *hestia* ☞ 화덕
집 *oikēsis* 679a, 737b~c, 737e, 805e, 807b, 848c, 919a, 953d
-가구 740b, 740d, 746a
-가사 돌보기 758b
-가정 714a, 759c, 776a
-가족 680d, 681a, 745e, 954c, 955e
-건물 778a, 778c, 779b
-기숙생활 764d
-운영방식, 운영 712e, 713b
-정착지 685a
-주거지, 거주지 758e, 850a
-집안 776e
집 *oikos* ☞ 가구
집, 주거 *oikia* 681a, 682d, 739e, 775e, 779b, 784c, 808a, 841d, 844a, 874b, 909d, 910a~b, 916a, 916c, 931a, 934c, 954a, 954c~d, 960a
-가정 626c, 627a, 627c, 690a, 790b
-가족 788a, 807e

-징계하다, 징벌하다 718b, 847a~b
-혹평하다 832b
처벌하다 *timōrein* 856c
처벌하다 *zēmioun* ☞ 벌을 주다
처신 *praxis* ☞ 행위
척도 *metron* ☞ 적도
척도 *rhythmos* ☞ 리듬
천문학 *astronomia* 967a
천상의 신 *ouranios theos* 828c
천성 *physis* ☞ 본성
천체, 하늘 *ouranos* 821c, 886c, 889c, 896e, 897b~c, 898c, 899b, 902b, 905e, 906a, 967b~c
-우주 906a
철저히 검증하다 *diabasanizein* 957a, 961a
철학하다 *philosophein* 857d, 967c
청구액 *enklēma* ☞ 고소
청원자 *hiketēs* ☞ 탄원자
체육 *gymnasia* 633a, 830c
체육(*) *gymnastikē* 672c, 673a, 673b, 673c, 743d, 764c, 789b, 795d, 796d, 796e, 804e, 813b, 813c, 830d, 834d, 889d, 955a
cf. 태아 체육 789b
체육관 *gymnasion* 761c, 764c, 779d, 804c, 947c
체육선생 *gymnastēs* 684c, 720e, 916a
체육활동 *gymnasia* ☞ 체육
체제, 마련 *kataskeuē* 685c, 951a
최고 지휘관 *kosmētēs* ☞ 지휘(관)
최상의 *kalos* ☞ 아름다운
최선(의) *agathos* ☞ 좋은 (것)
최선자지배 *aristokratia* 701a
추구하다 *epitēdeuein* ☞ 연마하다
추론 *logismos* ☞ 산술
추론 *logos* ☞ 말
추방 *phygē* 682e, 735e, 867e, 890c
-패주, 도망, 피함, 벗어남, 망명 638a, 706c, 733a, 737a, 770e
추천하다 *proballein* 755c, 755d, 756a, 763d
-내다, 제안하다 820c, 916b
추첨 *klēros* ☞ 할당분(할당지)
추첨하다, 제비 뽑다(*) *lankanein* 690c, 759c, 760c, 765b, 765c, 782a, 856d
추측하다 *manteuesthai* ☞ 육감으로 판단하다
추한(추함) *aischros* ☞ 부끄러운
축복받은 *makarios* ☞ 복된
축성(祝聖)하다 *kathieroun* 955e
-신성한 것으로 여겨지게 하다, 신성시되다 657b, 838d, 839c
-신에게 바치다, 봉헌하다 738c, 745d, 799a~b, 807a, 813a, 816c, 909e, 914b
축제 *heortē* 653d, 775b, 796c, 799a, 809d, 813a, 828a, 828c, 834e, 835b, 835e
축제 *theōria* ☞ 구경
(최초의) 출발점 *archē* ☞ 관리
출산 *genesis* ☞ 생성
출산, 출생 *genos* ☞ 종류
출생 *genesis* ☞ 생성
출신 *genos* ☞ 종류

출정 *strateia* ☞ 군복무
춤 *orchēsis* 654a, 654b, 654d, 654e, 660b, 670a, 673a, 673d, 764e, 795e, 796c, 798e, 799a, 800a, 802a, 802c, 809b, 813a, 813d, 813e, 814e, 815a, 815b, 815c, 815d, 816b, 816c, 816d, 835b
충고하다 *eulambeisthai* ☞ 조심하다
충고하다 *parakeleuein* ☞ 권고하다
충분한 *metrios* ☞ 적도
측정 가능한 *metrēta pros allēla* 819e~820c
측정 기술 *metrētikē* 817e
치료, 치유 *iasis* 635b, 862c
치료법 *epitēdeuma* ☞ 관행
치료제(*) *iama* 957e
-해결방법 771c
치명적인 *aniatos* ☞ 치유 불가능한
치수 *metron* ☞ 적도
치욕 *aischynē* ☞ 수치
치욕 *oneidos* ☞ 비난
치유 *iasis* ☞ 치료
치유 *iatēs* 949d
치유 불가능한 *aniatos* 660c, 731b, 735e, 854a, 854e, 862e, 941d, 942
-개선하지 못할 704d
-치명적인, 회복 불가능한 877a, 878c
치유(회복) 가능한 *iasimos* 731d, 878c, 941d, 957e
치유책 *pharmakon* ☞ 약
친(親), 자신과 친밀한, 같은 종류의, 가까운, 같은 나라의, 자신에게 적당한 방식으로, 자기편의 *oikeios* 666c, 797e, 839b, 842e, 889b, 898a, 921a, 926e, 927d
-가문 642d
-가사(家事) 761a
-가족 699c, 775a, 776a, 806e, 865e, 873c, 925a
-고향의 872a
-스스로 한, 자기의 (것), 자신의, 고유한 726a, 811d, 844e, 900d, 942d, 928a, 934a, 952a
-적합한 672c, 772e
-집안사람 754b, 784b, 800c, 914e, 954c
-친척 871d, 878a, 925d, 926c, 928b, 959e
-친척집 789e
친구(*) *philos* 628a, 640b, 642d, 647b, 671e, 677d, 687d, 688d, 689d, 691c, 691d, 699c, 708b, 718a, 720d, 729c, 729d, 730b~c, 739b, 739c, 740e, 757a, 761d, 766e, 775a, 821b, 837a, 855b, 888b, 914e, 915e, 924b, 953d, 955b
-사랑하는, 사랑받는, 우애 (있는), 우애로운, 친애하는, 좋아하는 669e, 693b, 697c, 701d, 716c~d, 726a, 731e, 733d~e, 740b, 743c, 770b
-우리 편 761a
-좋은, 마음에 드는 719b, 723d,

ㅋ ~ ㅌ

파렴치 *anaischyntia* 701a~b
-뻔뻔스러움 647c, 919c~d
파멸 *phthora* 677a~b, 677e, 680d, 682b, 690e, 702a, 706e
파악하다, 한눈에 조망하다 *synoran* 963c, 965b
판결 *dogma* 791d, 926d
-결정 800a
-마음 900b
-믿음 888c
-생각 854b, 875b
-신념 797c, 798e
-의견 644d, 933b
-통념 822a
판결 *diakrisis* ☞ 판정
판결 *dikē* ☞ 정의
판결 *krisis* ☞ 판정
판관 *kritēs* ☞ 심사관
판단 *doxa* ☞ 의견
판단 *kritēs* ☞ 심사관
판매값 *timē* ☞ 명예
판매를 중개하다 *propōlein* 954a
판별자 *kritēs* ☞ 심사관
판정(관) *kritēs* ☞ 심사관
판정, 판결 *diakrisis* 765a, 937b
-구분 908b
-분리 894b, 897a
-재판 768a
판정을 받다 *ophiskanein*
☞ 유죄 판결을 받다
판크라티온선수 *pankratiastēs* 795b, 830a
패소하다 *ophiskanein*
☞ 유죄 판결을 받다
패주 *phygē* ☞ 추방
편제되다 *diakosmein* ☞ 질서 지우다
평가 *timē* ☞ 명예
평가 *timēsis* 728e
-명예 부여 696d
-산정 878e
평등 *isotēs* ☞ 동등함
평범한 개인 *idiōtēs* ☞ 사인
평안한 상태에 있다 *eu prattein*
☞ 잘 지내다
평의회 *boulē* 674b, 697d, 707a, 755e, 756b, 758b, 758d, 766b, 768a, 850b
평의회 운영위원들(집행부) *prytaneis* 755e, 760a, 766b, 953c
(좋은) 평판 *doxa* ☞ 의견
(좋은) 평판 *eudoxia* 734d, 950c
평판 *logos* ☞ 말
평판을 받다 *timan* ☞ 명예를 주다
평화 *eirēnē* 628b, 829a
평화 시의 *eirēnikos* ☞ 평화의
평화로운 *eirēnikos* ☞ 평화의
평화의 *eirēnikos* 814e, 815a~d, 816b cf. 평화의 춤 815a
-평화로운 829a
-평화 시의 949d, 950e
-평화적 729d
평화적 *eirēnikos* ☞ 평화의
포고문 *kērygma* 953e
포고자 *kēryx* ☞ 사자

폭동 *stasis* ☞ 내전
폭력 *aikia* ☞ 폭행
폭력 *bia* ☞ 강제
폭력적인, 폭력 *biaios* 856b, 856c, 864c, 865a, 865d, 865e, 868c, 869e, 874d, 879b, 884a, 914e, 934c cf. 폭력적인 죽음 874d
-강압적인 645a, 684a, 690c
-격렬한 814e
-노골적인 885b
-완력 863b
-힘센 715a
폭행 *aikia* 869b, 879b, 880c, 880e, 881d, 882c, 884a
-폭력 630e
표 *psēpos* ☞ 투표
표본 *paradeigma* ☞ 본
표현 *rhēma* ☞ 가사
표현의 자유, 말의 자유, 원하는 대로 말할 수 있는 자유 *parrēsia* 649b, 806d, 829d, 829e
-거침없이 말함 835c
-솔직하게 말로 표현 908c
-터놓고 말하는 자유 671b
-마음대로 말함 694b
풀어 설명하다 *hermēneuein* 966b
품성 *ēthos* ☞ 성품
품질 *homoiotēs* ☞ 닮음
피고(달아나는 자) *pheugōn* 754e, 768a, 855d, 886e, 948a, 948d, 956b, 956c, 956d
피리케 *pyrrichē* 815a, 816b
피하다 *pheugein* ☞ 달아나다
피함 *phygē* ☞ 추방
피해 *pathēma* ☞ 겪음
피해, 해, 해악, 위해 행위, 피해액 *blabē* 656a, 667e, 735e, 751c, 798c, 843b, 843d, 843e, 845e, 861e, 862a, 862b, 862d, 863a, 864a, 864e, 878c, 878d, 879a, 879c, 918b, 927d, 932d, 933d, 936d, 937a, 950a, 954b, 955b
피해를 끼치다(입다) *zēmioun* ☞ 벌을 주다
피해액 *blabē* ☞ 피해
피해청구(액) *enklēma* ☞ 고소
필수 *anankē* ☞ 필연
필수적인, 필수불가결한 *anankaios* ☞ 필연적인
필연(성) (*), 필수 *anankē* 741a, 780e, 802e, 818b~c, 967a
-강제 642c, 663e, 718b, 722b~c, 765c, 862d, 921e, 956e
-의무 804d cf. 설득
필연적인(*) *anankaios* 648d, 654b, 662b, 666a, 669a, 670c, 681c, 697b, 719b, 758a, 767a, 803b, 967a
-강제적인 690b cf. 강제적인 *epanankēs*
-반드시 693d, 718b, 767e, 768b, 837a, 870e, 872e, 905e, 928e
-불가피한, 어쩔 수 없는 635c, 656b, 660d, 671a, 687c, 742a~b, 757e, 777b, 807a, 809c, 874e, 922b, 943e, 953a, 956e

-필수적인, 꼭(반드시) 필요한, 필수불가결한 생필품 628d, 670d, 705c, 729a, 754a, 774c, 806a, 806d, 812e, 818a, 818d, 819c, 820b~c, 828d, 834e, 844b, 846c, 847c, 848a, 858a, 926a, 958a, 967e
핏줄 *genos* ☞ 종류
하늘 *ouranos* ☞ 천체
하자(瑕疵) *oneidos* ☞ 비난
하찮게 여기는 *atimos* ☞ 불명예(를 주는)스러운
학교 *didaskalia* 764c, 779d, 804c
학습 *mathēma* ☞ 배움
학습 *mathēsis* 667c
한눈에 조망하다 *synoran* ☞ 파악하다
한가로움 *scholē* ☞ 여유
할당, 돌려주다 *apodidonai* 958a, 964a cf. *apolambanein*
할당 토지 *klēros* ☞ 할당분(할당지)
할당분(할당지), 할당 토지 *klēros* 737e, 740b, 744a, 745c, 745d, 755a, 757b, 776a, 855a~b, 856d, 857a, 923d, 923e, 924d, 925b, 925c
-몫 741b*
-상속재산 630e
-제비뽑기, 추첨 690c, 757e, 768b, 945b, 946b
할당하다 *katatithenai* 923b
함께 *koinos* ☞ 공동의
함께 나누는 *koinōnos* ☞ 공유의
함께 나누는 행위 *koinōnia* ☞ 모임
함께 나누다 *koinōnein* ☞ 공유하다
함께 숙고할 것 *symboulē* ☞ 권고
합당한 *emmetros* ☞ 적도에 맞는
합당한 *metrios* ☞ 적도
합당한 *prosēkein* ☞ 적절한
합리 *logos* ☞ 말
합의하다 *homologein* ☞ 동의하다
합창 *chorōidia* 764e
항구 *limēn* 704b, 758e, 824a, 871a, 952e
해 *blabē* ☞ 피해
해 *zēmia* ☞ 벌금(형)
해결방법 *iama* ☞ 치료제
해롭다, 해를 끼치다(주다, 입다) *blaptein* 636a, 667e, 669b, 719b, 727b, 843c, 844c, 845e, 846a, 846b, 862b, 863e, 920c, 933a, 933e
-놓치다 769b
-손상시키다 844a, 936c~d
-손해(피해)를 끼치다(입다) 767e, 843d, 844d, 878c, 882b
-위해 행위를 하다 875d, 877b
-해롭다 820d, 904b
-해치다 727c
(피)해를 끼치다(주다, 입히다, 입다) *adikein* ☞ 불의를 저지르다
해명 *logos* ☞ 말
해석자 *exēgētēs* 759c~d, 759e, 775a, 828b, 845e, 865d, 871d, 873d, 916c, 958d, 964b
(신탁)해석자 *exegētēs* 759c~e, 775a, 828b, 845e, 865d, 871c,

873d, 916c, 958d, 964b
해석자 *hemēneus* 907d
cf. 법의 해석자 907d
해악 *zēmia* ☞ 벌금(형)
해악을 저지르다 *adikein*
☞ 불의를 저지르다
행동 *praxis* ☞ 행위
행동, 행위, 기능, 실제 행위, 소관 사항 *ergon* 679d, 688d, 694d, 697a, 698a, 835c, 862d, 866e, 961d, 966b
행복 *eidaimōmia* 628d, 695a, 781b, 905c
행복(한) *eudaimōn* 631b, 637e, 660e, 661e, 662d~e, 683b, 694d, 709c, 710b, 713b, 716d~e, 718b, 730c, 734e, 742e, 743a, 743c, 806c, 816d, 829a, 840b~c, 840e, 858d, 868b, 870b, 897b, 899e, 903c, 905b, 944c
행복을 누리다 *eudaimonein*
☞ 행복하다
행복하다, 행복을 누리다, 행복을 기리다 *eudaimonein* 636e, 686e, 697b, 716a, 790b, 879c, 927b, 945d, 947c
행성 *planēta* 821b
행운 *agathē tychē* ☞ 좋은 (것)
행운, 좋은 운, 운 좋은, *eutychēs* 653a, 686c, 710c~d, 766a, 857e, 878a, 929a
행운 *moira* ☞ 운명
행운 *tychē* ☞ 운
행운이 있다 *eutychein* ☞ 복 받다
행위 *ergon* ☞ 행동
행위, 행동, 활동 *praxis* 640a, 644e, 655d, 711c, 716c, 735c, 777d, 783e, 792c, 794d, 808b, 831d, 853a, 859d, 864c, 865b, 865e, 867d, 874d, 904a, 905b, 908b, 910b, 955c, 960b, 962c
-가해 행위 876d
-거래 내용 953e
-사건 767a
-실천, 실행 737a, 892b
-일 961b
-작용 903b
-조치 871c
-집행 958a
-처신 732c
헌물을 바치다 *anatithenai* 946c, 955e, 956a
헤아림 *logismos* ☞ 산술
혁신(革新)하다, 새로운 것(시도)을 도입하다 *kainotomein* 656e, 709a, 797b~c
현명한 *emphrōn* ☞ 분별 있는
현명한 *sophos* ☞ 지혜로운
현실 *alētheia* ☞ 진실
형(刑) *zēmia* ☞ 벌금(형)
형량 *timēma* ☞ 등급
형벌 *dikaiōma* 864e
형벌 *dikē* ☞ 정의
형상 *idea* 965c
형성 *genesis* ☞ 생성
형통 *genos* ☞ 종류

형편없는 *phaulos* 747c
혜택 *epainos* ☞ 칭찬
호감 *charis* ☞ 매력
호감을 받는 *hilaos* ☞ 온화한
호명관 *kēryx* ☞ 사자
호의 *charis* ☞ 매력
호의를 받는 *hilaos* ☞ 온화한
호화스러움 *tryphē* ☞ 사치
혹평하다 *kolazein* ☞ 처벌하다
혼 *psychē* 631c, 650b, 659e, 687c, 689a~b, 691c, 692b, 696d, 697b, 705a, 709e, 714a, 716a, 716e, 717c, 718d, 724a, 726a~728b, 728d~e, 731b~d, 734d, 735b~c, 743e, 747b, 747e, 770d, 775c, 776e, 778e, 781c, 782c~d, 788c, 790c, 790e~791c, 792b, 793e, 795d, 797d, 798a~b, 801e, 803a, 807c~d, 808b, 812c, 814e, 815b, 816d, 823d, 824a, 828d, 835c, 837c, 839c, 841c, 862c, 863a, 863b, 870b~c, 873a, 873e, 874d, 881a, 886b, 891c~e, 892a~c, 893a, 894b, 895c~e, 896a~e, 897a~d, 898c~e, 899a~c, 900e, 902b, 903d~e, 904a~e, 906b, 909a, 913b, 919b~d, 933a, 935a, 938b, 942a, 942c, 956a, 957e, 959a~b, 959d, 960d, 961d, 963e, 964e, 966d~967d, 968e, 972a~b
혼을 가진 *empsychos* 782c, 903e, 906b
-살아 있는 830c, 931a, 931e
-혼의 기능 904a
-혼이 깃든, 혼이 스며든 902b
혼이 없는, 혼을 갖지 않은 *apsychos* 782c, 873e, 889b, 896b, 959d, 967a, 967b, 967c
-생명이 없는, 살아 있지 않은 830b~c, 931a, 931e
화(貨) *nomimos* ☞ 법규
화 *orgē* ☞ 분노
화 *thymos* ☞ 기개
화가 *zōgraphos* 656e, 769a, 769b, 934c, 956b
화덕 *hestia* 740b, 771c, 955e cf. 헤스티아
-가구 919d
-가문 642b
-가정 919e
-집 915a
-집안 773a, 919e
화목한 *hilaos* ☞ 온화한
화폐 *nomisma* ☞ 돈
화해 *diallagē* 628b
확립 *diathesis* ☞ 태도
확신 *doxa* ☞ 의견
확신 *pistis* ☞ 증명
환영(幻影) *eidōlon* ☞ 모상
활동 *praxis* ☞ 행위
회계담당관 *tamia* 759e, 774b, 774d~e
회복 불가능한 *aniatos* ☞ 치유 불가능한
회전(운동) *periphora* 747a, 818c,

찾아보기(고유명사)

ㅈ ~ ㅌ

ㅍ ~ ㅎ

플라톤

플라톤(Platon, BC 427 ~ 347)은 펠로폰네소스 전쟁 시기에 태어나 아테네가 그 전쟁에 패하는 현실을 보았다. 대내적으로는 여러 정변을 목격했고, 큰 기대를 가졌던 민주 정권 시기에는 그가 보기에 "가장 훌륭하고 가장 지혜로우며 가장 정의로운 사람"인 소크라테스가 불경죄로 처형되는 현실을 안타깝게 지켜보았다. 그리하여 그는 한창나이에 가졌던 정치가의 꿈을 접고 아테네의 암울한 현실을 타파할 수 있는 근본적인 대책을 강구하고자 했다. 이를 위해 그가 선택한 것이 철학자의 길이었다. 그는 현실과 무관한 이데아론으로 관념적인 사변의 세계에 빠져 있다는 오해를 받기도 하지만 그의 관심의 중심은 늘 현실에 있었다. 형이상학적인 이론들도 결국 현실을 근원적으로 통찰하고 개선하려는 노력의 일환이었다. 그의 정치철학의 핵심을 담고 있는 대표적인 대화편으로는 《국가》와 《정치가》 및 《법률》을 꼽을 수 있다.

김남두

서울대 철학과를 졸업하고 같은 대학교에서 석사학위를 받았다. 독일 프라이부르크 대학에서 철학과 고전문헌학, 서양고대사를 수학하고 철학 박사학위를 받았다. 서울대 철학과 교수로 지냈고, 현재는 대구경북과학기술원(DGIST)의 석좌교수로 있다. 저서로 《희랍철학연구》(공저), 《재산권 사상의 흐름》(편역), 《현대 학문의 성격》(편), 《문명의 텍스트로 읽는 〈국가〉》 등이 있다.

강철웅

서울대 철학과를 졸업하고 플라톤 인식론 연구로 석사학위를, 파르메니데스 단편 연구로 박사학위를 받았으며, 미국 하버드대학 철학과에서 박사논문 연구를, 영국 케임브리지대학 고전학부에서 기원전 1세기 아카데미 철학을 주제로 박사후 연수를 수행했다. 보스턴 칼리지 철학과에서 풀브라이트 방문학자로 활동했고, 현재 강릉원주대 철학과 교수로 있다. 저서로는《설득과 비판: 초기 희랍의 철학 담론 전통》, 《서양고대철학 1》(공저), 역서로는《소크라테스 이전 철학자들의 단편 선집》(공역), 《소크라테스의 변명》, 《뤼시스》, 《향연》, 《편지들》(공역), 《민주주의의 수수께끼》(공역) 등이 있다.

김인곤

성균관대 철학과를 졸업했으며, 서울대 대학원 철학과에서 플라톤 철학 연구로 석사 및 박사학위를 받았다. 현재 철학아카데미에 출강하고 있으며, 정암학당 연구원으로 그리스 고전철학 원전 강독과 번역에 매진하고 있다. 소크라테스 이전 철학과 플라톤 철학에 관한 논문들을 썼고, 역서로는《소크라테스 이전 철학자들의 단편 선집》(공역), 《크라튈로스》(공역), 《고르기아스》 등이 있다.

김주일

성균관대에서 플라톤과 파르메니데스 철학의 관계에 대한 주제로 박사학위를 받았다. 현재 성균관대, 가톨릭대에 출강하며 그리스 로마 고전 연구소인 정암학당의 연구원으로 있다. 저서로는《소크라테스는 악법도 법이라고 말하지 않았다. 그럼 누가?》,《서양고대철학 1》(공저)가 있고, 역서로는《소크라테스 이전 철학자들 단편선집》(공역), 플라톤의《에우튀데모스》,《파이드로스》,《편지들》(공역),《알키비아데스 1, 2》(공역)가 있다.

이기백

성균관대 철학과를 졸업하고 같은 대학교에서 "《필레보스》편을 통해 본 플라톤의 混和思想"으로 박사학위를 받았다. 현재 정암학당 이사이며 성균관대 초빙교수이다. 저서로는《철학의 전환점》(공저),《서양고대철학 1》(공저),《아주 오래된 질문들: 고전철학의 새로운 발견》(공저)이 있고, 역서로는《소크라테스 이전 철학자들의 단편 선집》(공역),《크라튈로스》(공역),《크리톤》,《히포크라테스 선집》(공역),《필레보스》등이 있다.

이창우

서울대 철학과를 졸업했으며, 같은 대학교에서 석사학위를 받았다. 독일 하이델베르크 대학을 거쳐, 에어랑엔-뉘른베르크 대학에서 박사학위를 받았다. 미국 애리조나 주립대학 철학과 초빙교수로 지냈으며, 현재 가톨릭대 철학과 교수로 있다. 저서로는 *Oikeiosis: Stoische Ethik in naturphilosophischer Perspektive*,《서양의 고전을 읽는다 1: 인문·자연 편》(공저),《동서양 철학 콘서트: 서양철학 편》(공저),《아리스토텔레스: 최선의 삶이 곧 행복이다》(공저) 등이 있고, 역서로는《니코마코스 윤리학》,《소피스트》등이 있다.